思想的・睿智的・獨見的

經典名著文庫

學術評議

丘為君　吳惠林　宋鎮照　林玉体　邱燮友
洪漢鼎　孫效智　秦夢群　高明士　高宣揚
張光宇　張炳陽　陳秀蓉　陳思賢　陳清秀
陳鼓應　曾永義　黃光國　黃光雄　黃昆輝
黃政傑　楊維哲　葉海煙　葉國良　廖達琪
劉滄龍　黎建球　盧美貴　薛化元　謝宗林
簡成熙　顏厥安（以姓氏筆畫排序）

策劃　楊榮川

五南圖書出版公司 印行

經典名著文庫

學術評議者簡介（依姓氏筆畫排序）

- 丘為君　美國俄亥俄州立大學歷史研究所博士
- 吳惠林　美國芝加哥大學經濟系訪問研究、臺灣大學經濟系博士
- 宋鎮照　美國佛羅里達大學社會學博士
- 林玉体　美國愛荷華大學哲學博士
- 邱燮友　國立臺灣師範大學國文研究所文學碩士
- 洪漢鼎　德國杜塞爾多夫大學榮譽博士
- 孫效智　德國慕尼黑哲學院哲學博士
- 秦夢群　美國麥迪遜威斯康辛大學博士
- 高明士　日本東京大學歷史學博士
- 高宣揚　巴黎第一大學哲學系博士
- 張光宇　美國加州大學柏克萊校區語言學博士
- 張炳陽　國立臺灣大學哲學研究所博士
- 陳秀蓉　國立臺灣大學理學院心理學研究所臨床心理學組博士
- 陳思賢　美國約翰霍普金斯大學政治學博士
- 陳清秀　美國喬治城大學訪問研究、臺灣大學法學博士
- 陳鼓應　國立臺灣大學哲學研究所
- 曾永義　國家文學博士、中央研究院院士
- 黃光國　美國夏威夷大學社會心理學博士
- 黃光雄　國家教育學博士
- 黃昆輝　美國北科羅拉多州立大學博士
- 黃政傑　美國麥迪遜威斯康辛大學博士
- 楊維哲　美國普林斯頓大學數學博士
- 葉海煙　私立輔仁大學哲學研究所博士
- 葉國良　國立臺灣大學中文所博士
- 廖達琪　美國密西根大學政治學博士
- 劉滄龍　德國柏林洪堡大學哲學博士
- 黎建球　私立輔仁大學哲學研究所博士
- 盧美貴　國立臺灣師範大學教育學博士
- 薛化元　國立臺灣大學歷史學系博士
- 謝宗林　美國聖路易華盛頓大學經濟研究所博士候選人
- 簡成熙　國立高雄師範大學教育研究所博士
- 顏厥安　德國慕尼黑大學法學博士

經典名著文庫155

內時間意識現象學

Zur Phänomenologie des Inneren Zeitbewußtseins

埃德蒙德・胡塞爾(Edmund Gustav Albrecht Husserl)著
倪梁康 譯

經典永恆・名著常在

五十週年的獻禮・「經典名著文庫」出版緣起

總策劃

五南，五十年了。半個世紀，人生旅程的一大半，我們走過來了。不敢說有多大成就，至少沒有凋零。

五南忝爲學術出版的一員，在大專教材、學術專著、知識讀本出版已逾壹萬參仟種之後，面對著當今圖書界媚俗的追逐、淺碟化的內容以及碎片化的資訊圖景當中，我們思索著：邁向百年的未來歷程裡，我們能爲知識界、文化學術界做些什麼？在速食文化的生態下，有什麼值得讓人雋永品味的？

歷代經典・當今名著，經過時間的洗禮，千錘百鍊，流傳至今，光芒耀人；不僅使我們能領悟前人的智慧，同時也增深加廣我們思考的深度與視野。十九世紀唯意志論開創者叔本華，在其〈論閱讀和書籍〉文中指出：「對任何時代所謂的暢銷書要持謹慎

的態度。」他覺得讀書應該精挑細選，把時間用來閱讀那些「古今中外的偉大人物的著作」，閱讀那些「站在人類之巔的著作及享受不朽聲譽的人們的作品」。閱讀就要「讀原著」，是他的體悟。他甚至認爲，閱讀經典原著，勝過於親炙教誨。他說：

> 「一個人的著作是這個人的思想菁華。所以，儘管一個人具有偉大的思想能力，但閱讀這個人的著作總會比與這個人的交往獲得更多的內容。就最重要的方面而言，閱讀這些著作的確可以取代，甚至遠遠超過與這個人的近身交往。」

爲什麼？原因正在於這些著作正是他思想的完整呈現，是他所有的思考、研究和學習的結果；而與這個人的交往卻是片斷的、支離的、隨機的。何況，想與之交談，如今時空，只能徒呼負負，空留神往而已。

三十歲就當芝加哥大學校長、四十六歲榮任名譽校長的赫欽斯（Robert M. Hutchins, 1899-1977），是力倡人文教育的大師。「教育要教眞理」，是其名言，強調「經典就是人文教育最佳的方式」。他認爲：

> 「西方學術思想傳遞下來的永恆學識，即那些不因時代變遷而有所減損其價值

的古代經典及現代名著，乃是眞正的文化菁華所在。」

這些經典在一定程度上代表西方文明發展的軌跡，故而他爲大學擬訂了從柏拉圖的《理想國》，以至愛因斯坦的《相對論》，構成著名的「大學百本經典名著課程」。成爲大學通識教育課程的典範。

歷代經典．當今名著，超越了時空，價值永恆。五南跟業界一樣，過去已偶有引進，但都未系統化的完整舖陳。我們決心投入巨資，有計劃的系統梳選，成立「經典名著文庫」，希望收入古今中外思想性的、充滿睿智與獨見的經典、名著，包括：

- 歷經千百年的時間洗禮，依然耀明的著作。遠溯二千三百年前，亞里斯多德的《尼各馬科倫理學》、柏拉圖的《理想國》，還有奧古斯丁的《懺悔錄》。
- 聲震寰宇、澤流遐裔的著作。西方哲學不用說，東方哲學中，我國的孔孟、老莊哲學，古印度毗耶娑（Vyāsa）的《薄伽梵歌》、日本鈴木大拙的《禪與心理分析》，都不缺漏。
- 成就一家之言，獨領風騷之名著。諸如伽森狄（Pierre Gassendi）與笛卡兒論戰的《對笛卡兒沉思錄的詰難》、達爾文（Darwin）的《物種起源》、米塞斯（Mises）的《人的行爲》，以至當今印度獲得諾貝爾經濟學獎阿馬蒂亞·

森（Amartya Sen）的《貧困與饑荒》，及法國當代的哲學家及漢學家余蓮（François Jullien）的《功效論》。

梳選的書目已超過七百種，初期計劃首爲三百種。先從思想性的經典開始，漸次及於專業性的論著。「江山代有才人出，各領風騷數百年」，這是一項理想性的、永續性的巨大出版工程。不在意讀者的眾寡，只考慮它的學術價值，力求完整展現先哲思想的軌跡。雖然不符合商業經營模式的考量，但只要能爲知識界開啓一片智慧之窗，營造一座百花綻放的世界文明公園，任君遨遊、取菁吸蜜、嘉惠學子，於願足矣！

最後，要感謝學界的支持與熱心參與。擔任「學術評議」的專家，義務的提供建言；各書「導讀」的撰寫者，不計代價地導引讀者進入堂奧；而著譯者日以繼夜，伏案疾書，更是辛苦，感謝你們。也期待熱心文化傳承的智者參與耕耘，共同經營這座「世界文明公園」。如能得到廣大讀者的共鳴與滋潤，那麼經典永恆，名著常在。就不是夢想了！

二〇一七年八月一日 於

五南圖書出版公司

導讀

浙江大學哲學系教授　倪梁康

拖延多年之後，《內時間意識現象學》的翻譯總算是完成了。這本書的翻譯實際上要早於舍勒的《形式主義的倫理學與質料的價值倫理學》。在決定翻譯舍勒的書時，便出於種種考慮而同時決定此後不再翻譯胡塞爾的著作。①其中最主要的考慮是想把目光轉向意識哲學的其他向度。因此，這裡對《內時間意識現象學》的翻譯出版，還是對此決定前的一個承諾的兌現。

很欣慰的是：這個計畫完成後，胡塞爾思想的一個重要部分便透過譯者的翻譯而比較完整地被引入了漢語學術領域。這個部分是理解胡塞爾的一個重要視角。儘管如此，由於胡塞爾的思想資源極爲豐富，這個視角也只能提供窺視他的思想大廈的少數幾個視窗。好在現在有許多致力於胡塞爾翻譯的學者而且成果卓著，②因此自己也就偷得藉口，不準備再每每攀

---

① 譯者補記：在完成本書翻譯和〈導讀〉的初稿之後，收到人民出版社的邀請，翻譯出版《胡塞爾文集》，暫定爲十六卷，計畫於二〇一〇年之前完成出版。由此看來，命運是在刻意地安排我對胡塞爾的現象學要多承擔一些義務。

② 例如中國社會科學院的前輩學者王炳文先生已經譯出幾大本胡塞爾的主要著作：《歐洲科學的危機與超越論的現象學》（商務印書館，二〇〇一年）和《第一哲學》上、下卷（商務印書館，二〇〇六年）。

上胡塞爾的肩膀，首先借他的高度、從他的視角出發來思考問題，而是意圖沿著自己的問題線索往其他可能的方向再走一走。③

回到《內時間意識現象學》。剛才提到的胡塞爾思想的重要視角，與他早期的意識分析的主要意圖有關，尤其也與譯者的胡塞爾翻譯有關。去除零碎的一些胡塞爾文章與文集的翻譯不論，譯者至此爲止的主要胡塞爾著述翻譯爲：《邏輯研究》、《現象學的觀念》、《哲學作爲嚴格的科學》和這本《內時間意識現象學》。它們都是胡塞爾的早期著作，其主要部分再現了胡塞爾從一九〇〇到一九〇七年期間的思想發展，即在超越論現象學的轉向發生之前的基本思考方向，尤其是在《邏輯研究》與《內時間意識現象學》之間所貫穿的一條紅線。

譯者之所以始終割捨不下《內時間意識現象學》，主要也是因爲它與譯者所譯的另一部胡塞爾代表作《邏輯研究》之間存在著內在的聯繫。我們完全可以把《內時間意識現象學》視爲《邏輯研究》的續編。這個說法並非是一個基於譯者個人偏好的杜撰，而是依據了以下明見的事實，即：兩者在內容上有本質上的承接性。在兩本著作中所作的研究幾乎是交錯進行的。

胡塞爾本人在一九〇四／〇五年冬季學期所作的題爲「現象學與認識論的主要部分」哥廷根講座中一開始便說明：

「新近在對我的舊設想的澈底審視中，我便以此方式發現了一些思想序列，

③ 參見本書編者R.波姆的〈編者引論〉。

它們在我的《邏輯研究》中並未得到應有的對待，我當時已經討論過的一些本質難題，在我的這部著作中幾乎沒有被觸及並且沒有得到進一步的研討。甚至整個回憶領域，因此還有**本原的時間直觀現象學**的全部問題，在這部著作中都可以說是處於一種死寂的狀態。我當時無法戰勝這裡所存在的異常的困難，它們也許是整個現象學中的最大困難，而由於我不想事先就束縛自己，因此我便寧可完全保持沉默。」④。

此後胡塞爾在一九〇四/〇五年之所以又再度回到這一課題上並在講座中討論這一問題，原因在於：

「看起來最好的做法是：我們在共同的工作中自己來詳細地探討相關的問題，我們盡自己之所能來追蹤這些問題。只要允許，就至少要把困難與理解的可能性清楚地表述出來，我們始終要弄清眞正的問題何在，如何純粹地把握它們、如何將它們一勞永逸地表述出來。在我作爲作者保持了沉默的地方，作爲教師我卻可以做出陳述。最好是由我自己來說那些尚未解決、更多是在流動中被領悟到的事物。」⑤

④ 參見本書編者R.波姆的〈編者引論〉。

⑤ F I 9/4a-b，參見本書編者R.波姆的〈編者引論〉。

一度與胡塞爾走得最近的M.海德格，也在一九二八年出版的《內時間意識現象學講座》的「編者前說明」中明確地點出了該書與《邏輯研究》的內在聯繫：

「這裡至關重要的是對時間意識的意向特徵的析出和對**意向性**一般的不斷增強的根本澄清。僅這一點——撇開個別分析的特殊內容不論——就已經使得下列研究成爲對在《邏輯研究》中首次進行的意向性之基本昭示的一個不可或缺的補充。」⑥

爲此提供論證的還有芬克，他在爲《哲學家辭典》（柏林，一九三七年）而替胡塞爾撰寫的「自我介紹」條目中寫道：

「在《邏輯研究》之後，胡塞爾的研究致力於將現象學系統地擴展爲一種普全的意識分析學。從一九〇五年關於直觀現象學的哥廷根講座的更爲寬泛之聯繫中，產生出了一九二八年才發表的『內時間意識現象學講座』（由M.海德格編輯出版）。如果《邏輯研究》因其論題而主要將目光朝向自發主動性的意向成就上，那麼在這些『講座』中所揭示的則是純粹被動發生的意向成就，在這些成就中，流動中的意識生活在一種隱蔽的連續綜合中，按照一種嚴格的本質規律性，作爲在時間上存在的體驗流而自爲地構造自身。在這裡

⑥ 參見本書編者R.波姆的〈編者引論〉。

> 開啟了對意向性本質以及對其建構意向蘊涵的諸方式的全新洞察。在這裡已經實施了對所有超越的有效性的澈底排除的方法，但還缺少一種對從純粹現象學上理解的心理學意義上的主體性和超越論的主體性的原則對照。」⑦

凡此種種都表明了一個事實：《內時間意識現象學》的內容無論在其問題發生方面，還是在其邏輯展開方面，都是對《邏輯研究》的直接承續。

除此之外，《內時間意識現象學》之所以至關重要的另一個原因在於，胡塞爾生前僅僅發表過兩部非引論性的現象學著作，一本是《邏輯研究》，另一本就是《內時間意識現象學講座》。它們似乎一同構成了在海德格代表作《存在與時間》標題中所突顯出的兩個最純粹的哲學問題：存在與時間。它們在胡塞爾的哲學意識中就意味著：存在意識（或被意識的存在：Bewußt-sein）與時間意識（Zeitbewußtsein）。

很有意思的是，在一九〇六年完成超越論的轉變之後，胡塞爾在公開發表的著作中便忙於對超越論現象學作方法上的引介和論辯，給人印象是他無暇再顧及實事方面（內容方面）的分析了——至少從他發表其他著作的標題來看是如此。

然而實際情況卻恰恰相反。從胡塞爾未發表的大量文稿來看，他絕大多數的時間仍然奉獻給了現象學的實事性研究。這恰恰符合他所提出的「現象學是工作哲學」的主張。就內時間意識的現象學分析而言，胡塞爾他一生對內時間意識的集中分析主要是在以下三個時期進行的（這裡不去考慮他在其他時間對此問題的斷續的、零碎的思考）：

---

⑦《胡塞爾全集》，第二十七卷，第二五〇頁。

第一階段：一九〇四／〇五年，也可以說一直延續到一九一一年；**第二階段**：一九一七—一九一八年；**第三階段**：一九二九—一九三四年。

一、首先是在一九〇四／〇五年冬季學期，胡塞爾作了著名的「現象學與認識論的主要部分」的講座，其中第四部分在「論時間現象學」的標題下，專門分析內時間意識。實際上，他此前已經對此問題做了十多年的思考，而此後在他的現象學分析也對時間意識問題不斷地有所涉及，此種情況一直持續到一九一一年。

一九一六年，埃迪·施泰因擔任胡塞爾的助手，一年後開始加工處理胡塞爾挑選出來的一批文稿，這些文稿以一九〇四／〇五年「現象學與認識論的主要部分」中時間講座部分的文稿爲主，同時也包含胡塞爾在此前後所寫下的研究文稿。胡塞爾本人也參與了這些處理和加工。雖然埃迪·施泰因很想發表處理後的文稿，但胡塞爾本人一直將它們擱置了下來。

直到一九二六年，在海德格準備在胡塞爾主編的《哲學與現象學研究年刊》第八卷上發表其《存在與時間》一書時，胡塞爾才忽然想到，委託海德格來編輯出版這些十年前由埃迪·施泰因加工處理並謄寫完畢的時間構造研究的文稿。海德格只是仔細地閱讀了這些文稿並在文字上稍加改動便將胡塞爾的文稿交付出版，於一九二八年發表在《哲學與現象學研究年刊》的第九卷上。這裡翻譯出版的《內時間意識現象學》著作的「A編」，便是對一九二八年出版的《胡塞爾內時間意識現象學講座》的考證、修訂後的重印。

一九二八年出版的這部《胡塞爾內時間意識現象學講座》，即這裡「A編」的第一部分，是由一九〇五年關於內時間意識現象學的講座文稿所構成。另一部分，即本書「A編」第二部分，則是「一九〇五—一九一〇年間對時間意識分析的續加和補充」的十三個附錄。

但需要注意的是，埃迪·施泰因的加工處理，現在看來並未充分考慮到——無論胡塞

爾本人還是埃迪·施泰因都沒有顧及到這一點——胡塞爾時間意識研究各個時期的原初語境，而是將它們統一放到了胡塞爾一九一七年的思考層次上。這樣，在經過加工處理後，許多意義關聯便被喪失掉，一些眞正的問題也沒有得到完整的表達。

鑒於此，考證版《胡塞爾全集》，第十卷的編者R.波姆在本書中增加了「B編」，即「表明此問題發展的增補文字」，以此來如實地再現胡塞爾一八七三—一九一一年期間時間意識思考的歷史脈絡與原初語境。這部分文字占了全書五分之三的篇幅。

二、另一次集中而有效的時間意識分析是胡塞爾在一九一七—一九一八年期間進行的。在一九二八年發表的《胡塞爾內時間意識現象學講座》中，海德格已經在「編者的前說明」中預告：胡塞爾「關於時間意識還有進一步的研究，尤其是自一九一七年又再度開始的、與個體化問題相關聯的研究，它們將留待以後發表」。[8]

胡塞爾在這個時期對時間意識做此集中分析有一個外在的起因，即埃迪·施泰因對胡塞爾時間問題文稿的加工處理。她促使胡塞爾放下其他的工作，專心於時間問題的思考分析。這些思考分析是在胡塞爾一九一七—一九一八年在貝爾瑙地區[9]的兩次度假期間[10]完成的，因此也被稱作〈貝爾瑙文稿〉。它在胡塞爾遺稿中的編碼是L，因此也被稱作「L文稿」。這些文稿有兩部分，每個部分由二十一個卷宗組成。它們之中的部分內容已經在一九二八年發表的《胡塞爾內時間意識現象學講座》中得到體現，但大部分內容雖經海德格

---

⑧ 參見本書編者R.波姆的〈編者引論〉。

⑨ 這是德國南部巴符州黑森林地區的一個度假地。

⑩ 一九一七年八月和九月以及一九一八年二月和三月。

預告，在胡塞爾身前卻始終保存未發，一直到二〇〇一年才作爲《胡塞爾全集》，第三十三卷由R.貝耐特和D.洛瑪編輯出版，題爲：「《關於時間意識的貝爾瑙文稿》（一九一七—一九一八年）」。

在胡塞爾於一九二七年交給海德格編輯出版的文稿中，並不包含一九一七—一九一八年的貝爾瑙文稿。海德格之所以知道這個文稿並宣告它即將發表，除了因爲胡塞爾此前在一九一八年致海德格的信中便提到這個時期的工作以外，[11]更重要的是因爲胡塞爾在一九二七年九月同時也請R.英加登，後來又請E.芬克幫助他出版一九一七—一九一八年的貝爾瑙文稿。

胡塞爾本人非常重視這部時間意識現象學的研究，並在給海德格和英加登的信中將這個貝爾瑙文稿稱作「一部巨著」或「我的主要著作」。[12]它在二〇〇一年出版後引起了國際現象學研究界的熱烈討論，因爲其中包含了許多在一九二八年出版的《胡塞爾內時間意識現象學講座》中未曾呈現的內容：一方面，個體如何透過時間意識而產生的問題，亦即被胡塞爾稱作在時間意識分析中的「個體化現象學」的問題，在一九二八年的《胡塞爾內時間意識現象學講座》之後得到了進一步的展開。另一方面是胡塞爾在此對內時間意識現象學中的「前攝」、「期待」和「未來」有集中的分析，改變了人們對胡塞爾時間意識現象學偏重於分析過去，而海德格的時間理解著眼於未來的印象。此外，對「立義形式—立義」模式在時間意識問題上的運用，對本原意識的無窮倒退問題的思考等等，對原河流與自我時間化關係

---

[11] 參見貝耐特、洛瑪，《胡塞爾全集》，第三十三卷，〈編者引論〉，第XXII、XVIII頁。

[12] 同上，第XX頁，注①。

問題的描述等等，也作爲貝爾瑙文稿的重要內涵而引起人們的注意。⑬

所有這些新的內容加在一起，便賦予了胡塞爾的時間意識現象學以一副新的面孔，以至於該書的編者、魯汶胡塞爾文庫的主任R.貝耐特可以用「胡塞爾貝爾瑙手稿中的時間意識新現象學」來稱呼它。⑭

三、胡塞爾對時間問題的最後一次集中深入的探討是在一九二九年十月至一九三四年九月間進行的。現在還很難有把握地確定這次探討的直接起因是什麼。很可能是因爲《胡塞爾內時間意識現象學講座》一書在一九二八年的出版。對於胡塞爾來說，這只是他早期的研究成果，因此他很可能急於想把他在貝爾瑙的進一步的、更爲成熟的思考公諸於世。這樣，從一九二八年起，胡塞爾在他的私人助手芬克的幫助下，對貝爾瑙文稿進行整理加工，以便能夠將它們付諸出版。

由於此間一些報告（「阿姆斯特丹報告」、「巴黎報告」）、文章（《大英百科全書》中的「現象學」條目）和著作（《形式的與超越論的邏輯學》、《笛卡兒式的沉思》）的

---

⑬ 還有，在貝爾瑙文稿中，內在時間對象被胡塞爾標示爲時間的「發生」（Ereignisse），而關於這些內在時間對象的內意識則被標示爲「體驗」（Erlebnisse），這個做法也十分值得關注（參見《胡塞爾全集》，第三十三卷，〈編者引論〉，第XXXVI頁），尤其是如果在這裡的「Ereignisse」概念與海德格一九三六年提出的「Ereignisse」概念之間存在某種內在關聯的話。

⑭ R.貝耐特，〈胡塞爾貝爾瑙手稿中的時間意識新現象學〉，載《中國現象學與哲學評論》，第六輯：《藝術現象學·時間意識現象學》，上海：上海譯文出版社，二〇〇四年，第一一六—一三七頁。——關於貝爾瑙文稿中時間意識分析的較爲集中的討論，還可以參見該書中的其他兩篇文章（第一三八—一九〇頁）。

插入撰寫，「貝爾瑙文稿」的加工整理工作時斷時續。一直到一九三四年胡塞爾開始撰寫《歐洲科學的危機與超越論的現象學》時正式中止。在此期間產生的新文稿被保留在魯汶胡塞爾文庫中。它們在胡塞爾遺稿中的編碼是C，因此也被稱作「C文稿」，共有一七個卷宗。

胡塞爾在此段時間的時間意識分析工作中曾有過最樂觀的時期。那時他甚至設想並在信中提到要將「貝爾瑙文稿」與「C文稿」分兩卷出版。[15]但如前所述，胡塞爾身前還是沒有能夠將「貝爾瑙文稿」公開發表，它們最終是作爲《胡塞爾全集》第三十三卷出版於二〇〇一年，而新產生的「C文稿」則是作爲《胡塞爾全集——資料編》第七卷，由迪特·洛瑪編輯，新近出版於二〇〇六年。

胡塞爾於一九二九至一九三四年這段時間就時間意識現象學所做工作的目的在於，「對由《內時間意識現象學講座》（一九〇五／〇六年）開始，在『貝爾瑙文稿』中得到繼續的時間構造的所有階段進行一個全面的分析」。[16]如果說，《內時間意識現象學講座》和「貝爾瑙文稿」的主要意圖是對內時間意識結構的分析，即把握當下的「滯留、原印象、前攝」的形式結構，那麼「C文稿」的主要目標和大部分內容就在於：「研究在具體的、活的當下中的自我時間構造，並且澄清在從主體的延展和持續生動流淌著的當下向客觀的、共同體地被構造的時間過渡過程中的所有構造階段」。[17]

---

⑮ 參見洛瑪，〈編者引論〉，《胡塞爾全集——資料編》，第七卷，〈編者引論〉，第XIV頁。

⑯ 同上，第XIV頁。

⑰ 同上。

現在還不能肯定，這些研究在多大程度上影響了胡塞爾隨後在《危機》書中提出的歐洲科學批判以及生活世界理論。但基本上可以肯定的是，這些「C文稿」的內容與在《笛卡兒式的沉思》中討論的主體間性問題，亦即共同體問題息息相關。

回顧一下胡塞爾一生中的這三個時間意識現象學分析的階段，我們會發現一個令人詫異又讓人深思的事實：在內時間意識或時間構造這個極爲重要的現象學問題的分析上，胡塞爾從未對自己的思考努力感到完全滿意過。無論是埃迪·施泰因，還是海德格，或是芬克，都沒有能夠透過自己的努力、透過對文稿的整理和加工而使得胡塞爾相信自己的時間研究可以付諸於公眾。若不是海德格對待胡塞爾時間意識文稿的「泰然任之」，胡塞爾很可能一生都沒有出版一部關於時間意識分析的論著！我們後人所面對的就會是他的三部「未完成交響曲」！

從以上的論述已然可以猜測到，要想對胡塞爾內時間意識現象學理論作一個整體的、系統的介紹，直至今日仍然是一件十分困難的事情，除非我們對他三個時期的思想發展都有深入精到的研究。譯者自忖學力不逮，故未敢造次。至於面前這本《內時間意識現象學》的內容，譯者將另擇機會再作大致介紹，這裡便不再繼續展開。在一部重要著作中加入自己的長篇引論，這個做法至少有悖於自己的原則。這類引論可能會有助於讀者，但更有可能會有害於讀者。所以在《現象學的觀念》之後，我就放棄了這種做法，自認爲把解釋的權利留給讀者更好。

最後還有一點感想：經常有學生問到「胡塞爾現象學」與「康德現象學」的區別。我想，如果不只是泛泛地討論這兩個偉人的整體哲學觀念與方法，那麼從《邏輯研究》和《內時間意識現象學》中便可以看到最爲具體的答案。這不僅是胡塞爾有別於前人的（笛卡兒、康德等等）超越論哲學的地方，甚至也是他有別於佛教唯識學的地方——儘管在這些學

說之間存在著許多哲學觀念和方法方面的相似性甚至相同性。

＊＊＊

還需要作一些技術方面的說明：

一、本書是根據《胡塞爾全集》，第十卷（E. Husserl: *Zur Phänomenologie des inneren Zeitbewußtseins* (1893-1917), hrsg. von Rudolf Boehm, Den Haag, Martinus Nijhoff 1966）譯出。除了這個全集本以外，譯者還參照了這本書的兩個單行本：其一是M.海德格編輯，一九二八年出版的《胡塞爾內時間意識講座》（E. Husserl: *Vorlesungen zur Phänomenologie des inneren Zeitbewußtseins*, hrsg. von M. Heidegger, Max Niemyer Verlag Tübingen 1980, 2. Auflage），這個版本也就是發表在《哲學與現象學研究年刊》，第九卷上的文字，它構成《胡塞爾全集》，第十卷的A部分。其二是由R.貝耐特編輯，一九八五年出版的《內時間意識現象學文本》（E. Husserl: *Texte zur Phänomenologie des inneren Zeitbewußtseins* (1893-1917), hrsg. von Rudolf Bernet, Felix Meiner Verlag Hamburg 1985），這個版本實際上是對《胡塞爾全集》，第十卷B部分的單獨印刷，但在文字和文字考證上做了一些修訂，並在正文前加有編者的長篇引論。

此外，譯者在翻譯時也參考了K.黑爾德選編並加引論，出版於一九八六年的《生活世界現象學——胡塞爾文選第二部分》（*Phänomenologie der Lebenswelt. Ausgewählte Texte Husserls II*, hrsg. von K. Held, Reclam Verlag Stuttgart 1986），這個版本是從《胡塞爾全集》，第十卷，A部分中選出的文字，約占A編的三分之二篇幅。

二、註腳中未加任何說明的是胡塞爾的原注。加有「——編者」的是《胡塞爾全集》，第十卷編者R.波姆所加的說明。加有「——新編者注」的是《內時間意識現象學文本》編者R.貝耐特的說明（大多是修訂說明），也有極少數幾個是K.黑爾德所作的說明。加有「——譯者」的則均爲譯者所作的說明。

三、翻譯時參考了John Barnett Brough的英譯本：*On the phenomenology of the consciousness of internal time* (1893-1917)。英譯者對原作的一些改動有些被納入中譯本，並在譯者的譯注中得到說明。

四、文中的方括號是編者或譯者加入的，也就是說，它們標明的是原先在胡塞爾的文稿中沒有的內容。補充的理由一般有兩種：或是因爲胡塞爾的漏寫而需要添加，或是出於修辭的需要而添加。大小章節標題中的圓括弧則都爲編者所加，主要用來標明附加的標題。

五、在書中列出的邊碼，前面部分（即A部分）加了方括號，這是一九二八年出版的《胡塞爾內時間意識講座》的原來頁碼，即《哲學與現象學研究年刊》，第九卷的頁碼。《胡塞爾全集》，第十卷也以邊碼的形式再現了這個頁碼。後面部分（即B部分）的邊碼，則是《全集》，第十卷的頁碼。

***

關於時間意識現象學的分析，譯者在南京大學哲學系和中山大學哲學系都曾給研究生開設過「胡塞爾內時間意識現象學講座」原著選讀的課程。在這裡首先要對參與課程的同學表達誠摯的謝意！

這裡要特別感謝我的博士研究生肖德生！他的論文以胡塞爾時間意識現象學爲題。在撰寫論文期間，他仔細閱讀了我的譯稿並指出了其中存在的許多問題，使得其中隱含的錯誤得以有效地減少。

二〇〇七年四月於廣州

目次

第二部分　一九〇五—一九一〇年間對時間意識分析的續加和補充

B　表明此問題發展的增補文字

編者引論

在一九〇六年九月二十五日的一則日記中，胡塞爾作了如下的筆記：「我們不僅需要有對目的、路線、準則、方法的認識，以及需要有對其他認識與科學之執態（Stellungnahme）的認識。我們也需要有實際的貫徹。我們必須踏上這些道路本身。我們必須一步一步地解決個別的問題。在這裡首先需要一步一步地探討理性現象學，並且在此基礎上實際地澄清在兩方面的原理和基本概念的形式中的邏輯理性與倫理理性。

這裡的首要問題是一門感知、想像、時間、事物的現象學的問題。

在一九〇四/〇五年冬季學期關於『主要部分』的講座中，我提供了一個最初的、還極不完善的系統論述之設想。但此前就有一些誤以爲已經可以付印的、至少經過了純粹加工的一八九八年論文，這些是我的這個講座的基礎，必須將它們再看一遍；必須把其中有用的內容取出來，其餘的則拋開或撇開。此外還有一大批的附錄，探討的往往是難題。

與此相關，我也做過關於**注意力的現象學**的嘗試，然而還是缺少一門空間現象學，儘管我在一八九四年就已經想啟動它，並且做了各種嘗試（但沒什麼可用的內容）……」①

---

① 埃德蒙德·胡塞爾，〈私人札記〉（Persönliche Aufzeichnung），瓦爾特·比梅爾（編），載《哲學與現象學研究》（*Philosophy and Phenomenological Research*），第十六期，一九五六年，第二九八頁。——

緊接著，胡塞爾在另一處提到在他「準備最多的工作」中「有一個關於**感知**、**想像**、**時間**的非常全面的著作」。②

在那些「誤以爲已經可以付印的、至少經過了純粹加工的一八九八年論文」中，即按胡塞爾在筆記中所說的構成一九〇四/〇五年講座之「基礎」的論文中，包含著重要的殘稿——這些論文大都是胡塞爾寫在對開本上的手寫文稿；③其中有幾頁是更早時期的關於時

一門「事物現象學」的問題在一九〇四/〇五年冬季學期的講座中基本上始終被放在一邊；只是在一九〇七年的夏季學期「出自現象學與理性批判的主要部分」的講座——胡塞爾也將它稱作「事物講座」（Ding-Vorlesung）——中，這些問題才得到系統的處理。這個講座的關於「現象學的觀念」的前「五講」由瓦爾特・比梅爾編輯，已經作爲《胡塞爾全集》的第二卷出版；這個講座隨後的主要部分之手稿以F I 13的標號被保存在魯汶胡塞爾文庫中。——胡塞爾最初「關於空間的哲學嘗試」產生於一八八六至一八九四年間，這些文字已有所散失，現被存放在K I 50的卷宗中。而後胡塞爾主要是在剛剛提到的一九〇七年夏季學期講座中，緊密結合事物構造問題對空間構造的問題進行了探討。這個夏季學期講座的文稿（F I 13）也爲埃迪・施泰因於一九一七年所做的一份「加工稿」提供了主要的文字基礎，胡塞爾爲此加工稿加了一個標題「系統的空間構造」。埃迪・施泰因的這份手稿現存於魯汶胡塞爾文庫，標號爲M II 3V。（這份手稿以後作爲「補充文字」發表在《胡塞爾全集》的第十六卷《事物與空間》中。——譯者補注）

② 胡塞爾，〈私人札記〉，同上書，第二九九頁。

③ 在K I 66中是「關於感知的舊文稿，一八九八年」，而在K I 65中是「感知，一八九八年九月」；在K I 63中是「注意力、興趣，舊文稿，還是前現象學的」，大約產生於一八九七—一八九八年之間，而在K I 64中是「注意力，一八九八年九月十二—十八日」；在K I 67中是產生於同一時期的「想像、符號」，帶有一直延續到一九〇四年的一些附錄。

間問題的札記，胡塞爾在封面上作了如下的描述：「發生學方面的（在這些月刊論文之前所作的舊文章）約一八九三年」。[4]

胡塞爾在一九〇四／〇五年冬季學期所做的這個哥廷根講座題爲「現象學與認識論的主要部分」。正如完整的標題所示，這些講座包含了以下四個主要部分：

㈠「論感知」。

㈡「論注意力、特殊意指等等」。

㈢「想像與圖像意識」。

㈣「論時間現象學」。[5]

爲了說明這些講座的意圖，這裡有必要詳細地重現胡塞爾對這些講座所做的引論：

「我曾預告現在開始的這些講座的課題是『現象學與認識論的主要部分』。開初時我所留意的僅僅是更高的智性行爲，即所謂『判斷理論』的領域。在與我的學生一起工作的同

---

④ K I 55。參見本書第一九五頁起，標號爲「1」（邊碼137-151）的增補文字中所重現的這些文稿的部分以及文字考證的注釋。

⑤ 在魯汶胡塞爾文庫中，這四個主要部分被保存在下列卷宗中：「論感知」（F I 9/3a）連同一個對此講座的簡短引論，保存在F I 9/4-48中；「論注意力、特殊意指等等」（F I 9/68a），零碎地保存在A VI 8 I/23-24中；「想像與圖像意識」（F I 8/1a），保存在F I 8/4-17中；「論時間現象學」（F I 6/2a），大部分保存在F I 6中，個別頁張保存在F I 8/90-96中。（這些文稿以後在《胡塞爾全集》的第三十八卷《感知與注意力》與第二十三卷《想像、圖像意識、回憶》中得以發表。這裡的引文引自第三十八卷的第三－四頁。——譯者補注）

時，我考慮對在這些廣泛而鮮爲人知之區域中的那些根本還未得到表述的各種問題進行探討，嘗試進行解答，或至少與你們一起透澈地思考解答的可能性。但在對相關資料做預先處理的過程中，我很快便明察到，不僅是出於教學方面的原因，而且首先是出於實事方面的原因，我需要對素樸的、處於最底層的智性行爲進行探討。當然，我在這裡所說的是那樣一些現象，它們在感知、想像表象、圖像表象、回憶⑥這些較爲含糊的標題下爲人所知，但卻仍然很少得到澈底的研究。只是在最近一段時期，我才猜測到並且有時是略微清晰地注意到：在這裡需要進行如此大量的現象學工作，需要克服如此巨大的困難。而這裡所涉及的是一種必須在最嚴肅的意義上稱之爲基礎性的工作，這裡所說的基礎性，一方面是對於認識論而言，另一方面是對心理學而言。我在《邏輯研究》的第二卷⑦中已經告知了一些與此相關問題之探討的尚不完善的嘗試。對這些問題進行探討的最初啟示是來自我的天才老師布倫塔諾，他於八〇年代中期便已在維也納大學開設了一門使我無法忘懷的講座『心理學與感性學的問題選要』，這個講座在每週兩小時的課程中完全致力於在與感知表象的比較中分析地澄清想像表象。固然，我在此後十年愈來愈糾纏於其中的自己的研究，在根本點上將我引向了其他的道路，而且主要是這些研究使我認識到，問題要比布倫塔諾當時所看到的還要複雜得多、困難得多。但我當時還無法系統地、完整地解決這些問題。它關係到現象學問題的內在交織，也關係到現象學問題的這樣一種特性，即現象學問題是無法單獨解決的，必須時而對這些問題、時而對那些問題加以促進，因爲每個澄清這些問題的步驟都會回過來對其他問題

⑥ 文稿中在「回憶」之後原初還跟有「期待」一詞，但用三畫重重地刪除了。
⑦ 《邏輯研究》，第二部分：《現象學與認識論研究》，第一版，哈勒（薩勒河畔），一九〇一年。

做出昭示。新近在對我的舊設想的澈底審視中，我便以此方式發現了一些思想序列，它們在我的《邏輯研究》中並未得到應有的對待，我當時已經討論過的一些本質難題，在我的這部著作中幾乎沒有被觸及並且沒有得到進一步的研討。甚至整個**回憶**領域，因此還有**本原的時間直觀現象學**的全部問題，在這部著作中都可以說是處於一種死寂的狀態。我當時無法戰勝這裡所存在的異常的困難，它們也許是整個現象學中的最大困難，而由於我不想事先就束縛自己，因此我便寧可完全保持沉默。

就我至此爲止所能做的判斷來看，雖然這裡所暗示的一門感知、想像表象、回憶與時間現象學的基本問題也爲其他的研究者們一再地觸及到，但卻沒有以任何方式得到解決。看起來在斯托特與霍奇森那裡（這裡撇開詹姆士不論，我曾讀過他的東西並且受他啟發很大）有一些與我的直觀相近的東西。無論如何，這還不足以讓我能夠簡單地去依據這些研究者，並隨之而在已有的基礎上繼續建構。因此，看起來最好的做法是：我們在共同的工作中自己來詳細地探討相關的問題，我們盡所能來追蹤這些問題。只要允許，我們就至少要把困難與理解的可能性清楚地表述出來，並始終要弄清楚眞正的問題何在，如何純粹地把握它們，如何將它們一勞永逸地表述出來。在我作爲作者保持了沉默的地方，作爲教師我卻可以作出陳述。最好是由我自己來說那些尚未解決、更多是在流動中被領悟到的事物。」⑧

在胡塞爾的工作與反思中，感知、想像、時間這三個問題名稱不斷地結合在一起出現，至少一直延續到一九〇六年所透露的一部「關於**感知**、**想像**、**時間**的非常全面的著作」的計畫。然而，胡塞爾在一九〇四／〇五年冬季學期的講座稿中雖然給三個主要部分（關於

---

⑧ 後面兩句在文稿中是被添加上去的。F I 9/4a-b。

感知、注意力和想像）從頭至尾加了頁碼（從「1」到「125」，帶有幾張夾頁和其他錯誤），但在爲第四個主要部分（關於時間意識）加頁碼時，他卻是以「1」開始的。也許這種做法有其外在的、形式的原因。事實上，這份完整地——只有極少的遺漏——被保存下來的關於前三個主要部分的速記文稿具有一個密切相關地被編撰在一起的形式；然而我們不可能從這些被保存的速記頁面中重構出那份文稿，即胡塞爾在一九〇四／〇五年冬季學期講座中用以探討「時間現象學」的結尾一章所依據的文稿，[9]除非我們可以把一系列僅僅具有筆記和提示特徵的頁面、札記也算作是這個原初的講座稿：所有這些頁面和札記都不能提供一份前後連貫的文字。胡塞爾顯然無法以結束對前三個主要部分之準備的方式來結束對講座的結尾一章（關於時間意識）的準備——而且對前三個主要部分的準備也的確建立在更爲全面的前研究（參見前面）的基礎上。[10]

毫無疑問，「時間講座」文稿之所以沒有像前三個主要部分的文稿那樣在其原初的形式中被保存下來，其首要的和直接的原因也應當在上述狀況中尋找。胡塞爾在隨後的時間裡不僅在這些文稿中加入了附錄和增補，而且他還將原初講座稿中在內容上不足的、也包括只在形式上不足的部分排除出去，將它們拋開，並部分地用更縝密、更緊湊的闡述來取代它

---

⑨ 胡塞爾在一九〇五年二月九日作了第三個主要部分的最後幾講中的一講（參見F I 8/61）；他自己把「時間講座」的日期定在「一九〇五年二月」（參見F I 6/2a）。

⑩ 在這一卷中包含了所有可以用來盡可能完整重構胡塞爾一九〇五年二月「時間講座」原初文稿的要素和提示；參見後面「關於文本的構成」第三八五頁及後頁，尤其參見該處的「縱覽」，第三八七頁及後頁。（「關於文本的構成」沒有收入中譯本。——譯者補注）

們，與此同時，他卻顯然沒有去顧及那些被保存下來的舊札記與加進來的新札記之間在文本上的直接關聯。在這些增補或替代原初講座稿的札記中，有幾個部分被加上了頁碼，有幾個部分則只是簡單地被夾在其中，它們的產生年代一直延續到一九一一年。⑪

保存下來的便是以此方式從一九〇五年時間講座原初文稿中形成的一捆頁面，連同一些雖然在內容上、但並非直接在文字上相關的胡塞爾速記札記，這些札記產生於一九〇五年，至少延續到一九一一年；⑫按照胡塞爾本人在這捆頁面的封面上所作的標示，它們就是曾「交給施泰因小姐處理的文稿」。⑬

---

⑪ 這個結果——推測自一九一七年以來便幾乎沒有變化過——以F Ⅰ6卷宗的全部內容的形態保存下來；此外，在這個F Ⅰ6卷宗的全部內容中也可以發現產生於一九〇四年的準備性札記，可以在一九〇五年的「時間講座」中以及在其進一步的展開中看到對這些札記的運用；這個F Ⅰ6卷宗的全部內容都在這一卷中被重構出來：或者是在主要文字的相關部分中（這裡尤其需要比照「文本考證方面的注釋」），或者是在增補文字中；也可參見「關於原稿頁碼的說明」，後面第四七四頁及後頁。（「文本考證方面的注釋」沒有收入中譯本——譯者補注）

⑫ F Ⅰ6卷宗中有一頁含有一個出自一九一七年的札記；尤其參見對主要文字的第二十四節（第九十六頁（邊碼〔411〕）及後頁）的文字考證方面的注釋。注釋所指頁碼爲原書頁碼，相應的本書頁碼則請參見邊碼，下同。——譯者

⑬ F Ⅰ6/2a。

* * *

從一九一六至一九一八年，埃迪．施泰因曾在弗萊堡擔任胡塞爾的助手。在此期間，她不僅受胡塞爾委託整理他的文稿以及處理其他事務，⑭而且除此之外，她還帶著令人難忘的智慧、驚人的工作能力和值得讚歎的獻身精神，努力透過一種「加工」來使胡塞爾的既有文稿更接近出版的可能。今天已經很難知曉，胡塞爾在這裡賦予他的女助手的究竟是完全確定的任務、確切的指示，還是擴展了的全權和任憑她決定的自由。然而，除了胡塞爾的現存文稿和零星筆記之外，埃迪．施泰因在那幾年裡給羅曼．英加登的信函還爲我們提供了對此合作方式的一個相當清晰的觀察，英加登最近將這些信函扼要地發表出來是一件值得感謝之舉。⑮

埃迪．施泰因在一九一六年和一九一七年首先將胡塞爾的文稿加工成《觀念》的第二卷和第三卷。⑯一九一七年一月十八日，她向英加登敘述說，她向胡塞爾「作了令他驚駭的描

---

⑭ 例如參照第一六三頁、第一七一頁和第一七四頁後面注釋中所標明的出版著作。

⑮ 羅曼．英加登，〈埃迪．施泰因談她作爲胡塞爾助手的工作（特別從埃迪．施泰因的信中摘出，並附有一個評論和導引說明）〉〔Edith Stein on her Activity as an Assistant of Edmund Husserl（Extractes from the Letters of Edith Stein with a Commentary and Introductory Remarks）〕，《哲學與現象學研究》（*Philosophy and Phenomenological Research*），第二十三卷（一九六二年），第一五五—一七五頁。

⑯ 首次作爲《純粹現象學與現象學哲學的觀念》第二卷和第三卷發表，瑪麗．比梅爾（編），《胡塞爾全集》，第四卷和第五卷，海牙，一九五二年。

述：對《觀念》的素材進行處理是如何艱難，以至於他再次表示完全同意將這個樂趣託付給我」。[17]在一九一七年二月十三日的信中，她以一種儘管帶有些許戲謔，但卻明示出此合作之整體風格的語氣談到：「我賦權給自己繼續加工，沒有遭遇異議。」[18]一九一七年二月三日，她強調說，她所做的應當只是「爲大師的工作提供一個基礎」——「只是爲了應對最糟糕的情況，即他根本不再進行修訂」，她才自己「想到來做此事」：「當然，那樣我就得準備進行多年的工作。」[19]而後在一九一七年四月九日，她又寫道：她很想在胡塞爾只是「通讀」一遍她的加工後就「將前兩個部分發表在下一期的《年刊》上」。[20]——對《觀念》第二卷，埃迪·施泰因在一九一八年（或許在一九一九年還部分地）[21]進行了第二次加工。《觀念》第二卷和第三卷的女編者瑪麗·比梅爾在一九五二年初次出版這兩卷時曾說明：「埃迪·施泰因所作的……第一次加工更多是一次謄寫，而這次〈第二次加工〉則作了重要的組合。在被使用的文稿上給出的日期一直追溯到一九〇八年，最遲爲一九一七年。」[22]「可以認爲，胡塞爾挑選了一批文稿，託付給埃迪·施泰因使用。」[23]

---

⑰ 參見英加登，同上書，第一六二頁。

⑱ 同上書，第一六三頁。

⑲ 同上書，第一六四頁。

⑳ 同上書，第一六八頁。

㉑ 參見《觀念》等等，第二卷，由瑪麗·比梅爾編輯，《胡塞爾全集》，第四卷，第四〇〇頁。

㉒ 同上。

㉓ 同上書，第XVII頁。

一九一七年二月二十日，埃迪・施泰因寫信給英加登，說當她為一個月的休假而向胡塞爾告別時，胡塞爾「（令她）非常高興地主動（向她）提出，把第六〔邏輯〕研究的草稿也給她帶上」，㉔在接下來的時間裡，她對這些草稿作了一些處理。

此後在一九一七年七月六日來了這樣一個消息：「最近一段時間我不斷整理新的文稿，剛才還遇到『時間意識』的一組文稿。您最知道，這些問題是多麼重要：對於構造學說和對於與柏格森的分歧，以及在我看來，對於與其他人的分歧，如納托爾普。外在的狀況是有些可悲的：自一九〇三年起的筆記紙條。但我很有興趣試一試，是否可以對它們進行加工；至少它意味著向付印又邁進了一步，即使不知道是否以及何時會出版。這個發現又再度給我的工作帶來一些趣味，此前我曾幾乎決定在十月份放下我的公事包，現在又再度讓我覺得，我在這裡所做的事情並不是無意義的。」㉕還在一九一七年八月七日她便寫道：「上個月我對胡塞爾的時間筆記進行了加工，好東西，但還沒有完全成熟」。㉖看起來至少已經完成了第一次加工，因為埃迪・施泰因首先不再提到「時間筆記」，相反，她在一九一七年八月

㉔ 參見英加登，同上書，第一六六頁。胡塞爾曾試圖對《邏輯研究》第二部分的第六研究進行改寫，對此可以參見英加登對埃迪・施泰因書信表述的說明，同上書，或者參見R.波姆，〈胡塞爾與古典觀念論〉（Husserl et l'déalismus clsssque），載《魯汶哲學評論》（*Revue philosophique de Louvain*），第五七期（一九五九年），第三七四頁，注(74)。

㉕ 同上書，第一七一頁及後頁。

㉖ 同上書，第一七三頁。

二十八日寫道：「我現在處理他的空間構造的筆記，看看可以用它來做什麼」。㉗而後她成功地引起胡塞爾對她的「時間筆記」之加工的興趣：一九一七年九月八日，她在胡塞爾度夏的貝爾瑙發信說：「現在我在大師這裡待三天，正在勤奮地探討時間。」㉘

這個「加工」的結果應當就是一九二八年在胡塞爾的《哲學與現象學研究年刊》（第九卷）中由馬丁．海德格編輯，以《埃德蒙德．胡塞爾的內時間意識現象學講座》爲題發表的內容。這部一九二八年的著作在內容上分爲兩個部分：「第一部分：一九〇五年內時間意識現象學講座」，「第二部分：一九〇五—一九一〇年間對時間意識分析的續加與補充」。㉙關於這個由十三個附錄組成的第二部分，可說的內容不多：一方面是因爲，除了唯一的一個附錄以外，所有其他附錄的底稿都無法找到；另一方面是因爲，在這裡看起來的確放棄了任何方式的處理：這些文字似乎只是被謄寫了下來，並且不連貫地排列在一起。㉚與此相反，對「第一部分」的內容則可以透過與全面保存下來的，並爲加工提供了基礎的胡塞爾文稿的比較而得到如下的確定：㉛

㉗ 同上。——參見前面第XIII頁，注釋一。胡塞爾在埃迪．施泰因的文稿封面上將她對自己的「系統的空間—構造」研究的處理標示爲「施泰因小姐對她所選擇的文稿的謄寫」（M III 3 V/1a）。

㉘ 參見英加登，同上書，第一七三頁。

㉙ 參見後面在這一卷中未加改變而重現的標題，第三頁和第九十九頁。

㉚ 參照後面「關於文本的構成」，第三九一頁及後頁。

㉛ 參照後面「關於文本的構成」，第三八六頁及以後各頁，尤其是該處的「縱覽二」，第三八九頁及以後各頁，以及具體參見對「第一部分」的「文本考證方面的注釋」，第三九三頁及以後各頁。——我們的說明依

埃迪・施泰因談到胡塞爾的「時間筆記」，談到僅僅是「自一九〇三年起的筆記紙條」。事實上，那個出自一九〇五年二月、並在很大程度上受到相關編輯的「論時間現象學」的設想，構成了施泰因所說的「『時間意識』的一組文稿」或胡塞爾所說的「交給施泰因小姐處理的文稿」的基礎。相反，若將一九二八年著作的「第一部分」說成是「一九〇五年關於內時間意識的講座」，那麼，這個說法很難被視為是確切的。這裡需要立即再次著重強調：胡塞爾本人絕沒有將原初的講座稿棄之不顧。當然，除此之外還需注意的是，在他插入的或附加的後期札記中只有一小部分是單純的「筆記紙條」，而更多的則是一些相互關聯地得到闡述的分析。但這個「加工」的最終結果在於：在〈引論〉和第一部分所包含的四五個章節中，只有〈引論〉和一四個章節是完全地，此外還有其他四個章節是部分地回溯到一九〇五年二月的講座稿上；在一九二八年的著作中含有總共八十二張紙中的約四十張紙。相反，在胡塞爾原初講座稿的至少六十二個頁面中，只有三十七個頁面在一九二八年被付印的文字中被使用。即使在這些被使用頁面的文字中也常常只採用了一些段落，或者說，常常有些部分被刪除了。此外，對前面提到的胡塞爾一九〇五年以後的那些札記的使用情況也是如此。首先，出自講座稿的文字與出自此後時期的札記的文字在排列、順序和關聯上都完全沒有變動。與此相反而無關大局的是這樣一些情況：在胡塞爾的個別文稿上作過許多——大都是在內容上無足輕重的——改動；胡塞爾的一些闡述只是在最簡練的總結中得以

據了對一九二八年付印的文字與保存下來的胡塞爾原稿所作的比較。埃迪・施泰因本人的手寫加工部分並未存於魯汶胡塞爾文庫，似乎已經遺失。但所有跡象顯示，在一九二八年付印的文字與在埃迪・施泰因提供的加工文字之間幾乎沒有顯著的偏差；還可以繼續參見本〈引論〉，尤其也可以參見後面「關於文本的構成」，第三九二頁，注釋①。

重現；看起來常常有一些簡短的承接文字是由埃迪．施泰因編撰的，她也力圖在術語上進行統一，並且將全部文字劃分爲各個章節與部分並起草了它們的標題。

因此，根據以上所述，不僅可以得出一個對於明察胡塞爾思路重要意義的說明：在一九二八年著作的「第一部分」文字中，只有一小部分的日期可以確定爲一九〇五年，而大部分的日期都應確定爲一九〇七年，直至一九一一年，甚至一九一七年。除此之外，還會有這樣的問題提出來：一九二八年所發表的「加工」結果在何種程度上可以眞正地被視爲是一個與胡塞爾自己意向完全相符的論述。但在試圖回答這個問題之前，我們必須先結束這個關於一九二八年著作的產生史的報告。

＊＊＊

一九二六年四月，胡塞爾建議馬丁．海德格出版他產生於哥廷根時期，已由埃迪．施泰因加工而準備好的關於「內時間意識現象學」的研究。[32]胡塞爾與海德格當時在巴登黑森林者的托特瑙山度春季假期。借著一次拜訪的機會，海德格向胡塞爾出示他幾近完成，將要題贈給胡塞爾的《存在與時間》文稿。[33]這是引發胡塞爾那個建議的直接原因。海德格

㉜ 我們在這一章中的陳述——除了給明的其他來源之外——特別依據了取自海德格教授先生所做的回憶的資料。需要強調的是：常常有人表達過這類猜測，或者說，常常有流傳甚廣的假設：是海德格促使胡塞爾發表這部著作，或「獲得」他的同意發表這部著作，這個猜測或假設是錯誤的。

㉝ 發表在胡塞爾的《哲學與現象學研究年刊》，第八卷（一九二七年）上，第一—四三八頁，以及特印本。

接受了這個建議，並請胡塞爾理解，他只能在《存在與時間》出版後才能加以實施，而且他不能對胡塞爾的文稿進行仔細的鑽研，因爲他在這段時間裡——直至一九二七年秋——都將在馬堡大學承擔獨自代理哲學課程的重負。因此，胡塞爾也並未將自己的速記文稿（或者說，「交給施泰因小姐處理的文稿」），而是將埃迪·施泰因在一九一七年加工過的手抄稿託付給海德格，而海德格滿足於對埃迪·施泰因文稿的仔細通讀和在文本中的最微小干預，即便胡塞爾看起來並非不歡迎對文本做澈底的處理。[34]這個文本在一九二八年完成，並於同年發表在《哲學與現象學研究年刊》，第九卷上，附有如下一則「編者的前說明」：

編者的前說明

以下對「內時間意識現象學」所作的分析由兩部分組成：第一部分包括一九〇四／〇五年冬季學期的一個題爲「現象學與認識論的主要部分」的四小時講座的最後一部分。《邏輯研究》，第二卷（一九〇一年）是以對認識的「更高」行爲的解釋爲課題的，而在這個講座中所探討的則是「最底層的行爲：感知、想像、圖像意識、回憶、時間直觀」。第二部分則產生於對講座的補充以及直至一九一〇年的新增補的研究。

[34] 一九二八年七月十三日，胡塞爾在給羅曼·英加登的信中寫道：「年刊第九卷，五〇〇頁，即將完成。這卷裡有我的《一九〇五年內時間意識現象學講座》，只是在風格上作了審校，由海德格編輯出版。我連校樣都還未收到。」胡塞爾致羅曼·英加登信的原稿存於波蘭科學院，英加登教授先生友好地將影本提供給魯汶胡塞爾文庫使用。

關於時間意識還有進一步的研究，尤其是自一九一七年又開始的、與個體化問題相關聯的研究，它們將留待以後發表。

貫穿在此項研究之始終的課題，是純粹感覺素材的時間構造和作爲此構造之基礎的「現象學時間」的自身構造。這裡的關鍵點是對時間意識的意向特徵的析出和對**意向性**一般的不斷增強的根本澄清。僅這一點——撇開個別分析的特殊內容不論——就已經使得下列研究成爲對在《邏輯研究》中首次進行的意向性之基本昭示的一個不可或缺的補充。即使在今日，意向性這個表述也仍然不是一個口令，而是一個中心**問題**的稱號。

除了進行一些外部的、與風格無涉的修飾之外，這個文本維持了講座的動態特徵。爲了有益於具體地驗證理解力，也有意保留了對一些**重要**分析的重複，當然這些重複也是一再變換的。

章節的劃分是由施泰因博士小姐在轉抄速記稿的過程中而加入的，部分地與作者所做的邊注相銜接。

目錄和概念索引是由蘭德格雷貝博士先生製作的。

馬堡，一九二八年四月

馬丁·海德格㉟

㉟ 第三六七頁及後頁，載《哲學與現象學研究年刊》，第九卷（特印本第一頁及後頁）；第三六八頁（特印本第二頁）是以「前說明」的第四段第三行開始的。

對這個爲一九二八年著作之發表所作的「（編者的）前說明」的第一段，尤其是對前兩句話，還需要再次回憶一下前面已就埃迪．施泰因的「加工」的「第一部分」與胡塞爾一九〇五年二月講座稿之間關係所必須作出的確定。另一方面，必定可以注意到，在海德格的「前說明」的第一段的提示與前述胡塞爾文稿中對其一九〇四／〇五年「現象學與認識論的主要部分」講座的引論性語句之間存在著相似性。㊱也是基於其他更多的理由，我們不可避免地要產生出這樣一種看法，即：海德格在其「前說明」的第一段、也包括第二段中的說明，同樣還有他關於「講座的特徵」和埃迪．施泰因的單純「轉抄速記稿」的說法，都僅僅依據了胡塞爾的通報。㊲無論如何，在一九二八年四月結束最終完成「前說明」之前，他曾將這篇文稿交給胡塞爾審核過。而胡塞爾那方面以後也在涉及一九二八年著作的內容時多次將其稱之爲「我的關於內時間意識現象學的講座，由海德格編輯出版」，㊳正如他在「施泰因加工稿」產生之前就已經在《觀念》第一卷的一個註腳中所說明的那樣：「筆者的（與時

㊱ 參照前面第XV頁。

㊲ 「施泰因加工稿」產生時，海德格正在服兵役（一九一五—一九一八年），當時他還不認識埃迪．施泰因。

㊳ 《形式的與超越論的邏輯學》，載《哲學與現象學研究年刊》，第十卷（一九二九年）和特印本，第一四六頁注①：「關於時間素材之構造的分析可以參見我的〈內時間意識現象學講座〉，由M.海德格編輯出版。載於這個年刊的第九卷。」在此被引著作的其他兩處，胡塞爾不再說「講座」，而始終說「文章」；例如第二三七頁注①：「即便是『內在』領域也有其構造問題。例如參見在此哲學年刊第九卷中已引用過的文章」，以及第二五三頁注①：「關於這個問題本身……參見已多次引用過的文章，載於這個年刊的第九卷。」

間意識之謎）相關的和久勞無益的努力在一九〇五年從根本上告一段落，它們的結果在哥廷根大學講座中得到了通報。」[39]

＊＊＊

現在我們可以來嘗試回答前面剛剛提出的問題，即：「施泰因加工稿」——亦即一九二八年發表的著作——與胡塞爾的意向是否一致。

首先要說的是，最後提到的「施泰因加工稿」得到了胡塞爾授權，這個事實是無可置疑的：胡塞爾促成了它的發表；他交給海德格出版的底本恰恰也就是埃迪．施泰因的手寫加工稿；他以後多次訴諸於一九二八年的著作，將它當作一部他自己的著作。

此外，從埃迪．施泰因在給英加登的信中可以看出，原初是她主動提出「加工」的，儘管對這項工作，她是「自己賦權給自己……，沒有遭遇異議」（參見前面）。而如果我們剛才記錄了胡塞爾回憶中的某種日期上的延遲，那麼我們也就必須要問：難道他從來就沒有充分地了解過埃迪．施泰因的加工，因而無法知道在這個加工與他自己的札記之間存在一種至少不能說是毫無問題的關係嗎？如果他不了解，那麼這個作者賦權所具有的就只是一種道德價值。但如果他詳盡地追蹤了埃迪．施泰因的工作，那麼就可以注意到，這種在視角方面的推後情況之所以可能，只會是因為他在埃迪．施泰因的闡述中絲毫也沒有感覺到與他自己意向的偏離。因此，除了形式上作者賦權的問題之外，這另一個問題開始變得重要：在此案

[39] 《胡塞爾全集》，第三卷，由瓦爾特．比梅爾編輯出版，第一九八頁注①（在較早的版本中為第一六三頁）。

中，胡塞爾實際參與埃迪·施泰因工作的部分有多少。

通常是埃迪·施泰因向英加登抱怨，胡塞爾對她想要出版他的研究的努力之結果缺乏興趣。在涉及對「時間筆記」的加工時，她沒有作這類抱怨；相反，如前所述，她曾寫道：「現在我在大師這裡待三天，正在勤奮地探討時間。」沒有什麼可以迫使我們去假定：這種探討前後僅有這「三天」而已；反過來倒是可以猜測：在此合作之前，胡塞爾便已經研究了這份由埃迪·施泰因制定的文稿。事實上，在胡塞爾保存的、作爲「施泰因加工稿」之基礎的原本文稿中，也可以找到許多清楚的佐證，說明胡塞爾自己曾將這個加工與他自己的文稿做過比較。[40]這個比較有多深入？這個問題存而未決。

***

對提出問題的回答最終只能由這個新的版本自身來提供，它試圖與這個被勾畫的實際狀態相符合。毋庸置疑，一九二八年的著作是經作者本人賦權的。考慮到這一點，它的文字在這個版本中被放置在前面（作爲A部分），基本上是未加改動地得到重印。[41]僅僅糾正了有些在對照原稿時明顯可以認定的錯誤，撤回了一些加入到文稿文字中的顯然多餘並反會產生

---

[40] 對此更爲詳細的說明可以參見後面「關於文本的構成」，第三九三頁注①。

[41] 「內時間意識現象學講座」的標題也被保留下來（參見後面第一頁；也可參見前面第XXI頁注⑤）。只是在這整卷書的標題中刪去了「講座」二字。

誤導的干預。㊷編者的各個注釋以及一份詳細的文本考證資料提供了對一九二八年第一次印刷與那些文稿之間關係的說明。

但另一方面，接下來（作爲B部分）在本書中得以付印的是一些大都以速記方式記錄下來的胡塞爾文稿的原本文字，完整地包括「『時間意識』的一組文稿」，即那批曾「交給施泰因小姐處理的文稿」，此外還有產生於一八九三年至一九一一年底這個時間段的原本文字，施泰因可能對這些文字並不知曉。㊸這些原文的排列順序盡可能地依照了它們寫作時間的先後。㊹而透過對這些被保存在文稿中並在本書中得到付印的原文的研究，我們還是可以覺察到，在一九二八年著作中所能得出的「施泰因加工稿」之結論與胡塞爾的特有思路以及他的最本己的問題域之間尙有一定的距離。當然，一篇公開發表的、試圖引領讀者的論文所具有的思路，必定會或可能會不同於思想者在能夠對此作出教導性傳訴之前所實際走過的思路。固然，埃迪．施泰因曾竭盡全力，盡可能將胡塞爾所獲得的無疑義的研究結論公布於衆，將這些結論仔細地分離於那些仍然還是有問題的結論——這幾乎不言自明的。然而埃迪．施泰因當時也根本不可能考慮像本書（B部分）所做的那樣，以忠實於原稿的方式出版

㊷ 除此之外也考慮到了在一九二八年著作中就已經附加的「勘誤」表。對此還可以進一步參見後面「關於文本的構成」，第三八五頁及後頁。（「關於文本的構成」與「文本考證方面的注釋」一起構成本卷的「文本考證附錄」。這個附錄沒有收入中譯本。——譯者補注）

㊸ 另一方面，有幾個爲埃迪．施泰因在她的加工稿「第一部分」中所用過的胡塞爾札記無法以其原初的形式重現，因爲在魯汶胡塞爾文庫中沒有這些文稿。它們可能主要是胡塞爾一九一七年的札記。

㊹ 參照後面「關於文本的構成」，第四四三頁及後頁。

胡塞爾的文稿。甚至胡塞爾之所以在延遲十年之後才決定發表一九一七年的加工稿，有可能就是因爲他明察到了在對一部——最終還有要由他本人來負責的——著作本身的要求上所存在的必要妥協。儘管如此，胡塞爾的札記是與其問題域相一致的，在經過埃迪·施泰因的集中和編輯之後，它們多方面地失去了其原初的語境，因而也喪失了它們的一些意義關聯。一方面，在一九二八年的著作中，眞正的問題沒有得到完整的表達；另一方面，得到表達的內容則由於對這個問題域的疏忽而在某些方面變得抽象，最後，在這種抽象中便有可能形成一種無法理喻的雜亂無章。㊺

㊺ 在對這個版本的初期準備過程中，筆者與當時索邦學院的助教亨利·迪索每隔一段時間都會有通信往來，他當時正在從事《內時間意識現象學講座》（根據一九二八年的著作文本）的法文翻譯。在對文本進行仔細研究的過程中，他遭遇到一些不確定的和雜亂無章的狀況。在他向筆者指出這些狀況後，筆者常常可以根據胡塞爾留存文稿的原初文字和上下文而向他作出澄清。有一次，在了解了一九二八年的著作與作爲其基礎的胡塞爾札記之間關係的最一般梗概之後，迪索在文本考證工作之前便作出了一個重構原初文本關聯及其編年史的嘗試，他的猜測後來幾乎完全地被證明是確切的。帶著他的這些經驗和發現的印象，迪索得出了對一九二八年著作之價值的一個極爲不利的判斷，並且在埃迪·施泰因對其構形的貢獻方面得出了一個走得相當遠的結論。他並未向第三者隱瞞他的這個判斷和他的這些推論，儘管他與筆者在這一點上是完全一致的，即：在本書編輯的前工作沒有結束之前必須避免任何公開的表態。在迪索過早地去世之後，他的老師P.-M.舒爾教授在一篇緬懷文字和其他地方談到了迪索在上述意義上，向他做的一些口頭通報。這又再度促使羅曼·英加登教授發表了在此引論中多次被引述的文字（參見前面第XIX頁注②），以便在面對不合理的指責時保護埃迪·施泰因。事實上沒有理由對埃迪·施泰因進行傷害性的指責，而且這也完全遠離迪索的本意。但她的工作與胡塞爾的意向之間的關係是有問題的，這一點始終是顯而易見的。

對此我們只還需要舉一個例子來加以說明。這裡要順便提一下，至關重要的目光並不是對「施泰因加工稿」的批評目光，而必須是朝向實事本身的目光，但在這方面就應當給出胡塞爾本人的話語。我們將會詳細地引用胡塞爾的文稿和著作——盡最大可能不做任何詮釋。我們要選擇一個寬泛的例子。

＊＊＊

在胡塞爾《純粹現象學與現象學哲學的觀念》第一卷的第八十一節中可以讀到：「時間……如在稍後的研究中將要指出的，是一個完全**被界定的問題域**的名稱，而且這是一個極爲困難的問題域。我們將指出，我們先前的論述在某種程度上對一整個的向度（Dimension）都保持了沉默，並且是必然地需要保持沉默，這樣才能夠不受迷惑地首先獲取那些唯有在現象學觀點中方可見的東西，獲取那些在不考慮新向度的情況下構成了一個封閉研究域的東西。我們透過還原而得以析出的超越論的『絕對』，實際上並不是最終的東西，它本身是一個在某個深層的和完全獨特的意義上建構自身的東西，而且它的原源泉是在一個最終的和眞正的絕對者之中。」[46]任何一個在《觀念》中進行的「排除」都沒有像這個「排除」這樣令人感到陌生：胡塞爾承認，「現象學的基本考察」[47]「對一整個的向度都保

---

[46]《胡塞爾全集》，第三卷，第一九七頁及後頁（在較早的版本中爲第一六二頁及後頁）。

[47] 如所周知，這是《觀念》，第一卷，第二篇的標題，尤其是第八十一節的這個說明必定要涉及這個標題。

持了沉默」。什麼樣的向度？它試圖論證一個「絕對的存在」——「意識」的存在，[48]但它避免這個「最終的和眞正的絕對者」的「向度」。它明確地和詳盡地論證多重的「還原」，但卻將最基本的向度默默地放在一邊。而胡塞爾對此給出了什麼樣的理由呢？對那個源泉向度的考察「保持了沉默，並且是必然地需要保持沉默，這樣才能夠不受迷惑地首先獲取那些唯有在現象學觀點中方可見的東西」。原來，並不是期望回溯到「最終的和眞正的絕對者」的向度上，而是擔心無法避免的迷惑？

在這裡之所以擔心受到迷惑，並不是因爲這樣的原因，例如作者尚未成功地回溯到那個基本向度中並且在其中確定方向；[49]相反，胡塞爾在這裡隨即便於一個註腳中談及「時間意識之謎」：「筆者的相關的和久勞無益的努力在一九〇五年從根本上告一段落，它們的結果在哥廷根大學講座中得到了通報」。[50]當然，以上所作的陳述以及在本卷中所通報的文字顯示：「一九〇五年」這個日期是在胡塞爾記憶中的一個距離遠近方面的延遲之結果。「筆者的相關的和久勞無益的努力」是在約一九〇九年才眞正「從根本上告一段落」。但似乎也就是在這個時期已經宣告了胡塞爾的決定：在一個「純粹現象學的一般引論」[51]中先繞開

---

[48] 參見《觀念》，第一卷，第四十九節。

[49] 不同於前面所重現的、在對一九〇四/〇五年冬季學期講座的引論性語句中爲胡塞爾所描述的《邏輯研究》時期的狀況：「我當時無法戰勝這裡所存在的異常的困難，它們也許是整個現象學中的最大困難，而由於我不想事先就束縛自己，因此我便寧可完全保持沉默」；參見前面第XVI頁。

[50] 第一九八頁（在較早的版本中爲第一六三頁），注①。

[51] 這是《觀念》第一卷的標題。

這裡——在對時間意識之謎的研究中——所發現的東西。在預告爲「認識現象學引論」的一九〇九年夏季學期講座中——《觀念》的思路最初是在這裡大致地採納了在該書中所選擇的闡述形態——，胡塞爾便已就有關時間意識被給予性的「客觀有效」陳述之可能性說了這樣的話：「可以肯定的是，它們（這些陳述）不能在一門現象學的開端上被作出。」[52]爲什麼不能？顯而易見，令人不得不產生對那種迷惑之擔心的並不是這個「向度」的模糊性，而更多是業已獲得的對這個向度的明察。究竟是什麼樣的迷惑？迷惑的威脅究竟來自哪裡？

前面所引的《觀念》，第一卷，第八十一節的標題是「現象學時間與時間意識」，它隸屬於該書的一個引向現象學「最重大問題」的篇章，即「**功能問題**或**意識對象的構造**問題」。[53]這一章的最後一節（第八十六節）便是全部用來討論這些問題的，此前的第八十五節則引入了對**感性**原素（ὕλη）與**意向**立形（μορφή）的區分。[54]而這一節是以一個提示開始的，可以猜測這個提示既說明了對時間意識之謎保持沉默的動機，也說明了對在前幾節中保持沉默之承認的動機，一個對被擔心的迷惑的提示：「我們還將進一步束縛在這個考察階段上，不是下降到最終的、建構所有體驗時間性的意識之昏暗深處，而是如此地接受體驗，一如它們作爲統一的時間性進程在內在反思中所自身呈現出來的那樣，在這個考察階段上，我們必須區分：

[52] F I 17/42a。關於一九〇九年夏季學期的《認識現象學引論》講座可以參見後面第三三五頁，注②。
[53] 第二一二頁（在較早的版本中爲第一七六頁）。
[54] 第二〇七頁（在較早的版本中爲第一七一頁）。

一、所有那些在《邏輯研究》中被稱作『第一性（原生）[55]內容』的體驗。

二、自身含有意向性之特性的體驗或體驗因素。」[56]

胡塞爾隨即又再次強調：「無論如何，在整個現象學領域（即在應當持續堅持的被構造的時間性的階段以內）中，感性原素與意向立形所具有的這種奇特的雙重性和統一性都產生著一個主宰的作用。」[57]

因此，這個「最終的、建構所有體驗時間性的意識」的緘默向度顯然就是那個感性與意向、原素與立形（或按《邏輯研究》的說法：「第一性（原生）內容」或「內容特徵」與「行爲」或「行爲特徵」，也叫做「立義（Auffassen）」與「立義特徵（Auffassungscharakter）」）的「奇特雙重性」不再產生「主宰作用」的向度，並且最終根本不再產生任何可以比擬的作用的向度。與此相反，在「被構造的時間性的階段」上，這個區分是不可或缺的和根本性的。因此，難道這個時間構造的緘默向度不僅僅是這個區分剛巧在其中失效的向度，而更多地是一個需要在其中尋找迷惑的原因，甚至尋找這個區分之消解的原因的向度？而且正是出於這個原因，胡塞爾才對這「一整個的向度都保持了沉默」？

根據胡塞爾在一九二九年《形式的與超越論的邏輯學》一書的結尾一節（第107節c）

---

⑮「第一性」的德文原文是「primär」。在譯者所譯的《邏輯研究》中，這個詞被譯作「第一性的」，相對於「第二性的」（sekundär）；在這一卷中則爲了與後面的正文統一而譯作「原生的」，相對於「衍生的」（sekundär）。兩個譯名的意思是相等的。以下在「編者引論」中均以括弧標出這個相等性。——譯者

⑯第二〇八頁（在較早的版本中爲第一七一頁及後頁）。

⑰第二〇八頁及後頁（在較早的版本中爲第一七二頁）。

中的表述，這個猜測在所有方面都得到了證實：「在心理學和認識論中主宰著一切的素材—感覺主義（即便是在語詞上反對它的人或在這個語詞下面想像它的人，也大都還束縛在它之中）就在於，它用素材來建構意識生活，可以說是將意識生活建構爲完成的對象。在這裡，究竟是把這些素材看做分離的『心理原子』，根據無法理解的事實規律以機械規律的方式來把或多或少能集合在一起的事物加以堆積；還是談論整體和完形質性，認爲整體要先於那些在它們之中不可區分之元素；或是在這個從一開始就存在的對象領域之內就**區分感性素材與作爲另類素材的意向體驗**，這實際上是完全**無關緊要的**。

我們並**非**想要**完全拋棄**最後那個劃分。人們可以作爲本我（Ego）來應對作爲內在經驗對象的內在對象，即作爲內在時間的對象，而這顯然是現象學初學者的第一步。**在這個意義上**，我有意而明確地在我的《觀念》一書中**排除了**內在時間意識的問題，[58]並預示了一個對於此領域中的可能描述而言的相互關聯的大問題域，而且也試圖部分地加以處理。而後在**這個**領域中會必然地產生出作爲本底區別的在**感性素材**與**意向功能**之間的區別」。[59]

這樣就明確地證實了前面剛剛表述的關於在《觀念》中「排除」時間構造向度之原因的猜測。胡塞爾甚至有膽識承認和批評：至少連自己的《觀念》一書都有植根在「主宰著一切的素材—感覺主義」中的假象。在《觀念》中討論的「大問題域」，乃是立足在對感性素材

---

[58] 在這裡（第二五三頁，注①）有一個註腳：「參見同上書（即《觀念》，第一卷），第一六三頁（即《胡塞爾全集》，第三卷，第一九八頁），關於這些問題本身參見已多次引述的《年刊》第九卷上的文章。」

[59]《形式的與超越論的邏輯學》，同上書，第二九二頁及後頁。除了最後一句中「感性素材」與「意向功能」這幾個字爲粗體以外，其餘的粗體均爲筆者所加。

和意向體驗之間的區分之上的，胡塞爾僅僅說是不要「**完全拋棄**」這個區分。而儘管在引文的最後一句中還提到「本底區別」，這句話也仍然不是在強調堅持這個區分之「本底性」的必然性，而是在澄清，在何種相對的意義上可以將這個區別看做是對一個特定的——不是根本的——領域而言看似「本底的」區別。胡塞爾——在被引證的《形式的與超越論的邏輯學》的這個註腳中——又再度指點參閱「已多次引述的《年刊》第九卷上的文章」。

事實上，在一九二八年出版的《埃德蒙德．胡塞爾內時間意識現象學講座》的最初幾頁上就可以找到這樣一個簡明扼要的注釋：「因此，『被感覺到』就是一種關係概念的指示。這個概念本身絲毫沒有說明：被感覺到的事物（Empfundenes）是否是感性的事物（Sensuelles），甚至是否是在感覺之物意義上內在的，換言之，這裡並沒有回答，被感覺到的事物本身是否已經構造出來，並且是否是一種完全不同於感覺之物的事物。——**但在這裡最好是把這整個區別都擱在一邊；並不是每個構造都具有立義內容—立義這個典範**」。[60] 在一九二八年發表的這個文本的上下文中，這個注釋給人很濃的附帶性的感覺，它本身也許就「最好是被擱在一邊」。我們將會輕易地證明這一點。然而我們剛剛所涉及的這些胡塞爾的陳述卻迫使我們領悟到：對這個「在感性素材與意向功能之間」看似的「本底區別」的連根拔起，乃是一個根本顛覆性的過程，這個區別不適合被用來「不受迷惑地獲取」整個構造

[60] 參見前面注⑪；粗體爲筆者所加。——沒有找到這個被引用的注釋的底稿，它無疑出自胡塞爾；它甚至有可能被胡塞爾視爲對這個「加工」的「底本」指示，並且根本沒有被採納到這個加工本身中。——也許這裡需要強調：我們絕不是要聲明，所有在一九二八年著作文本中做出相對於胡塞爾文稿的改動都必定歸結到埃迪．施泰因。

問題域的開端，即《觀念》中所說的現象學的「最重大問題」的開端，甚至最終會使得這個開端從根本上顯得可疑——如果在原初的時間意識現象上所關涉的不是某種邊緣現象，而是最終的絕對被給予之物，那麼在「立義內容—立義之典範」方面所關涉的也就不再是在各個不同標誌中的一個標誌，而實際上是胡塞爾的構造問題域原初植根於其中的那個基本區別。[61]

我們不得不詳盡地引述《邏輯研究》來進行證明。第五研究——「關於意向體驗及其『內容』」——的第十四節以最爲透徹的方式闡述了這個「本底區別」的現象學意義：這個區別基本上是「在內容的此在與內容之間的區別，前者是指被意識到的，但本身未成爲感知

---

[61] 第一個估量到在上述胡塞爾注釋中宣告出來的進程之整體影響的人可能是莫里斯·梅洛—龐蒂：「胡塞爾……長期以來根據立義—內容的典範而將意識或意義給予定義爲『賦予靈魂的立義（beseelende Auffassung）』。當他在《內時間意識現象學講座》中認識到，這種功能是以另一種更深層的功能爲前提的，在此更深的功能中，內容預先對立義構成自身，這時他也就邁出了關鍵性的一步。『並不是每個構造都具有立義內容—立義這個典範』（《內時間意識現象學講座》，第五頁注①）。」——《感知現象學》（*Phénoménologie de la perception*），巴黎，一九四五年，第一七八頁注①。——在筆者的啟發下，羅伯特·索科洛甫斯基新近出版的《胡塞爾構造概念的形成》（*The Formation of Husserl's Concept of Constitution*）（海牙，一九六四年，《現象學叢書》（*Phaenomenologica*），第十八卷）便以「立義內容—立義之典範」的開啟與消融作爲闡述胡塞爾構造問題域的主導性視角。也可參見魯道夫·波姆〈兩種觀點：胡塞爾與尼采〉（Deux points de vue: Husserl et Nietzsche），《哲學文庫》（*Archivio di Filosofia*），一九六二年，第三六〇—三六二頁。

客體的**感覺**，後者則是指**感知客體**。對聲音例子的選擇稍許掩蓋了這個區別，但並未取消這個區別。……不同的人可以感覺到同一個事物，但卻可以感知為完全不同的事物。我們自己就將相同的感覺內容這一次做這樣的『**釋義**』（deuten），另一次作那樣的『**釋義**』。……但是釋義本身永遠不能被還原為新的感覺的湧入，它是一個行為特徵，是『意識』的一種方式，是『心緒』的一種方式：我們將它稱作對有關對象的感知。……我認為，沒有什麼比在這裡出現的內容與行為的區別更為高見的了，更特殊地說，沒有什麼比在體現性感覺意義上的感知內容與在立義性的意向意義上的感知行為之間的區別更為明見的了」。[62]

而後胡塞爾闡釋說：「如果將感知與想像表象進行比較，並且再將這兩者與借助物理圖像（繪畫、塑像等等）的表象進行比較，我們就會獲得可以進一步說明這個區別，並且可以使各種不同的行為特徵得以相互襯托的有益例證。但最有益的例證是由表達提供的。如果我們想像，例如，某些形態或阿拉伯圖形首先純粹美學地作用於我們，而後我們突然領悟到，它們可能是一些象徵或文字符號。這裡的區別何在？或者我們來看這樣一種情況：某人關注地傾聽一個他完全不懂的詞，把它當作單純的聲音複合，同時絲毫不知這是一個詞；我們再比較一下這個情況：以後，當他熟悉了這個詞的含義時，他在一段對話中聽懂了這個詞，但並不帶有（對這個詞的）直觀化。相對於那個無思想的語音而言，這個被理解的、但僅僅象徵性地產生作用的表達所多出的部分究竟在哪裡？我們是簡單地直觀一個具體的A，還是將它立義為『一個隨意的A』的『代表』，這裡的區別何在？在這些和無數類似的情況中，行為特徵都發生了變異。所有邏輯區別，尤其是所有範疇形式都包含在意向意義上的邏

[62] 《邏輯研究》，第二卷，一九〇一年，第一版，第三六〇—三六二頁。

輯行爲之中。」[63]

行爲特徵是指「釋義」、「立義」或「統覺」的行爲特徵：「對我們來說，統覺就是在體驗本身之中，在它的描述內容之中相對於感覺的粗糙此在而多出的部分（Überschuß）；它是這樣一個行爲特徵，這個行爲特徵可以說是賦予感覺靈魂，並且使我們可以感知到這個或那個對象之物，例如看到這棵樹，聽到這個鈴響，聞到這個花香等等……」

「從這些被考察的例子來看，我認爲這也是明見的：事實上存在著本質不同的『意識方式』，即本質不同的與對象之物的關係方式；在感知的情況中、在想像表象的情況中、在通常對塑像、繪畫等等之立義意義上的圖像表象情況中，還有在純粹邏輯學意義上的表象情況中，**意向**的特徵都是不同種類的特徵。每一種邏輯不同的、在思想上表象一個對象的方式都有一個意向上的差異性與之相符合。」[64]

現在首先值得注意的是，這個在《邏輯研究》中所「認爲」的「明見性」也充分地規定著胡塞爾一九〇五年二月講座中的時間意識問題的原則性開端。他批判地指出：「布倫塔諾沒有區分行爲和內容，或者說，沒有區分行爲、立義內容和被立義的對象。但我們必須要弄清楚：時間因素應當記在誰的帳上……這是一個什麼樣的因素？它究竟是作爲一個本

---

[63]《邏輯研究》，第二卷，一九〇一年，第一版，第三六二頁及後頁。

[64]《邏輯研究》，第二卷，第三六三頁及後頁。——此外，這些被引述的文字還清楚地指明：應當在哪裡尋找並找到「有益的例子」來證明這個根本區分，它是現象學構造問題域的胡塞爾式「經典」開端的基礎。——顯然還要特別關注這樣一個狀況，即行爲特徵、立義、意向活動、意向對於胡塞爾來說原初就自身表示爲「釋義」（我們將會看到，也表示爲「詮釋」）。

質上爲行爲特徵所固有的差異而屬於行爲特徵，還是屬於立義內容，例如屬於感性內容，倘若我們所觀察的是在它的時間存在中的顏色、聲音？根據布倫塔諾的學說，表象活動本身不可以再分異，在各個表象本身之間，除了它們的原生（第一性）內容之外，不存在其他的區別，這樣就只剩下一種可能性：感知的原生（第一性）內容連續地與一批又一批的想像材料相銜接，這些想像材料是一些在質性上相同、只是在強度和充盈減弱了的內容……這些闡述在許多方面都不能使人滿意」。[65]「即使布倫塔諾現在並未陷入這樣一個錯誤，即以感覺主義的方式將所有體驗都還原爲單純的原生（第一性）內容，即使布倫塔諾甚至是第一個認識到對原生（第一性）內容和行爲特徵之區分的人，他的時間理論仍然表明：他恰恰沒有顧及到這些對其時間理論來說關鍵性的行爲特徵。」[66]而這裡所引述的文字明顯是立足於一九〇五年二月講座稿之上的，它們以此形式處在可以回溯到一九一七年埃迪．施泰因加工稿上的一九二八年的著作中——幾頁之後便是包含著前面所引的那個注釋，它以這樣一句話結束：「並不是每個構造都具有立義內容—立義這個典範。」[67]胡塞爾在這裡贊同地將

---

[65] 參見後面第五十五頁（邊碼〔380〕）。

[66] 參見後面第五十六頁（邊碼〔381〕）。

[67] 僅這個例子——對此還可以添加更多的證明，如後面第XLI頁上引述的第七十三頁（邊碼〔392〕）上的文字——便已經可以充分地說明前面所觸及的「施泰因加工稿」與在胡塞爾文稿中可追溯的那些思路之間的關係。埃迪．施泰因試圖在其加工稿——即一九二八年發表的稿子——的「第一部分」中將一九〇五年二月「時間講座」的闡述以一種提升的方式重現出來，即：將這些闡述提升到在一九〇九—一九一一年期間爲胡塞爾所達到的那些結論的層次上。爲此目的，正如胡塞爾本人也已開始做的那樣，埃迪．施泰因用稍後的札

對「原生（第一性）內容和行爲特徵之本底區分」的發現歸功於布倫塔諾，但批評他一方面沒有將這個區分運用於時間意識的分析，另一方面只是把「時間因素」「記在」原生（第一性）內容的「帳上」。當然，按照布倫塔諾的學說，「表象活動本身不可以再分異」，然而胡塞爾在《邏輯研究》中便已「認爲這也是明見的：事實上存在著本質不同的『**意識方式**』，即本質不同的與對象之物的關係方式」。

但幾年之後胡塞爾便在一個單獨的頁面上做了題爲「原初的時間回移」的筆記。我們十分有把握將它的日期確定在最早一九〇七年、最遲一九〇八年。它帶有以下邊注：「課題：『再現』。對意識－存在者（Bewußtseins-seiende）的感性內容的『體現、再現』。簡言之，它們『就在此，並且一旦在此，便是相應地如此這般被立義的』。」——這個筆記的內容如下：

「我們假定，紅色顯現出來。而它現在是剛剛曾在的（eben-gewesen）。還是直觀性的。那麼一個現時當下的紅色這時可以繼續維持，並且作爲『代表』起作用嗎？用再現理論（Repräsentationstheorie）可以說得通嗎？倘若一個紅色還在此，與較早的紅色在同一個意義上在此，那麼這個紅色就還在延續，頂多是有所減弱，在充盈、強度上有所減少，如此

記——直至一九一七年——來取代原初講座稿的重要部分，並且校正了——主要是在術語上——講座稿的保留部分，最後將整篇文字在一個順序顛倒的聯繫中呈現。然而，那些原則上立足於胡塞爾一九〇五年立場的分析，那些產生於已然透露出這個立場的鬆動，但又原則上還在堅持它的窘迫的札記中的分析，最後還有那些在終於達到清晰性——並且作出或多或少堅定的闡述——的那個時刻所形成的分析——它們在埃迪·施泰因的加工稿中都始終沒有得到清算，有時甚至是毫無關聯地被放在一起。

等等。同樣，如果我們在原初的時間回移中截取一個隨意的相位（Phase），並且詢問，若我們將此減弱視爲一種『內容變動』，則『減弱著的內容』在這裡如何可能是『代表』。

在最早的頁面上曾討論過這個難題。無論如何，這裡有對我的原初看法、對我用被體驗到的『內容』（例如感性內容）來操作並將它們看做是相應地如此這般被立義的再現理論的各種指責。一切都僅僅是立義的區別，它只是與其他被體驗到的和在意識中存在的內容相銜接，並且給它『賦予靈魂』。但這樣一種詮釋有可能是完全站不住腳的，而特殊的任務就是要在這裡創造出完全的清晰性」。⑱

毫無疑問，胡塞爾在這裡作爲他的「原初看法」、他的「再現理論」而加以描述，現在作爲「完全站不住腳的」而加以拒絕的事物，實際上就是前面所引述的在《邏輯研究》中以及在一九〇五年時間講座的原初構想中主宰著的「看法」或「理論」，胡塞爾自己在前面的文字中用它來反對納托爾普，在後面的文字中用它來反對布倫塔諾，而且此外也不言自明地首先用它來反對感覺主義。這裡的本質在於：這個簡短札記的第一段就已經以同樣的方式既反對「一切都僅僅是立義的區別」的命題，也反對「一切都僅僅是內容的區別」的命題，並且因此而宣告了對整個「立義內容－立義之典範」的放棄。我們在前面已經看到，胡塞爾在

⑱ 參見後面「B 表明此問題發展的增補文字」，第48號文字，邊碼318及後頁。重現這個札記的頁面被放在F I 6卷宗的第二個信封之前，這個信封所包含的雖然都是交給埃迪·施泰因處理的札記，但她在加工中沒有對它們做任何使用；參照後面「關於文本的構成」，第三八六頁注②。——關於「曾討論過這個難題」的「最早的頁面」，可以參照例如第46號文字，邊碼310及後頁，以及在它之中所包含的對第15號文字（準確的日期定在一九〇一年十二月二十日上）的回溯指明。

《形式的與超越論的邏輯學》中帶有一個堅定的傾向：不僅將那種「把所有體驗都還原爲原生（第一性）內容」的做法，而且也將那種「區分感性素材與作爲另類素材的意向體驗」的做法看做是「主宰著一切的素材—感覺主義」的特徵。

這個得以重現的札記所表達的也完全不是某個偶發的和暫時的懷疑與想法上的動搖。相反，它在胡塞爾那些年對時間問題的研究序列中——或者說，在固定下這些研究之進程的札記順序中——具有一個明顯的關鍵位置。例如我們只要提及一個與此札記直接相鄰的另一札記[69]即可。這另一個札記的大部分也被收在埃迪·施泰因的加工稿中。[70]根據一九二八年著作的文字，這另一個札記的內容如下：「滯留意識實項地含有關於聲音、關於原生的聲音回憶的過去意識，而且它不能被分解爲被感覺到的聲音和作爲回憶的立義。就像想像—聲音不是聲音，而是對聲音的想像一樣，或者就像聲音想像和聲音感覺原則上是不同的事物，而不是僅僅受到不同解釋、不同立義的同一個事物一樣，原生直觀地被回憶的聲音**原則上**不同於被感知的聲音，或者說，對聲音的原生回憶（滯留）不同於對聲音的感覺。」[71]

但這裡已不再需要其他的引證了，這裡可以並且必須由在這一卷中首次發表的胡塞爾札記自己來說話了——從這些札記的關聯中，那些已於一九二八年發表的文字也可以傳訴出一個新的意義。

最後還需要指出胡塞爾從「立義內容—立義典範」的消融中**所得出**的並且要在此意義上

---

[69] 第47號文字，胡塞爾推測的日期爲一九〇九年，實際上幾乎不會遲於一九〇八年秋；邊碼311-318。

[70] 第十二—十三節，第七十三—七十六頁（邊碼〔392—395〕）。

[71] 參見後面第七十三頁（邊碼〔392〕）；參照邊碼312。

來加以領悟的一個明察：「如果我們現在……考察**建構的**現象，那麼我們就會發現一條**河流**，而這河流的每個相位都是一個**映射的連續性**。但原則上這條河流的每個相位都不能擴展到一個連續的後繼中，即不可能設想這個河流如此地得到改變，以至於這個相位自身伸展到它自身所帶有的統一之中。完全相反，我們原則上必然發現一條持續『變化』的河流。而這種變化的荒謬就在於，它完全就像它所流逝的那樣流逝著，既不能『更快地』，也不『更慢地』流逝。而後，這裡還缺少任何變化的客體；並且只要在每個客體中都有『某物』在前行，那麼這裡所涉及的便不是進程。這裡沒有任何變化著的事物在此，因此也就不能有意義談論某個延續的事物。即是說，在這裡要想去尋找某個在一個延續中不變化的事物，乃是毫無意義的」。[72]這些語句可以歸結為一份約寫於一九一一年的札記，本書的文字便是以這個札記結束的。[73]但在此前不久，胡塞爾在一份可以確定寫於一九〇八年十月一五日至一九〇九年夏季學期之間的札記上寫道：「難道荒謬就在於，時間流被看做是一種**客觀的運動**？是的！另一方面，回憶卻是某種本身具有**它的**現在的事物，而這和一個現在是一個類似聲音的事物。**不是**。根本的錯誤就藏於此。**意識樣式的河流不是一個進程**。**現在**—**意識並非本身是現在的**。與現在—意識『一同』滯留的存在者不是『現在』，不是與現在同時的，否則將毫無意義……

---

[72] 參見後面第四十二頁（邊碼〔369〕）；參照第一一九頁（邊碼〔429〕）和根據一九二八年著作的附錄六，尤其參照第一六〇頁（邊碼〔464〕）及後頁。

[73] 參見第54號文字，邊碼368-382；相應的文字在邊碼370。

這是極爲重要的實事，也許是整個現象學的最重要的實事」。[74]

＊＊＊

筆者在此要眞誠地感謝馬丁．海德格教授先生和路德維希．蘭德格雷貝教授先生提供珍貴的資訊，眞誠地感謝馬文．法伯教授先生友好地同意對《哲學與現象學研究》的引述，眞誠地感謝H. L. 梵．布雷達教授（神父）、《胡塞爾全集》的負責者始終參與這部著作的艱辛準備工作，以及伊索．凱恩[75]在閱讀校樣時提供細心的幫助！但我最想要說的乃是對我早逝的朋友亨利．迪索的一句痛苦而感激的緬懷之辭：他在我的工作一開始便向我提出合理的問題，使我的工作必定受到這些問題的引導。

魯道夫．波姆

魯汶，一九六四年十二月

---

[74] 參見第50號文字、邊碼333及後頁。——我們沒有機會再談論在這本書中發表的文字與出自同一時期的關於《現象學的觀念》的「五篇講座」之間的關係：尤其可以在以上闡述的視角下參照寫於一九〇七年五月二日的「思路」的第十一頁及後頁（《胡塞爾全集》第二卷）。此外，這裡有理由猜測：在第六十七頁及以後各頁上付印的第五講座的文字是一個後補的，而且幾乎不會在一九〇八年之前得到過處理過文字。瓦爾特．比梅爾——他曾指出第五講座的文字在內容上偏離於在「思路」中所給出的總結（參見他所編輯出版的這個版本的第八十七頁）——也認爲這個新的猜測值得考慮。

[75] 伊索．凱恩（Iso Kern），瑞士現象學家和漢學家。中文名爲「耿寧」。——譯者

A

內時間意識現象學講座

第一部分　一九〇五年內時間意識現象學講座①

① 這一部分的文字依據了埃迪・施泰因於一九一七年夏，受作者委託並由作者協助、附加了作者一九〇五—一九一七年的補充和修改記錄而加工過的，並在一九二八年由馬丁・海德格編輯出版的稿本。本卷的編者根據胡塞爾的原稿核對這一部分的文字，並修正一些地方。——編者

引論[②]

對時間意識的分析是描述心理學和認識論的一個古老的包袱。第一個深切地感受到這個巨大困難並爲此而做出過近乎絕望努力的人是奧古斯丁。時至今日，每個想探討時間問題的人都應當仔細地研讀《懺悔錄》第十一篇的第十四章至第二十八章。因爲，與這位偉大的、殫精竭慮的思想家相比，以知識爲傲的近代並沒有能夠在這些問題上做出更爲輝煌、更爲顯著的進步。即使在今天，人們仍得贊同奧古斯丁所說：「沒人問我，我還知道，若有人問我，我想向他說明時，便又茫然不知了（Si nemo ex me quaerat,scio;si quaerenti explicare velim, nescio）。」[③]

當然，我們所有人都知道，時間是什麼；它是我們最熟悉的事物。但只要我們試圖說明時間意識，試圖確立客觀時間和主觀時間意識之間的合理關係，並且試圖理解：時間的客觀

---

② 這個〈引論〉、隨後的第一節至第六節以及第七節的第一段的文字，都立足於一九〇五年講座稿第一至十五頁面上的文字；參照後面「文本考證附錄」中的文字考證說明。——編者（這個附錄由兩個部分組成：「關於文本的構成」和「文本考證方面的注釋」。它們沒有收入中譯本。以下均同，不再一一說明。——譯者補注）

③ 奧古斯丁，《懺悔錄》（*Confessiones*），第十一篇，第十四章。——編者

性，即個體的客觀性一般，如何可能在主觀的時間意識中構造出來，甚至只要我們試圖對純粹主觀的時間意識、對時間體驗的現象學內涵進行分析，我們就會糾纏到一堆最奇特的困難、矛盾、混亂中。

對布倫塔諾的時間分析的闡述可以作爲我們研究的出發點，可惜他從未發表過這些時間分析，而只是在講座中傳布。馬蒂（Marty）曾在他七十年代末出版的論述顏色感覺之發展的著述④中非常簡短地闡述過布倫塔諾的這些分析，而斯圖姆夫（Stumpf）在其《聲音心理學》⑤中也提到過幾句。

[369]

第一節　對客觀時間的排斥

首先要作幾點一般的說明。我們的意圖在於對時間意識進行現象學的分析。正如在進行任何現象學分析一樣，這裡必須完全排除任何與客觀時間有關的設想、確定、信念（排除所有對實存之物的超越預設）。從客觀方面來看，與每個實在的存在和存在因素一樣，每個體驗都在一個唯一的客觀時間中具有其位置——因而對時間的感知體驗和時間表象本身也是如此。也許有人會有興趣去確定一個體驗（包括一個構造時間的體驗）的客觀時間。此外，也

---

④ 安東·馬蒂，《關於顏色感覺的歷史發展問題》（*Die Frage nach der geschichtlichen Entwicklung des Farbensinnes*），維也納，一八七九年，第四十一頁及以後各頁。——編者

⑤ 卡爾·斯圖姆夫，《聲音心理學》（*Tonpsychologie*），第二卷，萊比錫，一八九〇年，第二七七頁。——編者

許這是一項有趣的研究，即確定：一個在時間意識中被設定爲客觀時間的時間與現實的客觀時間處於什麼樣的關係之中，對時間間隔的推測與客觀現實的時間間隔是否相符，或者它們之間的差距有多大。但所有這些都不是現象學的任務，正如現實的事物、現實的世界不是現象學的素材一樣，世界時間、實在時間、自然科學意義上的自然時間以及作爲關於心靈的自然科學的心理學意義上的自然時間也不是現象學的素材。

誠然，如果我們談的是對時間意識的分析，談的是感知、回憶、期望的對象的時間特徵，那麼現在看上去就好像我們已經接受了客觀的時間過程，而後基本上只去研究時間直觀和本眞時間認識的可能性的主觀條件一樣。但我們所接受的不是世界時間的實存、不是一個事物延續的實存，如此等等，而是顯現的時間、顯現的延續本身。但這卻是絕對的被給予性，對它們的懷疑是完全無意義的。當然，我們以後還會接受一個存在著的時間，但這不是經驗世界的時間，而是意識進程的**內在時間**。對一個聲音過程的意識、對我剛聽到的一個旋律的意識指明了一種相互跟隨（Nacheinander），對此我們擁有明見性，而這種明見性使得任何一種懷疑和任何一種否認都顯得毫無意義。

如果我們將時間與空間做一類比，那麼我們就會更清楚地理解這種對客觀時間的排除，因爲在時間和空間之間有一些如此多地受到關注的重要相似性。在現象學被給予之物的領域中包含著空間意識，即「空間直觀」作爲感知和想像而進行於其中的那種體驗。我們睜開眼睛就可以看穿到客觀空間中——就是說（正如反思的考察所表明的那樣）：我們具有視覺的感覺內容，它奠定了空間顯現的基礎，空間顯現是指各種確定的、在空間中這樣或那樣被安置的事物的顯現。如果我們從所有超越的意指中抽象出來，並且把感知顯現還原爲被給予的原生內容，那麼這些內容就產生出視覺領域的連續統，這是一個**擬**－空間的連續統，但不是空間或空間中的一個面積：大致說來，這是一個雙重的、連續的雜多性。我

們可以在這裡發現各種相互並列（Nebeneinander）、相互疊加（Übereinander）、相互蘊含（Ineinander）的關係，可以發現那些完全包圍著這個領域的某一個部分的封閉界線等等，但這些並不是客觀空間的關係。如果我們說，視覺領域的一個點離開這個桌角一米，或者，這個點是在這張桌子旁邊，在這張桌子上面等等，那麼這種說法根本毫無意義。同樣，事物顯現現象當然也不具有一個空間位置或任何一種空間關係：房子－顯現現象不會處在房子旁邊、房子上面，不會離房子一米遠，諸如此類。

類似的情況也適用於時間。現象學的素材是時間立義（Zeitauffassung）、是客觀意義上的時間之物顯現於其中的體驗。現象學來看，被給予我們的還有體驗因素，它們特殊地奠定了時間立義本身的基礎，這些體驗因素也就是一種可能是特殊時間性的立義內容（即被溫和的天賦論稱之爲原初的時間之物的事物）。但在這些因素中沒有任何事物是客觀時間，現象學的分析不會給人們帶來絲毫對客觀時間的發現。「原初的時間域」不是客觀時間的一部分，一個被體驗到的現在，就其自身而論，不是客觀時間的一個點，如此等等。客觀空間、客觀時間以及與它們一起的現實事物和過程的客觀世界，所有這些都是超越。這裡要說明的是，超越的空間和現實並不是一種在神祕意義上的超越，即作爲「自在之物」的超越，而恰恰是指：現象空間、現象的時空現實、顯現的空間形態、顯現的時間形態是超越的。所有這些都不是體驗，而在作爲眞正內在的體驗中可以發現的那種秩序聯繫在經驗的、客觀的秩序中是無法找到的，它們無法被納入到經驗的、客觀的秩序中去。

這樣一門空間之物的現象學還要研究定位素材（即天賦論在心理學的觀點中所接受的那種定位素材），它們構成「視覺感覺領域」的內在秩序，也構成了「視覺感覺領域」本身。這些定位素材與顯現著的客觀地點的關係就像質性素材與顯現著的客觀質性的關係一樣。如果在前一種情況中人們談到定位符號，那麼，在後一種情況中就應當談質性符號。被

[371]

感覺到的紅色是一個現象學的素材，當它被某種立義功能賦予靈魂之後，它就展示出一種客觀的質性；它本身不是一個質性。在本眞意義上的質性，即顯現著的事物的一個屬性，並不是被感覺到的紅色，而是被感知到的紅色。被感覺到的紅色只是模棱兩可地意味著紅色，因爲紅色是一個實在質性的名稱。如果人們在涉及某些現象學的事件時談到這個與那個的「相合」（Dek-kung），那麼必須注意，被感覺到的紅色只有透過立義才獲得一種展示出事物質性的因素的價值，但就其自身來看卻並不包含這樣一種價值在自身之中，並且，展示之物和被展示之物的相合絕不是那種同一性意識意義上的相合，同一性意識的相關項所指的是「這同一個事物」。

如果我們把「被感覺到」稱之爲一個現象學的素材，它透過立義而使一個客觀之物被意識爲切身被給予的，也就是使一個客觀之物被客觀地感知到，那麼，我們在同樣的意義上也劃分「被感覺到的」時間性的事物和「被感知到的」時間性的事物。⑥後者是指客觀時間，但前者本身卻不是客觀時間（或在客觀時間中的一個位置），而是現象學的素材，透過對這些素材的經驗統攝，與客觀時間的關係便被構造出來。時間素材，或者也可以說，時間符號，並不是時態（Tempora）本身。客觀時間屬於經驗對象的關係。「被感覺到的」時間素材並不僅僅被感覺到，它們還帶有立義特徵，而在這些立義特徵中又包含著某些要求和

[372]

⑥ 因此，「被感覺到」就是一種關係概念的指示。這個概念本身絲毫沒有說明：被感覺到的事物（Empfundenes）是否是感性的事物（Sensuelles），甚至是否是在感覺之物意義上內在的，換言之，這裡並沒有回答，被感覺到的事物本身是否已經構造出來，並且是否是一種完全不同於感覺之物的事物。——但在這裡最好是把這整個區別都放在一邊；並不是每個構造都具有立義內容—立義這個典範。

權利，即：它們要求、並且也有權對那些根據被感覺到的素材而顯現出來的時間和時間狀況進行測量，將它們這樣或那樣地置入到客觀的秩序中，區分這樣或那樣的虛假秩序和現實秩序。最後作爲客觀有效存在而構造出自身的就是這一個無限的、客觀的時間，在這個時間中，所有事物和事件、物體和它們的物理屬性、心靈和它們的心靈狀況都具有各自的時間位置，這些位置可以透過測時器而得到確定。

或許這種客觀確定的最後依據在於對各種時間素材之間的區別和關係的確定，甚或在於這些時間素材的直接相應性——在這裡我們對此不做判斷。但無論如何，例如，被感覺到的「同時」不是客觀的同時性，被感覺到的現象學—時間間隔的相同性不是時間間隔的客觀相同性，如此等等，被感覺到的絕對時間素材絕不是對客觀時間的體驗（這也對「現在」這個絕對的素材有效）。把握、而且是對一個內容的明見把握，亦即對一個內容如其所體驗到的那樣進行把握，這樣的把握還不意味著在下列經驗意義上對客觀現實的把握，這個客觀意義就是我們在談論客觀事物、事件、關係，談論客觀空間位置、時間位置，談論客觀現實的空間形態和時間形態等等時所指的那種意義。

讓我們來看一段粉筆：我們閉上眼睛又睜開眼睛。這樣我們便具有兩個感知。我們說：我們兩次看到同一段粉筆。我們在這裡具有在時間上相互分離的內容，我們也直觀到一個現象學的、時間性的相互離散（Auseinander），一個分離，但在對象上卻沒有分離，它是同一個：在對象上是延續，在現象上是變換。所以，在可以客觀地確定一個共存的地方，我們也可以主觀地感覺到一個時間的相繼。被體驗到的內容「被客觀化了」，於是，客體便從被體驗到的內容的材料中以立義的方式被構造出來。但對象不只是這些「內容」的相加或集合，內容並沒有進入到對象中去，對象要比內容多，並且在某種程度上與內容不同。客觀性並不屬於「經驗」並且屬於經驗的統一，屬於自然的經驗規律關係。從現象學上說：客觀性並不

是在「原生的」（primär）內容中，而是在立義特徵中以及在屬於這些特徵之本質的規律性中建構自身。認識的現象學正是在於，澈底地看透這一切並且使它們得到清晰的理解。

第二節　關於「時間起源」的問題

根據這些反思，我們也了解到現象學的（或者說，認識論的）起源問題與心理學的起源問題之間的差異，這裡所說的起源是指所有那些對經驗來說構造性的概念的起源，也包括時間概念的起源。**認識論對經驗可能性的詢問也就是對經驗本質的詢問**；而要想闡明經驗的現象學可能性，我們就必須回到現象學的素材上，在現象學上，被經驗之物就是由這些素材所組成的。只要經驗被「非本眞的」和「本眞的」對立所分裂，並且只要本眞的經驗，即直觀的、最終相即的（adäquate）經驗提供了評價經驗的正確尺度，那麼我們就尤其需要一門「本眞」經驗的現象學。

據此，關於時間本質的問題又回溯到**時間「起源」**的問題上。但這個**起源問題**是針對時間意識所具有的那種原始形態而發的，正是在這種原始形態中，時間之物的原始差異直觀地、本眞地作爲所有與時間有關的明見性的本原來源建構自身。這個起源問題不能與**心理學的起源問題**、**與經驗論和天賦論**所爭論的那個問題相混淆。後一個問題是關於**原初的感覺材料**的問題。人類個體甚至人類種族的**客觀空間直觀和時間直觀便起源於這些感覺材料**。關於經驗發生的問題對我們來說是無關緊要的，我們的興趣在於體驗的對象意義和實項內涵。心理學的統覺將體驗理解爲經驗個人的、**心理物理主體**的心理狀況，它規定著它們之間的關係，無論是純粹心理學的關係，還是心理物理的關係；並且，它從**自然規律**上去探討心理

[373]

體驗的生成、構形和變形，這種心理學統覺完全不同於**現象學的**統覺。我們並不將體驗納入到任何現實之中。我們所關涉的現實性是被意指的、被展示的、被直觀的、被概念地思考的現實性。這在時間問題上就意味著：我們對時間**體驗**感興趣。這些體驗受到客觀時間方面的規定，**它們隸屬於事物世界和心理主體的世界**，並且在這個世界中具有其位置，具有其**有效性**，具有其經驗的存在和生成，但這些與我們無關，我們對此一無所知。相反，我們感興趣的是，在這些體驗中，客觀時間的材料**被意指**。在現象學的領域中包含著這樣一種描述，**即：**描述有關的行爲在意指這個或那個「客觀之物」，更確切地說，在現象學的領域中包含著這樣一種指明，即：指明那些屬於客觀性的各種構造因素的先天眞理。透過我們對時間意識的透澈研究，透過我們對時間意識的本質構造的揭示和對那些可能特屬時間的、本身又實質性地包含著先天時間規律的立義內容和行爲特徵的展示，我們試圖**澄清時間的先天**。當然，這裡所說的時間規律是指這樣一種不言自明的規律，即：確定的時間秩序是一個二維的無限序列，兩段不同的時間永遠不可能同時存在，它們之間的關係是一種不等邊的⑦關係，存在著這樣一種傳遞性（Transitivität），即在每一段時間中都包含著較早的時間和較遲的時間，如此等等。——這個一般性的引論就到此爲止。

[374]

---

⑦ 這裡的「不等邊的」一詞，德文原文是「ungleichseitig」，英譯「nonreciprocal」。中譯「不等邊的」是原義，但並不是在空間幾何學的意義上的不等邊，而更多是指二維時間上「不等長」、「不重合」等等。——譯者

第一章　布倫塔諾的時間起源學說

第三節　原初的聯想

我們現在要嘗試著透過與布倫塔諾時間起源學說的連結來獲得一條通向這些被提出的問題的通道。布倫塔諾相信，在原初的聯想中、在「直接的記憶表象，即一個按照一個毫無例外的規律而與各個感知表象不經任何中介地相銜接的記憶表象的形成」中，①已經找到了問題的答案。如果我們看見、聽見或一般地感知到某物，那麼，按照規律來看，被感知到的事物在一段時間裡對我們來說都始終是當下的，儘管並非沒有變異（modifizieren）。撇開其他的變化不論，如撇開時而以較小的程度、時而以較受關注的程度出現的強度與充盈（Fülle）的變化不論，始終還可以確定另一個尤爲特殊的變化：這個以此方式留存在意識中的事物，對我們顯現爲一個或多或少過去的事物，一個彷彿是在時間上**回移**的事物。例如，當一個旋律響起時，單個的聲音並不會隨著刺激的停止，或者說，不會隨著由它引發的神經活動的停止而完全消失。當新的聲音響起時，前行的聲音並非無影無蹤，否則我們就不能注意到相互跟隨的聲音的關係，我們在每一瞬間就會只具有一個聲音，也可能在兩個聲音

① 這段引文所依據的可能是弗蘭茲·布倫塔諾一個講座的紀錄稿。——編者

[375]

發出之間的間域時間（Zwischenzeit）中具有一個空乏的休止，但永遠不可能有對一個旋律的表象。另一方面，聲音表象在意識中的留存還不僅僅是這種狀況。倘若它們始終沒有變異的話，我們所具有的便不是一個旋律，而是一些同時發出聲音的和音了，甚至更多是一個不和諧的噪音了，一如我們同時敲響所有已經響過的聲音時所聽到的那樣。每個聲音感覺在那個使它得以產生的刺激消失後還從自身中喚起一個相似的，並帶有一種時間規定性的表象，而這個時間規定性在繼續變化，這是一種獨特的變異，只有在這種變異出現時，對一個旋律的表象才會形成，在這個旋律中，單個的表象具有其特定的位置，並且具有其特定的時間量度。

因而這是一個普遍的規律：每個被給予的表象在本性上都會有一個連續的表象系列與之相連結，其中的每個表象都再造著（reproduzieren）先行的表象的內容，但卻是以這樣的方式：它始終把過去的因素附著在新的表象上。

這樣一來，想像在這裡便以獨特的方式表明自己是原造性的（produktiv）。擺在我們面前的唯一情況就是：想像創造了一個實際上是新的表象因素，即時間因素。因而我們在想像領域發現了時間表象的起源。除布倫塔諾以外，心理學家們所做的尋找這個表象的本眞源泉的努力都是徒勞的。其原因誠然在於一種易於理解的混淆，即對主觀時間和客觀時間的混淆，它使心理學的研究者們產生迷惘，並使他們根本看不見擺在這裡的本眞問題。許多人以爲：對時間概念起源的問題的回答無非就是對我們的顏色、聲音等等概念的起源的回答；我們如何感覺一個顏色，我們也就如何感覺顏色的延續；就像質性和強度一樣，時間的延續也是感覺的一個內在因素。外部的刺激透過諸心理過程的形式而引發質性，透過它們的活力而引發強度，透過它們的持續而引發主觀被感覺到的延續。但這是一個顯而易見的迷誤。刺激在延續，這並不是說，感覺被延續地感覺到，而只是說，感覺也在延續。感覺的延續

[376]

（Dauer）和延續的感覺，這是兩回事；演替（Sukzession）的情況也是如此，感覺的演替與演替的感覺並非是同樣的事物。

當然，對於那些想把延續和演替的表象回歸爲心理行爲的延續和演替之事實的人，我們也必須做出這樣的指責。但我們的反駁卻是特別針對感覺進行的。

可以想像我們的感覺在延續，或者相互跟隨，而我們對此卻絲毫不知，因爲我們的表象在自身中不含有絲毫時間規定性。例如，如果我們考察一個演替的情況並且假設：感覺隨著導致它們出現的刺激而消失，那麼，我們便在對時間流程毫無所知的情況下而具有各種感覺的演替。隨著新感覺的出現，我們也就不再具有對早先感覺的曾在狀態的回憶；我們在每個瞬間就都只有關於剛剛產生的感覺的意識，如此而已，別無其他。然而，即便是已產生的感覺的持續也不會幫助我們形成對演替的表象。倘若在聲音演替的情況下，早先的聲音得以如其所是地繼續保留下來，與此同時又不斷有新的聲音響起，那麼我們就在表象中具有各個聲音的同時的總和，但卻不具有各個聲音的演替。這與所有這些聲音都同時響起的情況沒有什麼區別。或者另舉一例：倘若在運動的情況下，一個被運動的物體在其各個位置上毫無變化地在意識中被保持下來，那麼我們就會覺得這個被穿越的空間是陸續地被充實的，但我們不會具有對一個運動的表象。對演替的表象之所以得以產生，僅僅是因爲這個早先的感覺不是毫無變化地僵持在意識中，而是以獨特的方式發生變異，並且是一個瞬間接著一個瞬間地連續發生變異。它在向想像過渡的過程中保留著那個始終變化的時間特徵，因此這個內容便一瞬間、一瞬間地顯現爲一而再、再而三地後移了的。然而這個變異不再是感覺的事情，它不再是由刺激所導致的。刺激產生出當下的感覺內容，刺激消失，感覺也就消失了。但感覺本身現在是創造性的：它產生出一個內容上相同或幾乎相同的、並透過時間特徵而得以豐富的想像表象。這個表象又再度喚起一個始終與它相鄰接的新表象，如此等等。這樣一

[377]

種連結，即一個在時間上變異了的表象與被給予的表象的連結，被布倫塔諾稱作「原初聯想」。與其理論相一致，布倫塔諾最終否認了對演替和變化的感知。我們相信自己在聽一個旋律，即是說，我們相信自己還在聽剛剛過去的事物，然而這只是一種起因於原初聯想之生動性的假象。

第四節　將來的獲得與無限的時間

透過原初聯想而產生的時間直觀還不是對無限時間的直觀。它經歷了一個進一步的構形，並且不僅是就過去而言，透過將來的附加，它獲得了一個全新的分支。在依據瞬間記憶之顯現的情況下，想像在一個過程中構成對將來的表象，這個過程與我們在一定情況下跟隨已知的關係和形式而做出對某些新的顏色種類和聲音種類的表象的過程相似。我們可以在想像中將一段曾為我們在特定的音調中、根據完全特定的音類而聽到過的旋律轉用到其他的狀況上。從已知的聲音出發，我們完全有可能達到我們根本沒有聽到過的聲音。與此相似，想像從過去出發而構成對將來的表象，即對期待中的將來的表象。以為想像不可能提供新的事物，以為想像僅僅在於對那些已經在感知中被給予的因素的重複，這是一種錯誤的見解。最後，就完整的時間表象和無限的時間表象而言，它與無限的數位序列、無限的空間以及如此等等一樣，是一個概念表象的構成物。

第五節　由於時間特徵而產生的表象變化

在布倫塔諾看來，在時間表象內部還需要注意到一個尤爲重要的獨特性。過去與將來的時間種類的獨特性就在於：它們並不像其他附加的樣式所做的那樣，對它們與之相連結的感性表象的因素加以界定（determinieren），而是加以變衍（alterieren）。一個較強的c音**是**一個c音，一個較弱的c音也還是一個c音；相反，**一個曾在的**c音**不是**一個c音，一個曾在的紅色不是一個紅色。時間規定並不進行界定，它們本質上是在進行變衍，完全就像「被表象」、「被期望」等等規定所做的那樣。一個被表象的塔勒、一個可能的塔勒**不是**一個塔勒。②唯有「現在」這個規定是個例外。現在所是的A也是一個現實的A，當下並不進行變衍，但它另一方面也不進行界定。如果我把現在附加給對一個人的表象，那麼這個人並不因此而獲得一個新標記，或者說，在他身上不會因此而標出一個標記。在感知中並不會因爲它將某物表象爲現在的事物而在質性、強度和場所的規定性方面有所附加。變衍的時間謂項在布倫塔諾看來是非實在，唯有現在的規定是實在的。這裡的奇特之處在於，這些非實在的時間規定連同一個它們透過無窮小的差異而與之相銜接的唯一現實實在的規定性，可以屬於一個連續的序列。這樣，現實的現在就一再地變爲非實在的。如果要問：實在的事物如何能夠透過變衍的時間規定的附加而逐漸成爲非實在的，那麼對此的回答只能是：每個在當下中發生的生成與消亡都有各種時間規定作爲必然的結果與之相連結。因爲，完全明見和不

[378]

② 塔勒（Taler）是十八世紀還在通用的德國銀幣。胡塞爾在這裡之所以使用「塔勒」作比喻，是因爲這個比喻最初源自康德（參照《純粹理性批判》，A 599/B 627）。——譯者

言自明的是：一切在者（was ist），都會由於③它在（daß es ist）而成爲曾在的（gewesen sein），而且都會由於它在而成爲一個將來的曾在者（zukünfitig Gewesenes）。

第六節　批判

如果我們現在過渡到對上述理論的批判，那麼我們首先必須探問：這門理論做出了什麼貢獻，以及它想要做出什麼貢獻？顯然，它並不是在我們認爲對現象學的時間意識分析而言所必需的基礎上進行的：它的工作帶有超越的前提，帶有實存的（existierende）時間客體，這些客體發出刺激並且「引發」我們之中的感覺，如此等等。因此它是作爲一種關於時間表象的心理學起源的理論出現的。但它同時也包含一些對關於客觀時間性的意識可能性條件的認識論思考部分，這個意識本身顯現爲是時間性的，並且也應當能夠顯現爲是時間性的。此外還有對時間述謂的獨特性的分析，這些分析必定與心理學的和現象學的述謂相關聯，但這些關係沒有得到進一步的追究。

布倫塔諾談到原初聯想的規律，根據這個規律，各個感知都有對一個瞬間記憶的表象與之相銜接。這指的顯然是一個在已有心理體驗的基礎上對心理體驗進行新建構的心理學規律。這些體驗是心理的，它們被客體化了，它們自己具有其時間，並且這裡談論的是它們的

[379]

---

③「由於」一詞，胡塞爾用的是轉義了的德文短語「in Folge davon」，其直接的意思是「跟在……之後」。因此這裡的句子也可以譯作：「一切在者都會在它在之後而成爲曾在，而且都會在它在之後而成爲一個將來的曾在者。」——譯者

生成和被提出。這些都屬於心理學的領域，並且不會在此引起我們的興趣。然而在這些考察中隱含著一個現象學的核心，而下面的闡述所想堅持的僅僅是這個核心。持續、演替、各種變化**在顯現著**。在這個顯現中包含著什麼？例如，在一個演替中顯現出一個「現在」，並與此統一地顯現出一個「過去」。意向地包含著當下的事物和過去的事物的意識統一是一個現象學的材料。現在的問題是：是否的確如布倫塔諾所聲明的那樣，過去的事物在這個意識中以想像的方式顯現出來。

當布倫塔諾談及對將來的獲得時，他區分本原的時間直觀和被擴展了的時間直觀，前者在他看來是原初聯想的創造物，後者產生於想像，④但不是原初聯想。我們也可以說：與時間直觀相對立的是非本眞的時間表象，即對無限時間的表象，對無法直觀地實現的諸時間和時間關係的表象。現在這裡有一點十分醒目：布倫塔諾在他的時間直觀理論中根本沒有去顧及在這裡凸顯出來的時間感知與時間想像的區別，他是不可能忽略這個區別的。即使他拒絕這種對時間之物的感知的說法（作爲過去和將來之分界的現在點是一個例外），這個區別卻是無法否認的，並且必須以某種方式得到澄清，它是關於對一個演替的感知以及關於對一個曾被感知過的演替的回憶（或者也可以說，對這樣一個演替的單純想像）的說法的基礎。如果本原的時間直觀已經是想像的創造物，那麼，究竟是什麼將這個對時間之物的想像區分於另一個想像，即一個較早過去的時間之物在其中被意識到的想像呢？這樣一個較早過去的時

④「想像」（Phantasie）在這裡始終包括所有當下化的（vergegenwärtigend）行爲，它並沒有在與設定性的行爲相對立的意義上被使用。（在胡塞爾的通常術語中，「想像」作爲「不設定的行爲」（中立化的行爲）而構成「設定行爲」（存在信仰的行爲）的對立面。因此他在此處特別做出以上術語說明。——譯者補注）

間之物並不屬於原初聯想的領域，並不與瞬間感知共聚在一個意識中；相反，它倒是曾與一個過去的感知共聚在一個意識中。如果對一個昨天體驗到的演替的當下化就意味著一個對昨天本原地被體驗到的時間域的當下化，並且這個時間域已經自身展示爲一個原初被聯想的想像的連續統，那麼，我們現在在這裡所涉及的就只能是對想像的想像了。我們在這裡遭遇到布倫塔諾理論的一個無法解決的困難，它使得他的本原時間意識分析的正確性受到質疑。⑤他之所以無法克服這個困難，其原因不僅在於上述缺陷，而且還在於另一些缺陷。

布倫塔諾沒有區分行爲和內容，或者說，沒有區分行爲、立義內容和被立義的對象。但我們必須要弄清楚：時間因素應當記在誰的帳上。如果原初的聯想將諸表象的持續序列與各自的感知銜接在一起，並因此而產生出時間因素，那麼我們就必須要問：這是一個什麼樣的因素？它究竟是作爲一個本質上爲行爲特徵所固有的差異而屬於行爲特徵，還是屬於立義內容，例如屬於感性內容，倘若我們所觀察的是在它的時間存在中的顏色、聲音？根據布倫塔諾的學說，表象活動本身不可以再差異化（Differenzierung），在各個表象本身之間，除了它們的原生內容⑥之外，不再有其他的區別，這樣就只剩下一種可能性：感知的原生內容連續地與一批又一批的想像材料相銜接，這些想像材料是一些在質性上相同、只是在強度和充盈上減弱了的內容。與此相似，想像附加了一個新的因素，即時間因素。這些闡述在許多方面都不能使人滿意。我們不僅在原生內容上，而且也在被立義的客體和立義的行爲上發現

[381]

⑤ 與此相關的肯定性闡述參照第十九節、第八十八頁（邊碼〔404〕）及以後各頁。

⑥ 「原生（primär）內容」與「次生（sekundär）內容」相對。前者是構成感知的實項內容，即感覺材料（Empfindungsdaten）；後者是構成想像的實項內容，即想像材料（Phantasmen）。——譯者

時間特徵、演替和延續。一個局限於單一層次的時間分析是不夠的，毋寧說，它必須追究所有的構造層次。

但撇開所有這些超越的詮釋不論，我們試著對內在內容作這樣一種理解：應當將時間變異理解爲一個與其他內容總和、與質性、強度等等相交織的因素的附加，即所謂時間因素的附加。一個被體驗到的A音現在剛剛響完，它透過原初聯想而被更新並連續地持有其內容。但這就意味著：A（至多可以把強度的減弱除外）根本沒有過去，而是始終當下的。這個全部的區別就在於：聯想也應當是創造性的，並附加了一個被稱作「過去」的新因素。這個因素連續地發生漸次的變化，隨變化的多少，A或多或少地成爲過去。因此，只要過去還處在本原時間直觀的領域內，它就必定同時也是當下。「過去」這個時間因素必定也在同一個意義上是一個當下的體驗因素，就像我們現時地體驗到的紅色的因素——這是一個明顯的悖謬。

也許有人會指責說：A本身是過去的，但它在意識中借助於原初聯想而是一個新的內容：A連同「過去」的特徵。然而，如果一個相同的內容A始終還在意識中，即便是帶有一個新的因素，那麼，A就不是過去的，而是還延續著；故而它現在是當下的，並且始終是當下的，而這是連同新的因素「過去」，過去和當下成爲一體。——但我們從何知道：一個A早先就曾在過，在這個當下的A的此在之前就曾在過呢？我們從何得到過去的觀念呢？一個A在意識中的當下存在並不能夠透過與一個新的因素的連結——即便我們將這個因素稱作「過去」——來說明這樣一個超越的意識：A是過去的。它並不能夠提供對此的絲毫表象：我現在在意識中所具有的作爲A的事物連同其新的特徵，是與某個現在不在意識中的，毋寧說是曾在意識中的事物相同一的。——這些現在被體驗到的原初聯想的因素究竟是什麼？難道它們本身就是時間嗎？這樣我們就會遇到一個矛盾：所有這些因素現在都在

此，包含在同一個對象意識中，因而它們是同時的。然而時間的相互跟隨又排除了同時的可能性。難道它們不是時間因素本身，而更多是時態符號（Temporalzeichen）嗎？但我們以此而最初獲得的僅僅是一個新的詞，時間意識卻並未因此得到分析，還沒有說明，關於一個過去的意識如何根據這個符號而建構自身，這些被體驗到的因素在何種意義上、以何種方式、根據何種立義而起著不同於質性因素的作用，並且是如此地產生作用，以至於這個應當是一個現在的意識的關係，恰恰根據一個非現在而得以成立。

那種把過去的事物當作一個非實項的、非實存的事物的企圖，也是十分有問題的。一個附加的心理因素並不能造出非實在性，並不能繼續創造當下的實存。事實上，原初聯想的整個領域都是一個當下的和實項的體驗，屬於這個領域的是透過原初聯想而產生的本原時間因素的整個序列，連同從屬於時間對象的其他因素。

因此，我們看到，如果一種時間意識分析只是想透過連續地漸次變化的新因素來說明直覺的時間片段，而這些新因素以某種方式將那些構造出在時間上定位了的對象之物的內容因素拼接起來，抑或融入到這些內容因素中，那麼，這種時間分析是無法使用的。簡言之：時間形式本身既不是時間內容，也不是以某種方式與時間內容相銜接的新內容的複合。即使布倫塔諾現在並未陷入這樣一個錯誤，即以感覺主義的方式將所有體驗都還原為單純的原生內容，即使布倫塔諾甚至是第一個認識到原生內容和行為特徵之區別的人，他的時間理論仍然表明：他恰恰沒有顧及到這些對其時間理論來說關鍵性的行為特徵。時間意識是如何可能的以及應當如何理解的問題，仍然沒有得到解決。

第二章　時間意識分析

第七節　解釋：對時間客體的把握是瞬間的把握和延續的行爲

在布倫塔諾的學說中有一個思想在作爲主導動機發揮作用，它源於赫爾巴特，爲洛采所接受，在此後的整個時期都扮演著一個重要的角色；這個思想就在於：要想把握諸表象的一個序列（例如從a到b），這些表象必須是一個指涉性知識活動（beziehendes Wissen）的完全同時的客體，這個知識活動以全然不可分的方式將這些表象總括在一個唯一的和不可分的行爲中。①對一條路徑、一個過渡、一個疏遠的所有表象，簡言之，所有包含著對多個因素的比較並表達著它們之間關係的表象，都只能被看做是一個無時間的、總括性的知識的

[383]

---

① 赫爾曼．洛采（Hermann Lotze），《形上學——本體論、宇宙論和心理學三書》（*Metaphysik.Drei Bücher der Ontologie,Kosmologie und Psychologie*），萊比錫，一八七九年，第二九四頁：「倘若對較後的b的表象事實上後隨於對較先的a的表象，那麼即便這個表象的變換已經發生，但對這個變換的表象卻還沒有發生；或許會有一個時間過程在此，但這個過程不會對任何人顯現出來。把b意識爲稍後的，進行這樣一個比較又再度需要以下的條件：a和b這兩個表象是一個指涉性知識的完全同時的客體，這個知識以全然不可分的方式將這些表象總括在一個唯一的和不可分的行爲中。」——編者

產物。如果表象活動（Vorstellen）本身完全化解在時間的演替（Sukzession）之中，那麼這一切就都是不可能的。②在這種觀點看來，這是一個明見的、完全無法回避的設定：對一個相位的直觀是在一個現在中、在一個時間點上進行的。在它看來完全不言而喻的是：每個朝向一整體、朝向可區分因素的某種多（Vielheit）的意識，都在一個不可分的相位中包含著它的對象；無論一個意識在何時指向一個其部分是演替的整體，對這個整體的直觀意識都只有在各個部分以代表的形式總聚（zusammentreten）爲瞬間直觀之統一的情況下才是可能的。W. 斯特恩曾對這種「關於一個意識整體的暫態性的教義」（用他的說法）提出過異議。③他認爲，在有些情況中，立義是根據一個在時間上延展的意識內容才得以成立的，④並且伸展到一個相位（即所謂的「在場時間」）之外。⑤因此，即便例如各個環節不是同

---

② 洛采，同上書，第二九五頁：「所有對一條路徑、一個疏遠、一個過渡的表象，簡言之，所有包含著對多個因素的比較並表達著它們之間關係的表象，因此都只能被看做是一個無時間的、總括性的知識的產物。如果表象本身完全化解在時間的演替之中，那麼這一切就都是不可能的……」——編者

③ 威廉·斯特恩（William Stern），〈心理的在場時間〉（Psychische Präsenzzeit），載《心理學與感官生理學雜誌》，第八輯（一八九七年），第三二五—三四九頁：「關於一個意識整體的暫態性的教義或關於其各個環節的必然等時性的教義」，這個表達可以參照第三三〇頁及後頁。——也可以參照威廉·斯特恩，《變化立義的心理學》（*Psychologie der Veränderungsauffassung*），布雷斯勞，一八九八年。——編者補注

④ 斯特恩，〈心理的在場時間〉，同上書，第三二六頁：「根據一個在時間延展的意識內容立義才得以成立的情況。」——編者

⑤ 斯特恩，同上書，第三二七頁：「我把一個這樣的心理行爲能夠伸展到的相位稱作它的在場時間。」——編者

時的，一個離散的演替也可以透過一條意識紐帶、透過一個統一的立義行爲而被聚合在一起。⑥許多相互接續的聲音之所以有可能產生出一段旋律，乃是因爲心理進程的相互接續「直截了當地」（ohne weiteres）統合成一個整體構成物。它們在意識中是相互跟隨的，但它們都處在同一個整體行爲之內。例如我們並非一下子擁有那些聲音，而且我們並非因爲較早的聲音一直延續到後面才聽到這個旋律；相反，這些聲音是借助於一個共同的作用、借助於立義形式（Auffassungsform）才構成一個演替的統一。⑦當然，這種立義形式是隨著最後的聲音才得以完成的，與此相符，對它的感知可以具有時間上演替的統一，同樣也可以具有共存的統一，而且還有一種對同一性、相同性、相似性、差異性的直接立義。「並不需要去人爲地假定：始終是因爲第一個聲音的回憶圖像與第二個聲音並存，比較才得以成立；毋寧說，於在場時間內展開的整個意識內容都均勻地成爲後隨的相同性立義或差異性立

[384]

---

⑥ 斯特恩，同上書，第三二九頁：「但即使在演替的部分要素並不必須透過抽象才被創造出來，而是從一開始就現存的情況下（我們已經在前面提到對多音節語詞的立義），它們也那個透過一條意識紐帶而被結合在一起，哪怕它們的演替是離散的。這條意識紐帶就是後繼的立義行爲。」——編者

⑦ 斯特恩，同上書，第三二九頁及後頁：「四個相互接續的響聲（Schälle）……自身展示爲一個特定的旋律，這之所以可能，乃是因爲這四個心理進程儘管不同時、卻仍然直截了當地統合爲一個整體圖像。這四個環節在意識中雖然相互並列，卻仍然是在同一個立義行爲、同一個在場時間之內。我們並非一下子聽到四個聲音，也不是在聽第四個聲音的過程中由於第一、二、三個聲音還在延續才在意識中擁有全組聲音；相反，這四個聲音恰恰是借助於一個共同的作用、借助於立義形式才構成一個演替的統一。」——編者

義的基礎」。⑧

⑨在這些闡述和在與此相關聯的整個討論中，妨礙人們對這些有爭議問題作出澄清的是這樣一個因素，即：沒有做出我們在布倫塔諾那裡已確定的各種完全必要的區分。留待提出的問題在於：超越的時間客體在一個延續中延展自身，它們連續相同地（就像不變的事物）或不斷變換地（例如事物的進程、運動、變化等等）充實著這個延續。我們應當如何理解對這些超越的時間客體的立義呢？這種客體是在內在材料和立義的雜多性中建構自身

---

⑧ 斯特恩，同上書，第三三七頁及後頁：「由於諸演替者（Sukzessiva）也完全能夠像諸同時者（Simultanea）一樣，於在場時間內構成一個統一的意識行爲，所以在兩者之間的明確區分就受到了相當大的弱化，某些在時間上相互跟隨的意識內容能夠像相互並列的意識內容一樣，產生出完全相同的立義結果。這些只能透過眼睛的運動才能被釋放出來的視野之現象，與那些借助於同時的印象才得以產生的視域的現象是完全同質的（homogen），類似的情況在觸覺的領域也得到了確立。還有整整一個系列的更高立義形式，它們的形成並不依賴於是否有演替內容或同時內容存在，它們得以成立的前提僅僅在於：那些構造性的要素是一個統一的意識行爲的各個部分。屬於這種更高立義形式的有對同一性、相同性、相似性、差異性的立義。因此我們能夠直接感知兩個相互接續的聲音的一致或差異，一如我們直接感知兩個相鄰的顏色平面的一致或差異；在這裡也並不需要去人爲地假定：始終是由於第一個聲音的回憶圖像與第二個聲音並存，比較才得以成立；毋寧說，於在場時間之內展開的整個意識內容都均勻地成爲後隨的相同性立義或差異性立義的基礎。」——編者

⑨ 下面的第七節結尾段落文字部分地立足於兩個屬於一九〇五年講座稿第五十二和五十三頁面上的文字。——編者

的，而這些材料和立義本身是作爲一種相互並列而進行的。有可能將這種相互並列進行的再現材料統一到一個現在瞬間之中嗎？這時還會出現一個全新的問題：除了內在的和超越的「時間客體」以外，時間本身、客體的延續和相繼又是如何建構自身的呢？這些不同的描述方向（它們在這裡只是倉促地被暗示並且需要進一步的區分）必須在分析時加以關注，儘管所有這些問題都密切相關並且每個都無法獨立地得到解決。明見無疑的是，對一個時間客體的感知本身具有時間性，延續的感知是以感知的延續爲前設的，對一個隨意的時間形態的感知本身也具有其時間形態。而如果我們撇開所有的超越不論，那麼對於感知及其所有現象學構造成分而言所留存下來的就是它的現象學的時間性，這個時間性屬於它的不可揚棄的本質。由於客觀時間性每一次都是現象學地建構自身，並且僅僅透過這種構造而作爲客觀性或客觀性的因素顯現給我們，因而一種現象學的時間分析若不顧及時間客體的構造就無法澄清時間的構造。我們所理解的**特殊意義上的時間客體**，不只是在時間之中的統一體，而且自身也包含著時間延展。如果一個聲音響起，那麼我的客體化的立義便可以使這個延續的和消失的聲音成爲對象，但卻不是使這個聲音的延續或在延續中的這個聲音成爲對象。這個延續中的聲音本身是一個時間客體。這也適用於一段旋律，適用於任何變化，但就任何持守本身來看也是如此。我們將以一段旋律或一段旋律的一個相關部分爲例。起初事情看起來非常簡單：我們聽到這段旋律，也就是說，我們感知到它，因爲聽就是感知。在這個過程中，第一個聲音響起，接著是第二聲，而後是第三聲，諸如此類。我們是否必須說：當第二聲響起時，我聽到了**它**，但我已經不再聽到第一聲，如此等等？因此我實際上聽到的不是旋律，而只是單個的當下聲音。這個旋律流逝的部分之所以對我來說是對象性的，乃是因爲——人們趨向於這樣說——我有回憶；而我之所以在各個聲音到來時不會去預設，這就是**所有的**聲音，乃是因爲我有前瞻的期待。但這種解釋並不能使我們滿意，因爲這裡所說的一切也都

[385]

可以轉用到單個的聲音上。每個聲音自己也具有一個時間性的延展，在它響起時，我將它聽做是現在的，但它在續響的時候具有一個始終新的現在，而各個前行的現在都轉變爲一個過去。因此，我所聽到的每次都只是這個聲音的現時階段，而這整個延續的聲音的客觀性都是在一個行爲的連續統中建構自身，這個行爲連續統有一部分是回憶，有最小的、點狀的一部分是感知，其餘的部分則是期待。這似乎又回到了布倫塔諾的學說上。這裡需要進行更爲深入的分析。

第八節　內在時間客體以及它們的顯現方式⑩

我們現在排斥所有超越的立義和設定，並把聲音純粹地當作原素素材（hyletisches Datum）。⑪它開始和停止，而整個延續的統一、它在其中開始和結束的整個過程的統一，都在結束之後「移向」愈來愈遙遠的過去。在這個回墜（Zurücksinken）過程中，我還「持留住」它，還在一種「滯留」中擁有它，而只要這個滯留還在持續，這個聲音就具有它的本己時間性，它就還是這同一個聲音，它的延續就還是這同一個延續。我可以將注意力朝向它的被給予方式。它與它所充實的延續是在一種「諸方式」的連續性中、在一條「延續

⑩ 第八節至第十節的文字立足於一九一一年十一月十日至十三日的一個札記的文字，這個札記在後面的增補文字第53號中以其原初的形式得到完整的再現；尤其參照邊碼359至邊碼367。——編者

⑪ 原素素材（hyletisches Datum）是胡塞爾對「感性內容」的另一種表述。「原素素材」或「感性內容」「被立義」爲某種事物，這樣，客觀的事物、超越的事物便穿越過它們而被意識到。——新編者注

的河流」中被意識到的；而這條河流的一個點、一個相位（Phase）叫做「關於這個發出的聲音的意識」，而在其中，這個聲音的延續的第一個時間點是以現在的方式被意識到的。這個聲音被給予，這就是說，它是作爲現在被意識到，但「只要」它的某一個相位被意識爲現在（jetzt），它就被意識爲現在。但是，如果某個時間階段（與這個聲音延續的一個時間點相符）是現時的現在（開始階段除外），那麼一個相位的連續統就被意識爲「剛才」（Vorhin），而從開始點到現在點的時間延續的整個片段（Strecke）就都被意識爲流逝了的延續，而這個延續的其餘片段則尚未被意識到。在結束點上，這個點本身被意識爲現在點，而整個延續被意識爲已流逝了的（或者說，這已經處在一個不再是聲音片段的新的時間片段的開始點上）。在這整個意識的流動「期間」，這同一個聲音被意識爲延續著的，被意識爲現在延續著的。「此前」（如果它例如不是一個被期待的聲音的話）它未被意識到。「此後」它在「滯留」中「還有」「一段時間」被意識爲曾在的聲音，它可以被抓住，並且可以在固定的目光中站住或停留。這個聲音的整個延續片段或「這個」在其延展中的聲音，都是作爲某種可以說是死的事物、某種不再生動地創造著的事物而立足於此（dastehen），它是一個不爲任何現在的創造點所啟動的構成物，但卻持久地變異著並回墜到「空乏」之中。這樣，這整個片段的變異都類似於、本質上等同於這樣一種變異，即在現時性時期，延續的流逝部分在意識向不斷更新的創造的過渡中所經歷的那種變異。

我們在這裡所描述的，是內在—時間客體如何於一個連綿的河流中「顯現出來」、如何「被給予」的方式。對這種方式的描述並不意味著對顯現著的時間延續本身的描述。因爲這是帶有那個從屬於它的延續的同一個聲音，這個聲音雖然沒有被描述，但卻在這個描述中被預設了。這同一個延續是現在的、現時地建構著自身的延續，然後是過去的、「流逝的」延續、還被意識到的或在再回憶中「彷彿」被新創造出來的延續。現在響起的這個聲音與那個

[386]

在「以後的」意識流中被稱作「曾在的」、「已流逝的」聲音是同一個。時間延續的各個點離開我的意識，就像當「我」離開空間中的靜止對象時它的各個點離開我的意識一樣。這個對象保留它的位置，同樣，這個聲音也保留它的時間，每個時間點都是不移動的，但它遁入到意識的遠方，與創造著的現在的距離愈來愈遠。這個聲音本身是同一個聲音，但那個「以此方式」顯現著的聲音則是一個愈來愈不同的聲音。

第九節　關於內在客體之顯現的意識

更確切地看，我們在這裡還可以區分各種描述的方向：1.我們可以對這個內在客體自身作出明見的陳述：它現在延續著，這個延續的某個部分已經流過去，在現在中被把握到的這個聲音的延續點（當然也連同它的聲音—內容）則不斷地向過去回墜，並且不斷有新的延續點進入現在，或者成爲現在；已流逝的延續疏離開這個始終以某種方式被充實的現在點，移挪到愈來愈「遠」的過去，如此等等。2.但我們也可以談論方式，即這個內在的聲音之「顯現」以及它的延續內容所具有的所有這些區別如何「被意識到」的方式。我們就這個延伸到現時的現在之中的聲音延續來談論感知，並且我們說，這個延續的聲音是被感知到的，並且每一次從這個聲音的延續展開中都只有這個在特徵上被描述爲現在的延續點才是完全本眞地被感知到的。對於已流逝的片段，我們說，它是在滯留中被意識到的，而且，那些與現時的現在點距離最近的、無法明確劃界的延續部分或延續相位是帶著不斷降低的清晰性而被意識到的；那些距離更爲遙遠的過去相位則完全是不清晰地、空乏地被意識到的。而在這個延續流逝之後也同樣如此：隨著臨近現在點的距離的不同，離它最近的可能還有少許清

晰性，而這個整體已經消失在昏暗之中，消失在一個空乏的滯留的意識之中，並且一旦這個滯留終止，它就最終會完全消失（如果可以這樣說的話）。⑫

我們於此而在清晰的領域中發現一種較大的明白性和相互離散性（Auseinandergehaltenheit）（並且它離現時的現在點愈近也就愈大）。但我們愈是疏離現在，就有一個愈來愈大的流失性和聚合性（Zusammengerücktheit）宣示出來。只要我們反思地回溯一個分環節的進程的統一，我們就會觀察到，這個進程的一個清晰部分在向過去回墜時會「縮攏」（zusammenzieht）自身——一種與空間透視相類似的（在本原的時間顯現之中的）時間透視。當時間客體移向過去時，它便縮攏自身並且同時就變得昏暗。

現在需要進一步研究，我們在這裡能夠發現和描述爲建構時間的意識現象的事物究竟是什麼，這裡的建構時間的意識，乃是指時間客體連同其時間規定性在其中建構自身的那個意識。我們區分延續的、內在的客體以及在樣態中（im Wie）的客體，即被意識爲現時當下的或過去的客體。每個時間存在都在某一個流逝樣式中以及在不斷變化的流逝樣式（Ablaufsmodus）中「顯現出來」，而「這個在流逝樣式中的客體」在這種變化中不斷地變爲另一個，然而我們卻說，這個客體以及它的時間的每一點以及這個時間本身，都是同一個。我們不能把「在流逝樣式中的客體」這個顯現現象稱爲意識（就像我們不能把空間現象、處在這個或那個面的顯現樣態中的物體稱爲意識一樣）。「意識」、「體驗」是借助於

[388]

⑫ 我們很容易將時間客體的這種顯現方式和意識方式與一個空間事物在位置變換時的各種顯現方式和被意識方式作比較；此外也很容易去探究空間事物（它們同時也是時間客體）在其中顯現的「時間位置」，但我們暫且停留在內在的領域中。

一個顯現而與它的客體發生關係的，而這個顯現恰恰就是這個「在樣態中的客體」處於其中的顯現。顯然我們必須認識到，「意向性」這個說法具有雙重含義：這要看我們指的究竟是顯現與顯現者的關係，還是意識與「在樣態中的顯現者」（Erscheinende im Wie）這一方面，以及與絕然顯現者（Erscheinende schlechthin）另一方面的關係。

第十節　流逝現象的各個連續統。時間圖式⑬

對於那些構造內在時間客體的現象，我們現在寧可避免使用「顯現」的說法；因爲這些現象本身就是內在的客體並且是在完全另一種意義上的「顯現」。我們在這裡所說的是「流逝現象」，或者更好是說，「時間位置的樣式」，並且就內在客體本身而言所說的是它們的「流逝特徵」（例如，現在、過去）。關於流逝現象，我們知道，這是一個不斷變化的連續統，它構成一個不可分割的統一，不可分割爲各個能夠自爲存在的片段，並且不可劃分爲各個能夠自爲存在的相位，不可劃分爲各個連續的點。我們抽象地分離出來的那些部分只能存在於整個流逝之中，那些相位和流逝之連續的點也是如此。我們也可以明見的方式就這種連續性說：它以某種方式就其形式而言是不變的。無法想像這些相位的連續性是這樣一種連續統：它兩次含有同一個相位模式，或者，它甚至展開地含有這個相位模式，使其超出

[389]

⑬ 這裡列出的時間圖式雖然與埃迪．施泰因加工、馬丁．海德格編輯的《內時間意識現象學講座》（一九二八年）相符，但符號有所不同。上一個圖式中的「A」原爲「O」，「A′」原爲「E′」。下一個圖式中的上「A」原爲「O」，下「A」原缺。很可能這裡的下「A」是「A′」之誤。——譯者

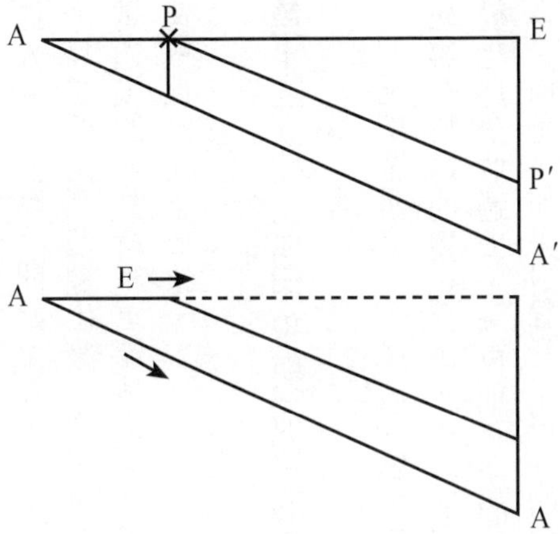

AE—— 諸現在點的系列
AA′—— 下墜
EA′—— 相位連續統（現在點連同過去視域）

E→—— 可能由其他客體充實的現在系列

一個完整的部分片段。就像每個時間點（以及每個時間片段）都可以說是「個體地」區別於任何其他的時間點，不能兩次出現一樣，也沒有一個流逝樣式可以兩次出現，但我們這裡還必須進行進一步的區分和更清晰的規定。我們首先強調，一個內在時間客體的流逝樣式具有一個開端，可以說是具有一個起源點。這就是內在客體開始存在所具有的樣式，它的特徵就是現在，而後我們在流逝樣式的持續前進中發現這樣的奇特性：每個以後的流逝相位本身都是一個連續性，並且是一個持續延展著的連續性、一個由諸多過去組成的連續性。我們把客體延續的流逝樣式之連續性與這個延續的每個點的流逝樣式之連續性加以對置，這個客體延續不言自明地被包含在那些最初的流逝樣式的連續性之中，也就是說，一個延續的客體的流逝連續性是一個連續統，它的各個相位就是客體延續的不同時間點的流逝樣式的各個連續統。如果我們沿著這個具體的連續性行走，那麼我們便是在持續變化中前進，在這些變化中持續變化著的是流逝樣式，即相關時間點的流逝連續性。只要有一個新的現在出現，這個現在就轉變爲過去，而且與此同時，前行點的諸多過去的整個流逝連續性都挪移「下去」，均衡地挪移

到過去的深處。在我們所畫的圖表中，縱坐標的持續系列描繪出延續客體的流逝樣式。它們從A（一個點）開始生長，直至一個特定的片段，這個片段的終點是最終的現在。而後，流逝樣式的系列凸顯出來，它不再含有（這個延續的）現在，這個延續不再是現時的延續，而是過去的並且持續更深地沉入到過去之中的延續。因而這個圖表提供了一個流逝樣式之雙重 [390]
連續性的完整形象。

第十一節　原印象與滯留的變異⑭

延續客體之「生產」（Erzeugung）得以開始的「起源點」是一個原印象。這個意識被包容在持續的變化之中：切身的聲音—現在（即以意識的方式、在意識「之中」）不斷地變化爲一個過去，一再地有新的聲音—現在（Ton-Jetzt）來接替那個過渡到變異之中的聲音。但是，如果對聲音—現在的意識、原印象過渡到滯留之中，那麼這個滯留本身又再度是一個現在、一個現時的此在者。它本身是現時的（但不是現時的聲音），同時它又是**關於**曾在的聲音的滯留。一個意指的光束可以朝向現在，即朝向滯留，但它也可以朝向滯留地被意識之物，即朝向過去的聲音。但意識的每個現時的現在都受變異法則的制約。它從一個滯留轉變爲另一個滯留，從不間斷。因而就形成一個滯留的不斷連續，以至於每個以後的點對

---

⑭ 第十一節第一段的文字立足於在一九〇八年和一九〇九年間產生的一個札記的文字，這個札記在後面的增補文字第50號中以其原初的形式得到完整的再現；尤其參照邊碼326至邊碼327。第十一節第二段的文字立足於一九〇五年的講座稿第三十五頁面上的文字。——編者

於以前的點來說都是滯留。而每個滯留都已經是連續統。聲音響起，並且「它」不斷地響下去。聲音—現在變換爲聲音—曾在（Ton-Gewesen），**印象**意識流暢地向一再更新的**滯留**意識過渡。在沿著這條河流或隨著這條河流行進的同時，我們具有一個始終屬於起始點的滯留系列。然而，除此之外，這個系列的每個以前的點都**又再度**在滯留的意義上作爲一個現在而映射出來（abschatten）。這樣，與每個這種滯留相銜接的是一個滯留變化的連續性，而這個連續性本身則又再度是一個自身以滯留方式映射出來的現時性的點。這並不會導致簡單的無窮倒退，因爲每個滯留自身都是連續的變異，這種變異以映射序列的形式在自身中承載著過去的遺產。並不是說，只是在這河流的縱向方面，每個以前的滯留都被一個新的滯留所取代，即便從不間斷。毋寧說，每個以後的滯留並不僅僅是從原印象中脫身出來的連續變異，而且也是這同一個起始點的所有以前的不斷變異的連續變異。

至此爲止，我們主要考察了對時間客體的感知或本原構造，並且試圖分析地理解在它們之中被給予的時間意識。但關於時間性的意識並不僅僅以這樣一種形式進行。如果一個時間客體已經流逝，如果現時的延續已經過去，那麼關於那個現已過去的客體的意識絕不會因此而消逝，儘管它現在已經不再作爲感知意識發揮作用，或者也許更確切地說，不再作爲印象意識發揮作用。（我們在這裡與至此爲止一樣始終關注內在客體，它們實際上並不是在一個「感知」中構造自身。）與「印象」連續統相銜接的是原生的回憶（primäre Erinnerung），或如我們所說，是滯留。從根本上說，在至此爲止所考察的情況中，我們已經一併分析了這個意識。因爲與現在相接的各個相位的連續性無非就是這樣一個滯留，或者說，一個由滯留組成的連續性。在一個時間客體的感知情況中（對於現在的考察來說，我們採用的究竟是一個內在的客體還是一個超越的客體，這是無關緊要的），這個相位的連續性隨時都限定在（terminieren）一個「現在立義」（Jetztauffassung）中，限定在一個某種

[391]

「設定爲現在」（Als-Jetzt-Setzung）意義上的感知中。在一個運動被感知的同時，每時每刻都有一個「把握爲現在」（Als-Jetzt-Erfassen）在進行，這個運動的現在現時的相位便是在這個「把握」中建構自身。但這種「現在立義」卻可以說是由各個滯留組成的一個彗星尾的核心，它們與這個運動以前的現在點有關。但如果不再形成感知，我們不再看到運動，或者——倘若事關一段旋律——如果旋律已經奏完，接踵而至的是寧靜，那麼與最後一個相位相銜接的便不是感知的新相位，而是一個單純的新鮮回憶的相位，而與這個相位相銜接的又再度是一個這樣的相位，如此等等。在此同時，有一個向過去的持續回移在進行，這個同樣的連續性的複合體持續地經歷著一個變異，直至消失；因爲隨著這個變異一同聯手發生的是一種弱化（Schwächung），它最終在不被覺察性中完結。本原的時間領域顯然是有限的，完全就像在感知的情況中一樣。甚至在整體上可以斗膽聲明：時間領域始終具有同樣的延展。它可以說是穿越那個被感知和新鮮地被回憶的運動以及它們的客觀時間而推延著，類似於視覺領域穿越客觀空間的推延。⑮

⑮ 在圖表中並沒有顧及時間領域的有限性。在那裡沒有預定滯留的終結，而這樣一種意識在觀念上也是可能的：在這種意識中，所有的事物都始終以滯留的方式保留下來。關於前面第十一節可以參照附錄一：「原印象及其變異的連續統」，第一四五頁（邊碼〔450〕）及以後各頁。

第十二節　滯留作爲特殊的意向性⑯

還需要進一步闡釋：我們稱作滯留變異的事物是何種類型的變異。

當本眞的感知過渡爲滯留時，人們談及感覺內容的減弱（Abklingen）、退散（Verblassen）等等。但根據至此爲止的論述可以明瞭：滯留的「內容」根本不是原初意義上的內容。當一個聲音在減弱時，它自身首先帶著特殊的充盈（強度）而被感覺到，而且與之相銜接的是一個強度的迅速削減。這個聲音還在此，還被感覺到，但只是在餘音中。這種眞正的聲音—感覺有別於在滯留中的聲音因素。滯留的聲音並不是當下的聲音，而恰恰是在現在中「原生的被回憶的」聲音：它在滯留意識中不是實項（reell）現存的。但從屬於這個滯留意識的聲音因素也不可能是另一個實項現存的聲音，甚至也不是一個非常微弱的同樣質性的（作爲餘音的）聲音。一個當下的聲音雖然可以使人回憶「**起**」一個過去的聲音，可以展示它並將它圖像化（verbildlichen）；但這已經要以另一個過去表象爲前提了。過去直觀本身不可能是圖像化，它是一個本原的意識。當然不應否認餘音也是有的，但每當我們認識和區分它們時，我們都立即可以確定，例如它們不屬於滯留本身，而是屬於感知。小提琴聲的餘音恰恰是一個微弱、當下的小提琴聲，並且絕然有別於這個剛剛曾在的響亮聲音的滯 [392]

---

⑯ 第十二節至第十三節的文字立足於一個札記的五個頁面上，這個札記按照胡塞爾的回憶是在「席爾瓦普拉納（瑞士東南部的一個療養區。胡塞爾曾於一九〇八年八月至九月初在此度假。——譯者補注）或以後」產生的，即一九〇九年或更遲，但實際上可能最遲不會超過一九〇八年秋，這個札記在後面的增補文字第47號中以其原初的形式得到完整的再現；尤其參照邊碼311至邊碼314以及316。——編者

留。餘音本身，乃至所有那些從較強的感覺被給予性那裡保留下來的後像，都與滯留的本質根本無關，更不能將它們看做是必然屬於滯留之本質的事物。

事物但在時間直觀的本質中或許包含著這樣一個狀況：它在其延續（我們可以反思地使它成爲對象）的每個點上都是**關於剛剛曾在之物**的意識，而不僅僅是關於這個顯現爲延續著的對象之物的現在點的意識。而在這個意識中，這個剛剛曾在之物是在恰當的連續性中被意識到，並且是在每個相位中以特定的「顯現方式」，連同「內容」與「立義」的各種區別而被意識到。我們注意一下剛剛響起的汽笛聲：在每個點上都有一個延展（Extension）在此，而在每個延展中都有一個「顯現」在此，這個顯現在此延展的每個相位中都具有它的質性因素以及它的立義因素。另一方面，這個質性因素不是實項的質性，不是現在實項地存在的聲音，即是說，不是作爲現在存在的聲音，哪怕它可以被說成是內在的聲音內容。現在意識的實項內涵有可能含有被感覺到的聲音，這些聲音而後在客體化的立義中可以稱作被感知到的聲音、被當下擁有的（gegenwärtigt）聲音，但卻絕不能稱作過去。滯留意識實項地含有關於聲音、原生的聲音—回憶的過去意識，而且它不能被分解爲被感覺到的聲音和作爲回憶的立義。就像一個想像—聲音不是聲音，而是對聲音的想像一樣，或者就像聲音—想像和聲音—感覺是原則上不同的事物，而不是僅僅受到不同解釋、不同立義的同一個事物一樣，原生直觀地被回憶的聲音**原則上**不同於被感知的聲音，或者說，對聲音的原生回憶（滯留）不同於對聲音的感覺。

第十三節　一個印象先行於每個滯留的必然性、滯留的明見性

現在，有沒有這樣的法則：原生的回憶只有在與前行感覺或感知的連續銜接中才是可能的？每個滯留的相位只是作爲相位才是可以想像的，就是說，它不能擴展爲一個在其中所有相位都是同一的片段？人們會堅定地說：這是完全明見的。當然，習慣於把所有心理之物都當作單純事實性來對待的經驗心理學家會否認這一點。他會說，爲什麼就不能想像一個起始著的意識，它以一個清晰的回憶開始，而在此之前卻並不曾擁有一個感知？也許在實際過程中的確必須要先有感知，而後才能生產出清晰的回憶。也許在實際過程中情況的確是這樣的：一個人的意識只有在擁有感知之後才能擁有回憶，即使是原生的回憶；但是，相反的情況也是可以想像的呀。對於這樣的心理學家，我們將教會他了解這樣一種先天必然性，即：相應的感知或原印象先天必然地先行於滯留。人們首先必須堅持，一個相位只有作爲相位才是可以想像的，它不具有延展的可能性。而現在相位只有作爲一種滯留的連續性界限才是可想像的，就像每個滯留相位本身只有作爲這樣一個連續的點才是可想像的一樣，並且對於時間意識的每個現在來說都是如此。然而至此，如果沒有先行的相應感知，一個全部完成的滯留串（Serie）也應當是不可想像的。這就意味著，這個從屬於一個現在的滯留串自身就是一個界限，並且必然要發生變化；這個被回憶之物「不斷地下墜到過去之中」，但還不只如此——它必然就是某種下墜著的事物，某種必然地允許一個明見的再回憶的事物，這種再回憶將它回引到一個再被給予的現在之上。

但人們現在可以說：我難道不可以擁有一個對A的回憶、哪怕是一個原生的回憶，而同時A卻事實上根本沒有發生過？當然可以。甚至還可以確認得更多些。我可以具有一個對

[394]

A的感知，而實際上A卻根本沒有發生。我們以此並不是例如想聲明，以下的事實是明見的：如果我們具有A的滯留（假定A是一個超越的客體），那麼A必定是已經先行的；但我們的確是想聲明這樣一種明見性：如果我們具有A的滯留，那麼A必定是已經被感知到的。無論它現在是否被原生的關注到，它都以被意識到的、即便是未被注意的或附帶被注意的方式切身地立足在此。但如果這裡所涉及的是一個內在的客體，那麼以下情況便是有效的：當內在材料的一個序列、一個變換、一個變化「顯現出來」時，它也是絕對確然的。同樣，在一個超越的感知的範圍內，這個本質上從屬於其建構的內在序列是絕對確然的。⑰有人想要對此作出證明：由於我不能用現在（即那個在現在中現存的回憶圖像）來與已經不在了的非－現在作比較，因此我如何能夠在現在中知道一個非－現在？這種論證是**根本錯誤的**。它給人的印象就好像是在回憶的本質中包含著這樣的特徵：在現在中現存的圖像是爲另一個與它相似的實事而預設的，並且我可以而且也必須像在圖像表象那裡一樣作出比較。回憶或滯留不是圖像意識，而是完全不同的事物。被回憶的事物當然現在**不存在**，否則它就不是曾在的事物，而是被當下擁有的事物了；而且在回憶（滯留）中，它並不是作爲現在被給予，否則回憶或滯留也就不是回憶，而是感知了（或原－印象）了。對一個不再被感知的、僅只以滯留的方式被意識到的事物與某個在它以外的事物進行比較，這是根本沒有意義的。正如我在感知中直觀到現在存在，並且在擴展了的感知（就像它自身構造的那樣）中直觀到延續的存在，我也在回憶（只要它是原生的）中直觀到過去的事物，它在其中被給予，而過去之物的被給予性就是回憶。

[395]

⑰ 也可以參照本書第四十四節（邊碼〔447〕）及以後各頁上對內感知和外感知的區分。

如果我們現在重新接受這樣一個問題：是否可以想像一個不是印象意識之繼續的滯留意識，那麼我們就必須說：這是不可能的，因爲每個滯留自身都回指到一個印象之上，「過去」與「現在」是相互排斥的。同一個事物雖然可以在過去和現在存在，但只能透過這種方式：它在現在與過去之間延續。

第十四節　時間客體的再造（次生回憶）

[18]我們將原生的回憶或滯留稱之爲一個彗星尾，它與各個感知相銜接。與之完全有別的是次生的回憶、再回憶。在原生回憶完結之後，有可能出現一個對那個運動、那個旋律的新回憶。對這個剛才已經暗示過的兩者之間的區別還應當作詳盡的揭示。如果與現時的感知相銜接的是滯留，無論是在這感知的流動期間，還是在其整個流程之後的連續統一中，那麼人們首先會趨向於（就像布倫塔諾所做的那樣）說：現時的感知是根據作爲體現（Präsentation）的感覺而建構自身的，原生的回憶是根據作爲再現（Repräsentation）、作爲當下化（Vergegenwärtigung）的想像而建構自身的。現在，就像當下化直接與感知相銜接一樣，與此完全相同，在不與感知相銜接的情況下，也可以有獨立的當下化出現，而這就是次生的回憶。然而我們對此（正如我們在對布倫塔諾理論的批評中已經闡釋過的那樣）[19]抱有嚴重的顧慮。讓我們先來看次生回憶的一個事例：我們譬如回憶一段我們剛剛在

---

[18] 第十四節第一段的文字立足於一九〇五年講座稿第三十七和三十八頁面上的文字。——編者

[19] 參照前面第五十三頁（邊碼〔378〕）及以後各頁。

音樂會上聽過的旋律。這時很明顯，整個回憶現象**經過必要的修正**（mutatis mutandis）完全具有與對此旋律的感知相同的構造。它和感知一樣具有一個優先點：與感知的現在點相符合的是一個回憶的現在點。我們在想像中穿越這個旋律，我們「彷彿」先聽到第一個聲音，而後是第二個聲音，如此等等。每一次都有一個聲音（或一個聲音相位）處在現在點中。但過去的點並沒有從意識中被消除出去。隨著對現在顯現的、彷彿現在聽到的聲音的立義，原生的回憶融化在剛剛彷彿聽到的聲音以及對尚未出現的聲音的期待（前攝）上。對於意識來說，現在點又再度具有一個時間暈（Zeithof），它在回憶立義的連續性中進行，而對這個旋律的全部回憶就在於一個連續性，它是由這樣一些時間暈的連續統所構成，或者說，由我們所描述的這種立義連續統所構成。但是，如果這個被當下化的旋律流逝，與這個彷彿聽到的事物最後相銜接的就是一個滯留，這個彷彿聽到的事物還繼續迴響著一會兒，一個立義連續性還在此存在著，但已不再作爲被聽到的連續性。這樣，一切都與感知和原生回憶**相同**，而它本身卻並不是感知和原生回憶。當我們在回憶或想像中讓聲音一個一個地奏響時，我們並不是眞正地在聽而且並沒有眞正地聽到。在前面的〔感知〕情況中，這就意味著：我們眞正在聽，時間客體本身被感知到，旋律本身是感知的對象。同樣，時間、時間規定、時間狀況本身是被給予的、被感知到的。而這又意味著：在旋律消失之後，我們不再將它感知爲當下的，但我們還在意識中擁有它，它不再是現在的旋律，但卻是剛剛過去的旋律。它的剛剛過去不是一個單純的意指，而是被給予的事實、自身被給予的事實，亦即「被感知的」事實。與此相對，在再回憶中，時間當下是被回憶的當下，是被當下化的當下；同樣，過去也是被回憶的過去、被當下化的過去，但卻不是眞正被當下擁有的過去，不是被感知的、原生被給予的和被直觀的過去。

[396]

另一方面，[20]再回憶本身是當下的，是本原地被構造的再回憶，並且此後是剛剛曾在的再回憶。它本身是在原素材和滯留的連續統中建造起自身，並且與此一致地構造起（或者毋寧說，再構起）一個內在的或超越的延續對象性（根據它的朝向的不同：或是內在的朝向，或是超越的朝向）。相反，滯留並不生產（既不本原地也不再造地生產）延續的對象性，而只是在意識中持留被生產物，並給它加上「剛剛過去」的特徵。[21]

第十五節　再造的進行模式

再回憶可以出現在不同的進行形式（Vollzugsformen）中。或者，我們在一個素樸的抓取中進行再回憶，恰如一個回憶「出現」，而我們在一個目光束中看向被回憶之物，這時的被回憶之物是模糊的，或許它直觀地帶來了一個被偏好的瞬間相位，但卻不是重複性的回憶。或者，我們眞的是在進行一個再生產的、重複性的回憶。在這個回憶中，時間對象是在一個當下化的連續統中再次完整地建造起自身，我們彷彿是再一次感知到它，但也僅僅只是彷彿而已。這整個過程都是感知過程的當下化變異，連同所有相位和階段，直至各個滯留，但所有這一切都帶有再造性變異的標示。

這種素樸的觀看和抓取，我們也可以直接根據滯留來進行。當一個處在滯留之統一之內

---

[20] 第十四節結尾一段的文字以及第十五節的文字根據胡塞爾的一個說明有可能立足於一個未被找到的「一九一七年關於回憶或演替意識的兩難」的札記的文字。——編者

[21] 關於滯留和再造的進一步區別可以參照本書第十九節（邊碼〔404〕）及以後各頁。

的旋律已經流逝，而我們回顧（反思）一個片段，卻並不再次生產它時，情況便是如此。這樣一個行為對於每個逐步生成的事物，也包括在自發性步驟中，例如在思維自發性步驟中生成的事物來說，都是可能的。即使是思維對象性也是逐漸地被構造起來的。因此，我們似乎可以說：那些本原地在時間過程中以分環節、分相位構造的方式建造起來的對象性（作為連續地和多形態地聯繫在一起的和統一的行為的相關項），可以在一個回顧中如此地被把握，就好像它們是在一個時間點中的完成對象。但這種被給予性而後會回指向另一個「原初的」被給予性。

對滯留的被給予者的觀看或回顧——以及滯留本身——現在是在眞正的再當下化中充實自身：這個作為剛剛曾在的被給予者表明自身是與再回憶之物相同一的。

如果我們將原生回憶和次生回憶與感知聯繫在一起，那麼原生回憶和次生回憶之間的其他區別便會展現出來。

第十六節　作為當下擁有的感知對立於滯留和再回憶[22]

誠然，「**感知**」這個說法還需要在這裡得到一些澄清。在「對旋律的感知過程中」，我們區分**現在被給予的**聲音和**已先行的**聲音，我們將前者稱作「被感知的聲音」，將後者稱作「不被感知的聲音」。另一方面，我們把這**整個旋律**稱作一個被感知的旋律，儘管只有現在點才是一個被感知的點。我們之所以這樣做，乃是因為旋律的延展不僅是在一個感知的延展

[22] 第十六節至第十七節的文字立足於一九〇五年講座稿第三八至第四十頁面上的文字。——編者

[398]

中一點一點地被給予，而且滯留意識的統一還將已流逝的聲音本身「持留」（festhalten）在意識中，並且持續地製作出與這個統一的時間客體相關的、與旋律相關的意識的統一。像旋律這樣一種客體性只能在這樣一種形式中「被感知」、本原地自身被給予。這個被構造的、由現在意識和滯留意識所建造的行爲㉓是**對時間客體的相即感知**。時間客體是含有時間區別的，而時間區別就是在這些行爲中構造起來的，在原意識、滯留和前攝中。如果這個意指的意向是朝向旋律、朝向這整個客體的，那麼我們所擁有的便不是感知。但如果它朝向一個自爲的個別聲音或一個自爲的個別節拍，那麼，只要這個被意指之物是被感知到的，我們便具有感知，只要它已經過去，我們便僅僅具有滯留。從客觀角度看，這個節拍就不再顯現爲「當下的」，而是顯現爲「過去的」。但整個旋律則顯現爲是當下的，只要它還在響，只要那些從屬於它的、在一**個**立義聯繫中被意指的聲音還在響。只有在最後一個聲音響過之後，這個旋律才是過去的。

根據先前的闡釋我們必須說，這種相對化也轉而適用於**個別的聲音**。每個聲音都是在聲音—素材的連續性中構造起來的，並且每次只有一個點狀的相位是作爲現在而當下的，而其他的相位則是作爲滯留的尾巴而與之銜接。但我們可以說：只要一個時間客體還在持續新出現的原印象中生產著自身，它便是被感知的（或以印象的方式被意識到的）。

而後我們把**過去**本身也稱爲**被感知的**。事實上，我們難道不會感知到這個過去的過程（Vergehen）嗎？我們在上面所描述的情況中難道不是直接地意識到這個剛剛曾在的事物、這個在其自身被給予性中、在自身被給予的方式中的「剛剛過去」嗎？顯然，在這裡產

㉓ 關於作爲原初時間意識中被構造的統一的行爲，參照第三十七節、第一二〇頁（邊碼〔430〕）及後頁。

生作用的「感知」的意義與前面的感知的意義是不相符的。這裡需要進行進一步的區分。如果我們在對一個時間客體的把握中區分感知意識和回憶（滯留）意識，那麼與感知和原生回憶的對立相符合的便是在客體上的「現在當下」與「過去」的對立。時間客體的本質就在於，它們對其質料的擴展超越出一個時間片段，而這種客體只能在那些正在建構時間區別的行爲中構造自身。但是，構造時間的行爲是——而且本質上是——構造當下與過去的行爲，它們具有那種「時間客體—感知」的類型，我們曾根據它們的奇特立義構造而對它們做過詳細描述。時間客體必須構造自身。這就是說，一個要求自身給予一個時間客體的行爲，必須自身包含「現在立義」、「過去立義」等等，並且是以原初構造的立義方式。

如果我們現在將感知的說法與時間客體出現時所帶有的那些**被給予性區別**聯繫起來，那麼感知的對立面就是這裡出現的原生回憶和原生期待（滯留與前攝），同時感知與非—感知則連續地相互過渡。在這個對一個時間客體，例如對一段旋律的直接直觀把握的意識中，被感知到的是這個現在被聽到的節拍或聲音或聲音部分，而未被感知到的是這個瞬間作爲過去而被直觀到的事物。各個立義在這裡連續地相互過渡，它們限定在一個立義中，這個立義建構現在。但這個立義只是一個觀念的極限。**上升的連續統是朝著一個觀念的極限**而流逝的；就像紅色—種類的連續統向著一個觀念的、純粹的紅色在收斂（konvengieren）一樣。但在這個情況中，我們並不具有個別的立義，即與那些可以自爲地被給予的紅色—微差相符合的立義，而是始終只是具有、並且按照事情的本質也只能具有立義的連續性，或者毋寧說，一**個唯一的**、**持續變異的**連續統。如果我們以某種方式將這個連續統劃分爲兩個部分，那麼包含現在的或有能力構造現在的那個部分就被凸顯出來，並且它構造出「粗糙的」現在，而這個現在又再度分解爲一個較細緻的現在和一個過去，如此繼續地劃分，不一而足。

[399]

[400]

因而感知是一個行爲特徵，它把行爲特徵的連續性總和起來，並且透過對那些觀念界限的擁有得到凸顯。如果沒有這種觀念的極限，這樣的一個連續性就只是一個回憶。這樣，感知（印象）在觀念的意義上就會是建構純粹現在的意識相位，而回憶就會是任何一個其他的連續性相位。但這只是一個觀念的界限，是某種抽象的事物，它不能自爲存在。此外還要堅持一點，即使是這個觀念的現在也並不是與非－現在有**天壤之別**，而是連續地與之相聯接的。而與此相符的是從感知到原生回憶的連續過渡。

第十七節　感知作爲自身給予的行爲對立於再造

感知或當下的自身給予的相關項是在被給予的過去之物中，相對於這種感知和當下的自身給予，現在又出現了一個新的對立：感知與再回憶、次生回憶之間的對立。在再回憶中有一個現在「顯現給」我們，但它是在一個完全不同於現在在感知中顯現的意義上「顯現」出來。㉔這個現在不是「被感知到的」，就是說，不是自身被給予的，而是被當下化的。它表象著一個沒有被給予的現在。而且旋律的流逝在**再回憶**中同樣也表象著一個「剛剛過去」，但它並不給出這個「剛剛過去」。即便在想像中，每個個體之物也是一個在時間上以某種方式延展的事物，也具有它的現在，它的此前和此後，但現在、此前和此後是一個單純臆想的現在、此前和此後，這整個客體也是如此。這裡的問題在於一個**完全不同的感知概念**。感知在這裡是這樣一種行爲：它將某物作爲它本身置於眼前，它**原初地構造**客體。與感

㉔ 參照附錄二：「當下化與想像——印象與想像」，第一四七頁（邊碼〔452〕）及以後各頁。

知相對立的是**當下化**，是再現（Repräsentation），它是這樣一種行爲：它不是將一個客體自身置於眼前，而是將客體**當下化**，它可以說是在圖像中將客體置於眼前，即使並非以眞正的圖像意識的方式。在這裡根本談不上對感知與其對立面的連續中介。剛才所說的過去意識，即原生的過去意識，並不是感知，因爲感知被看做是本原地建構現在的行爲，但過去意識並不構造一個現在，毋寧說是建構一個「剛剛曾在」、一個直觀地先行於現在的事物。但如果我們將感知稱作這樣一種**行爲**：它將**所有的「起源」**包含**在自身之中**，它**進行著本原的構造**，那麼**原生的回憶**就是**感知**。因爲只有在原生的回憶中，我們才**看到**過去的事物，只有在它之中，過去才建構自身，並且不是以再現的方式，而是以體現的（Präsentation）方式。只有在原生回憶中，與現在相對立的剛剛曾在、此前才能直接地被直觀到；原生回憶的本質就在於使這個新的和特殊的事物被原生的、直接的直觀到，完全就像現在感知的本質在於使現在被直接地直觀到一樣。而再回憶以及想像的情況則相反，它提供給我們的是當下化，它**彷彿**是與創造時間的現在行爲和過去行爲完全相同的意識，**彷彿**是完全相同，但卻仍然有所變異。被想像的現在表象著一個現在，但本身並不給予一個現在，被想像的此前與此後也只是表象著一個此前與此後，如此等等。

[401]

第十八節　對於有關延續與後繼之意識的構造，再回憶所具有的意義㉕

如果我們不去關注**延續著的對象性**的被給予性，而是去關注**延續**（Dauer）**與後繼**

㉕ 第十八節的文字——與第十四節結尾一段的文字以及第十五節的文字一樣——有可能立足於一個「一九一七年關於回憶或演替意識的兩難」的札記的文字。——編者

（Folge）**本身**的被給予性，那麼，原生回憶和次生回憶的構造意義就會表現爲另外一種情況。

倘若我們假定，A作爲原印象出現並且延續了一陣子，而與某個發展階段上的A的滯留相一致地出現了B，並且它自身構造爲延續著的B。在這裡，在這整個「過程」期間的意識就是對這個「挪移到過去之中」的A的意識，就是在這個被給予方式的河流中的A的意識，而且這是根據其從屬於它的存在內涵的存在形式的「延續」而言，根據這個延續的所有的點而言。同樣的情況也適用於B以及這兩個延續的間距或它們的時間點。但這裡還出現了一個新的事物：B**後繼著**A，這裡被給予的是兩個延續著的材料的一個後繼，它帶有一個特定的時間形式，帶有一個包容了相互跟隨（Nacheinander）的時間片段。這個演替意識（Sukzessionsbewußtsein）是一個本原給予著的意識，它是對這個相繼的「感知」。現在我們來考察這個感知的再造變異，亦即考察再回憶。我**「重複」這個演替的意識**，我以回憶的方式將它當下化。我「**可以**」做此事，並且是「任意多次地」做。在我的「**自由**」領域中**先天地**包含著對於一個體驗的當下化。（這個「我可以」是一個實踐的「我可以」，而不是一個「單純的表象」）現在，對體驗後繼的當下化看起來又是如何的呢？在它的本質中包含著什麼？人們首先會說：我先當下化A，然後當下化B；如果我原初具有的是A－B，那麼我現在具有的就是A′－B′（如果這個標記〔′〕是指回憶）。但這是不能令人滿意的，因爲這將意味著，我現在具有一個回憶A′，並且「此後」又具有一個回憶B′，而且是在對這些回憶的後繼的意識中。但這樣的話，我就具有一個對這些回憶之後繼的「感知」，而不是對此的回憶意識。因此我必定是透過(A－B)′來展示它的。這個意識實事上包含著一個A′、B′，但也包含著一個－′。當然，這個後繼並不是一個第三者，這些符號的書寫方式並不相繼地標示出這個後繼。至少我還可以寫下這樣的規律：

$$(A-B)'=A'-B'$$

[402]

它的意義在於：這裡有一個對A和對B的回憶，但也有一個對「B後繼著A」的變異意識。

如果我們現在探問對延續著的對象性——以及對這個延續本身——的一個後繼的本原給予意識，那麼我們會發現，滯留與再回憶必然屬於這個意識。滯留建構活的現在視域，我在滯留中具有一個對「剛剛過去」的意識，但在這裡——例如在對剛剛聽到的聲音的持留中——本原地構造起來的只是現在相位的回移，或者說，是那個完成了構造並在這種完成性中不再進行構造、不再被感知的延續的回移。但在與這個回移的「結果」的「相合」中，我可以進行一個再生產。而後這個延續的過去便被給予我，恰恰是作爲這個絕然延續的「再被給予性」。而在這裡需要注意的是：只有過去的延續才能爲我在重複的行爲中「本原地」直觀到、眞正地直觀到、爲我所確認並且作爲許多行爲的同一客體而成爲我的對象。我可以追復地經驗當下，但它不可能是再被給予的。如果我像我隨時能做的那樣回返到這同一個演替之上，並且將它確認爲是同一個客體，那麼我就在一個超越把握的（übergreifen）演替意識之統一中進行了一個關於再回憶體驗的演替，即：

(A—B)—(A—B)′—(A—B)″……

問題是：這種確認看起來是怎樣的？後繼首先是各個體驗的後繼：第一個體驗是從A—B的後繼的本原構造，第二個是對這個後繼的回憶，然後再又是同樣的事物，如此等等。這整個後繼是作爲體現而本原地被給予的。但我可以從這個後繼中獲得一個回憶，而從這樣的再回憶中又可獲得一個這樣的回憶，以至無窮。本質上不僅每個回憶都是在此意義上可迭復的（iterierbar），即：任意高的階段都是可能的，而且一個「我能夠」的領域也是可迭復的。原則上每個階段都是一個自由的（它並不排除障礙）活動。

對此演替的第一個再回憶看起來是怎樣的呢？

[(A—B)—(A—B)′]′

[403]

而後我可以根據前面的規律得出，在這裡隱藏著(A—B)'和[(A—B)']，即二階的回憶，並且是在相繼中；當然也隱藏著對後繼（—、）的回憶。如果我再次重複，那麼我便具有更高的回憶變異並同時具有這樣的意識：我多次相繼地進行了一個重複的當下化。這類事情出現得極為尋常。我在桌子上敲兩次，我將這個相繼當下化，然後㉖我注意到，我首先以感知的方式所給予的是這個後繼，而後我才回憶；然後我注意到，我正好進行了這個注意，並且是作為我所能重複的這個系列中的第三個環節，如此等等。所有這一切在現象學的工作方法中都是極為尋常的。

在那些只能在演替中而不能在並存（Koexistenz）中被給予的相同（內容同一）客體的後繼中，我們現在具有一種在意識的統一中的特殊相合：一個演替的相合。當然這不是一個確切的說法，因為這些客體是相互隔開的，是作為相繼而被意識到的，是透過一個時間片段而被分離的。

然而，如果我們在相繼中所具有的是帶有相同凸顯因素的不同客體，那麼在某種程度上就有「各個相同性線條」從一個客體流向另一個客體；而在相似性的情況下則會是各個相似性線條。我們在這裡具有一個彼此相關性，它不是在關係考察中被構造出來的，它作為相同性直觀和差異性直觀的前提而處在所有「比較」與所有「思維」**之前**。實際上「可比較的」只有相似的事物，而「區別」預設了「相合」，也就是說，預設了那種對在過渡中（或在並存中）被聯合起來的相同之物的眞正統一（Einigung）。

㉖ 原文誤為「denn」，即「因為」；現據全集本改為「dann」，即「然後」。——譯者

第十九節　滯留與再造的區別（原生的和次生的回憶或想像）㉗

現在我們最終決定了我們對布倫塔諾學說，即對時間立義是處在想像領域之學說所持的態度。想像是一個具有當下化（再造）特徵的意識。現在雖然有被當下化的時間，但這個時間必然地回指向原初被給予的時間，回指向不是想像的而是被體現的時間。當下化是原初給予的行爲的對立面，從它那裡不可能「產生出」任何表象。就是說，想像不是一個能夠提供某種客體性或在客體性中將一個本質的和可能的特性作爲自身被給予的而提供出來的意識。想像的本質恰恰就在於：不是自身被給予。甚至連想像的概念都並非產生於想像。因爲，倘若我們自稱原本被給予地擁有那個是想像的事物，那麼儘管我們必定是在建構想像，但這個建構本身還不意味著被給予。我們自然要考察想像活動（Phantasieren），感知這個活動：就想像概念的構成而言，對想像的感知是原初地給予著的意識，在這個感知中我們直觀到什麼是想像，我們在自身被給予性的意識中把握到它。

只要對當下化的回憶與延展著現在意識的原生回憶作一個關注的比較，我們就可以看到，在這兩方面的體驗之間有一個巨大的現象學區別。例如，我們聽到了兩個或三個聲音，並且在時間延展的同時具有關於剛剛聽到的聲音的意識。這裡會有兩種情況出現：或者從那個構成一個時間客體之統一的聲音構形（Tongestalt）中仍有一個環節現實地被感知爲現在；或者這種情況不再發生，而只是這個構成物還以滯留的方式被意識到；很確定的是，無論出現以上哪一種情況，這個意識本質上都是同一個。現在我們假定：當那個對剛剛

㉗ 第十九節的文字立足於一九〇五年講座稿第四十二至第四十四頁面上的文字。——編者

聽到聲音或聲音流程的連續意向還活躍的時候，這個聲音或聲音流程或許又被再造出來。我在內心中將我剛剛聽到的並且我的注意力還在朝向的這個節奏再追復進行一次，以此我將它當下化。這裡的區別是明擺著的：在當下化中我們再一次具有這個聲音或聲音構形，連同其全部的時間延展。被當下化的行爲在時間上完全像早先的感知行爲一樣延展，前者再造著後者，它讓聲音階段（Tonphase）與間歇逐個地流逝，與此同時也再造著那個我們選來做比較的原生回憶的時間階段。它在這裡並不是一個重複，而這裡的區別並不僅僅在於：我們這一次是具有一個素樸的再造，另一次是具有一個對再造的再造。我們所發現的毋寧是內涵中的本底（radikal）區別。只要我們詢問：是什麼構成了在當下化中一個聲音的響起與我們在想像中對此聲音還仍然保存著的遺留意識之間的區別，那麼這些本底區別就會顯露出來。在「響起」（Erklingen）的同時被再造的聲音是對響起的再造。在被再造的響起之後的遺留意識則不再是對響起的再造，而是對剛剛曾在、剛剛還被聽到的響起的意識，並且這個意識顯示自己完全不同於響起本身。例如，展示著諸聲音的想像材料並不駐留在意識中，就好像在當下化中每個聲音都作爲同一個固持的材料而是連續的一樣。若如此，就根本不會形成一個直觀的時間表象，不會形成在當下化中對一個時間客體的表象。被再造的聲音消失了，它的材料不會再同一地留住並繼續經歷著對它的立義；相反，它以獨特的方式發生變異，並論證著關於延續、變化、接續（Aufeinanderfolge）等等的當下化意識。

將一個本原的現在轉變爲一個**再造的**現在，這樣一種意識變異完全不同於那種將現在——無論這個現在是本原的還是再造的——轉變爲**過去**的意識變異。後一種變異具有一種不斷（stetige）映射的特徵；正如現在不斷地漸次變化爲過去和更過去一樣，直覺的時間意識也不斷地漸次變化著。與此相反，我們卻無法談論從感知到想像、從印象到再造的不斷過渡。後一種區別是一種分立的（diskreter）區別。因此我們必須說：我們稱之爲本原意識、

[406]

印象或也稱之爲感知的事物，這是一個不斷漸次變化的行爲。每個具體的感知都蘊涵著這種漸次變化的一整個連續統。但是，這同一種漸次變化也恰恰爲再造、想像意識所要求，只是以再造變異的方式來要求。對於兩方面來說，體驗的本質都在於：一個點狀的相位永遠不可能自爲地存在。

當然，本原被給予的事物和再造性地被給予事物的這種漸次變化（如我們前面所見）已經涉及立義內容。感知建立在感覺上。感覺以體現的方式（präsentativ）作用於對象，它構成一個不斷的連續統；與此相同，想像材料（Phantasma）也對一個想像客體的再現（Repräsentation）而言構成一個連續統。誰接受了在感覺和想像材料之間的本質區別，誰自然也就不會把這些對於剛剛過去的相位的立義內容說成是想像材料，因爲它們恰恰會連續地過渡成爲現在瞬間的立義內容。

第二十節　再造的「自由」㉘

在本原的和被再造的「回墜」（Zurücksinken）之流逝中，顯露出一些值得注意的差異性。在顯現中的各個流逝樣式的本原顯現和結束是某種固定的事物，是透過「觸發」（Affektion）而被意識到的事物，我們只能看向它（倘若我們眞的實施觀看的主動性的

㉘ 第二十節的文字立足於一九一一年十一月十日至十三日的一個札記的最後一個頁面上的文字，第八節至第十節的文字也回溯到這個札記上。這個札記在後面的增補文字第53號中以其原初的形式得到完整的再現；尤其參照邊碼368。——編者

話）。相反，當下化則是某種自由的事物，它是一個自由的穿流，我們可以更快地或更慢地、更清楚明白地或更迷惘地、疾速地一口氣或分步驟地以及如此等等地進行當下化。在這裡，當下化本身是一個內意識的發生（Ereignis）並具有其現時的現在、其流逝樣式等等。而在它現實地進行的同一個內在相位中，我們可以「自由地」處置被當下化的過程的較大和較小的塊片連同其流逝樣式，並因此而較快或較慢地將它經歷一遍。在這裡，這個相位的被當下化的各個點的相對流逝樣式（在繼續同一相合的前提下）始終保持不變。我所當下化的始終是同一個事物，始終是這個相位的流逝樣式的同一個連續性，始終是在其樣態（im Wie）中的它本身。但如果我如此地一再回返到這同一個起點和各時間點的這同一個序列，那麼這同一個起點本身就會愈來愈遠地和不斷地回墜。

第二十一節　再造的各個清晰性層次[29]

在這裡，被當下化的事物以或多或少清晰的方式浮現出來，而不清晰性的各個樣式關係到被當下化的整體以及它的意識樣式。我們也發現，在一個時間客體的本原被給予性中，它首先生動、清晰地顯現出來，而後隨著清晰性的減少而過渡爲空乏。這些變異從屬於流動，但在這些變異出現於流動的當下化中的同時，我們還會面臨其他的「不清晰性」，即是說，「清晰的事物」（在最初的意義上）不清晰了，就像透過一層面紗去看一樣，亦即或多

[29] 第二十一節的文字立足於——與第十四節結尾一段的文字以及第十五節的文字一樣——「一九一七年關於回憶或演替意識的兩難」的札記的文字。——編者

或少地不清晰了。因而不能將這些不清晰性和另一些不清晰性混爲一談。當下化的生動性和不生動性、清晰性和不清晰性的特殊樣式並不屬於被當下化的事物，或僅僅因爲當下化的樣態（Wie）才屬於它。它們屬於當下化的現時體驗。

第二十二節　再造的明見性[30]

在原生的和次生的回憶方面也有一個值得注意的區別。[31]我們看到：我意向地意識到的事物，是絕對確定的。那麼它與更爲遙遠的過去的關係又如何呢？當我回憶昨天所經歷的事物時，我是在再造昨天所經歷的進程，有可能是按照演替的所有步驟。在我進行回憶的同時，我具有一個後繼（Folge）的意識：首先是有一個步驟被再造，而後在一定的後繼中又有第二個步驟被再造，如此等等。但撇開這個明見地屬於作爲當下（gegenwärtig）體驗進程的再造之後繼不說，再造還展示了一個過去的時間進程。也許不僅是這個以回憶的方式成爲當下的進程的個別步驟有可能偏離開過去進程的步驟（它們以前的進行並不像它們現在被當下化的那樣），而且實際的順序也有可能不同於回憶著的順序所以爲的那樣。因此這裡很可能存有錯誤，而且是源於再造本身的錯誤。這些錯誤不能混同於那些對時間客體（即對超越的時間客體）之感知也會屈就的錯誤。前面已經提到，這種情況會出現，並且在何種意

[408]

㉚ 第二十二節的文字立足於一個推測寫於一九〇一年以前的頁面上的文字，這個記錄在後面的增補文字第2號中以其原初的形式得到完整的再現；尤其參照邊碼152至邊碼154。——編者

㉛ 參照第七十四頁（邊碼〔393〕）及以後各頁。

義上出現：如果我本原地意識到一個時間的後繼，那麼這個時間後繼就毫無疑問發生過，並正在發生。但這並不是說：一個客觀的事件（Ereignis）現實地在我對它立義的意義上發生了。個別的立義有可能是錯誤的，即那些與現實不符的立義。而如果在時間的被回移狀態中保留下來的是對被立義之物的對象性意向（根據它的構造性的內涵以及根據它與其他對象的關係），那麼這個錯誤就會貫穿在這個顯現過程的整個時間立義中。但如果我們限制在展示著的「內容」或「顯現」的後繼上，那麼就還有一個無疑的眞理保留下來：一個進程成爲被給予性，而且諸顯現的後繼已經發生，即便它也許並不是那個當時顯現給我的諸事件的後繼。

現在的問題是：這個時間意識的明見性是否能夠在再造中得到保持。這種情況只有借助於再造性進程與一個滯留性進程的相合才是可能的。如果我具有c、d兩個聲音的後繼，那麼我可以在這個清晰的回憶還存有時便重複這個後繼。我帶著這樣的意識在內心中重複c、d，即：首先發生c，而後發生d。而在這「仍然生動的」同時，我可以用這種方式再進行下去，如此等等。我肯定能夠以此方式而超越出原初的明見性領域。同時我們在這裡看到：再回憶是以何種方式充實著自身。當我重複c、d時，這個對演替的再造性表象便在這個還剛剛生動的早先演替中得到充實。[32]

---

[32] 也可以反過來說：再造使單純滯留性地被意識到的後繼變爲直觀性的。

第二十三節　被再造的現在與一個過去的相合。對想像與再回憶的區分㉝

[409]

在我們相對於本原意識而突出了關於過去的再造意識之後，又會有進一步的問題產生出來。如果我再造一段被聽過的旋律，那麼再回憶的現象的（phänomenal）現在便將一個過去當下化：在想像中、在再回憶中現在響起一個聲音。它例如再造著這個曾在的旋律的第一聲。與第二聲一同被給予的過去意識再現著「剛剛過去」，它是以前本原地被給予的，亦即一個過去的「剛剛過去」。這個被再造的現在究竟是如何做到對一個過去的再現的呢？一個再造的現在只是直接地表象著一個現在。與一個只能在「剛剛過去」的形式中本原地被給予的過去之物的關係是如何進入其中的呢？

對於這個問題，首先需要進行一個我們到此爲止僅僅是觸摸到的區分，即區分對一個時間上延展的客體的單純想像和再回憶。在單純的想像中沒有對被再造的現在的設定以及這個現在與一個過去被給予的現在的相合。相反，再回憶則設定被再造者並且在這種設定中給這個被再造者以一個位置，一個相對於現時現在以及這個再回憶本身所從屬的本原時間領域的位置。㉞只有在本原的時間意識中才能在一個被再造的現在與一個過去之間建立聯繫。當下化河流是一條體驗相位的河流，它與任何一條建構時間的河流具有完全相同的建構，即是

㉝ 第二十三節前半部分的文字（直至第五十一頁的第二十二行）立足於一九〇五年講座稿第四十四頁面上的文字。這一節後半部分的文字立足於一個推測產生於一九〇七至一九〇九年間的札記的文字，這個札記在後面的增補文字第45號中以其原初的形式得到完整的再現；尤其參照邊碼299至邊碼300。——編者

㉞ 參照附錄三：「回憶與感知的聯合意向。——時間意識的諸樣式」，第一五一頁（邊碼〔455〕）及以後各頁。

說，它是一條建構時間的河流。所有那些建構時間形式的映射、變異都可以在這裡找到。而且，完全就像內在的聲音在聲音相位中建構自身一樣，聲音—當下化的統一也在聲音—當下化相位的河流中建構自身。普遍有效的是：我們在現象學的反思中從所有那些在最寬泛意義上的顯現者、被表象者、被思考者等等而被回引到一條建構相位的河流中，這些相位經歷著一個內在的客體化：即對感知顯現（外感知）、回憶、期待、期望等等的客體化，使它們成爲內意識的統一。也就是說，任何一種當下化，作爲對普全地建構時間的形態的體驗流動，都在建構一個內在的客體：「延續著的、這樣或那樣流動著的當下化進程。」

但另一方面，當下化的本己特點在於：它們自己本身並且根據所有體驗相位都是在另一種意義上的**關於**……的當下化（Vergegenwärtigung von...），它們具有一個次生的、另類的意向性，一個並不對於所有體驗、而只對它們而言是本己的意向性。但這個新的意向性的特殊之處在於：它就形式而言是那個建構時間的意向性的對立形象，而且正如它在每個要素中都再造著一個當下擁有之河流（Gegenwärtigungsfluß）的瞬間，並且在整體中再造著一個整體的當下擁有之河流一樣，它也如此地製作著一個再造性的意識，即關於一個被當下化的內在客體的意識。因此這個新的意向性建構一個雙重的事物：一方面是透過它的體驗流的形式構造產生作爲內在統一的當下化；而後，由於這條河流（它在通常情況下是由非再造性的瞬間所組成）的體驗瞬間是一條平行河流之瞬間的再造性變異，並且由於這種再造性變異意味著一種意向性，這條河流便組合成一個建構的整體，在它之中有一個意向統一被意識到：被回憶之物的統一。

[410]

第二十四節　再回憶中的前攝[35]

爲了理解將這種被構造的體驗統一「回憶」編排到統一的體驗流之中的做法，必須考慮以下情況：每個回憶都含有期待意向，它們的充實會導向當下。每個原初建構的過程都是透過前攝而被啟動的（beseelt），它們空乏地構造和接受來者，使它得到充實。但是，再回憶的過程不僅僅以回憶的方式在改造著這些前攝。這些前攝不僅在這裡接受著，它們也已經接受過，它們已經充實了自身，而且我們對此已經在再回憶中意識到。在再回憶意識中的充實是再－充實（恰恰在回憶設定的變異中），如果事件感知的原初前攝是不確定的並且不排除其他存在和不存在，那麼我們在再回憶中所具有的便是一個前指的期待，它排除了所有的可能，除非這裡涉及的是一種「不完善的」再回憶，它具有一個不同於這種不確定的原初期待的結構。但即便是這種不確定的原初期待也是包含在再回憶之中的。因此，意向分析的困難已經表現在個別地被考察的事件上，而後則以新的方式出現在那些與這些事件直至當下的延續相關的期待方面。再回憶不是期待，但它具有一個指向將來，並且是指向再回憶的將來的視域，它是一個被設定的視域。這個視域在再回憶過程的前行中一再重新被開啟，並且愈來愈活躍，愈來愈豐富。而與此同時，這個視域隨著一再重新被再回憶的事件而充實著自身。現在這些以前只是被先示出來的事件是擬－當下的，在現實化的當下模式中擬－當下的。

[35] 第二十四節的文字立足於一個胡塞爾於一九一七年爲了補充由埃迪・施泰因所做加工而自己寫下的一個頁面的文字。——編者

第二十五節　再回憶的雙重意向性[36]

因而如果我們在一個時間客體上將內容連同其延續（它們在與「這個」時間的聯繫中可以具有一個不同的位置）[37]區別於它的時間位置，那麼，在這個對一個延續著的存在的再造中，除了具有對被充實的延續的再造以外，我們還具有、並且是必然地具有與此位置相關的意向。倘若一個延續沒有在一個時間聯繫中被設定，倘若沒有對這個時間聯繫的意向在此，這個延續是根本無法被表象的，或者更確切地說，是根本無法被設定的。在這裡必然的是：這個意向或者具有過去意向的形式，或者便具有將來意向的形式。與這些意向——朝向充實了的延續的意向以及朝向它們的時間位置的意向——的雙重性相符合的是一個雙重的充實。構成對這個過去延續著的客體之顯現的意向整體複合有可能在這個從屬於同一個延續者的諸顯現的系統中得到充實。對時間中的聯繫的意向是透過對直至當下為止已充實的聯繫之製作而充實自身的。因而在每個當下化中都可以區分：一方面是對那個過去延續著的客體在其中被給予，即被感知或原初地被構造的意識的再造；另一方面是那些以對於「過去的」或

---

[36] 除了第五十七頁的第一至五行的一個句子以外，第二十五至第二十六節的文字以及第二十七節第一段的文字都與第二十三節後半部分的文字一樣，立足於後面在增補文字中再現的、產生於一九〇七至一九〇九年間的第45號札記；尤其參照邊碼302至邊碼307。——編者

[37] 這裡的助動詞「可以」（können）為複數形式，但主詞「延續」卻為單數，疑為語法上的一個筆誤。但從含義上說，這裡的「die」可以是指「內容連同其延續」這兩者，因此譯作「它們」。這個問題在《內時間意識現象學》的所有版本中都出現。——譯者

「當下的」（與現時的現在同時）或「將來的」意識而言構造性的方式依附在這種再造上的事物。

這種依附在再造上的事物也是再造嗎？這是一個容易使人誤入歧途的問題。當然，被再造的是這個整體，不僅是當時的意識當下連同其河流，而且以**隱含的方式**還包括整個直至活的當下的意識流，它們都是被再造的。這就是說，作爲一個先天－現象學發生的基本內容：回憶是處在一種連綿的河流之中，因爲意識生活是處在連綿的河流之中，而不僅僅是一個環節一個環節地加入到鏈條之中。毋寧說，每個新的事物都回復地作用於舊的事物，它的前行著的意向在此同時得到充實和規定，並且這爲再造提供了一個特定的色彩。因此，在這裡展示出一種**先天**必然的回復作用（Rückwirkung）。新的事物又再度指明新的事物，後者在出現的過程中規定自身並且爲舊的事物變異著這些被再造的可能性，如此等等。在這裡，回復作用的力量是循著這鏈條而回溯的，因爲這個被再造的過去帶有「過去」的特徵，並且帶有一個不確定的意向，即對某個相對於現在而言的確然時間狀態的意向。因此，並不是我們具有一個單純的「被聯想到的」意向鏈：一個事物讓人回憶起另一個（流動著的）事物，這個事物又讓人回憶起下一個（流動著的）事物；而是我們具有一個意向，它自身就是朝向這個可能充實的系列的意向。

然而這個意向是一個非直觀的意向，一個「空乏的」意向，並且它的對象之物就是各個發生事件（Ereignisse）的客觀時間系列，而這個時間系列是這個現時的再回憶的模糊環境（Umgebung）。「環境」的特徵不就在於：一個統一的意向，它與許多相互聯繫的對象性相關，並且在它們的不同的、多重的、漸次的被給予性中得到充實？空間背景（Hintergrund）的情況也是如此。因而在感知中的每個事物也都具有其作爲背面的背景（因爲這裡所涉及的不是注意力的背景，而是立義的背景）。「非本眞感知」這個成分是作

爲本質的組成部分而從屬於每個超越的感知的，它是一個「複合的」意向，這個意向是可以在特定類型的聯繫中、在被給予性的聯繫中得到充實的。沒有背景也就沒有前景；沒有不顯現的面也就沒有顯現的面。在時間意識的統一中情況也是如此：被再造的延續是前景，那些編排意向（Ein-ordnungsintention）使一個背景、一個時間背景被意識到。這種狀況在延續者本身時間性的構造中以某種方式隨著它的現在、此前、此後而持續。我們可以做以下類比：對於空間事物而言，是編排到全面的空間和空間世界之中，另一方面是編排到空間事物本身連同其前景和背景之中。對於時間事物而言，是編排到時間形式和時間世界之中，另一方面是編排到時間事物本身以及它的相對於活的現在的變換著的定向之中。

第二十六節　回憶與期待的各種區別

此外還要研究，回憶與期待彼此間是否平等，直觀的回憶爲我提供對一個事件之流逝延續的活的再造，而非直觀的則始終只是這樣一些意向，它們回指著此前，並且前指，直至活的現在。

在對一個將來事件的直觀表象中，我現在直觀地具有一個以再造方式流逝著的進程的再造「圖像」。與此相銜接的是不確定的將來意向和過去意向，也就是那些從此進程的一開始就涉及那個限定在活的現在之中的時間環境的意向。就此而論，期待直觀是倒轉過來的回憶直觀，因爲在回憶直觀那裡，現在意向並不「先」行於這個進程，而是後隨於這個進程。它們作爲空乏的環境意向處在「相互對立的方向」上。現在這個進程本身的被給予方式是怎樣的呢？在回憶中，這個進程的內涵是確定的內涵，這是否會構成一個本質的區別？即使是

回憶也可以是直觀的、但卻不十分確定的，因爲有一些直觀的組元（Komponente）根本不具有眞正的回憶特徵。誠然，在「完善的」回憶那裡，一切都清晰具體，並且具有回憶的特徵。但從觀念上說（idealiter），這種情況在期待那裡也是可能的。它在一般情況下爲許多可能留下空間，而這種始終開放的狀態又再度是相關組元的一個特徵。但原則上可以想像一個預見的意識（一個自詡爲預見的意識），它看到對那個將要存在者之期待的每一特徵：例如就像我們具有一個完全確定的計畫，並且在直觀地表象被計畫內容的同時將它可以說是毫髮不差地當作將來的現實接受下來。但即使在這裡也會有某些在對將來的直觀預測中的無足輕重之物，它作爲代用品充塡著這個具體的圖像，但它卻可以多重地不同於這個圖像所提供的事物：它從一開始就具有開放性的特徵。

但原則性的區別在於充實的方式。過去意向必然是透過對直觀再造之聯繫的製作來充實自身。對過去事件的再造在其有效性方面（在內意識中）只允許證實回憶的不確定性，並且允許透過向一個再造的轉變來進行完善，在這個再造中，所有的組元都具有再造的特徵。這裡關涉到這樣的問題：我是否眞正地看到了這些，感知到了這些，我是否眞正具有這個顯現，具有恰恰帶有這些內容的顯現？所有這些都必須同時編排到恰恰由這些直觀所構成的、直至現在的一個聯繫之中。當然還有另一個問題：這個顯現者曾是現實的嗎？與此相反，期待是在一個感知中得到充實的。在被期待之物的本質中包含著：它是一個將被感知的事物。在這裡明見無疑的是：如果一個被期待的事物出現，即是說，成爲一個當下的事物，那麼期待狀況本身就已經過去了；若是將來的事物已經成爲當下的事物，那麼當下的事物也就成爲相對過去的事物。那些環境意向的情況與此完全相同，它們也是透過一個印象性體驗的現時性而充實自身。

如果撇開這些區別不論，那麼期待直觀就完全與過去直觀一樣是某種原初的和特殊的事物。

第二十七節　回憶作爲關於曾被感知的意識

在對這種被分析的設定性再造的特徵描述上，以下情況是最爲重要的：在它的本質中不僅包含著對時間存在的再造性設定，而且還包含著一個與內意識的確定關係。在回憶的本質中原生的包含著：它是關於曾被感知（Wahrgenommen-gewesen-sein）的意識。如果我直觀地回憶一個外部的進程，那麼我便具有一個對此進程的再造性直觀。而這是一個設定的再造，但這種外部的再造必然是透過一個內部的再造才被意識到。一個外部的顯現必定是被再造出來的，因爲這個外部的進程是在特定的顯現方式中被給予的。作爲體驗的外部顯現是內意識的統一，而與內意識相符合的是內部的再造。但對一個進程的再造有兩種可能：內部的再造是一個設定性的再造，因此這個進程的顯現是在內在時間的統一中被設定的；或者，外部的再造是一個設定性的再造，它在客觀時間中設定有關的時間進程，但並不把顯現本身設定爲內時間的進程，並且因此也不進一步在整體生活流的統一中設定建構時間的河流。

㊳故而回憶並不一定就是對以前感知的回憶。但由於對一個以前進程的回憶包含著對這個進程在其中被給予的那些顯現的再造，因而隨時也都有一種對此進程之以前感知進行回憶的可能（或者說，在那個使以前感知得以被給予的回憶中進行反思的可能）。這個以前的意識整體被再造出來，而那些被再造的事物具有再造的特徵以及過去的特徵。

㊳ 第二十七節下面兩段的文字以及第二十八節第一段的文字立足於出自一九〇一年間或一九〇一年前的一個札記的文字，這個札記在後面的增補文字第18號中以其原初的形式得到完整的再現；尤其參照邊碼180至邊碼184。——編者

讓我們用一個例子來說明這個狀況：我回憶燈火通明的劇院。這不可能是指：我回憶起曾經感知過這個劇院。否則這就會意味著：我回憶起，我曾感知過，我曾感知過這個劇院，如此等等。我回憶這個燈火通明的劇院，這就是說，我「在我的內心中」直觀到這個作爲曾在的劇院的燈火通明的劇院。我在現在中直觀到這個非－現在。感知建構當下。爲了有一個現在本身立足在我眼前，我必須感知。爲了直觀地表象一個現在，我必須「在圖像中」，以再現變異的方式進行一個感知。但並不是我表象一個感知，而是我表象一個**被感知之物**、一個在感知中作爲當下顯現出來的事物。因此回憶確實隱含著一個對以前感知的再造；但回憶並非在本眞的意義上是對一個感知的表象；在回憶中被意指、被設定的並不是感知，而是感知的對象和感知的現在，而後者此外還在與現時現在的關係中被設定。我回憶昨天的燈火通明的劇院，即是說，我進行一個對劇院感知的「再造」，這樣，劇院就在表象中作爲一個當下的劇院而浮現在我面前，我意指的是這個事物，但同時又在與現在、現時的感知的現時當下之關係中將這個當下理解爲過去發生的。現在當然就很明見：對這個劇院的感知曾在，我曾感知過這個劇院。被回憶的事物顯現爲當下曾在的，而且是直接直觀地顯現出來；而它之所以這樣顯現，是因爲有一個當下直觀地顯現出來，它具有一段與現時現在的當下的距離。後一種當下是在現實感知中建構自身的，而前一種直觀顯現的當下，即對非－現在的直觀表象，則是在一種與感知相對立的行爲中、在一種「對以前感知的當下化」（劇院在這種當下化中是以「彷彿現在」的方式被給予）中建構自身。因而這種對劇院感知的當下化不能被理解爲：我在生活於感知之中的同時意指感知，而應理解爲：我意指這個被感知的客體的當下曾在。

第二十八節　回憶與圖像意識。回憶作爲設定的再造

我們還需要考慮，這裡所討論是何種類型的當下化。我們所涉及的並不是一種透過一個相似的客體而進行的再造，就像在被意識到的圖像性（圖畫、半身塑像，諸如此類）情況中那樣。相對於這種圖像意識，這裡所討論的再造具有自身當下化的特徵。它們又再度分爲不設定的（nichtsetzend）再造（「單純」想像）與設定的（setzend）再造。此外還要加上時間特徵。回憶是在過去意義上的自身當下化。當下回憶是一個與感知完全相類似的現象，它與相應的感知一樣具有對象的顯現，只是這顯現帶有一個變異了的特徵。由於這種特徵，對象不再作爲當下的立足於此，而是作爲當下曾在的。

㊴這種叫做回憶和期待的再造之本質就在於，它們將被再造的顯現編排到內時間的存在聯繫之中，編排到我的體驗的流逝著的系列的存在聯繫之中。設定通常也伸展到外部顯現的對象性上，但這種設定也可以被揚棄，它也可以被反駁，這樣，留存下來的便只是回憶和期待了，就是說，即使我們將以前的或將來的感知稱之爲「臆指的」（vermeintlich），我們也不會停止將它們稱作回憶和期待。如果這裡所涉及的從一開始就不是對超越客體的再造，而是對內在客體的再造，那麼這種被描述的再造性直觀的階段建構便被取消，而對被再造者的設定便與將它編排到體驗系列、內在時間之中的做法完全相合。

㊴ 第二十八節下面兩段文字和第二十九節的文字——與第二十三節前半部分的文字、第二十五節至第二十六節的文字以及第二十七節的第一段文字一樣——立足於在增補文字第45號中再現的出自一九〇七和一九〇九年間的文字；尤其參照邊碼307至邊碼310。——編者

第二十九節　當下回憶

就對外部時間與對象性的直觀的領域而言，我們還需要顧及另一種類型的對時間對象的直接再造直觀（我們所有的闡述都局限在對時間對象的直接直觀上，並且將間接的或非直觀的期待與回憶排除在外）。

我也可以將一個當下之物表象爲現在存在的，同時卻並不在我面前現在生動地擁有它，無論是根據一個以前的感知，還是按照一個描述，或其他等等。在第一種情況中，雖然我具有一個回憶，但我給予被回憶者以一個直至現時現在的延續，而對於這個延續，我並不具有內部被回憶的「顯現」，這個「回憶圖像」服務於我，但我並不在其歸屬於它的延續中將這個被回憶之物設定爲它本身，即不把它設定爲內回憶的對象之物。被設定的是這個作爲在此顯現中展示著自身的延續者，並且我們設定這個顯現著的現在，並且設定一再更新的現在，如此等等；但我們並不將它設定爲「過去的」。

我們知道，在回憶過程中的「過去」也並不是意味著：我們在現在的回憶中爲自己製作一個關於以前的回憶的圖像以及其他類似的建構。相反，我們只是設定這個顯現者、這個被直觀者。按照它的時間性，它當然只能在時間的模式中被直觀到。而對這個在此同時的顯現者，我們以回憶的方式透過這個顯現的環境意向而給予它相對於現時性的現在的位置。也就是說，在將一個不在場的當下之物當下化的同時，我們也必須探問直觀的環境意向。這些環境意向在這裡當然是另一種類型：它們根本不會透過一個在整體上被設定的內顯現的持續系列來與現時現在發生聯繫。自然，這些再造的顯現並非沒有聯繫。應當有一個延續者存在，它在此顯現，它曾經存在，並且現在存在，並且將會存在。因此，我「能夠」在某一條

[417]

道路上前去觀看，並發現事物還在；而後我可以再回來，並在一再「可能的」顯現系列中製作直觀。假如我此前就出發並已經到達那裡的話（而這是一種先示的可能性，與此相符的是可能的顯現系列），那麼我現在就已具有作爲感知直觀的直觀，如此等等。即是說，雖然這個再造地浮現在我面前的顯現並不在特徵上被描述爲以內印象方式曾在的，雖然這個顯現者並不在特徵上被描述爲在其時間延續中被感知爲曾在的，但在這裡也有與**此地此時**（his et nunc）的關係，這個顯現也帶有一個特定的設定特徵：它被歸屬到一個特定的顯現聯繫之中（它完全是由設定著的、執態著的顯現所組成的聯繫），在與這個聯繫的關係中，它具有引發動機的特徵：環境意向爲「可能的」顯現本身提供了各自的意向暈。同樣的情況也表現在對這樣一個延續著的存在的直觀上：我現在感知這個存在並設定它爲此前曾在的，但我並沒有在此前感知過它，並且沒有在現在回憶它，而且我還將它設定爲將要存在的。

[418]

第三十節　在滯留變化中對象意向的保持㊵

常常會出現這樣一種情況：在過去之物的滯留還活躍的同時，一個關於此物的再造性圖像已經顯露出來，它當然是這個在現在點中如此這般地曾被給予的事物的圖像。我們可以說是在扼要地重述（rekapitulieren）這個剛剛被體驗到的事物。這個在當下化中的內部改造把再造性的現在與這個還生活在新鮮的回憶中的現在聯繫在一起，在這裡進行的是同一性意

㊵ 第三十節的文字與第三十一節第一段的文字都立足於一九〇五年講座稿的第四十四、四十五、四十五a和四十五b頁面上的文字。——編者

識，它確定這個或那個現在的同一性。（這個現象同時顯示，屬於原生回憶的領域的，除了直觀部分以外，還有一個空乏的部分，它伸展得更遠。在我們於新鮮的、儘管是空乏的回憶中還具有一個曾在之物的同時，一個關於它的「圖像」已經顯露出來。）一個普遍的和基礎本質的事實就在於：在每個現在回墜到過去的同時，它也持留著它的嚴格的同一性。從現象學上說：根據質料A而構造起來的現在意識在不斷地轉變爲一個過去意識，與此同時卻始終有新的現在意識建構起自身。在這個轉變的過程中，這個變異著的意識就獲得了它的對象意向（這包含在時間意識的本質之中）。

每個原初的時間領域在構造它的行爲特徵方面都包含著這種連續的變異。它不能被理解爲：好像在一個由各個從屬於客體相位的立義所組成的系列中，從它們作爲現在設定的出現開始，到下降地進入最終可及的現象的（phänomenal）過去爲止，有一個在對象意向中的變異在持續地進行著。相反的，這個對象意向始終作爲絕對的這同一個同一意向而持存著。儘管如此，還是會有一個現象方面的（phänomenal）階段變化（而且不僅是在那些減弱的立義內容方面），會有一個確定的從現在中的最高感覺高度直至不被注意狀態的回墜。首先是現在瞬間被描述爲新的事物，剛剛回墜的現在不再是新的事物，而是被新事物推開的事物。在這種推開中包含著一個變化。但在它失去其現在特徵的同時，它在其對象意向中卻絕對保持自身不變，它是朝向一個個體客體性的意向，並且是一個直觀的意向。即是說，在這方面不會發生任何變化。但在這裡也許需要考慮，「對象意向的保持」究竟意味著什麼？對對象的整體立義包含著兩個成分：一個成分是根據客體的時間以外的規定性來構造客體，另一個成分是創造時間位置：現在存在、曾經存在等等。客體作爲時間質料、作爲具有時間位置和時間延展的事物、作爲延續著或變化著的事物、作爲現在存在而後曾經存在的事物，純粹是從對立義內容的客體化中產生出來的，因而在感性客體的情況中就是從感性內

容中產生出來的。我們在這裡不能忽略的是：這些內容即使如此還是時間客體，它們在一個作為原印象和滯留之連續的相繼中生產自身，感覺材料的這種時間映射對於那些借助它們而構造起來的客體之時間規定來說是有意義的。但是，它們的時間特徵並不在它們的特性中起作用，這特性是指：它們按其純粹內容（Was）而論是事物質性的代表。㊶非時間地被理解的立義材料根據客體的特殊組成來構造客體，而只要這個組成始終保持著，我們就已經可以談論一個同一性。但如果此前曾談及對對象關係的保持，那麼這就意味著，不僅那個在其特殊組成中的對象始終保持著，而且還是作為個體的、亦即時間上確定的對象，它連同它的時間規定一起在時間中回墜。這種回墜是一種特殊的現象學的意識變異，透過這種變異，相對於一再更新地被構造的現時現在，並且借助於那個導向現時現在的持續變化系列，一個不斷成長的距離便建構起了自身。

第三十一節　原印象與客觀的、個體的時間點

我們似乎在這裡被引到一個兩難之上：客體在回墜過程中持續地改變它的時間位置，但卻又應當在回墜過程中保留著它的時間位置。實際上，始終回移著的原生回憶的客體根本沒有改變它的時間位置，而只是改變了它與現時現在的距離，而這乃是因為現時現在應當被視作一個一再更新的客觀時間點，而過去的時間之物卻始終是它之所是。但現在的問題在於，在時間意識始終變化的現象面前，關於客觀時間的意識是如何成立的，並且首先是關於

㊶ 原文為「Repräsentant」，也可譯做「被再現者」。——譯者

[420]

同一時間位置的意識是如何成立的。與此最密切相關的㊷是關於個體時間對象與過程的客體性構造的問題：所有客體化都是在時間意識中進行的。如果不澄清時間位置的同一性，那麼我們也就無法澄清一個時間中的客體的同一性。

更確切地說，這個問題就在於：感知的各個現在相位持續地經歷著一個變異，它們不再簡單地保持爲它們之所是，它們在流動著。在這流動中，我們稱之爲向時間中的回墜活動（Zurücksinken）在建構自身。聲音現在響起，它立即墜入到過去中。所謂的「它」，乃是指這同一個聲音。這涉及這個聲音的每個相位，因而也涉及這整個聲音。現在看起來，這種下墜透過我們至此爲止的考察而變得在某種程度上可以理解。但我們面對這種聲音的下墜卻說，它在時間中有一個固定的位置，時間點和時間延續可以在重複的行爲中得到認同，就像我們對再造性意識的分析所指明的那樣——這是怎麼回事呢？這個聲音和在這個延續著的聲音的統一中的每個時間點都在「客觀的」（即使是內在的）時間中有其絕對固定的位置。時間是僵化的，但它卻又在流動著。在時間河流中、在持續向過去的下墜中，一個不流動的、絕對固定的、同一的、客觀的時間建構自身。這就是問題所在。

我們首先更進一步地思考這同一個下墜的聲音的事態。爲什麼我們要說這同一個下墜著的聲音？這個聲音在時間河流中穿越它的各個相位而建構起自身。關於每個相位，例如一個現時現在的相位，我們知道，它受持續變異的規律制約，但卻因此而可以說是必定顯現爲對象性的這同一個，顯現爲這同一個聲音－點，因爲在這裡可以看到一個立義的連續性，它自 [421]
始至終受意義的同一性主宰，並且處在連續的相合中。這種相合涉及時間之外的質料，它恰

㊷ 從這裡開始的第三十一節的文字立足於一九〇五年講座稿第五十八至六十一頁面上的文字。——編者

恰是在流動中爲自己保持著對象意義的同一性。這對每個現在相位都有效。但每個新的現在都是一個新的現在，並且在現象學上被描述爲新的現在。即使這聲音完全不變地持續下去，以至於我們看不到任何細微的變化，即是說，即使每個新的現在都擁有在質性因素、意向因素等等方面完全相同的立義內容，並且承載著完全相同的立義——這裡也仍然可以看到一個原初的差異性，它從屬於一個新的維度。而這個差異性是一個持續的差異性。從現象學上看有這樣一個狀況：只有現在點才被描述爲現時的現在，並且被描述爲新的現在，前一個現在點經歷著它的變異，再前一個現在點則經歷著它的進一步變異，如此等等。這個在立義內容方面以及在建立於它們之上的立義方面之變異的連續統，創造出這個聲音的延展連同已延展者的向過去的持續下墜的意識。

但與時間意識的持續變化現象相反，客觀時間的意識，首先是同一時間位置和時間延續的意識是如何成立的？答案是：是透過這樣的方式，即相對於時間回移的河流、意識變異的河流，這個顯現爲被回移的客體恰恰始終以統攝的方式保持在絕對的同一性中，而且是這個客體連同在現在點被經驗到的作爲「這個」（dies）的設定。在持續的河流中立義的持續變異並不涉及立義的「作爲什麼」，即不涉及立義的意義，它並不意指新的客體和新的客體相位，它並不提供新的時間點，而是一再地提供這同一個客體連同它的各個同一時間點。每個現時的現在都創造一個新的時間點，因爲它創造出一個新的客體，或者毋寧說，創造出一個新的客體點（Objektpunkt），它在變異的河流中作爲這同一個個體的客體點而被持留下來。一個新的現在不斷持續地建構自身，這種持續性向我們表明，這裡涉及的根本不是「新」，而是一個個體化的持續瞬間，時間位置的起源就在這個瞬間之中。在這個變異著的河流的本質中包含著這樣的情況：這個時間位置是同一地立足於此，並且是作爲必然同一地立足於此。作爲現時現在的這個現在就是這個時間位置的當下被給予。如果這個現象移入到

[422]

過去，那麼這個現在便獲得過去現在的特徵，但它始終是這同一個現在，只是相對於各個現時現在和時間上新的現在而言，它是作爲過去而立足於此。

因而，時間客體的客體化建立在下列因素的基礎上：從屬於客體的不同現時現在點的感覺內容可以始終在質性上絕對不變，但儘管有如此寬泛的內容同一性，它卻仍然不具有眞正的同一性；這同一個感覺在現在和在另一個現在中各有差異，而且這是一種現象學的差異，它與絕對的時間位置相符合，它是這個「這個」的個體性原源泉，並因此而是絕對的時間位置的原源泉。每個變異的相位都「本質上」具有相同的質性內涵和相同的時間瞬間，儘管是變異了的，而且它是以這樣的方式在自身中具有它們，以至於以後的同一性立義恰恰因此而得以可能。這是在感覺和立義基礎方面的情況。不同的瞬間承載著立義、本眞的客體化的不同方面。客體化的一個方面純粹是在感覺材料的質性內涵中找到其支撐的：它提供時間質料，例如聲音。它會在過去變異的河流中同一地得到持留。客體化的第二個方面產生於時間位置代表的立義之中。這種立義在變異的河流中持續地得到持留。

總結以上：這個聲音—點在其絕對的個體性中在其質料和時間位置方面得到持留，後者才構造出個體性。最後再加上立義，它本質上屬於變異，而且在這個延展了的對象性連同其內在絕對時間得到持留的情況下，它使這種向過去的回移顯現出來。因此，在我們的聲音例子中，持續的新的響起和漸漸消失的每個時間點都具有其感覺材料和其客體化立義。聲音在此作爲一個被拉奏的提琴弦的聲音。如果我們再次撇開客體化立義不論，並且純粹地觀看感覺材料，那麼這從質料而論例如始終是c音，音質和音色不變，強度或許不穩定等等。這個內容——純粹作爲感覺內容是客體化統覺的基礎——是延展了的，即每個現在都具有它的感覺內容，每個其他的現在都具有一個個體上其他的感覺內容，即使它在材料上也正是這同一個。絕對的這同一個c現在和以後是在感覺上相同的，但個體上卻是另一個。

[423]

這裡所說的「個體的」，就是感覺的原初時間形式，或者我也可以說，就是原初感覺的時間形式，在這裡是指各個現在點的感覺，並且僅僅是這些點的感覺。但實際上這個現在點本身可以透過這個原初感覺來定義，以至於這個被說出的句子只能被看做是對那個應當被意指的事物的指明。印象相對於想像材料的區別就在於本原性的特徵。㊸現在我們在印象以內凸顯原印象，與它相對而立的是在原生回憶意識中的變異的連續統。原印象是絕對不變異者，是對所有其他意識和存在而言的原源泉。原印象的內容就在於現在這個詞所意味的事物，只要它是在最嚴格的意義上被理解。每個新的現在都是一個新的原印象的內容。持續地有一個新的印象並且始終是新的印象閃現出來，帶著始終是新的、或相同或變化的質料。使原印象區別於原印象的是原初時間位置印象的個體化因素，這種原初時間位置印象是某種相對於質性以及其他感覺內容的因素而言根本不同的事物。原初時間位置的因素當然不是某種自爲的事物，個體化不是與個體化所具有的事物相並列的事物。整個現在點、整個本原的印象都經歷著過去變異，而唯有透過它，我們才窮盡整個現在概念，只要它是一個相對的概念並且指明一個「過去」，就像「過去」指明「現在」一樣。即使是這個變異也首先涉及感覺，同時卻並不揚棄它的普遍的、印象的特徵。它變異著原印象的整體內涵，既在質料方面，也在時間位置方面，但它正是在這個意義上進行變異，就像一個想像變異所做的那樣，即完完全全地變異著，但卻並不改變意向本質（整體內涵）。

因此，質料是這同一個質料，時間位置是這同一個時間位置，只是被給予方式改變了：這是過去被給予性。在這個感覺材料的基礎上建造起客體化的統覺。當我們純粹地觀看感

[424]

㊸ 關於印象和想像材料參照附錄二，第一四七頁（邊碼〔452〕）及以後各頁。

覺內容（撇開可能建造於其上的超越統覺不論）時，我們便已經在進行著一個統覺：這個「時間河流」、這個延續而後便作為一種對象性而立足在我們眼前。對象性以統一性意識、同一性意識為前提。我們在這裡將每個原感覺都立義為自身（Selbst）。它給予一個聲音—點—個體，而這個個體是在過去變異的河流中同一的這同一個：與這個點相關的統覺在過去變異中始終處在持續的相合中，而這個個體的同一性顯然就是時間位置的同一性。一再更新的原印象持續地流出，這種持續的流出在對這些原印象被立義為個體的點的過程中一再重複地提供著新的和不同的時間位置，這種持續性提供了時間位置的持續性。因而在過去變異的河流中立足著一個持續的、完全充實了的時間部分，但卻是以這種方式，即只有其中的一個點透過原印象而被給予，並且時間位置由這裡而在變異了的階段變化中持續地顯現出來，回溯到過去之中。

每個被感知的時間都是作為一個限定在當下之中的過去而被感知。而當下是一個界限點。每個立義都束縛在這個合規律性上，無論它是多麼超越。如果我們以一個鳥的飛行、一個奔馳中的騎兵中隊為例，那麼我們會在感覺基礎中發現這些被描述過的差異、一再更新的原感覺，帶著它們的時間位置特徵，這些提供了它們的個體化；另一方面我們也發現在立義中的同一類模式。正是因此，客觀之物本身，即鳥的飛行，才顯現為在現在點中的原被給予性，但卻顯現為在一個過去連續統中的完整被給予性，這個連續統是限定在現在之中的，並且持續地限定在一再更新的現在之中，而持續的過去之物則不斷繼續地被引入過去連續統之中。這個顯現的過程始終具有同一的、絕對的時間值。它按其已流逝的部分不斷繼續地將自己回移到過去之中，與此同時，它將自己連同其絕對時間位置以及因此也連同其整個時間片段推入到過去之中：即是說，這同一個過程連同這同一個絕對的時間延展都始終（只要它還顯現）同一地顯現為這同一個，只是它的被給予形式有所不同。另一方面，在活的存在源泉

點（lebendige Quellpunkt des Seins）中、在現在中有一再更新的原存在（Ursein）湧現出來，相對於此，那個從屬於此過程的各個現在時間點的距離持續地增大著，因此這種回墜的顯現、這種遠離的顯現也就增長著。

第三十二節　在對這一個客觀時間建構上再造的參與㊹

在向過去回墜的同時，時間點的個體性得到保持，但以此我們還不具有一個統一的、同質的、客觀的時間。對於這個意識的成立，再造的回憶（作爲直觀的回憶以及在空乏意向形式中的回憶）起著重要的作用。每個被回移的時間點都可以借助於一個再造的回憶而成爲並且重複地成爲一個時間直觀的零點（Nullpunkt）。在以前的時間領域中，當下被回移之物曾是一個現在，這個時間領域現在被再造，而被再造的現在連同還在新鮮回憶中的活的時間點被認同：這個個體的意向是這同一個。㊺被再造的時間領域要比現時當下的時間領域伸展得更遠。如果我們接受其中的一個過去點，那麼透過對那個時間領域——這個點在其中曾是現在——之疊推（Überschiebung）而進行的再造便提供了一個向過去的進一步回溯，如此等等。這個過程可以清楚地被想像爲是無限可持續的，即使現時的回憶實際上很快就無法產生作用。明見的是，每個時間點都具有它的此前和此後，而且這些點和片段此前不能以

[425]

㊹ 第三十二節的文字以及第三十三節前兩行的文字都立足於一九〇五年講座稿的第四十六至四十七頁面上的文字。——編者

㊺ 參見附錄四：「再回憶與時間客體和客觀時間的構造」，第一五五頁（邊碼〔459〕）及以後各頁。

向一個數學界限（如強度界限）接近的方式將自身密集化。倘若眞有一個界限點，那麼與這個點相符的會是一個現在，沒有任何事物先行於它，而這明見地是不可能的。㊻一個現在始終是並且本質上是一個時間片段的排列點。而明見無疑的是：這整個片段都必定會回墜，並在此同時保持著它的整個容量、它的整個個體性。當然，想像與再造並不使這樣一種意義上的時間直觀的延展得以可能，即好像實項地被給予的時間階段變化的範圍會在模擬意識（Simulantbewußtsein）中得到擴大一樣。也許人們會與此相關地提問：它如何會在對時間領域的這種演替的順序排列中以這一種固定的秩序來達到客觀的時間呢？時間領域的持續疊推提供了答案，這種疊推實際上並不僅僅是時間領域的時間上的相互排列。相互疊推的部分在向過去的直觀—持續回溯中個體地得到認同。如果我們如此地從每個現實地被體驗的、即在感知的時間領域中本原地被給予的或從某個再造著遙遠過去的時間點出發，回溯到過去之中，可以說是沿著一個由相互聯繫的和一再被認同的客體性所構成的固定鏈條回溯，那麼直線的秩序在這裡是任何論證自身的呢？按照這個秩序，每個隨意的時間片段，也包括那種在連續性以外隨同現時的時間領域被再造的時間片段，都必定是一個唯一的、一直延展到現時現在的鏈條的一個部分。即使是每個隨意想像出來的時間也服從於這樣的要求：如果它應當可以被設想爲現實的時間（即時間客體的時間），它就必須作爲一個在這個唯一的客觀時間中的部分而存有。

㊻ 參見第八十二頁（邊碼〔399〕）。

第三十三節　幾個先天的時間規律㊼

顯然，這個先天的要求是建立在那個直接可把握的、基礎的時間明見性的有效性之上，這些明見性乃是根據對時間位置被給予性的直觀而變得明見的。

如果我們首先比較一下兩個原印象，或者毋寧說，相關地比較一下兩個原被給予性，兩個都是在一個意識中現實地顯現爲原被給予性、顯現爲現在，那麼它們便透過其質料而相互區分開來，但它們是同時的，它們同一地具有這同一個絕對的時間位置，它們兩個都是現在的，並且它們在這同一個現在中必然地具有這同一個時間位置值。㊽它們具有這同一個個體化形式，它們兩個都是在屬於同一個印象階段的印象中建構自身。在這個同一性中，它們發生變異並且始終保持著在過去變異中的同一性。一個原被給予性和一個具有不同或相同內容的變異了的被給予性必然具有不同的時間位置；而兩個變異了的被給予性則或是具有這同一個時間位置，或是具有不同的時間位置；如果它們產生於這同一個現在點，那麼它們就具有這同一個時間位置，如果它們產生於不同的現在點，那麼它們就具有不同的時間位置。現時的現在是一**個**現在，並且構造一**個**時間位置，同樣也有許多客體性在這個現在之中有分別地建構自身：它們都具有這同一個時間當下，並且在流動中保持著它們的同時性。這些時間位置具有距離，這些距離是大小不等的，如此等等；這些可以在這裡清楚地被直觀到；此外還

[427]

㊼ 除了前兩行以外，第三十三節的文字均立足於一九〇五年講座稿第六十一至六十二頁面上的文字。——編者

㊽ 關於同時性的構造參照第三十八節、第一二一頁（邊碼〔431〕）以及附錄七、第一六五頁（邊碼〔468〕）以後。

可以清楚地直觀到眞理，像可遞性規律或「如果A要早於B，那麼B要晚於A」的規律。在時間的先天本質中包含著：它是時間位置的一個連續性，帶有或是同一的或是變化的、充實著時間的客體性；絕對時間的同質性無法揚棄地在過去變異的河流中以及在一個現在的持續流出中建構自身，這個現在就是創造性的時間點的現在，是時間位置一般的源泉點的現在。

此外，在這個事態的先天本質中還包含著：感覺、立義、執態，所有這些都一同參與了這同一個時間河流。客體化了的絕對時間與從屬於感覺和立義的時間是同一的這同一個。這個屬於感覺的前客體化了的時間必定就是一種與此感覺變異以及這個變異之程度相符的時間位置客體化之唯一可能性的基礎。例如，與一個鐘聲開始於其中的客體化了的時間點相符合的是相應感覺的時間點。這感覺在起始相位上具有這同一個時間，即是說，如果它以後補的方式成爲對象，那麼它必然保持著那個與鐘聲的相應時間點相一致的時間點。同樣，感知的時間與被感知之物的時間是同一的一個事物。㊾感知行爲墜入到時間之中，就像在顯現中的被感知之物，而在反思中，每個感知相位都必定與被感知之物一樣，同一地被給予這同一個時間位置。

㊾ 參照附錄五：「感知與被感知之物的同時性」，第一五八頁（邊碼〔461〕）及以後各頁。

第三章　時間與時間客體的構造階段

第三十四節　構造階段的劃分①

在我們以那些最醒目的現象爲出發點，從幾個主要方向上和在不同的層次中研究了時間意識之後，現在最好確定一下各種不同的構造階段所具有的本質建構，並且系統地審查這些構造階段。

我們發現：

㈠在客觀時間中的經驗事物（在這裡還需要區分經驗存在的不同階段，它們至此爲止還沒有被顧及到：個別主體的經驗事物、交互主體的同一事物、物理學的事物）。

㈡不同階段上的建構顯現多樣性，在前經驗時間中的內在統一。

㈢絕對的、建構時間的意識流。

[428]

① 第三十四節的文字在札記中在增補文字中再現的出自一九〇七至一九〇九年的第40號札記的文字相銜接；參照第二八六頁及以後各頁。——編者

關於這一節和以後各節參照附錄六：「對絕對河流的把握——四重意義上的感知」，第一六〇頁（邊碼〔463〕）及以後各頁。

第三十五節　被建構的統一與建構河流的區別[2]

現在應當進一步闡釋這個絕對的、先於所有構造的意識。它的特殊性非常明確地在與不同階段的被構造的統一的對照之中凸顯出來。[3]

(一)每個個體的客體（每個在河流中被構造的統一，無論是內在的還是超越的）都在延續著並且必然在延續著，就是說，它連續地存在於時間中，並且是在這個連續存在中的同一之物，這個連續存在同時也可以被看做是進程；反之，在時間中存在的當下，是在時間中連續的並且是進程的統一，這個進程在其前行中不可分離地帶著這個延續者的統一。在聲音—進程中包含著聲音的統一，它在這個進程中延續著，而聲音的統一則相反是被充實的延續的統一，就是說，在進程中的延續的統一。因而如果某個事物被規定為在一個時間點中存在，那麼它只能被設想為一個進程的相位，在此相位中，一個個體存在的延續具有它的點。

(二)原則上，個體的或具體的存在是不變或變化；進程是一個變化進程或一個靜止，延續的客體本身是一個變化的或靜止的客體。每個變化在進行中都具有涉及這同一個延續的變化速度或變化加速（相比較而言）。原則上，變化的每個相位都可以延展到一個靜止中，每

---

② 參照第一六一頁〔邊碼〔465〕〕及以後各頁。

③ 從這裡開始，第三十五—三十九節的文字立足於一份大約不會早於一九一一年底產生的札記上的文字，這個札記在後面增補文字第54號中以其原初的形式完整地（就其保留下來的而言）得到再現；參照邊碼368及以後各頁以及該處的回溯指明。——編者

個靜止的相位都可以轉引到一個變化中。

如果我們現在與此相比較地來考察**建構**現象，那麼我們就會發現一條河流，而這河流的每個相位都是一個**映射的連續性**。但原則上這條河流的每個相位都不能延展到一個連續的後繼中，即不可能設想這個河流如此地得到改變，以至於這個相位自身伸展到它自身所帶有的同一性之中。完全相反，我們原則上必然發現一條持續「變化」的河流。而這種變化的荒謬就在於，它完全就像它所流逝的那樣流逝著，既不能「更快地」，也不「更慢地」流逝。而後，這裡還缺少任何變化的客體；並且只要在每個進程中都有「某物」在前行，那麼這裡所涉及的便不是進程。這裡沒有任何變化著的事物在此，因此也就不能有意義談論某個延續的事物。即是說，在這裡要想去尋找某個在一個延續中不變化的事物，乃是毫無意義的。

第三十六節　建構時間的河流作爲絕對的主體性

因而，這些建構時間的現象明見無疑地是這樣一些「對象性」，④它們原則上不同於在時間中被構造的對象性。它們不是個體的客體或個體的進程，而這些現象的謂項不能有意義地被歸屬給它們。因此也就沒有意義這樣去談論它們（並且是在相同的意義上談論

[429]

---

④ 對象性（Gegenständlichkeiten）概念在原則上有別於「對象」概念，雖然胡塞爾常常將它們等義使用。胡塞爾本人在《邏輯研究》中從兩個方面強調「對象性」與「對象」這兩個術語之間的區別：一方面，「對象性」意味著最寬泛意義上的「對象」，即在意識中被構造的事物，無論它是抽象的，還是具體的，是簡單的還是複合的；另一方面，「對象性」是指一個整體意識行爲所構造的整體對象。——譯者

它們）：它們存在於現在之中並且以前曾經存在，它們在時間上相互後繼並且相互是同時的，如此等等。但人們或許可以說並且必須說：某個顯現的連續性，即這樣一個連續性，它是這個建構時間的河流的相位，這個連續性**屬於**一個現在，即屬於這個**建構它**的現在，並且屬於一個以前，即作爲對此以前來說是（我們不能說：曾是）構造性的連續性。但這河流不正是一種相繼嗎？它不就具有一個現在、一個現時的相位和一個由諸過去構成的連續性嗎？而它們現在在滯留中被意識到嗎？我們所能說的無非就是：這條河流就是我們**根據這個被構造者**來稱呼的事物，但它不是時間上的「客觀的事物」。它是**絕對的主體性**，並且具有一個**形象地**被標誌爲「河流」的事物的絕對特性：現時性點、原源泉點、「現在」湧現出來的事物，如此等等。在現時性體驗中，我們具有原源泉點和一個諸餘音瞬間的連續性。對所有這一切我們都還缺少名稱。

第三十七節　超越客體的顯現作爲被構造的統一

還需要注意：如果我們談論「感知行爲」並且說，它是本眞感知的點，這個點與「滯留」的連續性的後繼相接，那麼我們以此並沒有描述時間性的內在統一，而恰恰是在描述這個河流的瞬間。就是說，顯現，例如一個房子的顯現，是一個時間的存在，一個延續的、變化的存在，如此等等。同樣還有那些並不是顯現的內在的聲音。但房子－顯現並不是感知意識和滯留意識。這種意識只能被理解爲建構時間的意識，理解爲這河流的瞬間。同樣，回憶顯現（或被回憶的內在之物，有可能是被回憶的內在的原生內容）也應當區別於回憶意識連同它的回憶滯留。我們始終要區分：**意識**（河流）、**顯現**（內在客體）、超越的**對象**（如果

一個原生內容不是內在客體）。並非所有意識都像例如外感知一樣具有與「客觀的」（即超越的）時間之物、客觀個體性的關係。在每個意識中我們都找到一個「內在的」內容，它與那些被稱作顯現的內容在一起，這些顯現或者是個體之物（一個外部的時間之物）的顯現，或者是非－時間之物的顯現。例如，在判斷行爲中，我具有作爲「判斷」的顯現，即作爲內在的時間的統一，而**在其中**，邏輯意義上的判斷「顯現出來」。[5]判斷行爲始終具有河流的特徵。因此，在《邏輯研究》中被稱作「行爲」或「意向體驗」的事物，始終是一條河流，一個內在的時間統一在這個河流中建構自身（判斷、願望等等），它具有內在的延續，並且有可能較快地或較慢地進展，這些在絕對河流中構造起來的統一是在內在時間之中的，這時間是一個時間，在它之中有一個同時狀態（ein Gleichzeitig）和同樣長的延續（或者有可能是這同一個延續，即對兩個內在的、同時延續的客體而言的延續），此外還有某種可以根據此前和此後的來進行規定的可能性。

第三十八節　意識流的統一與同時和後繼[6]

我們在前面已經探討過[7]這種內在客體的構造，探討過它們從一再更新的原印象中的生長和變異。在反思中我們發現一條唯一的河流，它分爲許多河流；但這種「許多」具有

[431]

⑤ 顯現（Erscheinung）在這裡是在較寬泛的意義上被使用的。

⑥ 參照附錄七：「同時性的構造」，第一六五頁（邊碼〔468〕）及後頁。

⑦ 參照第十一節、第七〇頁（邊碼〔390〕）及以後各頁。

一個統一，它允許並要求我們說，這是一**條**河流。我們發現許多河流，因爲有許多原感覺的序列在開始和結束。但我們發現有一個連結的形式，因爲對所有這些河流來說，不僅分別有從現在向不再（Nicht-mehr）、另一方面從尚未（Noch-nicht）向現在的轉變規律在發揮作用，而且還有一個現在的共同形式、一個在流動樣式中的相同性一般。幾個、多個原感覺是「一下子」（auf einmal）存在的，而且如果一個流動，那麼這些多數也「同期」（zugleich）流動，並且是在完全相同的模式中、帶著完全相同的映射、以完全相同的時速：只是當一個原感覺在整體上停止時，另一個卻還在面前具有「尚未」，即它的新的原感覺，這些原感覺繼續著那些在它之中被意識之物的延續。或者，更好的描述是：這許多原感覺在流動，並且從一開始就支配著這同一些流逝樣式，只是這些對於延續的內在客體而言構造性的原感覺序列是以不同方式繼續著，這種繼續是與這些內在客體的不同延續相符合的。它們並不都以相同的方式使用這些形式的可能性。內在的時間是作爲一**個**對所有內在客體和過程而言的時間而建構自身的。與此相關，關於內在之物的時間意識是一種唯一性。包羅萬象的是現時的原感覺的「聚合」、「同期」，包羅萬象的是所有剛剛過去的原感覺的「剛才」、「先行」，是原感覺的每個聚合向這樣一個「剛才」的持續轉變；這個剛才是一個連續性，它的每個點都是一個對於這個整體的聚合來說同類的、同一的流逝樣式。原感覺的這個**整體**聚合受這樣一個規律的制約：它自身轉變爲意識樣式的一個持續的連續統、已流逝性（Abgelaufenheit）樣式的連續統。在這同一個持續性中有一個一再更新的原感覺之聚合在本原地產生出來，而後又持續地過渡到已流逝性之中。無論一個聚合作爲原感覺的聚合是什麼，它都始終是在已流逝性樣式中的聚合。原感覺具有其在連續流逝意義上的連續的「相繼」，而且原感覺具有其聚合，具有其「同期」。同期存在的事物是現實的原感覺，但相繼存在的則是一個感覺或一組現實原感覺的聚合，而其他的原感覺則已經流逝。但這意

[432]

味著什麼呢？我們能說的無非是：「你看」；意識到一個內在的現在的一個或一組原感覺（一個聲音—現在、在這同一個現在中的一個顏色等等），持續地轉變爲剛才—意識的樣式，在這個剛才—意識中，這個內在客體被意識爲過去，並且與此「同期」出現了一個新的和一再更新的原感覺，一個一再更新的現在被確立，隨之一個一再更新的聲音—現在、形態—現在等等被意識到。在一組原感覺中，原感覺與原感覺之間的區別在於內容，只有現在是這同一個。就其形式而言，意識作爲原感覺意識是同一的。

但與原感覺意識「聚合」在一起的是「以前的」原感覺、以前的現在意識的流逝樣式的連續序列。**這個**聚合從形式上看是連續**轉變了的**意識樣式，而原感覺的聚合則是一種純粹由**形式同一的**樣式所組成的聚合。在流逝樣式的連續性中我們可以取出一個點，然後我們發現在這個點中也有一個由形式相同的流逝樣式組成的聚合，或者毋寧說一個同一的流逝樣式。必須從本質上區分這兩種聚合。一個是對同時性（Gleichzeitigkeit）構造而言的基本部分，另一個是對時間後繼之構造而言的基本部分，儘管另一方面同時性不會沒有時間後繼，時間後繼也不會沒有同時性，故而同時性和時間後繼必定是相互關聯並且不可分離的。在術語上我們可以區分流淌性的前—同期（fluxionalem Vor-Zugleich）和印象性的流淌之同期（inpressionalem Zugleich der Fluxionen）。我們不能將這個或那個同期（Zugleich）稱之爲一個同時（Gleichzeitig）。我們不能再去談論一個最終建構的意識的時間。例如，隨著那個引入滯留過程的原感覺，一個顏色或一個聲音的同時性原初地建構自身，它們在一個「現時的現在」中的存在原初地建構自身，但這些原感覺本身並不是同時的，所以我們更不會將流淌的前—同期之相位稱作同時的意識相位，就像我們同樣也不能將意識的相繼稱作一個時間相繼一樣。

[433]

我們從前面的分析中知道，這個前—同期究竟是什麼：它是相位的連續統，這些相位與一個原感覺相銜接，並且它們的每個滯留意識都是關於以前的現在的（關於它的「原初的回憶」）意識。這裡需要注意：如果原感覺回退，持續地變異，那麼我們就不僅具有一個體驗，它是以前體驗的一個變異，而且我們還有可能已經將目光轉到這個體驗之中，以至於我們在已變異者中可以說是「看到」這個以前未變異的體驗。如果一個不太快的聲音後繼在流逝，我們可以在第一個聲音流逝後不只是「看向」作爲一個「還當下的」、儘管不再被感覺的聲音的它，而且我們還可以關注：這個聲音剛剛還具有的意識樣式，就是對它在其中曾作爲現在而被給予的原感覺意識樣式的一個「回憶」。但而後就必須明確地區分過去意識（滯留的意識以及同樣還有「再」—當下化的意識），在這個意識中有一個內在的時間客體被意識爲剛才，以及區分滯留，或者說，對以前的原感覺的再回憶的「再造」（要看涉及的是感覺變異的原初河流還是對它的再當下化）。這也同樣適用於任何一種其他的流淌（Fluxion）。

如果一個內在客體之延續的某一個相位是現在相位，即被意識爲原感覺，那麼在隨這個原感覺一起的前—同期中，各個相互銜接的滯留便連續地聯合起來，它們自身帶有原感覺之變異的特徵，這些原感覺從屬於這個被構造的延續的所有其他已在時間上流逝了的點。每個這樣的滯留都具有一個特定的樣式，與此樣式相符合的是現在點的時間距離。每個這樣的滯留都是關於相應的以前現在點的過去意識，並且在剛才（Vorhin）的樣式中給出這個現在點，這個剛才的樣式是與這個現在點在已流逝的延續中所具有的位置相符合的。

第三十九節　滯留的雙重意向性與意識流的構造⑧

在滯留的意向性中所包含的雙重性爲我們提供了一個解決困難的指示：如何可能知道一個最終建構的意識流的統一。我們在這裡無疑面臨著一個困難：如果一條完結了的（從屬於一個延續的進程或客體的）河流已流逝，那麼我就可以回顧它，它似乎在回憶中建構起一個統一。因而意識流在意識中顯然也作爲統一而建構自身。在意識流中例如構造起一個聲音—延續的統一，但意識流自己則又作爲聲音—延續—意識的統一而建構自身。而我們是否也必須進一步說：這個統一是以完全相似的方式建構自身，並且同樣也是一個被建構的時間序列，因而人們是否必須談論時間上的現在、此前和此後？

根據前面的闡釋，我們可以給出以下回答：這是一條唯一的意識流，在其中構造起聲音的內在時間統一，並同期構造起這意識流本身的統一。儘管這看起來令人反感（開始時甚至是荒謬的），即意識流建構它自己的統一，但情況的確就是如此。而這是可以從它的本質構造中得到解釋的。目光可以**穿越**那些在持續的河流進程中作爲對聲音的意向性而彼此「相合」的相位。但目光也可以朝向這河流，朝向這河流的一個片段，朝向這個流動的意識從聲音—啟動到聲音結束的過渡。每個「滯留」類型的意識映射都具有一個雙重的意向性：一個是爲內在客體的構造、爲這個聲音的構造服務的意向性，我們將它稱作對（剛剛被感覺的）聲音的「原生回憶」，或者更清楚地說就是這個聲音的滯留。另一個意向性是對在河流中對這個原生回憶的統一而言構造性的意向性；就是說，滯留是與此相一致的：它是仍 [434]

---

⑧ 參照附錄八：「意識流的雙重意向性」，第一六七頁（邊碼〔469〕）及以後各頁。

然－意識（Noch-Bewußtsein）、持留意識，也就是滯留，流逝的聲音－滯留的滯留：它是在它與河流中持續地自身映射中的、關於持續先行了的相位的持續滯留。如果我們觀看意識流的某個相位（在這個相位中顯現出一個聲音－現在以及顯現出在剛剛流逝性之樣式中的聲音－延續的一個片段），那麼它會包含著一個在前－同期中統一的各個滯留的連續性；這些滯留是關於這河流的各個連續先行的相位的整體瞬間連續性的滯留（在啟動環節中，它是新的原感覺，在後繼而來的持續的第一環節中、在第一映射相位中，它是先行的原感覺的直接滯留，在下一個瞬間相位中，它是先行的原感覺的滯留的滯留，如此等等）。如果我們讓這河流繼續流動，那麼我們就具有在流逝中的河流連續統，它使這個剛剛被描述的連續性以滯留的方式發生變化，而在這裡，由各個瞬間－同期存在的相位組成的每個新的連續性都是與在先行相位中的同時整體連續性相關的滯留。所以也就是說，有一個縱意向性（Längsintentionalität）貫穿在此河流中，它在河流的流程中持續地與自己本身處在相合統一之中。第一個原感覺在絕對的過渡中流動著地轉變為它的滯留，這個滯留又轉變為對此滯留的滯留，如此等等。但同時隨著第一個滯留而有一個新的「現在」、一個新的原感覺在此，它與第一個滯留以連續－瞬間的方式相連結，以至於這河流的第二相位是這個新的現在的原感覺，並且是以前的現在的滯留，而第三個相位又再度是一個帶有第二個原感覺的滯留的原感覺，並且是第一個原感覺的滯留的滯留，如此等等。在這裡應當一同考慮到，關於一個滯留的滯留的意向性不僅與直接滯留者相關，而且也關係到二階的在滯留中的滯留者，並且最終還關係到那個在這裡始終被客體化了的原素材。正如一個對事物顯現的當下化所具有的意向性不僅與這個事物顯現相關，而且也與顯現著的事物相關一樣，或者更好的說法是：就像對A的回憶不僅使回憶被意識到，而且也使作為此回憶之被回憶者的A被意識到一樣。

據此，我們認爲，在意識流中，河流本身的統一作爲一個一維的擬－時間秩序的自身構造是借助於各個滯留變化的持續性而進行的，並且是借助於這樣一個狀況：這些變化持續地是關於持續先行的滯留的滯留。如果我朝向這個聲音，如果我關注地進入到「橫意向性」（Querintentionalität）之中（進入到作爲關於各個聲音－現在的感覺的原感覺之中，進入到作爲在流逝的各個聲音－點序列的原生回憶的滯留變換之中，並且在原感覺的滯留變化和已經現存的滯留的河流中始終地經驗著統一），那麼這個延續的聲音就已經在此，並在其延續中不斷地延展著。如果我指向「縱意向性」以及指向在它之中建構自身的事物，那麼，我就將反思的目光從聲音（已經如此這般延續了的聲音）投向那個在前－同期中於一個點之後的原感覺的新事物以及那個在一個持續的序列之後與此「同時」的滯留者上。這個滯留者是在其相位序列（首先是其先行相位）之後的過去意識，而在持續的意識流動中，我把握到這個流逝的意識的滯留序列連同這些現時的原感覺的界限點以及這個序列隨著滯留與原感覺的新開啟而進行的持續回移的界限點。

人們在這裡可能會問：我是否可以在一個目光中發現並把握這整個包含在一個前－同期中的過去意識進程的滯留意識呢？必然的過程顯然是這樣的：我必須先要把握這個「前－同期」（Vor-Zugleich）本身，而它是持續變異的，它只是如其所是地處在河流中；而只要這河流改變著這個「前－同期」，它便與自身意向地相合，並在流動中建構統一；而這同一者含有一個持續的回移樣式，一再更新的事物從頭開啟，而後很快又在其瞬間聯繫中流失。在這個過程期間，目光可以始終固定在這個下墜著的瞬間－同期上；但滯留的統一之構造遠遠地超出它，不斷地附加新的事物。目光可以在這過程中轉到這個方向上，而它作爲被構造的統一始終還是在河流中的意識。

因此，在這條唯一的河流中有**兩個**不可分離地統一的、就像一個事物的兩面一樣相互要

[436]

求的意向性彼此交織在一起。借助於這一個**意向性**，內在的時間建構自身，它是一個客觀的時間、眞正的時間，在它之中有延續和延續者的變化；在另一個意向性中建構自身的，是這條河流各個相位的擬－時間編排，這條河流始終並且必然具有流動的「現在」－點，具有現時性相位，並且具有前現時的相位串和後現時的（尚未現時的）相位串。這個前現象的、前內在的時間性是作爲建構時間的意識之形式而意向地建構自身的，而且是在此意識之中建構自身的。建構內在時間的意識流不僅**存在著**，而且是以如此奇特、但卻又可以理解的方式存在著，以至於在它之中必然有此河流的一個自身顯現，因而這河流本身必然是可以在流動中被把握到的。這個河流的自身顯現並不需要第二條河流，相反的，它是作爲現象而在自身中建構自身的。[9]構造者與被構造者是相合的，但它們當然不是在每個方面都相合。意識流的各個相位是在這同一條意識流的各個相位中現象地建構自身的，後一類相位與前一類被構造的相位是不可能同一的，而且也不是同一的。在意識流的瞬間－現時中得到顯現的事物，就處在這意識流的這同一些過去相位的滯留瞬間序列之中。

第四十節　被構造的內在內容[10]

現在讓我們走到內在「內容」（它們的構造是絕對意識流的成就）的層次上面，並且更切近地考察它們。這些內在內容是在通常意義上的體驗：感覺材料（無論它們是否被注

[437]

---

[9] 參照附錄九：「原意識與反思的可能性」，第一六九頁（邊碼〔471〕）及以後各頁。

[10] 無法找到第四十節文字的手稿底本。——編者

意到），例如一個紅色、一個藍色，諸如此類；此外便是顯現（房子的顯現、環境的顯現等），無論它們以及它們的「對象」是否被注意到；而後是陳述、期望、意願等等「行爲」，以及所屬的再造變異（想像、回憶）。所有這些都是意識內容、建構時間對象的原意識（Urbewußtsein）的內容，這個原意識本身並不又再度是這個意義上的現象學時間中的內容、對象。

僅僅就內在內容在其「現時」持續的同時指明著一個將來之物並回指著一個過去之物這一點而言，內在內容就是它們之所是。但在這種指明和回指的過程中還應當區分不同的事物：在原初構造內在內容的每個原相位中，我們都恰恰具有這個內容的過去相位的滯留和將來相位的前攝，而只要這個內容還在持續，這些前攝就在充實著自己。這些「特定的」滯留和前攝具有一個模糊的視域，它們流動地過渡到不確定的、與過去和將來之河流的流逝相關的滯留和前攝中，現時的內容透過它們而嵌入到這個河流的統一之中。因此，我們必須將滯留和前攝區分於再回憶和期待，後者的目的並不在於內在內容的構造性相位，而是在於將過去或將來的內在內容當下化。這些內容在持續，它們具有其時間，它們是個體的客體性，這些客體性是變化或不變的統一。

第四十一節　內在內容的明見性。變化與不變⑪

如果人們談及一個內在內容的明見被給予性，那麼，明見性就顯而易見地不可能意味著

[438]

⑪ 第四十一節的文字立足於一九〇五年講座稿的第四十七至四十九頁面上的文字。——編者

在聲音的點狀時間此在方面的無疑可靠性；我想把如此被理解的明見性（例如像布倫塔諾所認爲的那種明見性）看做是一種臆想。如果一個需在感知中被給予的內容的本質就在於，它是在時間中延展的，那麼感知的無疑性無非就意味著在時間上延展的此在的無疑性。⑫而這又再度意味著：所有指向個體實存的問題都只能透過向那種在最嚴格意義上給予我們個體實存的感知的回溯而得到回答。感知與不是感知的事物愈是混淆在一起，感知的可疑性就會愈大。如果涉及的是內在內容而非經驗的事物性，那麼，延續與變化（Sichveränderung）、並存與接隨（Aufeinanderfolgen）便可以在感知中得以豐富而完整地實現，而且常常是現實地實現了。這種情況發生在感知中，它們恰恰是純粹直觀的感知，是在最本眞的意義上建構那些持續著或變化著的內容本身的感知；是在自己本身中不再含有任何可疑性的感知：在所有起源問題上我們都會被引會到感知之上，但感知本身卻排除了對起源的進一步追問的可能性。顯然，如果我們想把時間的延展從明見性和眞正的被給予性的區域中排除出去，那麼廣爲談論的內感知的明見性、能思（cogitatio）的明見性就失去了所有的含義和意義。

我們現在來考察對延續的明見性意識並且分析這個意識本身。如果聲音 c（甚至不僅僅是質性 c，而且這個應當始終保持不變的總的聲音內容）延續地被感知到，並且作爲延續的而被給予，那麼這個 c 就在直接的時間領域的一個段落上有過延展，即是說，在每個現在中出現的都不是另一個聲音，而是始終連續地是這同一個聲音。始終出現同一個聲音，這個同一性的連續統是這個意識的內部特徵。各個時間位置並沒有透過相互有別的行爲而被相互區分開來，感知的統一在這裡是無斷裂的統一，它不帶有任何凸顯的內部區別。另一方面

[439]

⑫ 關於內感知可以參照本書第四十四節（邊碼〔447〕）及以後各頁。

卻仍有區別，因爲每個時間點都在個體上有別於其他點，但僅僅是有**分別**（verschieden）而無**分離**（nicht geschieden）。時間質料的不可分的相同性以及時間設定意識之變異的持續性，爲融合成爲這個 c 的無斷裂延伸的統一的狀況奠定了本質基礎，隨之才產生出一種具體的同一。只是作爲在時間上伸展的聲音，這個聲音 c 才是一個具體的個體。具體的事物每次都是單獨被給予的事物，並且不言而喻，正是知性的分析過程，才使得像以上所嘗試的那樣一些闡釋得以可能。c 的無斷裂統一是最先被給予的事物，它表明自己是一個可分的統一、一個在意項上（ideell）可以被區分，並在可能情況下，例如借助於同時演替而可以被發現的諸瞬間所組成的融合狀況（Verschmolzenheit），正是透過這種同時演替，我們可以在平行流逝的持續中區分出各個片段，而後便可以在與這些片段的關係中進行比較和辨認。

除此之外，我們在進行這些描述時已經是帶著一些理想化的臆想在操作了。以爲這個聲音絕對不變，這是一個臆想。在任意的瞬間中都始終會發生或大或小的偏差，故而在一個瞬間方面的連續統一是與另一個瞬間的不可區分性結合在一起的，這個不可區分性爲這個連續統一間接地創造了劃分。質性同一性的斷裂、在同一個質性屬之內一個質性向另一個質性的跳越——它們產生出一個新的體驗、對變換的體驗，在這裡明見的是：並非在時間段的每個時間點上都可能有間斷（Diskontinuität）。間斷預設了連續統，無論是以無變化的延續的方式，還是以持續變化的方式。就後者而言，即就持續變化的方式而言，變化意識的相位同樣也是無斷裂地、亦即以統一意識、同一意識的方式過渡到彼此之中，與在無變化的延續的情況中一樣。但這個統一表明自己並非無差別的統一。首先無差別地過渡到彼此之中的事物，在連續綜合的進程中產生出偏差和愈來愈大的偏差，於是相同性與差異性便混淆在一起，帶著不斷增長的強度而被給予的，是差異性增強的一種連續統。原初的現在—意向顯現

[440]

出來，以個體維續的方式，在新的和不斷更新的共時意識中被設定爲與這樣一個意向相一致，這個意向在時間上離現在—意向愈遠，就會使一個愈來愈強的差異性、一個間距產生出來。起初是相合的事物和而後是幾乎相合的事物愈來愈多地分離開來，舊的和新的不再顯現爲本質上的完全同一個，而是顯現爲一個愈來愈不同的和陌生的事物，儘管它們還有屬的共同性。這樣，「逐漸變化了」的意識、在持續認同的河流中的增長著的間距的意識便產生出來。

在無變化延續的情況中，我們具有持續的統一意識，它在繼續前行的過程中始終是同質的統一意識。相合穿透在這些持續前行的意向的整個序列中，而貫穿的統一始終是相合的統一。它不讓那種「別樣」意識、疏遠意識、間距意識冒出來。在變化的意識中也有相合發生，這種相合同樣穿透在整個時間延展中；但一般看來，在這個相合中同時並且以愈來愈強的方式出現朝向差異的偏差。變化的質料在時間段中被分配的方式決定著對或快或慢的變化的意識、變化速度和變化加速的意識。但在任何情況下，而且不只是在持續變化的情況下，別樣意識、差異意識都預設了一種統一。在變換（Wechsel）中必定有某種延續的事物在此，而在變化中同樣也有某個事物在此，它構成這同一個變化著或經歷著變換的事物的同一性。不言而喻，這又再度回溯到一個個體的意識的本質形式上。如果音質始終不變而聲音強度或音色發生變化，那麼我們會說，**同一個**聲音變換了它的音色，或在強度方面發生變化。即使在整個現象中沒有任何事物保持不變，即使「在所有規定性上」都有變化，始終還會有足夠的事物在此被用來確定統一，亦即這樣一種無差異性，各個臨界的相位帶著它而彼此過渡，並隨之而產生出統一意識。這個整體的種類和形式在屬上始終是同一個。相似者過渡到相似者之中，而且是在相似多樣性的範圍內；反過來可以說：相似者就是一個可以從屬於連續過渡之統一的事物，或就是所有具有一個間距的事物，正如相同者就是可以論證一

[441]

個無變化的延續（靜止）之統一的事物，或就是一個沒有間距的事物。只要談到變化和變換，情況就始終是如此。作爲基礎的必定是一個統一意識。

第四十二節　印象與再造⑬

在這裡需要注意的是：如果我們不去探究在其延續中的印象內容的構造，而是探究例如回憶內容的構造，那麼我們就不能談論與這些內容的現在點相符的原印象。這裡處在最前列的是原回憶（Urerinnerung，作爲絕對的相位），不是一個「從外部」「異於意識地」被置入的事物、一個原創產生的事物，而是一個顯露出來的事物、重新顯露出來的事物，我們（至少在回憶上）可以這樣說。這個瞬間儘管本身不是印象，但卻與印象一樣不是自發性的產物，而是以某種方式是一個接受性的事物。在這裡也可以談得上被動的接收，並區分帶來新事物、陌生事物、本原事物的被動接收以及只是再帶來、當下化的被動接收。

每個被構造的體驗都要麼是印象，要麼是再造；作爲再造，它要麼是一個**當下化**（Vergegenwärtigen），要麼不是。在任何情況下，它本身都是一個（內在的）當下擁有（Gegenwärtigen），但每個當下的和當下擁有的意識都會有一個**關於**此意識的完全相應的當下化的觀念可能性與之相符。印象性的感知會有一個對它的當下化的可能性與之相符，印象性的願望會有一個對它的當下化的可能性與之相符，如此等等。這種當下化也涉及每個感

⑬ 無法找到作爲第一部分結尾的第四十二節至第四十五節文字的手稿底本。或許它們是一些產生於一九一一年以後的札記。——編者

性的感覺內容。與被感覺的紅色相符的是一個想像材料（Phantasma）紅色、一個關於紅色的當下化意識。在這裡，與感覺（即對感性素材的感知）相符的是對感覺的當下化，但每個被當下化的事物本身又再度透過一個印象性的意識而是當下的，因而在某種意義上，所有體驗都是透過印象而被意識到或被允許的。但在它們中間有這樣一些體驗，它們作爲對印象的再造、印象的當下化變異出現，並且每個意識都有一個這樣的變異與之相符（當下化在這裡並不同時被理解爲一個注意的意指）。一個感知是關於一個對象的意識，它作爲意識同時是一個印象、一個內在的當下被擁有之物。與這個內在的當下擁有、這個對一個A的感知相符的是再造性的變異：對感知的當下化，想像中或回憶中的感知。但這樣一種「想像中的感知」同時是對被感知的客體的想像。在感知中，一個對象，例如一個事物或一個事物性的過程，當下地在此。因而感知不僅本身是當下的，而且它同時就是一個當下擁有，在它之中有一個被當下擁有的事物在此，這個事物、這個事物性的過程。同樣，對感知的當下化變異同時是對被感知的客體的當下化：這個事物客體被想像、被回憶、被期待。

所有印象都是在原初意識中構造起來的，原生的內容與「關於……的意識的」體驗都是如此。因爲所有體驗都可以分爲這樣兩種基本的體驗屬：一種是行爲、是「關於……的意識」、是「與某物相關聯的」體驗，另一種則不是。被感覺的顏色不具有與某物的關聯。⑭同樣，想像內容也不具有這種規律，例如一個作爲浮現在眼前的（即便是未被關注的）紅色

⑭ 只要我們有權將原意識、將那個構造內在時間和從屬於它的體驗的河流本身稱作行爲，或者說，有權將它分解爲各個統一和行爲，那麼，我們也就可以並且必須說：一個原行爲或原行爲關聯構造著統一體，這些統一體本身或者是行爲，或者不是。但這將產生困難。

[442]

的想像材料紅。但關於紅的想像意識卻會具有這種關聯，即與所有原始的（primitiv）當下化的關聯。因而我們可以發現，一些印象是對印象性意識的當下化；正如印象性的意識是關於內在之物的意識一樣，印象性的當下化也是對內在之物的當下化。

印象（在較爲狹窄的意義上與當下化相對立）可以被理解爲本原意識，在這個意識後面不再會有一個意識到它的意識，當下化則相反，即便是最原始的內在當下化，都已經是次生的意識了，它預設了它在其中被印象性地意識到的原生意識。

第四十三節　事物顯現與事物的構造。被構造的立義與原立義

讓我們來考察這樣一個意識，譬如對這個銅質菸灰缸的感知：它作爲一個延續的事物性存在而處於此。一個反思可以使我們區分：感知本身（感知立義連同立義素材被具體地視爲一體：例如在確定性樣式中的感知顯現）和被感知者（它可以在明見的、奠基於感知的判斷中被描述）；它同時是一個被意指者，意指「生活」在感知中。反思告訴我們，感知立義在其樣式中本身就是某種內在－時間性的被構造者。它是透過現在相位和滯留的多樣性而被構造的。無論是立義內容還是包含著確定性樣式的立義意向，都是以此方式被構造的。感覺內容是作爲感性印象中的統一、作爲在他者、在與它們相交織的行爲印象中的立義而建構自身的。感知作爲被構造的現象就其本身而言是對這個事物的感知。

在原生的時間意識中，事物顯現、事物立義作爲延續的、不變的現象或變化的現象而建構自身。而在這個變化的統一中，一個新的統一「被意識到」：這個不變的或變化的事物的統一，在其時間和延續中的不變和變化。在感知構造於其中的同一個印象性意識中也恰恰

[443]

透過此而構造起被感知者。一個如此建造的意識之本質就在於：它既是一種內在的統一意識，同時也是一種超越的統一意識。並且它的本質還在於：一個意指的目光可以時而指向感性感覺，時而指向顯現，時而指向對象。經過必要的修正（Mutatis mutandis），這也適用於所有「行為」。它們的本質始終都在於：具有一種超越的意向性，並且只能透過一個內在的被構造者、透過「立義」而具有一種超越的意向性。而這始終論證著這樣一種可能性，即：將這個內在者、這個立義連同其內在內涵放置到與那個超越者的關聯之中。而這種放置到關聯中的做法又再度產生出一個「行為」、一個更高階段的行為。

在這裡需要關注的是：在感知中，一組本身是在原初時間流中構造起來的統一的感覺內容經歷了立義的統一。而這些統一立義在其構造中被意識到方式並不同於顯現者在超越顯現中、被感知者在超越的感知中被意識到的方式。另一方面，它們卻又具有一種本質的共同性。因為內在印象是當下擁有，就像感知也是當下擁有一樣；在前者那裡，我們「透過」顯現而具有的是內在的被當下擁有者，在後者那裡，則是超越的被當下擁有者。即是說，當超越的顯現是在內意識中被構造的統一的同時，在這些統一「中」又再度有其他的統一被構造出來：顯現著的客體。

我們曾看到，這些內在統一是在時間的映射多樣性河流中構造起來的。我們在此具有雜多的、變異了的原內容，它們從屬於內在內容的每個時間點，並沿著縱向的意識流前行，它們的特徵可以被描述為在時間特徵中的原內容之滯留變異。而這些原內容是原立義的載者，這些原立義在其流動聯繫中建構那些在其向過去回移過程中的內在內容的時間統一。在感知顯現情況中的「內容」恰恰就是這些作為時間統一的整體現象。因而感知立義也是在這種映射的多樣性中構造起來的，它透過時間立義的統一而成為統一的。因此，我們在這裡必須在雙重的意義上理解立義：內在地被構造的立義，以及屬於內在構造、屬於原初河流本身

之相位的立義，即不再是被構造的原立義。在顯現的內在流動中，在現象學時間中我們稱之爲感知的各個立義的連續接隨中，現在便構造起一個時間性的統一，只要這些立義的連續性不僅產生出變化著的顯現的統一（例如在旋轉一個事物時作爲同一個事物的各個角度而顯現出來的一系列角度），而且也產生出一個延續的或變化的事物的各個顯現的統一。

在作爲現象學時間各個統一性的感覺內容的映射多樣性中，或者說，在對這些內容的各個立義的現象學－時間性的映射多樣性中，一個同一的事物性（Dinglichkeit）顯現出來，[445] 它在所有相位中都始終在映射的多樣性中展示自身，透過這種方式，內在時間將自身客體化爲一種在內在顯現中被構造的客體的時間。⑮事物在其各個顯現的流動中構造自己，這些顯現本身是作爲在原初印象的河流中的內在統一而被構造起來的，並且必然是一個接一個地構造起來的。顯現的事物之所以構造自身，乃是因爲在原初的流動中，感覺統一和統一的立義在構造自身，即始終有關於某物的映射、展示、對某物的進一步當下擁有建構自身，並且在連續的序列中對同一個事物的展示在建構自身。展示的流淌具有這種流動和關聯，以至於它們的顯現者，恰恰是在這些以及在這種形式的展示映射的多樣性中分離開來，就像一個感覺內容在感覺映射中的分離一樣。正因爲如此，立義的多樣性的特徵是當下擁有，正如內在印象的特徵也是如此。

可以明顯地看到，如果原體現的感性材料出來原體現和本質上與它共屬的原滯留和原前攝連續地承載著空間構造的立義特徵，那麼感覺材料和事物立義所隸屬的現象學時間，以

---

⑮ 參照附錄十：「時間的客體化和在時間中的事物性的事物的客體化」，第一七二頁（邊碼〔473〕）及以後各頁。

及事物的空間時間就必定是一點接一點地相合的。隨著每個充實了現象學時間點，都會有一個充實了的客觀時間點展示出來。

我們在下面這個圖式的垂直系列中不僅具有貫穿的垂直相合，它屬於現象學的時間構造（按照這個構造，原素材E_2與滯留的變異O′和E_1'在一個瞬間中得到統一），而且這個作為事物立義而屬於每個垂直系列的滯留性映射也處在貫穿的相合中。這是兩種相合。事物立義的系列不僅就它一同構造一個連續的序列而言是相合的，而且就它構造同一個事物而言也是相合的。第一個相合是具有束縛力的本質相同性的相合，第二個相合是同一性的相合，因為在對這個序列的連續認同中，延續的同一之物被意識到。當然，從垂直系列到垂直系列的連續演替的認同也屬於此，它是在具有客觀—空間意義的各個前攝被充實的情況下進行的。

我們已經指出在內在的和超越的統一之構造中的相似性：正如「感覺—映射」（在現象學時間中對感覺統一而言的展示之原素材）具有其法則，在原序列中具有其本質特徵，並且透過在圖式照再現的變異而構造出感覺的統一，事物的映射，或者說，作為原序列的原素材而起作用的「顯現」也與此相似。顯現時間的原序列借助於建基於時間的滯留等等而構造出作為現象學時間統一的（變化的或不變的）

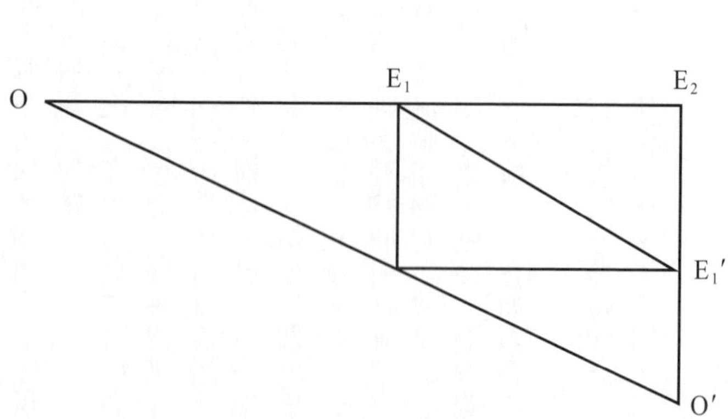

顯現。但還有：源自那些屬於同一個不變的事物的顯現多樣性的顯現，具有一個在體的（ontisches）本質（顯現者的本質），它完全是同一個事物——就像屬於同一個不變的紅色的時間素材具有完全相同的本質一樣。同樣，事物變化的系列與紅色的變化系列一樣，它們都受一個固定的法則的主宰，因此，在同一個事物中構造出一個雙重的事物：顯現與顯現者，並且在不同的顯現中的不變的或變化的顯現者。

現在當然會有這樣一個問題：事物顯現，即同一個事物的顯現，具有何種特性？這是空間構造的問題，它因而預設了時間構造。

第四十四節　內感知與外感知[16]

但我們現在來談論一個延續的感知，而且它既可以是一個事物感知，也可以是一個內在感知。在事物感知那裡，撇開滯留性的和前攝性的交織不論，持續的感知顯現、事物的現在顯現的連續統也被看做感知。事物顯現、「在其朝向中的事物」、在特定展示中的事物，如此等等，都是某種延續的事物，就像顯現著的絕然的事物（Ding schlechthin）。即便是單純顯現出來的一個表面，也是延續著的並在這種延續中變化著的。實際上我不可以說：「在其朝向中的事物」，而只能說：事物顯現的進程，如果朝向始終不變，這個事物顯現會延續下去，否則就是顯現的持續變化進程，但這是在一個延續之內的變化。

[16] 參照附錄十一：「相即感知與不相即感知」，第一七七頁（邊碼〔478〕）及以後各頁，以及附錄十二：「內意識和對體驗的把握」，第一八一頁（邊碼〔481〕）及以後各頁。

在對一個內在客體的感知那裡，我們也可以將連續性中的現在之內在合在一起看：但它這時就是客體本身的延續了。如果在外感知的意義上看，客體並沒有顯現出來。因此，「感知」在關於一個外部客體的意識情況中可以將外部的顯現標示爲內在客體，同時感知與被感知之物不言而喻是不同的事物，而如果我們談及內感知，並且感知與被感知之物在這裡應當始終是同一個事物，那麼感知就不能被理解爲內在之物，亦即不能被理解爲客體本身。若我們談及內感知，就只能把它理解爲：㈠對那個即便不朝向它也現存於此的（vorhanden）統一內在的客體的內意識，以及作爲構造時間性事物的意識；或者㈡帶有這種朝向的內意識。在這裡可以輕而易舉地看到：這種朝向是對一個內在進程的把握，它具有其內在的延續，這個延續與在朝向它的過程中的內在聲音的延續是相合的。

因而在外客體的情況中我們具有：

㈠ 外顯現。

㈡ 構造意識，在其中外顯現作爲內在客體構造其自身。

㈢ 朝向，它既可以是對顯現及其組元的朝向，也可以是對顯現者的朝向。唯有後者才會在談到外感知時被涉及。

對回憶也可以做類似的思考；只是回憶本身具有其意向性，即當下化的意向性。回憶具有其作爲內意識進程的統一，並且在內在時間的統一中具有其位置和延續。這一點始終有效，無論它是對內在之物的回憶，還是對超越之物的回憶。而每個回憶（如果我們撇開朝向不論）同時都是內在之物的回憶。因此，關於內在聲音的意識作爲本原的內意識不可能具有內在的時間性，而關於內在聲音的當下化意識（它在相應變化了的意義上是關於對聲音的內意識的當下化意識）則是一個內在客體，從屬於內在的時間性。

[448]

第四十五節　非時間的超越之構造

此外還要注意：每個意識在本真的意義上（作為被構造的內在統一）都必然同時也是關於它所「關涉」的對象之物的意識統一。但並非每個意識都是時間意識，亦即關於一個時間之物的意識，一個構造意向時間的意識。所以，一個關於數學事態的判斷意識是印象，但這個在其統一中統一地「立足於此」（dastehen）的數學事態卻不是時間性的事物，判斷活動是當下擁有（或者說，當下化）。⑰與此相符，我們可以說，一個事物、一個事件、一個時間性的存在在想像中被表象，它合乎想像、合乎回憶、合乎期待或滯留地顯現出來，我們同樣也可以說，它顯現為當下的，是被感知的。相反，我們卻不能說，一個數學事態顯現為被當下擁有的或被當下化的。判斷活動可以或長或短地延續著，可以在其主觀時間中延展，並且可以是當下的或當下化的。但被判斷者則不是或長或短、或多或少延續著的。在判斷當下化中的擬－被判斷者也是如此。被當下化的是判斷，而不是被判斷者。如果我們說，「單純地思考」一個實事狀態，那麼這並不意味著，它被當下化了，而是它處在中立性變異的特徵中，而不是處在信仰的特徵中。各個信仰變式（Glaubensmodalitäten）絕不等同於當下與不當下的信仰變式，而是與它們相交切。在一個個體的實事狀態中還可以——非本真地——談及時間特徵，只要那個在實事狀態中在邏輯－分析上被劃分了的並綜合地被理解的實事可以合乎感知地是當下的，或可以合乎想像地被當下化。但對於一個非時間的實事狀態

⑰ 參照附錄十三：「作為內在時間客體的自發統一的構造——作為時間構形和絕對時間構造意識的判斷」，第一八六頁（邊碼〔486〕）及以後各頁。

而言，對於一個不談時間之物的實事狀態而言，這些根本就沒有意義。想像到一個數學判斷中去，這並不意味著：將一個數學的實事狀態加以想像表象，就好像它能夠是一個當下擁有著的或當下化著的被展示者一樣。

在確切的體現意義上顯現僅僅屬於當下擁有及其變異的領域，而在顯現者構造，或更恰當地說，在個體存在的本眞被給予性中包含著：它是在作爲展示的顯現的連續性形式中被給予的。不言而喻，實事狀態也可以「單純顯現」並且要求在本眞的被給予性中的證明。這也不會對以上所說有絲毫改變，即：建基於個體顯現（自然顯現）上的實事狀態（「自然事實」）可以根據基礎性的顯現被給予性，即以類似的方式在「展示」的無限性中顯現出來。儘管如此，我們必須說：實事狀態的「這些展示」（顯現）並不是在本眞意義上的展示，而是在一種派生意義上的展示。實事狀態實際上也並不是時間之物，它對於某個時間中而言存有，但本身並不是某個像一個事物或一個過程那樣在時間中的事物。時間意識和展示並不屬於實事狀態本身，而是屬於它的實事。

這些情況也對所有其他被奠基的行爲及其相關項有效。一個價值不具有時間位置。一個時間客體可以是美的、可愛的、有用的，而且可以是在一個特定的時間中是這樣的，但美、可愛卻並不具有在自然中和時間中的位置，它們不是在當下擁有或當下化中的顯現者。

第二部分　一九〇五—一九一〇年間對時間意識分析的續加和補充①

①這裡的文字是依據一九一七年夏，受作者委託並由作者協助，爲埃迪·施泰因合成，並於一九二八年由馬丁·海德格編輯出版的稿本。除了附錄十以外，作爲這些「附錄」文字之基礎的手稿資料都未能找到。由於手稿的缺失，我們不具有實證的依據，也就無法更確切地猜測這些不同札記的產生日期。但是，如果我們對一九二八年出版的「附錄」的內容與在這卷中所重新給出那些標明日期的札記的內容進行對比，那麼我們可以猜測：「附錄」文字可能部分地立足於那些更多是產生於一九一〇至一九一七年的札記上。——關於附錄十可以參照第一七二頁的編者注。——編者

附錄一　原印象及其變異的連續統②

每個原印象都在特徵上被描述爲這樣一種原印象，並且每個變異都在特徵上被描述爲這樣一種變異。此外，每個變異都是持續的變異。這就把這種變異區別於想像變異和圖像變異。這些時間變異中的每個都是在一個連續統中的不獨立的界限。而這個連續統具有一個單面受限的、直接相鄰的（orthoid）雜多性的特徵。它在原印象中開始並且作爲變異而在一個方向上繼續前行。這個連續統中的一些具有相同距離的點客觀地構造出相距同樣遠的客體的時間相位。

如果我們談及「變異」，那麼我們首先看到的是那種改變，即原印象在持續地「減弱」。然而，每個變異都顯然可以在相同的意義上被視爲是任意一個前行變異的變異。如果我們取出這個連續統的某一個相位，那麼我們可以說，它消逝了，對每個其他的相位來說都是如此；這完全就包含在這樣一個連續統以及任何一個這樣的（單面朝向的）連續統的本質之中。在由O起始的強度之連續性中，情況也是如此。這個上升在這裡是每個強度都經歷的變異。每個強度自身都是它之所是，而每個新的強度也就都是一個新的。但在涉及一個隨意地在先被給予的強度時，每個在此系列中以後的強度都可以被視爲是一個操作的結果。如果b是a的上升，那麼c就是與a相關的一個上升的上升。借助於連續性，並非每個點都單單是一個與前行的點相關的上升，而是一個上升的上升的上升，如此類推，**直至無窮**和無限小。這是一個相互切入的變異的無限性。只是在這裡沒有一個本身可以被看做是強度的起始

② 對第十一節（邊碼〔390〕）及後頁的續加和補充。

點。在這裡，起點就是零點。每個直線連續統都帶有這樣一個本質特徵：我們可以從任意一個點出發，將任何一個其他的點設想爲是從它之中持續生產出來的，而每個持續的生產都是透過持續的迭復（Iterierung）進行的。我們甚至可以把每個間距加以**無限的**劃分，並在每個劃分過程中把以後的劃分點設想爲是間接地透過以前的點而生產出來的，這樣便透過無限多的上升（它們之中的每個都是同樣無限小的上升）之中的一個上升而最終生產出一個任意的點。所以，現在在時間變異的過程中也是如此，或者毋寧說，在其他的連續統中，關於「生產」（Erzeugung）的說法只是一種形象的比喻，而在〔時間變異〕這裡，這個說法才是眞正的說法。時間構造的連續統是一條變異之變異的持續生產的河流。迭復意義上的各個變異從現時的現在出發，即從各個原印象u出發，但始終向前而行，它們不再只是與u相關的變異，而且也是順序的相互變異，這個順序是指它們的流動的次序。這便是持續的生產的特徵所在。變異不斷地造就新的變異。原印象是這個生產的絕對開端，是所有其他的事物從中持續生產出來的原源泉。但它自己並不是被生產出來的，它不是作爲某種產物，而是透過**自發的發生**（genesis spontanea）才形成的，它是原製作；它是不會生長的（它沒有萌芽），它就是原創作。如果我們說，與這個正在變異爲非—現在的現在相鄰，始終有一個新的現在正在構成自身，或者說，正在生產自身，正有一個原源泉原突然地（urplötzlich）蹦出來，那麼這些都是形象的比喻。我們只能說：沒有印象，也就沒有意識。凡有某物延續之處，就會有a過渡到xa′，xa′過渡到yx′a″，如此等等。但意識的生產只是從a走向a′，從xa′走向x′a″；相反，這些a、x、y並不是意識的生產物，它是原製作物，是「新事物」，是以異於意識的方式而生成的事物，是被接受的事物，它與那些透過本己的意識自發性而生產出來的事物相對。但這種意識自發性的特殊性就在於，它只是使原製作物得以生長、展開，但卻不創造任何「新事物」。當然，我們通常稱爲經驗生成、生產的事物，是與客體性相關的，而

[451]

這完全是另一回事。在這裡所涉及的是意識的自發性，或更小心地說，是意識的原自發性（Urspontaneität）。

現在，隨情況的不同——隨這裡所關涉的究竟是對構造性內容之相關現在而言的原源泉，還是自發的意識生產的情況之不同——原初瞬間要麼是原印象，要麼就是原－回憶、原－想像，諸如此類。如果我們追循這些層次的次序，那麼，一個層次的每一原初瞬間都是自發生產的原源泉，這些自發生產貫穿在它們的持續變化的其他層次的始終，並且在其中代表著這個原初瞬間（這個原初瞬間單獨地、唯一地從屬於那個首先被看在眼中的層次）。此外，每個原初瞬間都是各個原初瞬間之持續系列的相位，這些原初瞬間透過一個層次的序列而相互過渡。或者，每個原初瞬間都有助於構成一個具體的延續，而在對一個具體持續的構造中包含這樣的內涵：它的每個點都有一個現時的現在與之相符，而這個現時的現在就它這方面而言也爲它的構造而要求一個本己的原初瞬間。這個序列的各個瞬間是持續一體的，它們「持續地相互過渡」。這個過渡「在質性上」是受中介的（vermittelt），並且同時是時間性的：擬－時間的特徵是一個持續的特徵。

[452]

附錄二　當下化與想像——印象與想像③

在最寬泛的意義上，亦即在一般的、儘管不甚明確的話語的意義上，「當下化」與「想像」並非是同一個事物。首先，有一些非直觀的回憶和其他的當下化，它們是不會被任何

③ 對第十七節、第八十三頁（邊碼〔400〕）及後頁的續加和補充。

人稱作想像的。另一方面，我們雖然在一個直觀當下化的情況中常常會說（或至少可以說）：被回憶的事物浮現「在想像中」，但我們並不把回憶本身稱之爲一種想像。此外，當下化可以是一種自身當下化，或可以是一種圖像化的（類比的）當下化。在後一種情況中，我們會說：被當下化的事物「以一個想像圖像的形式」浮現在面前，或者在一個想像顯現中被圖像化了。這時候，想像圖像就是想像的事情，超出於想像圖像的事物，即與被映射之物的關聯，則不再是想像的事情。我們無法再將這個被映射者本身稱作是在想像中顯現的，那樣的話，這裡就會有兩個彼此建構於彼此之上的想像了。只要談及想像，尤其是關於一個對象的想像，那麼有一點是共同的：這個對象是在一個顯現中顯現，而且是在一個當下化的顯現中顯現，而不是在一個當下擁有的顯現中顯現。這裡面包含著什麼？這裡的「顯現」（Erscheinung）是什麼？一個物件可以被直觀到，並且它可以「象徵地」（透過符號）被表象，最後是空乏地被表象。直觀（也包括空乏表象）是對同一個對象的素樸的、直接的表象，一個象徵表象是一個被奠基的表象。一個經素樸表象中介的表象，並且是一個空乏表象。一個直觀表象會使對象顯現出來，一個空乏表象則不會。我們首先可以將**素樸的**表象區分爲素樸直觀的表象和素樸空乏的表象。但一個空乏的表象也可以是一個**象徵的**表象，它不只是進行空乏的表象，而且是「透過」符號或圖像進行表象。在後一種情況中，對象是被圖像化了，是在一個圖像中被直觀化了的，但並非「本身」是直觀地被表象的。每個關於對象性之物的直觀當下化都將這個對象之物**以想像的方式**表象出來。這個當下化含有一個關於此對象之物的**想像顯現**。這個當下化在此可以具有**現時性**或**非現時性**的特徵，④而確

[453]

④ 這裡的「現時性」（Aktualität）和「非現時性」（Inaktualität），與《觀念》意義上的「立場性」（Positionalität）和「中立性」（Neutralität）是同一個意思。

然性樣式（執態的確然性樣式）可以是隨意的：確然、猜測、揣測、懷疑等等。此外，當下化究竟是將對象之物立義爲過去的事物，還是立義爲現在所是的事物，這是無關緊要的（但是，在期待時，如果期待〔Erwartung〕將被期待者直觀化，我們就已經有一個象徵意識，這時，上述情況就不是無關緊要的）。作爲共同核心的始終是「單純的想像顯現」。當然，這裡的問題在於，要清晰地闡明：這個核心是如何被那些其他的事物所包裹；其他的立義是如何與這個核心立義相連結的。同樣，我們在所有素樸直觀的當下擁有的情況中都具有一個顯現。而且，象徵地直觀化的當下擁有是以一個顯現爲基礎的——現在不是一個想像顯現，而是一個感知顯現。即是說，我們區分感知顯現和想像顯現，後者所包含的立義材料是「想像材料（Phantasma）」（對感覺的當下化變異），前者所包含的立義材料是感覺。

現在，想像顯現如何會是相應的感知顯現的變異（當下化變異）的呢？自然不是按照質性樣式的方面、不是按照執態的諸樣式，它們始終是被排除在外的。另一方面，拋開這些樣式的可能變換不論，我們具有一種變異。與感覺相符的是想像材料，但這兩方面的立義（以及完整的顯現）都是已變異的，是拋開其樣式不論的立義，而且就從同一個角度來看。即便這個立義和完整的顯現需要有一個質性的樣式，這個樣式也與我們在這裡所說的「想像的」變異無關。

讓我們在不依賴「執態」樣式的情況下將感知顯現稱作**顯象**（Apparenz），而且更清楚些：如果它們出現在一個感知中（信仰樣式），我們就將它們稱作**感知的**（perzeptiv）顯象，如果它們出現在一個幻想中，我們就將它們稱作**幻想的**（illusionär）顯象。另一方面，我們也必須區分**印象的**（impressional）顯象（感覺顯象）與**想像的**（imaginativ）顯象，後者可以是一個回憶的內容、一個在回憶中的幻想，諸如此類。因此，在印象與想像之

[454]

間的區別，涉及作爲所有直觀行爲的同一核心的顯象，而且對於整個現象而言，這個區別決定著當下擁有與當下化之間的區別。此外還明見無疑的是，印象與想像之間的這個區別不僅與「外感官」的領域有關，而且也與內感官的領域有關。易言之，顯象可能與之相連結的所有樣式方面的特徵，以及對應的在體（ontisch）方面的特徵（即這樣一些特徵：「現實地」作爲存在的、作爲曾在的、作爲將在的，而且作爲將出現的，還有假象的特徵、當下化的現在存在的特徵等等）都是由印象與想像的分裂來決定的；願望、意願等等也與此相同。但在「內感官」的領域中、同樣也在外感官的領域中，都可以區分感覺與顯象，而在一個顯象的情況中卻要區分這個顯象本身與它的樣式特徵。即是說，例如，我相信這個或那個。這個信仰是現時的信仰，是印象。與之相符的是一個想像材料「信仰」。必須將這個信仰本身或這個信仰感覺區分於在作爲我的狀況、我的判斷活動的立義中的信仰。我在這裡具有我的關於我和我的判斷活動的感知意識，而在這個立義中我們必須區分內顯象和信仰樣式，後者設定著存在（我的信仰）並將它納入到此在現實之中。

只需區分「信仰」與「信仰」的「立義」就足夠了。這個區分尚未被看做是那種在與現實世界的關聯中設定著內在之物的心理學統覺。

因此，每個「意識」都要麼具有「感覺材料」的特徵，要麼具有「想像材料」的特徵。每個意識、每個最寬泛意義上的「感覺」都是某種「可感知的事物」和「可表象的事物」，或者說，某種可回憶的事物，以任何方式可經驗的事物。但我們總是具有意識，而這個意識在想像材料中具有其對應項（Gegenstück）。

附錄三　回憶與感知的關聯意向——時間意識的諸樣式⑤ [455]

我們現在來考慮「回憶」意識。它作爲未變異的意識是「感覺」，或者同樣可以說，是印象。或者更清楚些：它有可能含有想像材料，但它本身不是對另一個作爲相應感覺的意識的想像變異，但在它之中包含著一個顯象。我回憶一個過程：在回憶中包含著對這個過程的想像顯象，這個過程是帶著一個顯象的背景而顯現的，我自己也屬於這個背景；這整個顯象都具有想像顯象的特徵，但具有一個信仰樣式，它構成這個回憶的特徵。而後我們可以將這個回憶本身置於想像之中，可以在想像中，也可以在回憶中擁有回憶：我生活在一個回憶中，一個回憶出現了：「我回憶了這個或那個」，或者我想像我有一個回憶。在這裡我們雖然發現，回憶的樣式轉變爲一個相應的想像材料，但回憶的質料、回憶—顯象本身卻沒有進一步變異，正如在它之中包含的想像材料沒有進一步變異一樣。沒有二階的想像材料，而構成回憶質料的整個質料回憶—顯象就是想像材料，並且不會發生進一步的變異。

如果我進一步具有對一個回憶的回憶，那麼在與一個回憶過程的關聯中，亦即在與一個各個想像顯象以質性的樣式立足並流逝於其中的意識的關聯中，便會出現一個「已變異的」回憶。這裡可說的事物在根本上是與前面相同的，素樸回憶的質性樣式被「對回憶的回憶」所取代，即是說，我具有一個在回憶的質性樣式（與整個回憶過程融爲一體）中的回憶想像材料，但回憶想像材料是關於……的回憶之特徵，建基於一個想像的顯象上，而這個顯象在素樸回憶與回憶之回憶那裡是同一的相同者。如果有人說，回憶的特徵相對於所有構成 [456]

⑤ 對第二十三節、第九十四頁（邊碼〔408〕）及以後各頁的續加和補充。

其內容的事物而言就在於：一個立義在此，它給出它與現時的感知現實的關係，那麼至少在這裡含有正確的事物；但這並不會改變前面之所說。這樣，我們對這個立義本身就必須區分內容與信仰樣式。當然，例如在我現在所具有的素樸回憶中的立義，以及在那個回憶之回憶（它使被回憶的回憶與一個作爲現時點的被回憶的現在聯繫在一起）中的立義，這兩者乃是不同的立義。然而主要的問題在於，（我們完全以直覺方式恰恰看做顯現的）顯象是不可能發生變異的。這同樣也適用於回憶立義的內容，它們使顯象與現在聯繫在一起，它們自然就不會是完全直觀的。

回憶的特徵就是這個與現時現在的關聯，它與「單純想像」的區別也在於此，但它不能被理解爲是一個外部附著的事物，它顯然與每個感知與一個現時的現在的關係相類似。此外，就像每個回憶指明一個無限的回憶關聯（指明一個先前的事物）一樣，每個感知也都回指向一個無限的感知關聯（一個多重的無限性）。（這個「這裡」在此是無法被感知的，即是說，沒有在回憶本身中被給予。）我們現在也可以純粹自爲地、撇開它的關聯來考察一個感知，但即便這個關聯不是作爲與其他感知的關聯而實項地在此，它也仍然「潛能地」（potenziell）處在意向中。即是說，如果我們考察每一瞬間的完整感知，那麼這個感知仍然具有各種關聯，因爲在它之中會包含著一個確定或不確定的意向組合，它們繼續延伸並且在運用時從各個感知中得到充實。這些關聯意向是無法切割出去的。至於個別的感覺，它實際上不是個別的。即是說，原生內容始終是立義目光束（Auffassungsstrahlen）的載者，而且若沒有這些載者，立義目光束也就不會出現，即便這些載者還是如此地不確定。在回憶中的情況也是如此。回憶自身具有其「關聯」，即它作爲回憶具有其形式，我們將它描述爲指向前和指向後的意向因素，沒有這些因素，這回憶也就不能存在。回憶要得到充實，就需要有多系列的回憶，這些回憶匯合到現時的現在爲止。不可能將自爲的、撇開那些將它與其他

回憶連結在一起的意向的回憶與這些意向本身分開。「自爲的」回憶已經具有這些意向，從它之中無法提取出「單純的想像」。如果現在有人說，回憶還是對一個先前的現在的回憶，是一個擬—感知，它使一個時間進程被意識到；爲什麼不能把握住這整個現象，並且將兩方面的本眞回憶意向切割出去呢？——那麼對此的回答是：感知本身、「原本的」行爲並不僅僅具有其空間性關聯，而且也有其時間性關聯。每個感知都有其滯留的和前攝的暈。即便是感知的變異也必須——以變異了的方式——含有這種雙重的暈，而使「單純想像」有別於回憶的地方就在於，這整個意向組合這一次〔在涉及回憶時〕所具有的現時性的特徵，那一次〔在涉及「單純想像」時〕則具有非現時性的特徵。

每個感覺都具有其意向，它從現在引向一個新的現在，如此等等：對將來的意向，以及另一方面對過去的意向。就回憶而言，它也具有其合乎回憶的將來意向。這些意向是完全確定的，只要它們的充實（就這種充實能夠進行而言）有確定的方向，並且在內容上完全確定，而在感知的情況中，將來意向就其質料而言通常是不確定的，並且只有透過進一步的實際感知才得以確定。（確定的僅僅是，總有某個事物會到來。）

至於過去意向，它們在感知中是完全確定的，但可以說是顚倒的。在各個感知與回憶鏈之間有一個確定的關聯，但在其中規定日期的是回憶意向（作爲單方面指向的），這些回憶顯而易見都只是可能性而已，它們只是以例外的方式，或只有它們中間的幾個，才與感知一同現時地被給予。但另一方面，感知卻帶有相應的過去意向，但這些意向是空乏的，與那些回憶或回憶關聯相應。無論是那種指向現時現在的空乏的剛剛過去（Soeben-vergangen），還是那些可以說是涉及離得更遠的事物的含糊的、空乏的意向，它們都是指向現在的。這些意向被現時化，或者說，它們得到充實，因爲我們可以說是透過回憶而跳

[457]

躍性地將自己回置於過去之中，並且直觀地在直至現在的進步中把過去再次地當下化給我們。可以說，當下始終是從過去中誕生的，當然，一個確定的當下是從一個確定的過去中誕生的；或者更確切些，一個確定的河流在不斷地流動發生，現時現在沉下去並且過渡到一個新的現在之中，諸如此類。即便它是一種先天的必然性，它也仍然受一種「聯想」決定，即是說，過去的關聯是合乎回憶地被確定的；此外還有，「總有某個事物會到來」。但我們現在還是從這個衍生者（時間性的經驗意向的組合）被引向本原者，而這個本原者恰恰就處在從各個現在向新的現在的過渡之中。

感知的本質就在於，它不僅在其目光中具有一個點狀的現在，而且不僅從其目光中釋放出一個剛剛曾是，並以特殊的「剛剛曾是」的方式「還意識到」這個剛剛曾是，而且它從現在過渡到現在，並一邊前瞻一邊走向現在。清醒的意識、清醒的生活就是走向生活（Entgegenleben）。在這裡想到的不單單是、也不首先是注意力，相反，我更覺得，在不依賴於（較狹窄的和較寬泛的意義上的）注意力的情況下有一個本原意向從一個現在走向另一個現在，它時而與不確定的、時而與或多或少確定的產生於過去之中的經驗意向相關聯。這些意向也許就預示著這個連結的各個線索。但這個指向新現在的現在目光、這個過渡卻是某種本原的事物，它才爲將來的經驗意向開闢出道路。我曾說：這屬於感知的本質；更確切地說：這屬於印象的本質。它甚至適用於每個「原生內容」、適用於每個感覺。「想像材料」與回憶內容就意味著這個意識的相應變異，意味著一個「彷彿—意識」（Gleichsam-Bewußtsein）。而如果這眞的是回憶，那麼這個彷彿—意識就會被編排到過去之中。回憶的變異就在於，對相關瞬間的整個本原意識都完全而完整地獲得了它的變異，也就是說，在其關聯中包含著印象目光的那個時間意向完完全全地獲得了它的變異，而且整個意向關聯也都是如此獲得了它的變異，那個本原印象便是插入到這個意向關聯之

[458]

中，而且這個意向關聯也一同賦予了這個意向以其特徵。

我們把感覺視爲是原初的時間意識；在它之中構造起顏色或聲音的內在統一，願望、中意（Gefallen）等等的內在統一。想像是這個時間意識的變異，它是當下化，在它之中構造起被當下化的顏色，被當下化的願望等等。但當下化可以是回憶、期待，或者也可以是「單純想像」：因此不能說是一種變異。感覺是當下擁有的時間意識。當下化也是感覺，是當下的，是作爲在當下擁有的時間意識中的統一而建構自身的。作爲當下擁有的時間意識的樣式而受到考察的，僅僅是在現在—當下擁有與剛剛—當下擁有之間的區別，它們一同包含在具體的當下擁有意識中；此外還受到考察的是在當下擁有和獨立的滯留之間的區別，前者自身有其現在—當下擁有，後者雖然與現時現在相關聯，但自己並不在自身包含一個現在—當下擁有點：例如，對一個剛剛消失的聲音的意識，因此，我們具有以下時間意識的本質樣式：㈠作爲當下擁有的感覺（體現）和與它本質地交織在一起，但也得以獨立的滯留和前攝（較寬泛意義上的本原領域）；㈡設定的當下化（回憶）、共當下化和再當下化（期待）；㈢作爲單純想像的想像—當下化，想像意識中的所有同類樣式都出現在它之中。

附錄四　再回憶與時間客體和客觀時間的構造⑥

我可以「重複」對一個時間客體的感知，但在這些感知的演替中構造起來的是關於兩個相同的時間客體的演替意識。只有在再回憶中我才有可能重複過一個同一的時間對象，而

⑥ 對第三十二節、第一一三頁（邊碼〔425〕）及以後各頁的續加和補充。

且我也可以在回憶中確定，以前被感知的事物與以後被再回憶的事物是同一個。這發生在「我曾感知過它」的素樸回憶以及「我曾回憶過它」的二階回憶中。這樣，時間客體便成為同一的、重複地經驗到的行為。一旦客體被給予，它就可以隨意多次地重複被給予，重複被考察並且在不同的行為中被認同，這些行為而後構成一個演替。

再回憶不僅是對客體的再意識，而且，正如對一個時間客體的感知隨身帶著一個時間視域一樣，再回憶也具有這種視域意識。兩個再回憶可以是對相同的時間客體的回憶，例如對兩個相同的聲音的回憶。但如果單純的延續內容不是同一個，而時間視域是同一個的話，因而如果這兩個再回憶完完全全是相互根據意向內涵來進行，並不在清晰或含糊、缺陷等等區別方面受到影響，那麼，它們就是對同一時間客體的再回憶。因而時間客體的同一性是再回憶的某些可能的認同相合的構造性統一的產物。在主觀的時間流中，時間客體性就製作出自身，它的本質就在於：它在再回憶中是可認定的，並且因此是各個同一謂項的主體。

現時當下的時間是定位的（orientiert），是始終在流動之中的，並且始終是從一個新的現在點出發而定位的。在再回憶中，時間雖然在回憶的每個瞬間都是定位地被給予，但每個點都展示了一個客觀時間點，這個點可以一再地被認同，而時間片段是純粹由各個客觀的點所構成的，並且本身是一再可認同的。什麼是同一的客體呢？這是原印象和持續變異的系列，一個由各個相似性組成的系列，這些相似性製作出相同性或不同性系列的相合形態，但卻是在普遍的相同性之內製作的：這個系列給予原初的統一性意識。在這些變異系列中必然有一個統一性被意識到：這個延續著的（或者始終相同，或者變化著的）聲音；而在另一個目光瞄向中則是這個延續被意識到，聲音在這個延續中是一個變化的或不變的聲音。而聲音在不斷地延續，它的延續「愈來愈大」，而它「終止了」、過去了，它的整個延續已經流逝，而且愈來愈移入到過去之中。因而它，這個聲音，在這裡例如作為這個在其延續中連綿

[460]

不變的聲音而給予著自身；但這個在其延續中——在內容上——不變的聲音卻經歷著一個變化，這個變化所涉及的不是內容，而是這個「在其延續中的內容」的整個被給予方式。如果我們堅持這些現象，那麼我們就具有不同的統一性構成：被給予方式的連綿變化，但貫穿在這些與此延續的每個點相符的變化線索中的是一個統一性：這個聲音－點。但在不影響這個同一性的情況下，**這個**聲音－點一再地是另一個，即在時間深度的樣式中的另一個。另一方面，時間河流的連續性給予著統一性：這一個變化或不變的內容的統一性、這個時間對象的統一性。這個統一性就是移入到過去之中的統一性。然而，據此我仍然還不具有完整的時間客體性。

在時間的構造中還包含著認同的可能性：我可以一再進行一種回復回憶（再回憶），一「再」地生產出每個時間片段連同它的充盈，並且在這些現在我所具有的再生產的後繼中把握這同一個事物、這同一個延續連同這同一個內容、這同一個客體。客體是一個意識的統一，它可以在重複的行爲中（即在時間的後繼中）作爲這同一個而得到確定；客體是意向的同一之物，它可以在任意多的意識行爲中被認同，並且是在任意多的感知中被感知或可以再次被感知。我可以「隨時」讓自己確信這個同一的「它是」。在時間中的進程便是如此：我可以第一次經驗到它，我可以在重複的再經驗中再次經驗到它並且把握它的同一性。我可以在我的思維中一再地回溯到它之上並且可以透過本原的再經驗來證明這個思維。客觀的時間，首先是剛剛過去的客觀時間，便是如此才建構自身；與此相關，那個在其中製作著這個延續的過程以及這整個延續的每個滯留，都僅只是「映射」。我具有一個原初的典範：一條河流連同它的內容：但還有一個原初的「我能夠」的雜多性：我可以將自己回置到這條河流的每個位置上，並且「再次地」生產這條河流。在這裡就像在客觀空間性的建構過程中一

[461]

樣，我們具有一個最佳值。在簡單回顧中的延續之圖像是不清晰的。在清晰的再生產中，我擁有這個「本身」，而這種擁有愈是清晰，它也就愈是完善。

附錄五　感知與被感知之物的同時性⑦

有什麼權利可以說，感知與被感知之物是同時的？對於客觀時間而言——這是素樸觀點中的態度——，這是不對的，因爲有可能在感知的時間點上被感知的客體根本就不再實存了（星星）；從這個立場出發甚至必須說：感知與被感知之物的時間點始終是相互分離的。

讓我們來考察——現在是在現象學的觀點中——顯現著的客觀時間，在此時間中有一個超越的客體在延續。而後，感知的延續並不與被感知客體的延續同時進行：我們說，它在感知前已經實存，而且在感知流逝後還會繼續實存，等等。但我們也會說，這是一個可能的連續的感知的相關項，這個感知從其延續的自始至終都在追蹤這個相關項。這樣，客體延續的每個相位都有一個感知相位與之相符。但這並不意味著：客體延續的切入點與感知的切入點必定是同時的，因此彼此相符的相位的時間點也必定是同一的。對此需要考慮：在構造一個超越的客體時起作用的感覺素材本身是一個時間進程中的連續統一。在立義進行的瞬間，感知得以切入，此前還不可能談感知。立義是對感覺素材的「賦靈」（beseelen），但仍然還要探問的是：它究竟是與感覺素材一同進行的，還是在賦靈的立義未能切入之前，感覺素材必定是尚未被構造的——即便只是在一個時間微分中。看起來後一種狀況是確切的。這

⑦ 對第三十三節、第一一五頁（邊碼〔427〕）的續加和補充。

樣的話，在立義切入的一瞬間，感覺素材的一部分已經流逝，並且只是以滯留的方式被保留下來。立義所賦靈的現在就不僅僅是各個原感覺相位，而是整個感覺素材，包括已流逝的片段；但這就意味著，它設定了這個帶有與感覺流逝相符的屬性中的客體，這個設定是對感覺流逝的整個延續而言，即是說，也是對那個先行於它本身——即感知立義——的時間段而言。據此，在感知的開端點與客體的開端點之間就有一個時間差。透過對一個感覺素材得以出現的「外部條件」的澄清，也許就可以使前面所說的有關感知與被感知之物的不同時性的自然主義斷言而變得明晰。

我們現在排除超越的客體，並且探問，在內在領域中，感知與被感知之物的同時性是一種什麼狀況。如果我們在這裡把感知理解為反思的行為，在其中內在的統一能夠被給予，那麼這個行為的前提就在於，已經有某物被構造出來——並且以滯留的方式被保留下來，這個行為可以對這個某物進行回顧；這樣的話，感知便跟隨在被感知之物之後，而不是與它同時。但如果——如我們所見——反思和滯留要以「內意識」為前提，即對在其原初構造中相關內在素材的印象性的「內意識」為前提，而這是與各個原印象具體地相一致的，無法與其相分離的；⑧如果我們也想將「內意識」稱作「感知」，那麼我們在這裡事實上便具有感知與被感知之物的嚴格同時性。

⑧ 關於「內意識」參照附錄十二、第一八一頁（邊碼〔481〕）及後頁。

附錄六　對絕對河流的把握——四重意義上的感知[9]

這裡所涉及的客體是必定在建構自身的時間客體。感性的核心（無立義的顯現）是「現在」，而且是剛剛曾在和先前還在。在這個現在中同時還有現在被意識到的滯留，這個滯留是指延續的所有階段的過去現在的滯留。每個過去的現在都以滯留的方式在自身中隱含著所有先前的階段。一隻鳥剛剛飛過充滿陽光的花園。在我剛剛捕捉它的相位中，我找到時間狀態的過去映射的滯留意識，每個新的現在的情況都是如此。但每個相位的時間尾本身是某種回墜到時間中並具有其映射的事物。每個現在的整個內容都墜入到過去之中，但這個墜入不是一個直至無窮地被再造的一個進程。鳥的位置變化了，它飛走了。在每個新的狀態中都有先前顯現的餘音（Nachhall）附著於它（即它的顯現）。但在鳥繼續飛的同時，這個餘音的每個相位都在減弱，因此，在每個跟隨的相位中都包含著一個系列的「餘聲」（Nachklänge），而我們所具有的並不是一個由各個接續相位組成的簡單序列（例如每個現時現在連同一個相位），而是我們對每個個別接續相位都具有一個系列。

因此，每個時間顯現都根據現象學的還原而消融在這樣一條河流中，但我自己卻不能又再度感知所有這些都消融於其中的那個意識。因爲那樣的話，這個新的被感知之物就將是一個時間之物，它回指向這樣一種構造意識，如此**以至無窮**。故而有這樣的問題產生：我究竟從哪兒知道這條建構的河流。[10]

---

[9] 對第三十四節及以後各節、第一一七頁（邊碼〔428〕）及以後各頁的續加和補充。

[10] 參照第四十節、第一二八頁（邊碼〔437〕）及後頁。

根據至此為止的闡釋，對時間客體之描述（以及構造）的階段是這樣的：

㈠在一般意義上對經驗客體的感知：它們在那裡，諸如此類。

㈡在現象學的考察中，我把客體當作現象，我朝向感知、朝向處在相關性中的顯現和顯現者。現實的事物是在現實的空間中，持續著並且在現實的時間中變化著，諸如此類。感知的顯現事物具有一個顯現空間和顯現時間，而顯現本身以及所有意識形態又再度具有它們的時間，即在現在—以後的形式中它們的現在和它們的時間延展：主觀的時間。

在這裡必須注意：感知客體在「主觀時間」中顯現，回憶客體在一個回憶的時間中顯現，想像客體在一個想像的主觀時間中顯現，被期待的客體在一個被期待的時間中顯現。感知、回憶、期待、顯現、判斷、感情、意願——簡言之，所有是反思客體的事物，都顯現在這同一個主觀時間中，而且是在這同一個時間中，感知客體便顯現在這個時間中。

㈢主觀時間在絕對無時間的意識中建構自身，主觀意識本身不是客體。讓我們現在來考慮，這個絕對意識是如何被給予的，我們具有一個聲音—顯現，我們關注這個顯現本身。就像這個（被事物地想像地）提琴聲，這個聲音—顯現就具有延續，而在這個延續中具有其不變或變化。我可以關注這個顯現的任何一個相位：顯現在這裡即是內在的聲音或內在的聲音運動，撇開它的「含義」不論，但這並不是最終的意識。這個內在的聲音「建構」自身，即：隨著各個聲音—現在，我們也具有聲音—映射，而且在這些映射中展示出從屬於這個現在的各個聲音—過去的片段。我們可以在某種程度上關注這個系列。例如從一個旋律中，我們可以使一個瞬間停滯，並在其中發現過去聲音的回憶映射。顯然，這也適用於每個個別的聲音。而後我們便具有內在的聲音—現在和在其系列或連續性中的各個內在的聲音過去。但我們此外還應當具有下列連續性：對現在的感知和對過去的回憶，而這整個連續性應當本身就是一個現在。事實上，在生活於對象意識之中的同時，我從現在點出發去回顧過

[465]

去。另一方面，我可以將這整個對象意識理解爲現在並且說：現在。我捕捉這個瞬間並且把這整個意識理解爲一個聚合（Zusammen）、一個同時（Zugleich）。我剛剛聽到一個長長的哨聲，它就像是一個拉長的線條，在每個瞬間我都停住，並且這線條由此出發而拉長。對這瞬間的觀看包含了一根完整的線條，而這線條意識被理解是爲與這個哨聲的現在點是同時的。因而我在多重意義上具有感知：⑪

(一)我具有對汽笛聲的感知或毋寧說對哨音的感知。

(二)我具有延續著的聲音—內容本身的感知，以及對在其延續中的聲音進程的感知，姑且不論它被編排到自然之中。

(三)對聲音—現在的感知以及同時對與此相連的聲音—剛剛—曾在的注意。

(四)對在現在中的時間意識的感知；我關注這個哨聲的現在—顯現或一個聲音的現在—顯現，並且關注一個如此這般地展開到過去之中的哨聲的現在—顯現（在這個現在中，一個現在—哨聲—相位和一個映射的連續性顯現給我）。

在這些感知的最後一類感知方面有些什麼樣的困難呢？當然，我具有時間意識，同時它本身並不是客體。而如果我使它成爲客體，那麼，它本身又再度有一個時間位置，而如果我一個瞬間一個瞬間地跟隨它，那麼，它就具有一個時間延展。毫無疑問，這種感知是有的。一個捕捉著的目光可以像關注聲音相位的河流一樣去關注這些相位在顯現的現在中——事物性—客觀性的事物便在這個現在中展示自身——的連續性，並且又再度關注這個

[466]

⑪ 參照第十七節、第八十三頁（邊碼〔400〕）及以後各頁，以及第十八節、第八十四頁（邊碼〔401〕）及以後各頁。

瞬間連續性的變化連續性。這種「變化」的時間是與客觀之物的時間同一的。例如，如果這裡所涉及的是一個不變的聲音，那麼這個內在聲音的主觀時間延續就與顯現變化的連續性之時間展開是同一的。

但這裡是否有一個極爲奇特的事物？當我們無法設想一個個不變的被充塡的延續時，我們怎麼可以在本眞的意義上談論一個變化？沒有什麼可能的不變可以與各個顯現相位的持續河流同日而語。

在原初的河流中沒有任何延續。⑫因爲延續是一個延續著的某物的形式，是一個延續著的存在的形式，是一個在時間系列中的同一之物的形式，這個時間系列作爲這個同一之物的延續而起作用。在像暴風雨、流星運動等等進程中所涉及的是延續客體的統一變化聯繫。客觀時間是「持恆的」（beharrlich）對象、它們的變化與在它們那裡發生的其他進程所具有的一個形式。因而「進程」（Vorgang）是一個以持恆性爲前提的概念。但持恆性是一個在河流中建構自身的統一，而這河流的本質就在於：在它之中不可能有任何持恆存在。處在河流中的是體驗的相位和相位的持續系列。但這樣的相位不是持恆的事物，同樣，持續的系列也不是持恆的事物。當然它也是某種類型的對象性。我可以將目光朝向河流中的一個凸顯的相位或朝向河流的一個片段，並且在重複的當下化中認同它們，一再地回溯到這同一個事物上並且說：這個河流片段。而對於我能夠以特有方式認同爲同一條河流的這整條河流來說，情況也是如此。但這種同一性並不是而且也永遠不可能成爲一個持恆之物的統一。在持恆性的本質中包含著：持恆者可以或者不變地或者變化著地持恆。每個變化在觀念上

---

⑫ 以下尤其參照第三十六節、第一一九頁（邊碼〔429〕）及後頁。

（idealiter）都可以過渡爲不變，每個運動都可以過渡爲靜止，反之亦然，質性變化過渡爲不變。而後延續便爲「這同一些」相位所充實。

但在河流中不可能出現一個非－河流的部分。這河流並不像客觀的河流那樣是一條偶然的河流，它的相位變換永遠無法停止，並且過渡爲始終相同相位的自身構造。但這河流不也以某種方式帶有持存的事物（Verbleibendes）嗎？即使這河流的任何一個部分都無法轉變爲一個非－河流？持存著的首先是這個河流的形式結構，這個河流的形式。就是說，流動不僅僅是流動，而是每個相位都具有一個完全同一的形式，這個穩定的形式一再更新地爲「內容」所充實，但這內容恰恰不是外在地被納入到形式之中去的事物，而是受到合規律性形式的規定，這種規定只是在於：這個合規律性並不單獨地規定著這個具體之物。這個形式在於：一個現在透過一個印象構造自身，而與這印象相聯接的是一個由諸滯留組成的尾巴和一個由諸前攝組成的視域。但這個恆久的形式卻承載著一個持續轉變的意識，這個意識是一個原事實（Urtatsache）：印象向滯留的轉變的意識，同時始終一再地有一個印象在此；或者就印象的內容而言，對此內容的轉變的意識，同時這個剛剛作爲「現在」被意識到的事物則變異爲「剛剛曾在」的特徵。

因而我們在做此理解時——正如我們此前已經暗示過的那樣——面臨著這樣的時間意識的問題，在這個時間意識中，聲音－顯現的時間意識的時間建構自身。

如果我生活在聲音－顯現中，那麼這個聲音對我在此立足，而它具有它的延續或變化。如果我關注聲音－顯現，那麼這個聲音－顯現便立足於此並具有它的時間展開、它的延續或變化。在這裡，聲音－顯現可以意味著不同的事物。它也可以意味著對現在、剛剛等等映射的連續性的關注。現在這個河流（這個絕對的河流）應當又再度成爲對象，並且又再度具有它的時間，即使在這裡也又再度需要有一個建構這個客體性的意識和一個建構這個時間的意

識。原則上我們可以再次反思，並且如此，以至無窮（in infinitum）。可以在這裡證明這個無窮倒退是無害的嗎？

㈠這個聲音延續著，在一個相位的連續性中建構自身。

㈡在這個聲音延續期間，或只要這個聲音延續著，在這個延續的每個點中都包含著一個從相關現在開始進入到漸漸模糊的過去之中的各個映射串（Serie）。因而我們具有一個持續的意識，在這個意識中的每個點都是一個持續的連續統。但這又再度是一個我們可以關注的時間序列（Reihe）。於是遊戲重新開始。如果我們固定住這個序列的某一個點，那麼，似乎就必須有一個與各個過去序列的串相關的過去意識從屬於此。

即使這裡沒有進行**直至無窮**的反思，並且根本不需要進行反思，卻必定會有這樣一種事物被給予，它使這種反思得以可能，並且看起來原則上至少是直至無窮地得以可能。而這便是問題之所在。

[468]

附錄七　同時性的構造⑬

a，例如一個聲音，在某個特定相位透過一個原印象α而建構自身，與它相銜接的是這個和那個變異，連同對新印象（新的現在因素）的原製作（Urzeugung）。b是一個同時的

⑬ 對第三十八節、第一二一頁（邊碼〔431〕）及以後各頁的續加和補充。（對這個附錄的理解最好不只是依據這裡的文字，而且同時還參照前面講座部分A第十節、第六十八頁（邊碼〔389〕）、第四十三節、第一三五頁（邊碼〔443〕）及一三八頁（邊碼〔446〕）上的圖式。——譯者補注）

內在統一，例如一個顏色，一個與那個聲音－點「同時」的點映入眼簾。與此相符的是在構造中的原印象β。現在，α與β有哪些共同點呢？是什麼使得它們構造出同時性，並且使得兩個變異α'與β'構造出一個同時－曾在呢？

在內意識的一個層次中可以包含多重的原印象、原想像材料等等。簡言之，多重的起源因素（我們也可以說：內意識的原因素）。所有屬於一個層次的起源因素都具有同一個意識特徵，它對於相關的「現在」來說是本質上構造性的：它對於所有被構造的內容來說都是同一個，特徵的共同性建構同時性、「相同－現在性」。

借助於內意識的原初自發性，每個原因素都是對於各個製作（Erzeugung）之連續統而言的源泉，而這個連續統具有同一個形式；製作的方式、原時態的變異方式對於所有原因素而言都是同一個；同一個合規律性從頭至尾地主宰著所有的變異。這個合規律性就是：內意識的持續製作具有一個一維的、直接相鄰的（orthoid）雜多性的形式，所有在一個層次內的原因素都經歷同一種變異（它們製作同一些過去因素）。即是說，兩個屬於同一層次的原因素的變異，即與相應原因素保持同一間距的變異，是從屬於同一個層次的，或者也可以說，從屬於一個層次的變異只會從自身一再地製作出從屬於同一個層次的變異。這種製作始終以同一個速度自己前行。

在每個層次內，各個持續系列的不同點具有與原因素的不同間距。某個點所具有的這種間距與這個點在先前層次中與原因素的間距是同一的。時間意識構造的原領域是一種持續的延展，它由一個原因素和一個迭復變異的特定系列所組成；這裡的迭復變異並非就其內容而言，而是就其形式而言。這些變異的確定性就其形式而言在所有原領域中都一再地是同一種確定性。每個原因素都僅僅是原因素（現在－意識）。每個過去都是過去意識，而過去的程度是某種確定的事物：與它相符合的是在原構造領域中的一個穩固確定的形式特徵。

[469]

在層次的相互接續中可以一再地有相同內容的因素，亦即相同的內組成作爲原因素出現。具有完全相同內涵的不同層次的這些原因素是個體有別的。

附錄八　意識流的雙重意向性⑭

我們在意識流中具有一個雙重的意向性。或者我們考察這條河流的內容連同它的流動形式。而後我們考察原體驗序列，它是一個意向體驗的序列，是關於……的意識……。或者我們將目光轉向意向的統一，轉向那些在河流的流向中意向地作爲統一之物而被意識到的事物：而後對於我們，便有一個在客觀時間中的客觀性立足在此，相對於體驗流的時間領域的本眞時間領域。

體驗流連同其相位和片段本身是一個統一，它可以透過回返的回憶連同對此流動的目光朝向而被認同：印象與滯留、出現與合規律的變化與消失或模糊。這個統一是透過這個河流本身的事實而本原地建構自身；就是說，它的本己本質就在於：它不僅存在著，而且還是體驗的統一並且是在內意識中被給予的，在這個內意識中可以有一個注意的目光束指向它（而這個目光束本身不被注意，它豐富著此河流，但並不改變這個被關注的河流，而是「確定」它、將它對象化）。對此統一的注意感知是一個帶有可變內容的意向體驗，而回憶可以朝向那個消逝的事物並且一再地變異它，將它與它的同類相比較。這種認同之所以可能，在這裡之所以構造出一個客體，這是由體驗的結構所決定的，即：這河流的每個相位都

⑭ 對第三十九節、第一二五頁（邊碼〔433〕）及以後各頁的續加和補充。

轉變爲「關於……」的滯留，而這個滯留又再度轉變。否則，一個作爲體驗的內容就是不可設想的，體驗原則上也就不可能作爲統一而被給予主體並且因此也就什麼都不是。這種流動就在於，每個原初領域的相位（即一個直線的連續統）過渡到這同一個、只是剛剛過去的相位的滯留變異。並且如此地進行下去。

在這第二個意向性那裡，我並不探究這些領域的流動，不探究作爲統一變化序列的「不同階段的現在（原本）—滯留的變化」之形式的流動，而是將我的關注目光朝向那個被意指的事物，即在每個領域中、在每個被此領域作爲直線連續統來擁有的相位中被意指的事物。每個相位都是一個意向的體驗。在前一個對象化過程中，建構體驗是內意識的行爲，它的對象恰恰是那個建構時間的意識的「現象」。因而這些現象本身就是意向體驗，它們的對象是時間點和時間延續連同各自的對象性充盈。而在絕對時間流動的同時，意向相位也在推移，但卻以如此地推移，以至於它們以同屬一體的方式構造起統一，相互地過渡，就像是關於一個事物的各個現象，這個事物在各個流動的現象中映射自身，從而使我們具有「在樣態（Wie）之中的對象」以及在一再更新的樣式之中的對象。這個樣式的形式是定位：現在者、剛剛過去者、將來者。就對象而言，我們而後可以再次談論河流，在它之中，現在轉變爲過去。而這是必然透過作爲意向體驗之河流的體驗流的結構而**先天地**得到在先規定的。

滯留是感知意識的一個特殊變異，感知意識在原初的建構時間的意識中是原印象，並且就時間客體而言，哪怕是就內在的時間客體而言——就像一個在聲音領域中延續的聲音或者一個在視覺領域中的顏色素材——，感知意識是內在感知（相即感知）。如果W(t)是對一個被感覺到的聲音的感知，它將這個聲音把握爲延續的聲音，那麼W(t)便轉變爲一個滯留的連續性$R_{W(t)}$。但W(t)也是在內意識中作爲體驗而被給予的。如果W(t)轉變爲$R_{W(t)}$，那麼在內意識中，關於$R_{W(t)}$的內意識也必然會轉變。因爲在這裡，存在與內部地—意識到的—存在

[471]

相互疊合。但現在，關於W(t)的內意識轉變爲這個內意識的滯留變異，而這個滯留變異本身又是被內意識到的。也就是說，被意識到的是這個剛剛被感知到。

如果一個聲音—感知過渡到它的相應滯留之中（關於剛剛曾在的聲音的意識），那麼便有一個剛剛曾在的感知意識在此（在內意識中，作爲體驗），而這兩者相互相合，我不能孤立地擁有它們中間的一個。換言之，這兩者必然是同屬一體的：一個客體感知向此感知的一個滯留變異的過渡以及感知向此感知的一個滯留變異的過渡。因而我們必然具有兩種滯留變異，它們隨著每個不是內意識感知的感知一起被給予。內意識是一條河流。倘若在這條河流中有可能存在著不是「內感知」的體驗，那麼必定就會有兩種滯留序列，即除了透過各個「內」滯留而對作爲統一的河流的構造以外，還有一個由「外」滯留組成的序列。這後一個序列構造起客觀的時間（一個被構造的內在，它對於前一個序列來說是外在的，但仍然是內在的）。在此需要注意：意識作爲相關項並不具有延續著的內在素材（如一個聲音素材或延續的喜悅、痛苦、延續的進程，被稱作判斷），而是具有建構這些統一的相位。

附錄九　原意識與反思的可能性[15]

滯留並不是一種將原印象素材實項的、僅僅以變化了的形式保留在自身之中的變異；相反，滯留是一種意向性，而且是一個特有種類的意向性。在一個原素材、一個新的相位出

---

[15] 對第三十九節，尤其是第一二六頁（邊碼〔435〕）及後頁，以及第四十節、第一二八頁（邊碼〔437〕）及後頁的續加和補充。——編者

[472] 現的同時，先行的相位並沒有失去，而是「被繼續捕捉著」⑯（即是說，正在滯留著），借助於這種滯留，一種對已流逝之物的回顧成爲可能；滯留本身不是一種將已流逝的相位當作客體的回顧；在我還捕捉著已流逝相位的同時，我也貫穿地經驗著當下的相位，我也「附加地」借助於滯留——接受它，並且還朝向將來的事物（在一種前攝中）。

但由於我還捕捉著它，所以我就可以在一個新的行爲中把目光朝向它，我們根據情況的不同：已流逝的體驗是在新的原素材（Urdaten）中繼續生成自身，即它是一個原印象，還是已經作爲整體而封閉地「挪移到過去之中」——將這個新的行爲或稱作反思（內在感知），或稱作再回憶（Wiedererinnerung）。這些行爲與滯留處在一種充實關係中。滯留本身不是「行爲」（即是說，不是一個在一系列滯留相位中構造起來的內在持續統一），而是一個關於已流逝相位的瞬間意識，並且同時是下一個相位的滯留意識之基底。由於每個相位都以滯留的方式意識到前面的相位，所以它在一個間接意向的鏈條中包容了已流逝的滯留的整個系列：正因爲此，各個持續的統一得以構成，它們可以透過時間圖式的垂直系列而得到再現，並且它們是回觀行爲的客體。在這些行爲中，與被構造的統一（例如隨這個以持續滯留的方式被保存的不變的聲音）一同被給予的是這個構造性相位的系列。因而，意識之所以能夠成爲客體，乃是因爲有滯留。

現在人們可能會提出問題：一個構造性體驗的開端相位又是如何的呢？它也是在滯留的基礎上被給予的嗎，如果沒有滯留與開端相位相連，那麼這個相位就將是「無意識的」

---

⑯ 原文爲：「im Griff behalten」，但在尼邁耶的單行本中誤作「im Begriff behalten」，即「被保留在概念中」。英譯本也因此誤譯。全集本做了改正。——譯者

（unbewußt）嗎？對此應當說：開端相位只有在它流逝**之後**才能透過上述途徑，即透過滯留與反思（或者說，再造），而成爲客體。但是，如果它眞的只是透過滯留而被意識到，那麼我們就會始終無法理解，是什麼賦予它「現在」的特性。無論它如何可以從否定的方面有別於它的各種變異，即作爲這樣一個相位，這個相位不再使前面的相位以滯留的方式被意識到；但它在意識方面也完全具有肯定性的特徵。談論某種「無意識的」、只是補加地（nachträglich）才被意識到的內容是一種荒唐（Unding）。意識必然是在其每個相位上的 [473]
意識（Bewußtsein）。正如滯留的相位既意識到前面的相位，卻又不把它當作對象一樣，原素材也已經被意識到——並且是以特殊的「現在」的形式——，卻又不是對象性的。向滯留的變異過渡的正是這種原意識——而後這個變異就是原意識本身的滯留，並且是在原意識中本原地被意識到的素材的滯留，因爲這兩者是不可分割的一體——：如果原意識不現存在此，滯留也就無法想像；一個無意識的內容的滯留的是不可能的。此外，這並不是從根據中推演出來的事物，而是完全像滯留一樣可以作爲構造性相位而在對被構造的體驗之反思中被直觀到的事物。切不可將這個原意識、這個原立義（或無論將它稱作什麼）誤解爲一個立義性的行爲。撇開這是一個對事態的明顯錯誤描述不論，這種誤解還會使人糾纏到一堆無法解決的困難之中。如果人們說：每個內容都只有透過一個指向它的立義行爲才被意識到，那麼，馬上就會產生對這樣一個意識的問題，在這個意識中，這個本身也是內容的立義行爲又被意識到，這樣就無法避免那種無窮倒退。但是，如果每個「內容」都自身地和必然地「被原意識到」，⑰那麼詢問一個進一步給予的意識就是無意義的。

⑰ 原文爲：「urbewußt」。但在尼邁耶的單行本中誤作「unbewußt」，即「無意識的」。英譯本和法譯本也因此誤譯。全集本作了改正。——譯者

此外，每個立義行爲本身都是一個被構造起來的內在持續統一。在它建構自身的同時，那個應當被它當作客體的事物早已過去，並且，倘若我們不是已經預設了原意識與滯留的整個遊戲，對它來說根本已經無法再達及。但由於原意識與滯留現存在此，所以就有可能在對被構造的體驗以及對建構相位的反思中去觀看，甚至覺知到（innewerden）那些例如在原意識中被意識到的原初河流與它的滯留變異之間所存在的區別。所有那些針對反思方法而提出的指責，都可以解釋爲是對意識的本質構造的無知。

附錄十　時間的客體化和在時間中的事物性的事物的客體化⑱

類似的問題是在一個全空間（All-Raum）⑲中的構造，這個空間在每個特殊感知過程中都被一同感知到，只要被感知的事物在軀體方面顯現爲處在此空間中；還有這一個時間的構造，在此時間中包含著事物的時間性，事物的延續將自身編排到這個時間中去；還有所有屬於事物環境的事物和事物進程的持續。自我也將自己編排到在這同一個時間中，而且不僅是自我身體，也包括它的「心理」體驗。屬於每個事物的時間是它的時間，但我們卻仍然只有一個時間：不僅是諸事物相互並列地編排到一個唯一的線形延展中去，而且不同的事物或

⑱ 附錄十的文字立足於一份出自於「出自現象學與理性批判的主要部分」講座稿的文字，胡塞爾在一九〇七年的夏季學期於哥廷根大學做了這個講座。這就是所謂的「事物講座」，它的引論已經以《現象學的觀念》爲題發表在《胡塞爾全集》第二卷中。——編者

⑲ 對第四十三節、第一三五頁（邊碼〔443〕）及以後各頁的續加和補充。

進程還顯現爲同時的，它們所具有的不是平行、相同的時間，而是在數量上爲一的時間。這裡的情況不同於多重空間充盈的情況，在後一情況中，視覺的（visuell）充盈與行程的（taktuell）充盈是彼此相合的。而在前一情況中，我們所具有的毋寧說是分離的、不相合的事物，但它們仍於同一時間段中存在和延續。

事物的被給予性是作爲在現象學時間性中的一個過程而完成的；引發性動感（K）的整個進程以及透過它而被引發的「圖像」（b）已經在時間上得到了延展。在從K_0到K_1的過渡中，由之而引發的圖像具有從b_0到b_1的流程，並且與K在時間上處於相合狀態。如每個被充實的時間流一樣，這個時間流也有它的時間形態；而且它可以是變換著的時間形態，K的河流，因此還有b的河流可以或快或慢地流動，並且隨時間充盈在時間段中的伸展情況，隨這個或那個局部相位的充實之「密度」的大小，它們能夠以不同的方式處在相同或不同的速度中。此外，K的流程，因此還有圖像序列的流程，是可以回轉的，並且又再度處在變換的時間形態中，跟隨它的是被給予性意識的時間形態。

所有這些，對於顯現著的和作爲被給予的而立足於此的客體來說，都以某種方式是無關緊要的，無論動感圖像流動的延展是大是小，或者說，無論那些出自意項上（ideell）整體多樣性的可能顯現之延展是大是小。我說無關緊要，乃是指：立足在此的始終是同一個事物，例如這個在內容上不變的和靜止的事物，始終是在同一個時間形態中展開其事物的內容充盈，以始終同等的密度。然而這河流的時間性還是會對客體化有所影響：有一個時間性顯現出來，時間性本質上屬於顯現的對象，而在這裡是指在不變的、靜止的事物的持續形式中的時間性。現在有人會說：時間的客體化所具有的「展示性」內容必定是在現象中，而除了在它的現象學時間性中之外，還會在哪裡呢？自然，進一步還會對較爲狹窄意義上的顯現，即處在各種動機引發狀況中的顯現提出質疑，而且，正如圖像在此顯現中透過其位置

[475]

性而展示著客觀位置，透過其**擬**—形象和**擬**—大小而展示其客觀的形象與大小，並且進一步透過其**擬**—著色（quasi-Färbung）而展示客觀的著色一樣，它也透過其時間性來展示客觀的時間性。圖像是在圖像連續的河流中的圖像；在此河流中的每個圖像相位都有這個事物（更確切地說是有在這個圖像中展示著的客體面〔Objektseite〕）的顯現著的客觀時間相位（Zeitphase）與之相符合；這個圖像的前經驗時間位（Zeitstelle）是對客觀時間位的展示，在圖像連續流動中的前經驗時間延展是對此事物的客觀時間延展（亦即它的延續）的展示；所有這些都是明見的。

進一步看，對客觀時間的這種「展示」當然在本質上不同於對在客觀時間中存在著的、在其中延續著的事物的展示，後者是把這個事物展示爲在時間中的同一的並以延續的方式充實著時間的事物。如果我們簡單起見，以在「最清楚地看」的較爲狹窄領域內的相同圖像，即同樣豐富的圖像爲例，那麼會有一捆意向的目光束貫穿在這些於擬—時間性中流動的圖像之始終，以至於這些圖像因此而被置於明確無疑的對應（Korrespondenz）之中。處在同一個意向目光束的各個點透過它們的內容而展示著同一個客體點。因而這裡會有一個設定統一的意識貫穿在這個前經驗—時間連續統的始終。一條沿意向目光束排列的內容之河流一個相位一個相位地展示著同一個事物點（Dingpunkt）。每個圖像點也都具有其前經驗的時間位。但並不會有一個將它客體化爲同一統一（identische Einheit）的統一意識再貫穿在這些相互接續的時間位之始終：在這個時間位的連續統中伸展開來的圖像之點序列展示著同一個事物點，但時間位的序列卻並不展示一個同一時間點，而是又再度展示一個時間序列。而個別的圖像點與所有其他並存的圖像點一樣具有同一個時間位。整個圖像具有一個時間位，每個不同的圖像具有一個不同的時間位，在前經驗的圖像流動中的每個不同時間位都展示著一個不同的客觀時間位。否則也就不會顯現出一個本身有其延續的事物，一個充實了的

客觀時間序列。

在前經驗時間進程中伸展開來的統一意識使每個圖像都成爲展示性的圖像，設定了在它之中的被給予性，並且隨每個新圖像而設定了「同一個事物」的被給予性，以此方式，它設定了在展示性圖像的時間進程中的統一。但在每一相位中被給予的事物都是作爲一個帶有這些或那些內容的現在而被給予和被設定的，在向下一個相位的過渡中，它被持守在其現在中。新相位以及每個新相位都是以此方式被持守在其現在中而被給予的，即是說，在持續的過渡中，諸相位被置於統一之中，以至於每個相位都在其客體化中保留了其現在，而且現在點的序列（作爲客觀的時間點）被一個連續統一的和同一的內容所充實。如果相位 a 是現時的，它便具有現時現在的特徵。但在時間流中是一個相位接著一個相位的；而一旦我們具有新的現時相位，剛剛曾是「現在」的相位便改變了它們作爲現在相位的特徵。在這條變化的河流中，只要隨特定的時間點，在 a 於回墜時所經歷的現象學變化之河流中做出了對同一 a 的連續設定，時間的客體化便得以完成。如果每個圖像連同其現在都是像它在自身中所是的那樣被客體化，圖像的流動河流在客體化意識中便顯現爲感性內容的變化河流：這個雜多的同一就會是一個「位於」它自身之中的、從它之中產生的統一。

但在事物的客體化中，在動感的動機引發之統一意義上的圖像內容會以這種或那種方式被理解爲是超越的。即是說，它並非單純如其自身所是地被接受，而是當作對一個具有這些或那些特徵的、始終以純粹相合的方式充實著的意向捆的展示而被接受，當作這個意向捆的載體而被接受。這個意向性貫穿在圖像內容的始終，與此同時，每個屬於各個圖像的現在因素都經歷著同一個時間段的客體化，即使在沒有發生事物客體化的情況下也是如此。因此，客觀的時間序列始終都是以同一種方式構造自己。但顯現序列，即客觀時間性在其河流中構造自己的那個顯現序列，則就其質料而言是一個不同的序列，它的不同取決於：構造 [476]

起來的究竟是事物的時間性，還是非事物的時間性；例如，客觀的時間究竟是在一個內在聲音或一個事物的持續中建構自身，還是在它的變化中建構自身。兩個顯現序列具有一個共同點，一個共同的形式，這個形式構成了時間客體化本身的特徵。但這些顯現時而是內在之物（Immanentes）的顯現，時而是事物（Dingliches）的顯現。正如在聲音相位（它們中的每個都有其時間的個體化）流動中，聲音的同一性就是在相位連續統中的統一性、在所有相位中存在的並因此而延續著的聲音的同一性一樣，在顯現的流動中的事物之同一性，是在所有顯現之以自身被給予和現在被給予的方式顯現出來的和在不斷更新的現在中顯現出來的，並因此而延續著的事物的同一性。

這裡需要強調，在超越的感知中，早先顯現的相位不僅僅以滯留的方式被保留下來，一如在每個顯現接續中所發生的，或至少在某個限度內會發生的那樣；各個在現在點中的現時感知顯現並不會用那個被它變爲現時被給予性的事物來結束被感知設定爲現在的實在。作爲在滯留中續存的（fortleben）顯現，過去的顯現並不僅僅作爲過去之物的顯現而被保留下來。誠然，早先相位的（原生）回憶意識還是回憶意識，但這是指早先的感知而言。早先被感知的事物，現在不僅作爲早先被感知之物而是當下的，而且它被接受到了現在之中，它被設定爲現在還存在的。被設定爲現在的不僅是剛剛本眞地被感知的事物，而且同時還有剛才（vorhin）被給予的曾在之物。在本眞感知流動的同時，不僅本眞被看見的事物被設定爲在其顯現的河流中的持續存在，而且被看見的曾在之物也是如此被設定。而在將來方面也是如此：被設定爲現在的也是在對本眞感知的進一步相位的期待中的將被感知之物，它是現在的並且持續著並且充實著同一個時間。——這些情況也適用於所有未被看見、但可看見的事物：即是說，所有在K的可能流動中能夠作爲相關的而被感知的事物。

在這裡只是完成了時間客體化的一個擴展。我們曾討論過這個擴展，當時的討論局限在

[477]

始終可以看見的事物、並在看見的同時不斷地進行另類展示的事物上。所有被看見的事物也可以是不被看見的，但卻始終是可以被看見的。每個感知流按其本質都會允許有一個期待，它最終會將被感知之物轉變爲一個未被感知之物。但是，時間設定對這個在其完整顯現的變換中於此不完整地顯現出來的看見之事物（Sehding）加以認同，以此方式而對顯現相位的每個時間位都一併加以客體化，並賦予它以一個客觀時間位的含義，以至於一個客觀持續之物在顯現系列中得以攤開自己；與此相同，在整體顯現方面的時間設定也以類似的方式進行，這些整體顯現以不完整的方式，而且以一再不完整的方式將同一個客體性展示出來。

[478]

附錄十一　相即感知與不相即感知[20]

相即感知作爲一個對象的純粹內在的和相即的被給予性可以在雙重的意義上得到理解，其中的一層意義是與外感知十分類似的，而另一個意義則不是。在對一個聲音的內在的聽中，我可以採用雙重的立義方向：這一次指向時間流中的被感覺之物，另一次指向在此河流中建構自身的、但仍然是內在的事物。

㈠這個聲音可以在質性或強度方面有偏差，或者可以作爲在完全不變的內確定性中持續的而在我面前響起，無論如何我發現一條河流，而唯有在此河流中才可能有這樣一個個體的對象性被給予我。這個聲音是作爲聲音的現在而開始的，而始終有一個新的現在與它相銜

[20] 對第四十四節、第一三九頁（邊碼〔446〕）及以後各頁的續加和補充。

接，而每個現在都有其內容，我可以將我的目光指向如其所是的它。這樣我便可以在這個河流的流動中游泳，用我的直觀的目光追隨它；我也可以不只是注意各個內容，而且也注意這一整個被叫做河流的延展（Extension），或是連同其具體的充盈，或是抽象於這些具體的充盈。這條河流並不是我用鐘錶或暫態計來規定的客觀時間的河流，不是我在與地球和太陽的關聯中所確定的世界時間的河流。因為這些都已被現象學還原所掃除。我們寧可將這條河流稱之為前經驗的或現象學的時間。它提供了對客觀時間謂詞之再現的原初代表，用類似的話來說就是：時間感覺。即是說，在上述感知過程中，我們要注意各個時間內容，即在其時間延展中以及在此延展之充滿（Ausfüllung）的被給予方式中的時間內容，或者要注意在抽象意義上的（in abstracto）時間內容或在抽象意義上的時間延展：無論如何要注意實項的被給予之物，實項地作為因素而寓居於感知中的事物。這是一方面的意義。

(二)但另一方面，如果這個聲音——我們說，聲音 c——在延續，那麼我們的感知的意指就可以指向在此延續著的聲音 c，指向聲音 c 這個對象，它在時間流中是同一個事物，在時間流的所有相位中都始終是同一個對象。還有，如果這個聲音在強度方面有所變化，或甚至在其質性方面有所變化，例如有所偏差，那麼在這些說法中已經顯露出某個感知朝向，它看到的是一個同一之物，它在發生變化，卻又始終是同一個事物，而它的質性和強度則在改變。因而這個對象已經不同於剛才的對象。剛才是鳴聲的時間流（Fluß des Tönens），現在則是在時間流中的同一之物。

鳴聲的時間流是時間，充滿了具體的時間，但這河流沒有時間，不處在時間之中。可是這個聲音卻在時間中，它持續，它變化。它作為在變換中的同一之物「在實體上」（substantiell）是一。但正如時間是前經驗的、現象學的時間一樣，這裡所說的實體也是前經驗的、現象學的實體。這個實體是同一之物，是變換之物或持恆之物（Verharrendes）

的「載者」，諸如持恆的質性和變換的強度或不斷改變的質性和斷續改變的強度等等的載者。在談及「實體」時，目光指向這個相對於隨時間流的逐個相位而變換、時而相同、時而不同的時間內容而言的同一之物。它是一個同一之物，透過共同本質的統一、即種屬的（gattungsmäßig）共同之物的統一而將此河流的所有時間相位都統合在一起（einigen），但這共同之物並非在一種本質抽象中被整體地提取出來，並被當作是自爲的。這個同一之物是在河流中連續地共同保留下來的、在其個體化中的本質。在對實體的觀看中並沒有從在觀看中被給予的內容之河流中抽象出來，並且沒有將目光朝向整體的之物，相反，時間充盈的河流仍在視野之中，並且從它之中看出了在它之中、始終與它束縛在一起的同一之物。

實體是完整、具體的河流的同一之物。如果我們以抽象的方式凸顯一個非獨立的因素，如聲音強度，那麼這裡也會發生對這同一種類（Art）的認同；我們說，這個強度持恆著或變化著。這些同一性是現象學的偶性。聲音、現象學的「事物」，具有不同的「特性」，而每個特性又再度是在持恆或變化中的同一之物；它可以說是實體統一的一個不獨立的光束，是實體的一面，是其統一的一個不獨立因素，但本身是在同一個意義上的統一的事物。在這種前經驗意義上的實體與偶性是現象學的被給予性：它們是在可能感知中，並且是在相即感知中的被給予性。我曾說，這些感知與外感知相近。事實上，外感知同樣是對事物的感知或事物的偶性，而這些感知的特徵與對內在現象學實體的感知之特徵是相似的。㉑ 如果我們感知一所房子，那麼在它的本質中（即在感知的意義的本質中）就包含著：這個對象具有其時間的伸展，它顯現爲不變地延續的、顯現爲在這個持續中的同一之物、顯現爲在

[480]

㉑ 當然，實體並不被理解爲實在的實體，實在特性的載者，而僅僅被理解爲幻象感知（Phantomwahrne-hmeng）的同一基質（Substrat）。

時間延展中持恆的。如果我們在外感知中看到一隻飛行中的鳥或一簇光線強度變化不定的火苗，那麼這一點也同樣適用。外事物具有其現象的時間，並顯現為這個時間的同一之物，而且顯現為運動和變化的同一之物。但所有這些感知當然都是不相即的，時間連同其充盈不是相即地被給予的，它作為感覺是無法證明的。事物以及特性的同一性也同樣無法得到相即的實現，這與聲音在其鳴聲時、在減弱和重新增強的河流中以及在諸如此類的情況下所具有那種同一性。但明見無疑的是，在內在中相即地被給予的或完成的這同一個認同或實體化，在外感知中基本上是作為不相即感知出現的，它是根據超越的統覺而完成的。同樣也很清楚，對事物與特性、實體與偶性的意義分析首先必須回溯到內在現象學的領域中並且在這裡把握出現象學實體和現象學偶性的本質，就像對時間本質的澄清必須回溯到前經驗的時間上一樣。

這樣我們就了解了相即感知與不相即感知的重要類型。關於「內」感知與「外」感知的術語，現在已經可以看到，它們會引起一些顧慮。因而在做了以上闡述後需要留意，「內感知」的標題有雙重含義。它在兩方面意味著完全不同的事物，即一方面意味著對一個內在於感知的組成部分的感知；另一方面則意味著對一個內在的被觀看之物的感知，但不是對一個塊片（Stück）的感知。如果我們比較這兩種類型的相即感知，那麼它們之間的共同點就在於：在它們之中完成的是它們的對象的相即被給予性；所有非本真性、所有超越的釋義（Deutung）都被排除出去。但只有在一種感知中，對象性的事物才是感知現象的實項構成部分。鳴聲的時間流連同其感知現象中的組成部分都在此存在，構成這個感知現象。這條河流的每個相位、每個組成部分都是這個現象的塊片。相反，河流中的同一之物、現象學的實體及其特性、那些持恆的或變化的事物，它們雖然是一個在第二種感知中可以相即直觀到的事物，但卻不能被標示為在它之中的實項因素或塊片。

附錄十二　內意識和對體驗的把握[22]

每個行爲都是關於某物的意識，但每個行爲也被意識到。每個體驗都是「被感覺到的」（empfunden），都是內在地「被感知到的」（內意識），即使它當然還沒有被設定、被意指（感知在這裡並不意味著意指地朝向與把握）。每個行爲都可以被再造，在每個對作爲一個感知的行爲的「內」意識中，都包含著一個可能的再造意識，例如一個可能的再回憶。自然，看起來這像是回歸到了一種無窮倒退上。因爲，對行爲（對判斷、對外感知、對喜悅等等）的內意識、對它們的感知現在不又再度是一個行爲，並因此而本身又是內部地被感知到的嗎？對此應當反駁說：每個確切意義上的「體驗」都內部地被感知到，但這種內感知並不在同一個意義上是一個「體驗」，它並不本身再內部地被感知。目光所能涉及的每個體驗，都將自身作爲一個持續的、流過的、如此這般變化著的體驗來給出，而這並不是由我的目光所造成的，我的目光只是看向它。

我們透過目光的變化可以發現，這個當下的、現在的、持續的體驗已經是一個「內意識的統一」，時間意識的統一，而這正是一個感知意識。感知無非就是構造時間的意識連同其流動的滯留與前攝的各個相位。處在這個感知之後的不是又一個感知，就好像這條河流本身又是在一條河流中的一個統一似的。我們稱作體驗的事物，我們稱作判斷、喜悅、外感知的

㉒ 對第四十四節、第一三九頁（邊碼〔446〕）及以後各頁的續加和補充。這個附錄的文字與在《胡塞爾全集》，第二十三卷，第十四號文字中以「關於內意識和內反思」分節標題給出的文字部分相合。參見該卷的第三〇七－三一〇頁。——譯者

行爲的事物，我們也稱作對一個行爲的看向的行爲事物（它是一個設定性的意指）——所有這些都是時間意識的單元（Einheit），也就都是被感知性（Wahrgenommenheiten）。而每個這樣的單元都有一個變異與之相符。更確切地說：與本原的時間構造、感知相符的是一種再造，與被感知之物相符的是一個被當下化之物。

因而我們現在將本原行爲與對它的當下化並列在一起。這樣就會有如下的狀況：A是某個行爲，它在內意識中被意識到（在內意識之中被構造）。而後，如果W_1是內意識，我們便有$W_1(A)$。我們具有關於A的一個當下化$V_1(A)$；但這個當下化又再度是一個被內意識到的事物，因此便有$W_1[V_1(A)]$。

據此，在內意識以及所有它的「體驗」以內，我們具有兩種彼此相符的事件（Vorkommnis）：A與$V_1(A)$。

我在《邏輯研究》中所看到的整個現象學就是在內意識之被給予性意義上的體驗現象學，而這無論如何是一個自成一體的領域。

這個A可以是不同的，例如是一個感性內容，一個被感覺到的紅色。感覺在這裡無非就是對感覺內容的內意識。因此，感覺紅色（作爲對紅色的感覺）是W_1（紅色），而想像材料紅則是V_1（紅色），但它有其意識此在：$W_1[V_1]$（紅色）。如此便可以理解，爲什麼我在《邏輯研究》中可以將感覺與感覺內容視爲同一。如果我在內意識的範圍內活動，那麼那裡當然是沒有感覺的，而只有被感覺到的事物。這樣，把行爲（內意識的意向體驗）與非行爲對峙起來也就是正確的。後者恰恰是「原生」內容、感性內容的整體。相反，就「想像材料」而言，如果把它們稱作「體驗」，那就是錯誤的了；因爲體驗意味著內意識的被給予性、內部的被感知性。而後我們要區分被當下化的內容，如被想像的感性內容，以及對這些內容的當下化，即$V_1(s)$，而這是意向體驗，屬於內意識的範圍。

[483]

現在我們要考察A是一個「外」感知的情況。它當然是內意識的統一。而在內意識中有一個對它的當下化，就像對每個體驗都有一個當下化一樣。因此，$W_a(g)$作爲$W_1[W_a(g)]$具有其$V_1[W_a(g)]$。現在，感知的本質就在於，有一個類似的當下化與它相符，即：有一個將感知所感知的同一個事物當下化的行爲與感知相符。「再造」是對內意識的當下化，這種當下化與本原的流逝相對立，與印象相對立。這樣，對一個事物進程的當下化就不可以叫做再造。自然事件的發生不會再次被造出，它是被回憶的，它帶著被當下化之物的特徵而立足在意識面前。

我們現在來考察在這兩種可以比較的並顯然在自身中相互有別的當下化之間的奇特關係。

㈠與W_a相對立的是$V_1(W_a)$，或者我們現在也可以寫作：$R(W_a)$（對外感知的內再造）。

㈡與W_a相對立的是V_a（對外對象a的當下化）。

這時便有一個本質法則，按此法則$R(W_a)=V_a$。例如，對一所房子的當下化和對這所房子之感知的再造所表明的是同一個現象。

此外我們還可以說：在特殊意義上的「客體化的」意指可以具有：

㈠「內反思」、「內感知」的特徵。意指可以進入到意識之中，可以將內意識當作基質，這樣，所有在內意識本身中隱含地現存的對象性都有可能被給予，它們會成爲「對象」。以此方式，感覺成爲對象，被理解爲感性內容；而另一方面，所有在內意識中作爲統一被構造起來的行爲、能思（cogitationes）、內意識的意向體驗都成爲對象。

㈡因而在內意識中我們也具有「意向的體驗」，在此存在的有感知、判斷、感受、欲望等等。這些單元可以作爲基質發揮作用。有一種意指並不是在「內反思」，即意指的內感知中設定這些單元並將它們對象化，而是棲息於（einleben）它們的意向性中，這樣，這種

[484]

意指便從它們那裡「提取出」在它們之中隱含地被意指的對象，並將它們變爲在客體化設定之確切意義上的對象。作爲基質起作用的行爲在這裡可以是一個空乏地當下化的行爲。當然，有可能出現對一個喜悅、一個願望等等的回憶，而這個意指有可能朝向曾有的喜悅、被期望之物本身，同時這裡卻並無活的表象在運作。

因此需要區分：體驗的前現象的存在，它的先於對它的反思朝向的存在，以及它的作爲現象的存在。透過關注的轉向和把握，體驗獲得一種新的存在方式，它成爲「被區分的」、「被突出的」的體驗，而這種區分無非就是把握，而被區分無非就是被把握，就是成爲轉向的對象。但現在不能以爲這個事情是這樣的，就好像區別僅僅在於：同一個體驗這次與轉向、即與一個新的體驗、與這個朝向活動的體驗連結在一起，因而僅僅是複雜化了而已。當轉向發生時，我們肯定會在轉向的對象（體驗A）與轉向本身之間做出明見的區分。而且我們肯定有理由說，我們此前所轉向的是其他的事物，而後完成對A的轉向，而A在轉向之前就已經「在此存在」。但我們先得要注意：關於同一個體驗的說法是非常多義的，並且（在它得到合理使用時）根本無法從中直截了當地提取出什麼，從現象學上看，體驗活動並不會因爲這種「同一個」狀況而發生絲毫改變。

讓我們進一步思考：即便是我們所說的那種時而向此時而向彼的轉向，也是某種被新的轉向所把握的並如此而原初地對象化了（對它的原初認知）的對象；隨之，將轉向對象與轉向加以聯繫，以及對這種聯繫的原初認知，它們是新的現象；與此相同，把向對象的轉向與帶有認知（即認識到：轉向附加到這個無轉向的對象上）的轉向聯繫在一起的做法也是一個新的現象。

我們完全可以理解，什麼叫做轉向一個對象——如轉向這張紙，特別轉向這張紙的尤爲凸顯的一角。與在客體上特別被關注之物和未被關注之物完全不同，這種「主體方面」的區

別是在其各個步驟中的注意活動本身。對象是在一個注意的樣式中被給予的，而我們在可能的情況下自己又再度可以朝向這個樣式的變換：恰恰朝向我們現在所描述的事物，在對象上時而有這個、時而有那個以特殊的方式是對象性的，並且現在被偏好的事物，乃是先前未被偏好地已經在此的，每個被偏好的事物都有一個背景，有一個在那個對象性的整體範圍中的環境。在這個對象的本質中包含著：它是一個不獨立的事物，沒有「它的」展示方式，它就不能存在，即是說，沒有使此展示方式成爲對象並從它向對象過渡的觀念可能性，它就不可能存在；而在我於一個序列中所意識到的「同一個」對象的本質中包含著：目光恰恰應當朝向這個展示方式的序列，如此等等。

這種反思是在一個時間意識的統一中進行的，如上所述，這個新被把握到的事物已經在此，它屬於先前作爲背景被把握到的事物。每個「注意力轉向」都意味著意向的連續性，而另一方面，在這種連續性中可以把握到一種統一，一種被構造的統一：同一者的統一，這個同一者只是在不同的注意方式中展示自己，並且在它身上有不同的因素與部分被注意到，「處在光線下」。

現在，注意力無非就是「意識本身」這些樣式的區別，就是這樣一種狀況，即這些被感知性以「同一個」的形式聚合爲一，這「同一個」時而具有這個注意樣式，時而具有那個注意樣式；除此之外，注意力還會是什麼呢？現在，什麼叫做對「轉向……」的因素進行反思？注意的樣式這一次是以「素樸的」方式進行：我在其進行過程中轉向在它們之中顯現的對象；另一次是有一個當下化的目光朝向這些樣式本身的序列，我可以在回憶中一再地將它跑完，而這個序列本身具有其統一。

[486] 附錄十三　作爲內在時間客體的自發統一的構造——作爲時間構形和絕對時間構造意識的判斷㉓

如果我們有一個判斷（例如2×2＝4），那麼被意指之物本身就是一個**無時間的觀念**；在無數判斷行爲中被意指的可以是同一個事物，在絕對同一的意義上；而這同一個可以爲眞，也可以爲假。我們將它當作「命題」，並且我們把「判斷」看做是命題的相關項。因此我們是否可以說：判斷行爲？在其中2×2＝4被意指的意識？不能。我們考慮一下：我並非轉向被意指之物本身，而是將我的目光朝向判斷活動，朝向這個過程，即2×2＝4對我成爲被給予性的過程。這裡有一個過程發生，我開始構成主項思想2×2，並且結束這個構成，而這被用做對接下來的設定「＝4」而言的基本設定。因此，一個自發的構成得以開始、繼續和結束。但我在此所構成的事物並不是邏輯命題：它是在此被意指者。「被構成者」不是被意指者，相反，在自發性中被構成的首先是「2×2」，接下來是「2×2＝4」。自發地完成了（在自發的構成中構成了）關於2×2的「意識」以及最終2×2＝4的意識。如果這個被構成者完成了，那麼它作爲過程也就過去了，它立即便回墜到過去之中。

在這裡，被構成者顯然不是構成過程（否則構成的比喻就用錯了）。我也可以注意這個始終前行著的意識和這個前行過程的統一（正如我在感知一段旋律時可以關注這個持續的意識、關注「現象」的持續流動，而不去關注聲音本身一樣）。但這個過程並不是那個在它結

㉓ 對第四十五節，第一四一頁（邊碼〔448〕）及以後各頁的續加和補充。

束時完成的、在其中「2×2＝4」被意指的現象。同樣，構造一個手勢之顯現的意識過程也不是在其中顯現出手勢的那個顯現本身。在這裡，與顯現相符的是「2×2＝4」的意指，是明確的、在其中可以說有「這是如此」顯現出來的「述謂」（Prädikation）。屬於手勢－顯現之統一的不是意識過程的相位，而是在它們之中構造起來的顯現相位。所以在判斷意識的過程中（在判斷意識的「河流」中）也構造起述謂的組成部分、主項、謂項等等。而作為統一的判斷意指的判斷，它的主項在構造出來後便一同屬於判斷意指，儘管關於它的意識持續地發生進一步的變異（與此相同，在一個運動的顯現中包含著始終處在回墜樣式中的開始相位之顯現，但並不包含那些意識構形，即開始相位的顯現在回墜中作爲持續的運動相位而在其中建構自身的那些意識構形）。

因此必須說，要作兩方面的區分：

㈠意識流。

㈡在它之中的構造者。

而在後一個方面又要區分：

1. 作爲自身構造的「顯現」的判斷，或對2×2＝4的意指，它是一個生成過程，以及

2. 在此生成的事物，最終作爲被構成者、已生成者而立足於此的事物：完成的述謂。

判斷在這裡是一個在內在時間中的內在過去、一個過程（不是一條意識流，而是一個在意識流中構造起來的進程），它開始並結束，而且隨著結束也就過去了，就像運動在完結之後就過去了一樣。誠然，在感性被感知的生成之顯現方面，始終可以想像這個生成會過渡到持恆的存在中，或始終可以想像運動在某個任意相位上過渡到靜止中，而在這裡是根本無法想像靜止的。

但是，以上這些還並未窮盡所有的區別。伴隨著每個自發性的行爲都會有一

個新的事物出現，這個自發性的行爲可以說是在它的流動的每個瞬間都是作爲原感覺（Urempfindung）在發揮作用，它根據意識的基本法則來經歷自己的映射（Abschattung）。在意識流中逐步完成的自發性構造出一個時間客體，而且是一個生成客體（Werdenobjekt）、一個進程：原則上只是一個進程，而非延續的客體。而這個進程回墜到過去之中。在這裡必須考慮：如果我以一個此物（Dies）—設定開始，那麼自發的抓住（Zufassen）與把握（Erfassen）便是一個瞬間，它在內在時間中作爲瞬間而在此，隨後便立即墜下去。但與此相連結的是一種對於在內在時間中判斷過程之統一的構成而言的持留（Festhaltung），對此物的原設定（如利普斯所言的「鎖定」〔Einschnappen〕）連續地過渡到持留意識中，而這種持留並不是對那個正經歷其內在時間變異的原設定的獲得，而是一種與此意識相交織的形式；而這裡的奇特之處就在於：在這個持續的現象中不僅構造出起始相位的下墜，而且這個連續維持下來的（forterhaltend）、持續著的此物—意識還把此物作爲一個延續的被設定者構造出來。這意味著，啟動和維續構成一個自發性的連續統，這個自發性本質上建基於一個時間下墜的過程之中，這種下墜使得起始相位和接下來的維續相位在一個時間的流程中墜落，並因此也使得它們作爲基層表象（直觀、空乏的當下化）和表象變異所帶有的事物也墜落。行爲開始啟動，但在變化了的樣式中作爲行爲（作爲自發性）繼續前行，而後有一個新的、繼續這整個自發流程的行爲開始啟動，例如一個述謂—設定的行爲。如果這個構成不繼續前行，那麼，結果便不是述謂設定的新的、以其方式原湧起的（urquellend）述謂設定之自發性，而是在此基礎上的這樣一種設定：在它出現的同一個內在時間相位中，以一種持留的自發性形式和以它相對於原湧起的狀態設定所具有的變異了的形式，主語設定得以眞正進行，並在此之上建造起了本原的謂語設定，隨著這個謂語設定，它構成了一個單元，即整體判斷的單元：作爲時間構成的存在相位、作爲判斷在其中現

時地「完成」的一個時間瞬間。這個時間下墜著，但我並非立即停止判斷，即是說，在這裡與往常一樣，判斷持留的一個片段持續地與最終完成的進行瞬間相銜接，作爲在時間上如此這般被構形的判斷，判斷便隨之而獲得一個進一步的片段。在此，在我有可能再連結上新的、更高的判斷構成，將它們建造於其上。

因此，判斷作爲內時間意識的內在客體是一個過程的統一，是不斷的「設定」（當然是判斷設定）的持續統一，在其中出現兩個或多個進行瞬間、原設定的瞬間。這個過程在一個沒有這些瞬間的片段中結束，這個片段以「現狀的」方式就是關於此過程的意識，對那些以「原初」方式透過進行瞬間而被意識到的事物的信仰。判斷（述謂）只有在這樣一種過程中才是可能的，這就已經意味著：對於判斷的可能性來說，滯留是必然的。

一個自發的單元、一個述謂判斷作爲內在時間客體構造自身的方式，鮮明地有別於一個感性過程、一個持續的相互接續的構造方式。這是因爲，在後一種情況中，「原初的事物」，即不斷更新充實的時間瞬間的原泉源點（它的相關項是現在中的原生內容），要麼就是一個素樸的原感覺相位，要麼就是一個由於被立義爲原顯現相位而被構形了的原感覺相位。但在判斷情況中的原初之物卻是設定的自發性，它需要以某個觸發材料（Material der Affektion）爲基礎。僅就此而言，這個建構就會是更複雜的。

此外，這裡還出現雙重的原初性。對作爲時間形態之判斷而言的「原初」構造者是「設定」的連續性，它在這個方面始終是原初地給予著的。而後，在帶有其各個滯留的時間意識中，連續的判斷瞬間見自身構造爲時間構形的判斷之時間點。但我們必須將成就著的（leistend）自發性之本眞進行設定瞬間區別於那些維續著被成就者（Geleistete）的自發性的持續瞬間。這是在被構造的時間形態中的區別，在此時間形態之中得到凸顯的是源泉點；這當然也是在建構意識中的區別，在此時間意識中，原發的（originell）相位分爲兩

[489]

種：創造的（schöpferische）相位和現狀的（zuständliche）相位。

如果我們據此而可以認爲，作爲時間形態的判斷的觀念已經在與絕對的時間構造意識的區別中得到澄清（因此也包括在其他自發行爲方面的相應區別），那麼現在就可以說，這個判斷是一個意指，類似於例如一個外空間時間存在顯現於其中的內在－客觀顯現。可以說在意指中顯現的是被意指之物，在「2×2＝4」這個意指中所顯現的恰恰是命題的、如此這般被構形的事態。但這個事態不是事物，不是客觀時間的存在，既不是一個內在的存在，也不是一個超越的存在。它是一個延續的被意指之物，但它本身不是延續著的事物，它的意指會有起始，但它自己不會起始，就像它自己不會終止一樣。按其本質，它可以在不同的方式中被意識到，或者說，被給予，它可以被分節，而後在一個被建造的自發性中被意識到，這個自發性可以作爲內在時間形態而跑得「更快些」或較慢些，但它也能夠以一種狀態的方式被意識到。

自發的時間形態與所有內在客體一樣，它們的對應圖像就是關於它們的再造的變異。判斷－想像與每個想像一樣，本身都是一種時間形態。對判斷－想像之構造而言的原初瞬間是「原初」想像，它們與那些按照意識的基本法則而與它們相銜接的變異、與滯留的變異是相對立的。想像是作爲內在客體而構造起來的，這樣，借助於它特有的、具有中立化了的當下化特徵的想像意向性，內在的擬－客體、內在被想像之物的統一也就在想像的內在擬－時間中得以構造起來。只要想像是對一個「顯現」的當下化變異，就會進一步構造出一個被想像之物的超越統一，我們說：一個被想像的空間時間的客體之統一，或一個被想像的事態之統一：這個事態是在一個擬－感知判斷中擬－被給予的，或者在一個其他類型的擬－想像判斷中擬－被想像的。

B

表明此問題發展的增補文字

一　引入對「清晰」回憶和「再」回憶的本質區別以及關於時間意識中的內容變化與立義區別[1]

① 產生於一八九三年，直至大約一九〇一年。——編者

第1號　對一個持續較長的變化進程之統一的表象是如何成立的？（直觀與再現）②

對一個持續較長的變化進程的統一、一個在相互接續中進行的或展開的統一之表象，例如一段旋律的表象是如何形成的呢？只有極小的時間後續與延伸之塊片（Stücke）才會在一**個**目光中、在一瞬間的直觀中被縱觀到；因此，也只有極小的旋律部分才會在某個瞬間中被直觀到。

屬於一段旋律的各個音形之後續或相互離散的展開，乃是在一**個**（時間上延續的）行爲中進行的，僅就此而論，一段旋律就不會是一批分離的直觀。即便與個別的聲音與構成物相符的是各種特殊的行爲，也必須有一個行爲在此，它支配性地包容了內容的統一，只要這個統一是在關注活動的每一瞬間中的內容。在這個行爲延續的同時，它的統一始終被保留下來；內容變換並且一個瞬間、一個瞬間地改變，隨之行爲也以某種方式有所改變。隨時間的延伸（Dehnung）攜手進行的是時間的縮短，借助於這種時間縮短，以前曾被直觀到的事物的一個部分產生變化或再次消失，同時另一方面又出現新的事物。因此，較爲狹窄意義上的直觀只是旋律的一個塊片，即帶有其處在某個展開階段中的各個音形的旋律之塊片。

② 按胡塞爾的說法：「在《月刊》文章之前所作的舊的嘗試，約一八九三年。」胡塞爾在《哲學月刊》，第三〇期（一八九四年），第一五九－一九一頁上發表過〈對基礎邏輯學的心理學研究〉。——編者

我們設想一下：一段熟悉的旋律現在開始進行。它以一個直觀的、有特徵的音形開始，這個音形明顯地有別於嘈雜的或其他的聲音「背景」；在它之上建造起另一個音形，以此方式也就從音形中發展出音形，但在這裡，新事物並不是與被持守的舊事物相並列的。旋律開端上的聲音或聲音組構（Tongefüge）始終只是意識中的一小段時間t，姑且不論它所經歷的內容變化（時間上的回移和弱化）。在時間的內容順序中，每一瞬間在清晰和充盈方面的主宰都是末端，甚至就是後來者、接近現在者在主宰著先前者。如果t被跨越，那麼開端就會消失，從此便不斷會有新的後續部分消失；由於消失部分的含糊性，這種狀況並不會引起特別的留意，尤其是因爲興趣黏連在更生動的、更新的事物上面，並且完全是朝向前面的。因而音形在弱化並且逐漸消失，同時這種變化卻沒有引起注意；人們所關注的只是贏得，而非喪失。誠然，喪失也與一個延續著的獲取相連結。只要帶著統一的興趣來追蹤這整個過去的發展就會發現，它影響著各個當下之物的感性（ästhetische）特徵，亦即感受特徵。結論在某種程度上被維續下來，儘管被論證的事物對於直觀來說已經去矣。如果旋律結束了，那麼我們便有具有這樣一個邊界，它的特徵就是完善（Vollendung）的意識。結束的方式就像一個句子的句號一樣，使我不再期待或要求新的事物。一個寫了一半的句子、一個不完整的前句，甚至一個語句部分、一個詞（它沒有透過表達重音而作爲一個完整句產生作用的詞），它們所引起的是沒有得到滿足的期待，就像當我們吃午飯時在上完湯後就再也沒有事物端上來一樣。一個發出了但卻沒有完全流逝的聲音運動會具有未完成之物、有缺陷之物的特徵。「我們覺得被繼續拽下去」，這個運動逼迫著繼續，或者我們也可以用其他方式來表達這個狀況。無論如何，這個此刻被直觀的內容具有一個特有的特徵、一個擬－質性，對它可以形成聯想，我們借助於這些聯想而**明晰地**（explicite）意識到，新的音形必定會（或不會）接續，它們以典型的方式與剛剛直觀到的事物相銜接，或從它們之中生長出

139

來。這就是克里（Kerry）和利普斯（Lipps）稱之爲繼續欲（Fortsetzungstrieb）的事物，儘管並不完全等同。在單一軌道上進行的表象或活動的習慣會使幾個步驟起作用，或者會造就一種可能繼續的意識，但這個繼續卻沒有被表象。在一個相同方向上、一個系列中的繼續前行，在實事關聯中的秩序、和諧所造就的便是特別的「感覺」，而稟賦（Disposition）得到論證，它們與在先指明的內涵相銜接，使得延展、構形以及對其可能性的知曉得以可能。

現在的問題是：當我們處於結尾時，我們從何知道，已經有某些事物事先過去了，這個最後當下的事物並不就是整個旋律？倘若感知或想像或兩者都拒絕將已開始了的旋律繼續下去，我們從何知道，總會有事物接續下去，在旋律的整體性上就是缺少了某種事物？

如果旋律在感知或想像中流暢地進行，那麼，在繼續踏入那些新的和被認做相屬的音形時我們便會知道：這個旋律還沒有結束。如果感知中斷，就有可能在想像中增補下一步的進程，而只要想像爲我們所提供的事物僅僅被我們感覺爲不完善的替代，我們就會獲得例如在以下命題中表述出來的認識：演奏者在半途中斷了。這種在想像中的繼續編造（Fortspinnung）常常不會出現，儘管如此，我們還是能夠以這種方式做出判斷。或許會有幾個節拍影子般地被意識到，或許連這都沒有，儘管如此，我們如何會知道並且會說：這個演奏遠未結束就被中斷了？這個判斷所傳遞的是一種匱缺感、不足感、或多或少強烈的阻礙感，有可能還帶有意外感、訝異感和失落的期待感。如果我們自己在感知中或在單純想像中進行現實創作時中斷旋律，那麼情況也會是如此。只是在這個情況中不會有通常出現的意外感、訝異感。

我們至此爲止都是以熟悉的旋律爲例；不熟悉的旋律情況也是類似的。我們的音樂經驗使我們理解，什麼是一個結束了的旋律的整體，什麼不是。引導我們的是相似性。

因此，那些感受凸顯了這些瞬間被直觀到的事物所具有的不完善的、有缺陷的或半途而廢的特徵，故而這些被直觀到的事物對我們來說是非本眞的表象，是完整豐富整體的代表。這些再現活動在心理學上的產生與其他再現活動在心理學上的產生並無差異，它們的功效在這裡與在其他地方一樣是明白無疑的。

如果我們想闡釋這些再現活動，那麼，我們可以借助於直觀的這種稟賦性的連結，它們構成了有序的和在實事上確定的旋律之直觀進程。我們沿著連續的鏈條前行和後退。我們讓旋律在想像中繼續展開；而且我們回返地抓住留下的音形。當然不可能簡單地把聲音一個一個地反轉過來，再走回去。在現實創作旋律的過程中的個別聲音只是作爲建造在它們之上的音形而言的基礎才引起我們的興趣，而這些更爲全面的、相互纏繞的形態組合，帶來了旋律整體的整合之統一。所以我們在回觀的目光中也只能把握到，或更確切地說新創作出一些相對地獨立的、統一被析出的塊片或形態，並且因此也不是回到個別聲音的連結上，而是回到在開始時聲音構成的連結上。就熟悉的和可供我們想像自由支配的旋律的可能闡釋而言，這就是最完善的闡釋了。自然，這個闡釋也可能是一個或多或少有缺陷或完全非本眞的，而且，只要回憶是殘缺的，或只要被給予的塊片根本不屬於一個曾被聽過的旋律，而「這是那個旋律的塊片」的判斷僅僅是根據某些標誌而做出的，這個闡釋就必定是一個或多或少有缺陷或完全非本眞的。所有這些闡釋都會隨意或不隨意地出現在反思的情況中。而它們之所以出現，乃是因爲那些附著在各個被給予的替代物上並使它們變爲再現活動的感受標記與那些闡釋過程有著稟賦上的、即經驗上的聯繫。

在我看來，不可避免地要給「直觀」（Anschauung）這個術語以一個較爲**狹義**的和一個較爲**廣義**。較爲狹義上的直觀是一個瞬間表象，或更確切地說：是一個留意行爲的內在的

和原生的內容；較爲廣義上的直觀是一個統一延續的留意行爲的內容。③如果這內容在留意過程中始終沒有變化，倘若時間延展沒有被關注，那麼在對此延展的瞬間直觀面前也就不存有區別。如果內容持續地變化，或者如果進入這個統一直觀行爲的不是這一個內容，而是始終變換的雜多性，那麼情況就會完全不同。我們這時所具有的是瞬間直觀的一個關聯進程，它被包容在一個延續的留意行爲中。內容或是連續地變化，或是隱祕地變化，根據情況的不同，這裡會有一些並不是非本質的區別；在隱祕變化的情況中，倘若行爲的整個進程只是在一個支配性的行爲以內發生，整體直觀的統一性就不會因爲特殊的留意行爲有可能突顯了個別的事物而受到干擾。此外，哪裡有隱祕的內容變化發生，哪裡就總是會有連續的內容變化；透過時間性的推移和延展而發生自然的內容變化。我們可以從意項上（ideell）將這個延續直觀的統一行爲分解爲瞬間行爲，並因此而能夠談論一個連續的直觀進程，無論內容發生怎樣的變化。然而更好的做法是把直觀進程理解爲雜多的內容變化被納入其中的分立的（diskreter）留意行爲的後繼；理解爲所有那些在連續的留意之中進行的行爲。

如果只把瞬間直觀性的事物看做直觀，那麼，就會過於遠離對這個術語的通常使用。我們具有一個對空間事物的直觀，如果我們全面來觀察它。這個對象就其被視爲客觀存在的而言，是一個被預設的、非本眞地被表象的整體直觀，它自身包含著從不同方面接受的直觀彼

---

③胡塞爾在這裡給出的「直觀」定義顯然不同於《邏輯研究》中和以後的定義。他在這一時期所理解的「直觀」並不包含回憶和想像這些再現性的或代現性的行爲，但又不等於感知本身。在《邏輯研究》中，胡塞爾才開始將「直觀」（Anschauung）理解爲「感知」（或「當下擁有」）和「想像」（或「當下化」）的總和。對此可以參見拙著《胡塞爾現象學概念通釋》（臺北：五南圖書）中的「直觀」條目。——譯者

此反對地提供出來的所有新事物。我們直觀在對象方面的所有可被直觀到的事物，亦即從所有方面來觀察「它」，以此方式而使對象被我們直觀到。對於事物的每個部分和每個標記而言都有一個立場，在此立場上我們可以「最佳地」理解它，即是說，在直觀的每個因素隨立場變換而經歷的變化之連續統中，每次都有一個我們的興趣因素在其中得到最大滿足的相位。從屬於此的立場便是「正常的」立場，而這個因素構成一個部分，或者作為對整體的規定，構成在對這個客觀對象的意項綜合中的一個標記。所有其他相位都服務於對正常相位的標示。

因此，使一個對象一般、一個客觀的統一被直觀到，這就是說：從各個組成部分的意項一致性中（它們的統一要歸功於對它們的思想綜合），以一種滿足我們興趣的完整性，**演替地**（succesive）直觀出這些組成部分（部分或標記）。

如果一個對象的構造因素沒有被直觀化或不能被直觀化（是不可直觀的），那麼，這個對象就是在此意義上非直觀的。心理學家在這裡當然會區分現實的與臆想的直觀。我無法從柏林到羅馬的道路中獲得直觀，哪怕是以一種直觀進程的方式，即在一個行為之內也無法做到；但我可以從這條道路的個別塊片中以及從足夠小的相鄰塊片的統一中獲得直觀。所以，只有少許空間性的事物才相對而言是可直觀的，尤其在較為狹窄的意義上不是可直觀的。即便在涉及一個不太複雜和一眼能縱觀的形象時，在最有利的情況下可以獲得的瞬間直觀也不會現實地、或不會如其被意指的那樣現實地包含所有那些我們認為隨此而直觀到的部分和關係。透過從某個視點來觀察這個形象而為我們所獲得的那些大部分是含糊的表象，並不是我們用「對此形象的直觀」所意指的事物。對我們來說，它實際上只是用來創造客觀統一的支撐點，在這個統一中意項地包含著所有的部分和因素，它們就是我們在各個最有利的和每一因素都在變化的視點選擇中所獲得的那些部分和因素。因此，所謂對客體的如其所是

的瞬間直觀，就還原爲一個直觀進程，我們在此進程中確證各個方面、各個部分和各種關係，而且是在它們的最完善的，以及最充分滿足我們主要興趣的各個變化階段中。現在我們的任務就在於，更爲仔細地研究這些產生出客觀統一或事物統一之表象的直觀進程，以及建基於它們之上的構成過程。

我們的分析所提供的下一個被給予之物是事物。因此我們必須以它爲出發點。關於事物，我們不具有嚴格詞義上的直觀，即使我們感知到它；沒有一個瞬間行爲能夠在自身中從整體上現實現前地包羅那些客觀組成它的雜多部分、屬性和連結，同時還對它們進行留意和立義。如果在一個瞬間行爲中進行了感知，那麼這些雜多性就只是意向，而它決定了我們在這裡和在類似的情況中說：關於這個被意指之物，我們所具有的不是眞實直觀，而是單純再現（在此意義上是單純「表象」，即非本眞的表象）。想像表象的情況也與此類似，它們的非本眞性是一種更爲間接的非本眞性，因爲它們直接回指到相應的感知上。但所有再現都以直觀爲基礎，如果我們看見或觸摸到事物，我們便具有事物統一建基於其中的直觀。我們先以看的活動爲例。如果看的活動爲我們提供的是對一個可見客體本身的完整直觀，那麼就需要有一個我們現在可以考察的直觀進程。爲此目的，我們需要進行幾個方面的區分，即區分：

㈠這樣一種直觀進程，即在頭和其他身體部分不動的情況下，僅僅以眼睛的運動甚至留意和注意的內目光的運動爲基礎便可能的直觀進程。

㈡這樣一種直觀進程，即在頭和身體其他部分運動的情況下才出現的直觀進程。

我們在這裡談到眼睛的運動與頭和身體其他部分的運動，以此方式我們已經考察了看的活動的「狀況」，它們源自客觀的認識，看起來不屬於純粹描述心理學和要素心理學。儘管如此，這些表述只應作爲舒適的、難以避免的符號用於主觀體驗，它們始終是上面所說的

客觀認識的基礎，並且透過客觀認識才得到詮釋（Deutung）。我們現在恰恰要撇開這種詮釋不論。一個尚未將其身體客體化並且在此意義上尚未認識其身體的孩子，可以並且也會擁有心理體驗，他很久以後才會以判斷的方式將這些心理體驗詮釋爲目光的抬起和落下、抬頭和低頭、圍繞客體走，如此等等。身體、頭、眼睛的每個特定姿態與運動都會有一個完全特定的心理內涵與之相符；無論它有多麼複雜，無論它是從多少（可以爲分析以如所周知的方式所及的）感覺組元（Empfindungskomponenten）中產生的，它都先要作爲一個統一的整體或作爲一個統一整體的組成部分與分析相遇。隨狀況的不同，個別內容（例如眼睛的運動）乃是作爲分離的統一而迎向我們，或者它始終與同時在其他方面被給予的體驗融合爲一個不可分析的整體，但這個統一會作爲統一而自爲地被留意，或者這個整體始終未被留意，同時卻並未喪失那些我們將要考察的作用，這些作用要歸功於個別組元的特定貢獻。

我們想把這些看的伴生（konkomitierend）狀態乾脆稱之爲主觀狀態U。

我們從第一種直觀進程開始。在頭與其他身體部分不動的情況下，目光轉向一個客體，如轉向我們面前的墨水瓶。一旦開始看，也就開始了一個遊戲，即內容變化與特別接納它們的留意行爲的遊戲，這些行爲是在一個支配性的留意活動以內進行的，但卻並不爲這個留意行爲所持留。人們說，目光在客體上漫遊，進入視點並因此而進入留意活動之精神目光的，時而是這個部分，時而是那個部分。但這是一種非心理學的言說方式。主觀上擺在面前的無非是諸直觀在時間內容上的連續統，在這個連續統中，一些個別的部分得到特別的突出，而中介性的部分則充塞在向前者急速進行的過渡中，它們通常不會受到特別的關注。借助於在原生的被留意的內容之變換中的持續性（Stetigkeit），我們乾脆可以說是一種內容變化，而在這裡已經包含了被說出來的各個瞬間階段彼此間的相似性。因此，我先凝視這個墨水瓶的一角，而後目光匆匆掠過邊緣並凝視另一角。整體的內容改變了。在此變化中凸顯

出了開端階段和結束階段，我們並不特別關注上面所描述的此過渡之內容變化。如果先前A角原生的被留意到，並以某種方式從統一被關注的整體印象中得到突顯，儘管並未從它之中解脫出來，如果A先前以上面所描述的被凝視之物的方式是清晰的，那麼一切都不再有效，而對B角來說，有效的則是我們剛剛對A所做的那些陳述。A現在是首先較不獨立的、較不清楚的，並且最終可能根本不再從新的和內容上變化較大的整體直觀中被突出的因素，這個整體直觀透過顯現的變化的過渡現象（顯然是一個運動現象）而與以前的整體直觀連結在一起。因此，在目光漫遊過程中，變化在一個接一個地進行。在目光從直觀的一個部分漫遊到另一個部分並以上述方式而對直觀造成變異之前，我們發現，倘若這個進程進行得足夠緩慢，那麼在整體內容的「直接被看到」的部分中就會有一個部分凸顯出來，這時我們便會感到有一種追求，我們會毫不動搖地將它稱之為對清晰化的追求。間接被看到的客體帶著某種缺陷顯現給我們，只有（在缺少反作用因素的情況下，例如在沒有意願保持目光不變的情況下）當目光完成了不可或缺的轉向並完成了隨之而被給予的清晰化，這個缺陷才會顯現為被去除了。因此我們可以說，在直觀的每個間接被看到的和可分析的部分上都黏連著一個特定的意向，它在分析的情況中現時地被感覺到，並且作為刺激而釋放出那種導致意向滿足的目光運動，或者純粹心理學地說：它在一般情況下，會不可避免地導致相應的清晰化。然而已清晰化的內容是另一個內容，它與未清晰化的內容僅僅是相似的，但透過意向的更大充盈、界定的鮮明性等等而更多地滿足著我們的興趣。如果我們有意凝聚目光，那麼那些從面上被留意的部分內容的意向就常常會以此方式來表現它的作用，即相應的被清晰化的部分內容的想像材料會閃現出來，但卻沒有延續的存在。現在，我們要將那些附著在被直觀之物的部分內容上的，也附著在直接被看到之物上的其他意向，還有能夠透過另一種身體位置而得到充實的意向，都擱到一邊去。

現在有必要在我們所考察的內容變化中區分兩個組元，它們也可以在實項方面得到分離：

㈠透過我們稱作目光運動的狀況U的變換而產生的內容變化。

㈡透過留意（Bemerken）和注意（Aufmerken）而出現的內容變化。

在通常情況下，被凝視的點，即嚴格詞義上的視點，同時也是原生的被留意的點，而且常常也是、但並不總是一個注意的對象。我們考量一下，哪些變化與留意和注意聯繫在一起。我在這兩者之間作一個由馬蒂－斯圖姆夫提出的區分。並非每個留意都與注意聯繫在一起。注意是一種對內容的期待狀態（Gespanntsein），在此內容上附著著某個急於得到滿足的意向。留意是在本眞詞義上的表象；是對一個內容的單一接納（Aufnehmen），是單一地轉向它。如果一個內容對我們來說是現前的，那麼我們就會留意它。留意是否是一種特殊的行爲，對此我們不想爭論。但在這裡存有非常奇特的內容區別：我們的整體意識在每一瞬間都提供統一中的雜多。一個完全不可分析的統一不會讓人留意。始終是至少有一個部分內容會被留意，並且從其他意識內容的「背景」中凸顯出來。我們可以完全轉向一個內容；但它永遠不會是完全孤立的，背景始終作爲「**流蘇**」（frange）掛在它身上。只有透過對每個或少數幾個部分的突出（pointieren），我們才能意識到整體的意識內容。但突出是一種內容變化，隨我們所突出的是這個還是那個的情況不同，整體的印象也在變化。但我們常常同時轉向許多事物；即使這時也總有一個環節在此，它的突出標誌就在於，它是我們「第一級的」（原生的primär）轉向的事物，而其他的環節則是第二級的（次生的sekundär）被留意到，背景在某種程度上是第三級的（tertiär）被留意到的。然而這並不是行爲的區別，至少不單單是行爲的區別。由於我關注這個煙斗，所以我突然也留意到旁邊的墨水瓶，而後可能還留意到附近的小刀等等，或者我同時聽見車子開過。處在我的留意的「視點」中的事物與

不處在其中的事物之間的區別，就是我們凝視著的被看見之物和我們不凝視的被看見之物之間的區別，同樣也是在那個在黃的汙漬中映射出來的事物與那些透過側邊視網膜部分而展示出來的事物之間的區別。它們又再度是清晰性的區別。每當我們同時留意到多個事物時，這個「多」都以留意活動的演替為前提，只有在這種時間的連結中，它才可能「附帶地」被留意。此外，內觀察表明，在附帶被留意的事物之間也有清晰與不清晰的程度區別。我們能夠將每個附帶被留意的事物至少在一瞬間轉變為原生的被留意的事物，即清晰的事物。又再度有效的是：當一個清晰的事物變得不清晰或不清晰的事物變得清晰時所發生的內容變化，是一個連續的變化，它把類似的事物變為類似的事物；在這裡也是那種特有的過渡感。

在原生的被留意之物意義上的清晰性，在一般看的情況中同時也是在被凝視之物意義上的清晰性；但也有可能是我們凝視一個點，卻原生的關注一個旁邊的點。因而習慣性的連結是可以隨意消解的。我們剛才對間接被看見之物所說的事物，也適用於在附帶被留意之物意義上的不清晰之物。它具有一定的意向、一定的缺陷，它急迫地要求被消除，借助於此，附帶被留意之物便具有一種再現的功能，並因此而具有與相應的原生被留意之物的稟賦上的聯繫。

在闡釋了這兩個在直觀進程中或在直觀變化中發揮作用的組元之後，我們還必須強調幾點。**直觀進程是一個時間進程**。儘管如此，時間因素在這裡根本不起任何作用；它被剷除了；它因為特殊的關係而根本不被關注。由於清楚地閃現出來的時而是瞬間被給予的整體直觀的這個部分，時而是那個部分，而且對於整體直觀而言，結果便是一個相應的變化，因此會一再地出現這種情況：舊的直觀連同其凸顯的部分又再度返回；因而直觀進程的各個階段會以迴圈的方式溢滿彼此（in einander überfließen），但不帶有任何固定的迴圈，不帶有任何特定的秩序。根據內容的偶然刺激和興趣的偶然朝向的不同，這個進程一再地採納不同

的序列。即便隨意性也可以是決定性的，因爲它從那些彼此處在爭執中的間接被看到的和自爲被留意的因素中隨意地捕捉住某個因素，並且那些很容易一致化的曾走過的變化路徑可以隨意地被重複或被變更。每當有相同的狀況返回，相同的直觀就會出現，並且被重認作是直觀和（直觀的）再造；而每次沿相同變化路徑（或狀況的變化序列）返回，也都會導向相同的和被重認出的直觀進程，它們帶有被重認出的各個明顯標記。這些重認出的行爲並不需要有語言的中介；但我們的評判卻需要以語言的中介爲前提，這個評判是指：將在直觀進程中被給予之物評判爲一個自身同一的客體。

無論我們採取什麼樣的主觀「立場」，都會出現重認（Wiedererkennen）的活動，並且無論我們如何更換這個立場，我們所發現的都不會是絕對的新事物，而只是被清晰化的事物，並且是在一個固定範圍內被清晰化的事物。除了相關部分的清晰化之外，整體印象不會發生根本的變化，不會發生一種導向新事物的變化，至多也只是一種已在先前的印象中已被預釋的（vordeuten）和被意指的變化。無論我們採取何種立場，我們都可以透過看的活動的同一外部狀況的持留而從整體印象中分析出一些不同的部分，它們對相應的、清楚的部分作出預釋，並且意指這些部分。這樣一步一步得以進行的只是意向的充實，並且只要意指的表象與被意指的直觀融爲一體，認同也就隨之而完成。即是說，認同是一步一步進行的，因爲認同無非就意味著在一個意指的表象將其被意指的直觀溢滿過程中的重認之體驗。唯當一個直觀進程提供了新的和更新的事物，我們所具有的才不是一，而是多，以至於有許多事物被特殊地立義爲不同的新事物。但是，只要我們又再度發現的是「同一個」，我們在客體上所擁有的便是一。它始終是同一個，因爲我們始終是在同一個相屬的直觀群組中活動，在此群組內有一個十分熟悉的過渡從一個環節引向另一個環節，從熟悉的事物引向另一個熟悉的事物，以至於我們在每一瞬間所具有的整體內容本身就已經含有對所有進一步的事物的意

向，因而向這個群組的任一環節的過渡提供了這個環節所包含的意向的一個部分的充實。

在某種意義上，一個旋律也是一個客觀的統一；但時間後繼在這裡則本質上屬於旋律的內容。只有在一個特定的時間進程中才會出現持續不斷的再認出以及持續不斷的意向滿足。在這裡也缺少每個自爲地被留意的直觀部分與每個其他部分的相似性，此外也缺少那種使得每個直觀部分都顯現爲整體之代表的意向之同一性。旋律是一，但它不是在同一地被認出之物的所有部分立義中的一。每個部分立義恰恰都對旋律的一個部分進行立義；完全不同於我們〔前面所說的事物立義〕的情況。每個部分立義都對事物進行立義，但卻是從一個特殊的「立場」進行立義。而這種情況的原因在於，直觀系列的每個環節，即連結中的每個靜止的和凸顯的變化狀態，自身都可以包含著任意一個其他變化狀態的意向，並且可以偶然而隨意地引發對它的復活和認同。因此，在每個階段中同一地被給予的是同一個事物，不是以主觀的方式，但卻是以客觀的方式，亦即按照意向和評判。主觀的事物則是透過立場判斷來考慮的。

因此，如果我們具有A⌒B⌒C⌒D……這樣一個鏈條，這裡的字母表示各個瞬間直觀的清晰化了的因素，那麼，倘若A被清楚地立義，而B、C、D不清楚地被突出，或者根本就不突出，我們就會與整體直觀的背景融爲一體。但在興趣的適當方向上，B、C……受到特別的留意，不是作爲已被清晰化的，而是例如作爲B'C'，但它們卻帶有對B C的意向，即B C各自所意指的、所描向的意向。這樣，客觀事物自身便含有A B C……，每個都在其完整的清晰化中，並且不帶有特定的過渡次序，因此是以總和（Inbegriff）的方式？由於我們說到總合，因而事物看起來就好像只是一個量。然而它並不缺乏我們在過渡時所立義的那些關係與連結；它們也屬於客觀的統一，而且它們提供關係判斷，透過這些判斷，我們承認絕對因素之總合的這些環節是彼此統一的。連結可以給予諸內容以某種秩序，但連結不會給予直觀進程以一個前定秩序，這個直觀進程在其各個形式中始終是隨意的。根據所有這

些，我們得以充分地意識到事物的客觀統一，這是因爲我們在一個隨意的判斷序列中突顯出我們在瞬間直觀的群組內容中所發現的那些個別的和絕對的因素與關係，並且與那個由各個整體內容所再現的整體發生聯繫，並且承認它屬於這個事物。因而客觀統一是一個透過判斷的統一，不是透過單純直觀的統一，但卻是在直觀基礎上的統一。

現在的問題是：由於各個部分內容也與某些從屬的狀況連結在一起，那麼這些狀況爲何沒有與那些部分內容融合爲事物的統一，而是顯現爲一個與事物相對立的單純主體的事物呢？在描述心理學上只要首先標示出這兩者間的區別：狀況雖然也是意識現象，但它們不是原生的被留意的對象。我們直接留意的僅僅是被強調的內容組成部分，與它們相連的是其他的、與它們相統一的並承載它們的瞬間留意內容，帶著對個別因素的某種強調。狀況乃是作爲不被關注的因素而以某種方式融入到內容之中——詹姆士（James）會將它們稱作「邊緣域」（fringes）——並且只是在心理學分析中才作爲非實在的伴隨者而顯示出來。因而它們的情況與倉促的過渡感一樣，它們是複合的現象，是由內容的運動所組成，即是說，它們是在從A到A′和B′到B的轉變中出現的內容變化現象；此外它們還是由客觀狀況的變化現象（運動感、會聚感、適應感等等）所組成的；最後它們還是由留意活動本身的變化所組成的。這些「邊緣域」爲同一性意識做出根本性的貢獻；但它們不屬於「內容」，不屬於事物；從屬於它的只有那些原生的被留意的和被意指的事物。④

④ 如前所述，上面的札記按胡塞爾的筆記是「約一八九三年」寫下的。可以比較第三節、第十—十三頁的文字，它幾乎完全立足於被胡塞爾排入到其一九〇五年時間講座設想中的兩個頁面上，但這兩個頁面按照他自己的說法是從他一八九四/九五年冬季學期在哈勒所做的「心理學講座」文稿中取出的。也可以比較相關的文字考證說明。——編者

第2號　時間感知的明見性、回憶等等⑤

152

感知一個**時間進程**，這意味著：將一個當下的此在A與一個剛剛過去並在對象上與其相關聯的B以及一個離得更遠的C等等連在一起感知；它意味著感知A並且在回移的過程中將B體驗爲剛過去，以此類推。而只要我們觀看一個對象性的統一並且感知它，這整個序列就是被感知到的，它就是一個當下的進程。我們感知這個**旋律**。它是一個感知序列：

㈠帶有與那些處在其當下瞬間中的個別聲音的關聯。這是對當下聲音的感知。

㈡帶有與**時間關係**的關聯，這些關係是與逐步被給予的聲音一同「被體驗到的」。它們以此方式被體驗到，即：那些源自過去聲音的變化了的內容以過去的方式被立義，而這種立義直觀地屬於這些內容變化。只要我們給出「過去」這個謂詞，或立義爲過去，過去也就眞的過去了。⑥

它在**更爲遙遠的過去**中是怎樣的呢？當我回憶昨天所經歷的事物時，我具有對昨天所經歷的進程的一個想像表象，我在此也許再造出由演替的一個一個步驟所組成的進程。在我這樣做的同時，我便具有時間立義。首先是有一個步驟被再造，而後在一定的後繼中又有第二個步驟被再造，以此類推。

---

⑤ 這份札記的大部分——略有改變——已經在第二十二節、第九十二頁（邊碼〔407〕）及後頁中得到再現。即是說，〔後面第二部分〕邊碼152至邊碼154的文字，在〔前面第一部分〕第九十二頁（邊碼〔407〕）至第九十三頁（邊碼〔408〕）上付印的文字中得到再現。——編者

⑥ 胡塞爾在這裡作了後加的補充：「（=關於時間性的事物、延續的事物、變化的事物、延續本身、變化、進程、演替的**本原意識**）。」——編者

但在這些「表象」**現實地具有**其時間性關係的同時，它們也想**映射出那個表象著**一個時間伸展的進程。被經驗到的諸如此類的時間關係在這裡不是對現在被體驗到的情況的再現，而是對過去的情況的再現。也許不僅是這個以回憶的方式成爲當下的進程的個別步驟有可能偏離開過去進程的步驟（它們以前的進行並不像它們現在被個別表象所表象的那樣），而且實際的順序——表象的順序包含在一個表象的統一之中，這個表象的統一以爲，現實地過去的進程是以這個方式、在這個序列中進行的，就像這些表象所要反映的那樣——也可能不同於這個自以爲是的順序所以爲的那樣。**因此這裡很可能存有錯誤**。

但錯誤也可能以某種方式存在於對一個時間序列的直觀中。如果我**「體驗到」一個時間序列**，那麼這個時間序列無疑是已發生並正在發生。但這並不是說，一個事件（Ereignis）現實地在我對它立義的意義上發生了。個別的表象有可能是錯誤的立義，即那些與現實不符的立義。而如果在時間的被回移狀態中事實上保留下來的是對表象的對象性意向（根據它的構造性的內涵以及根據它與其他對象的內容聯繫），那麼這個錯誤就會貫穿在這個顯現過程的整個時間立義中。但如果這個錯誤被糾正，而且我們限制在**體現性「內容」**的後繼上，或者也限制在**「顯現」**的後繼上，那麼始終還有一個眞理保留下來，而且是一個時間性的眞理：一個進程確然地發生了，至少這是明確的，即諸顯現的後繼已經發生，即便它也許並不是那個當時顯現給我的諸事件的後繼。⑦

⑦ 胡塞爾後加的邊注：「最簡單的做法是首先以一個延續較長的聲音爲例，我在此延續過程中具有這樣的明見性；這是一個聲音，如此等等。」——編者

難道這個「體驗」的可靠性不能得到保持，即使體驗已不再存有？如所周知，**直觀的**時間性領域是非常有限的。

如果我體驗到C、D兩個聲音的後繼，那麼我可以**在這個清晰的回憶還存有**⑧時便透過一對表象(C)、(D)而以映射的方式，並且在某些關係上相繼地重複這個後繼。我在內心中重複C、D並且與此同時判斷：首先發生C，而後發生D。而在這「仍然生動的」同時，我可以用這種方式再進行下去。我肯定能夠以此方式而**超越出原初的領域**。

同時我們在這裡看到**過去表象充實自身**的方式。如果我把C標示爲比D更早的，那麼我便具有一個概念表象，它在過去直觀上充實自身；而如果我重複C—D，這個圖像表象（它本身是一個演替，這個演替展示著另一個與它在內容上極爲相似的演替）便在這個還**剛剛生動的**早先演替中得到充實。

將來的情況與過去有所不同。我無法獲得對A在將來會出現的直觀。但在A實際上出現的時候，期待還是可以得到充實的。與A的當下相比，以前的當下在此時是過去。

延續的體驗有什麼特徵？A在延續，延續的每一瞬間的A不是一個分離出來的A，而是同一的A。一如各個時間點是連續的一，A也連續地是同一個。**我們意識到**這個時間上**連續的同一性**。我們對它的意識是這樣的：這個A的連續變化與持續當下的A相銜接，它不僅與後者連續地**融爲一體**，而且也在後者之中得到**充實**。過去的A與當下的A是連續的**同一個**。它是一個**連續的同一性內容**。

---

⑧ 胡塞爾後加的附錄：「在我還可以進行滯留、持留的同時。」對這裡引入的概念「滯留」可以參見邊碼211注㉖。——編者

第3號　相即的期待

嗨！不應該有**相即的期待**嗎？難道我不是明確知道，必定會有一個回憶與我的感知相銜接嗎？當然是，除非我突然死去。但自我的消解，這個不足掛齒的、健忘的自我的消解就意味著：內容不墜入到過去之中？而難道這不又再度意味著一種回憶的必然性？或只是一種回憶的可能性？但又再度是這些可悲的可能性。

第4號　沉思。（感知、回憶與期待。）

回憶——例如我有一個完全清晰的回憶：一個鐘聲剛剛響完，而且有一個新的鐘聲響起，過去的鐘聲還作爲減弱的而在意識中。我重複它；一個新的回憶表象出現，我多次重複地回憶它。因而，各個不同的回憶（它們自己的特徵是時間上各不相同），所有都指向同一個過去之物。過去之物是一，行爲是多。在行爲的多中對過去存在的認同。

對一個感知的**重複**，或從不同方面對同一個對象的重複感知。對延續的當下存在的認同，同一個對象在這些感知的同時不斷延續著。這些延續有可能並不相互聯合——缺漏。在這些缺漏的同時不斷延續。

對象延續著。它連同它的所有規定性都是不曾變化的。

延續的體驗：感知和回憶，被回憶的對象在內容上是同一個：顯現的**延伸**，連續的。

變化的體驗：感知，在連續的銜接中的回憶：被回憶的對象並非在所有規定性中都是同一個，但在從行爲到行爲的連續過渡中始終部分地是同一個（這些規定性在個體上是同一個，即連續延續著的或變化著的）。

在時間流中對個體同一性的直觀。

期待：緊張、想像表象。緊張在經驗上如此地釋放，直至被期待的對象成爲當下，並且在期待出現時的當下的事物成爲過去。對被充實的期待的反思向我們表明被期待者是以後存在的，期待狀況和同時感知是先前存在的。但這僅僅是經驗的嗎？**明見**的是，如果一個被期待的事物出現，亦即成爲了一個當下的事物，它在其中曾被期待的那個期待對象，本身就是已過去的。明見的是，如果將來的事物已成爲當下的事物，當下的事物便已成爲相對過去的事物。⑨對被充實的期待的表必然「包含」這樣的表象，即期待本身已經過去了。

對一個將來之物的表象是一個對存在的表象，對此存在而言，現在的存在者是一個過去的事物。與對將來的事物的圖像表象攜手進行的是：

㈠對它現實存在的表象。

㈡對現在存在的事物（現在現實存在的，或作爲與將來的事物相關的現在而被表象的事物）已經過去的表象。

如果我表象⑩明天，那麼現在的感知，例如對我的這個環境的感知就接受了回憶的特

156

---

⑨ 以上從邊碼155「明見的是」開始起至此的幾個句子——只是略有改動——在〔前面第一部分〕第九節、第六十六頁（邊碼〔387〕）中得到再現。——編者

⑩ 在這一時期的文字中，胡塞爾常常在較爲含糊的意義上使用「表象」（Vorstellung）這個術語。這裡的幾節文字中的「表象」主要是指「想像」、「設想」。以後在《邏輯研究》中，胡塞爾才明確指出了「表象」概念的多重歧義，並認爲它是「不可堅持的」概念（參見《邏輯研究》第二卷、第五研究、第四十四節）。爲保持譯名的連貫性並避免與其他術語的混淆，譯者在這裡仍然將它譯作「表象」。——譯者

徵嗎？不是。但對明天的表象卻是如此，以至於我可以**判斷**，現在被感知的事物會成爲過去，或現在的感知會成爲一個回憶的事物。我可以將現在表象爲過去。我並不因此而回憶它，而是將它表象爲回憶性的，並且判斷，它會帶來一個回憶。

第5號　作爲簡單行爲的持續感知[11]

一個延續的感知肯定（eo ipso）**就是一個複合感知嗎？**我們以最簡單的情況爲例：對一個不變地固持的聲音的感知，或對一個保持不變的簡單顏色的感知；還有對一個均勻減弱的聲音、一個時間上－連續變化的色彩（Färbung）的感知。在特殊意義上，這裡既有內容中的聚合，也有行爲中的聚合，但我們仍然會按其本性來談論一個簡單的聲音，亦即只談論一個延續的聲音，而且我們也會談論一個簡單的感知行爲，亦即只談論一個延續的感知行爲；與此相同，我們在第二個例子中也會談論一個簡單聲音向另一個簡單聲音的簡單變化，同樣也談論從一個簡單行爲向另一個簡單行爲的簡單變化。也即是說，在每個時間點上，在每個較小的時間片段上，這個在時間上延展的簡單聲音都會失落一個塊片。如果不考慮同一的、只是延續著的同一個聲音的說法，聲音的個別塊片不是同一的。倘若聲音以後才開始，那麼這一點就不會在內容上影響到這個時間性聲音伸展的其餘塊片的存在。倘若聲音較早停止，則每個先前的塊片都仍然是其所是。無論如何，聲音的每個塊片都是自爲的。毋寧說，延續中的同一僅僅涉及概念內容、屬和種，規定性的事物同一地是同一個。

---

⑪ 胡塞爾在此札記上後加了一個大致的日期：「一八九八－一九〇〇年」。——編者

均勻變化的情況與此相同。在每個後繼的時間段中，變化都在概念上是同一個變化；而這又適用於相應的連續感知行爲和立義行爲。對相同內容的每個延續感知都可以在時間上被劃分，而每個時間部分都又一個感知的塊片與之相應；而正如聲音的時間塊片是聲音一樣，感知的時間塊片也是感知。此外，在這裡，不僅感知是客觀地延續著的，而且它還在現象上獲得延續的特徵，這個特徵絕不會讓它完全無所變化。

如果我們儘管如此還把感知稱作簡單感知，那麼這是因爲，我們沒有考慮這種不言而喻地支配著所有時間流散之物的複合方式。因此我們想把每個這樣的行爲都視爲簡單行爲，在這個行爲中，除了透過時間劃分而形成的行爲區別之外，不能證明任何其他的行爲區別。

一個複合的行爲是在行爲中分環節的。在分環節（Gliederung）的概念中包含著某種差異性，它比一個延續的各個部分的差異性更多。（人們試圖說：〔在分環節的概念中含有這樣的意思，〕在一個複合的行爲中，多個質性上不同的行爲特徵連結爲一個統一，至多是當相同的行爲特徵與不同的行爲特徵得以分離時，才會是多個質性上相同的行爲特徵連結爲一個統一。）

第6號　布倫塔諾與記憶的明見性問題

布倫塔諾在他的講座中探討了記憶的明見性的問題。例如，每個人都承認，並非每個記憶都是明見的，不太清晰的就是不明見的。因而明見性在何種清晰度上發揮作用呢？——他也強調，在這裡所說的是更大或更小的清晰性；但人們不能說更多或更少的明見性，這是荒謬的。還有，倘若上帝將我們直接如我們**現在**所是地創造出來，那麼我們仍然會具有所有的回憶；因爲這是稟賦（Disposition）的結果。但在這種情況下，記憶會欺瞞。沒有什麼能保證某事的確如我們在記憶中所相信的那樣發生過。

第7號　直觀、過去存在的明見性——對過去存在的單純表象。（對在原生回憶中的內容變動之假設的虛假必然性。）

在何種程度上一個以前的體驗一方面被描述爲在回憶中已過去的，而另一方面這個過去卻並不是明見的；在何種程度上我不具有對此的直觀：它確實是過去的？這裡的區別必定有在對過去的**表象**和對過去的**體驗**之間的區別。我把過去的事件表象爲過去的，並且也相信這個事件的過去存在（Vergangensein），但我並不體驗它的消失和它的剛剛過去，我並不直觀到它。我回憶的一段旋律也可以在回憶中進行，但這個進程在這裡只是再現的，它並不是現在現實地進行，我也不具有對一個曾有的進程的直觀。在回憶中，顯現的進程是再現的，在直觀中它不是再現的。

在對一個流程的感知中，我同時具有對過去的直觀；我們在這種情況下談及對一個進程、一個變化、一個生成的**感知**，即：一個過去存在以某種方式連同一個當下存在一起被體驗到，並且是如此地被體驗到，以至於被體驗的事物、被給予的事物完全被對象所屬性的統一所包容，⑫這是延展地貫穿於所有變化中的對象的統一。如果一個進程在進行，那麼對個別相位的表象就是圖像表象，但這些相位的統一是本身被體驗到的，「當下地」被體驗到的；在每個瞬間中，剛剛當下之物與被感知之物的統一連同在回憶連續性中的被給予之物，是一個當下的體驗統一，而在這個統一中，我們把握到過去的「本質」。屬於每個相位

⑫ 胡塞爾在這裡有一個後加的邊注：「（根據邁農？）類似的事物斯特恩也說過」；參見第29號全文。——編者

的表象具有對剛剛曾在之物的直觀之特徵，更確切地說，具有對這個進程剛剛曾在的直觀之特徵。表象具有某種連結規定性，表象具有一種特有的特徵，我們剛才將這種特徵稱之爲客體方面的過去存在之特徵，在這個關係中，時間的特徵被體驗到，並且一個客體被表象，而且是如此地被表象，以至於表象被這種時間特徵所穿透（在體驗中），即是說，表象具有對客體的過去存在的體驗。

然而我們需要區分：

㈠如果表象是一個不相即的表象，那麼它也會像感知表象一樣欺瞞。

㈡如果感知是相即的感知，那麼過去存在就是眞實的。在涉及本己體驗時是眞實的。一個被我體驗到並被我以表象的方式單純看做是其所是的內容之進程，乃是毫無疑義的。在進行中正在過去的內容是否**可以**完全如它曾是的那樣被回憶？倘若留存下來的回憶圖像絕對忠實地重複了內容，那麼這個圖像也就在自身中含有了這內容。即是說，內容就是當下的，並且同時它是在清晰回憶的行爲中與它相同的過去內容的代表？但同一個內容，它是現在的，就不能同時正在過去，並且同時繼續存有，即作爲它自己的代表存有。如果內容正在過去，那麼與對內容的感知直接銜接的便是對它的回憶。⑬

因此，我們必須認定有一個內容變化。但會是由紅色變藍色嗎？而且只有藍色才成爲紅

⑬被回憶的內容雖然承載著另一個時間規定性，但回憶的整個具體行爲卻承載著「現在」的時間規定性，而且它連同它的所有組成部分都是現在。這豈不是說，被回憶的內容和過去的現在同時是當下的，並且是在現時現在的意義上。或者我們應當說，可能有一個直觀活動帶有時間規定性 t，而相即被直觀的和在它之中被給予的事物都可能具有時間規定性 t_1？

色的代表？或由紅色變爲另一個紅色？c變爲d？不是。我們不會這樣認定，而且這與經驗相背。被回憶的內容與被感知的內容是「同一個」，但前者是後者的圖像。這是一種內容變化嗎？一種或許**自成一體的**（sui generis）內容變化？即是說

㈠再現的意識，

㈡變化了的內容作爲原初內容的代表，而變化的間距同時作爲時間性的尺度。時間性本身作爲圖像性意識的形式。

第8號　透過相似而完成的相即。——對一個對象的表象與對此對象之感知的表象。（以「逐漸淡化」的方式還被意識到的事物作爲此前被感知之物的圖像類似代表。）

心理學時間理論的任務難道不就是：在心理體驗進行於其中的客觀時間之前提下解釋主觀時間表象的產生嗎？

透過相似性而完成的相即化

即是說，透過相似性而完成的映射。在時間的回移中，顯現固然有所變化，在一段旋律的第二聲出現時，第一聲「還」在意識中，但自身已不再是它曾所是，僅僅是以一種「逐漸淡化的」（abgeblaßt）方式。這或許就是一個相即的類似性代表。

假設想像內容事實上不同於感覺內容，但這是一個最後的區別；感覺的每個抽象因素都

 透過相似而完成的相即。——對一個對象的表象與對此對象之感知的表象。（以「逐漸淡化」的方式還被意識到的事物作為此前被感知之物的圖像類似代表。）

有一個想像的抽象因素與之相符，而這些相符的因素彼此是相似的。相似性開啟了連續過渡的可能性，而這種可能性也得到了主張。另一方面，每個相似性或者建基於形式之上，或者建基於內容之上，內容是同類的、形式也是同類的。相似性在這裡涉及所有可能的內容與形式，只要它們是可感覺的，但這並不是困難。這是一個將所有要素感覺和所有與它們相符的想像要素相互連結在一起的相似性。

對一個對象的表象和對此對象之感知的表象

如果我表象A，那麼，我也就**隱含地**（implicite）表象了我對A的感知？但這卻是兩回事：表象A——並且表象對A的感知（感知的體驗）。可是這一個難道不是連同另一個一起以某種方式被給予的嗎？

如果我們表象一頭獅子，那麼對我來說，在想像中是這樣的，就好像這獅子站在我面前，在一個屬於我對獅子的環境中，或在連同它一起被表象的環境中。意指的轉向是朝著被想像的獅子的，但「一同被表象的」是我和相關的獅子環境。我在感知這個環境的獅子？連這也附帶地被一同表象了。即是說，我的意指的轉向可以朝向所有這一切。如果我們**將這個意指的轉向**稱作表象，那麼被表象的事實上只是獅子。

然而我表象獅子，這是以何種方式**隱含地**被給予的呢？顯然是以這樣一種方式，即我轉向獅子，或者說，它站在我面前，被看見（我把眼睛指向它）等等。但爲此我並不需要「**反思**」這個感知行爲。**這裡的區別何在**？關注獅子，並且又關注獅子的顯現，尤其關注獅子顯現，並且又關注這樣一個感知、一個意指，即：一個獅子以這種和那種顯現方式對我是當下的，這是兩回事。即是說，「反思」僅僅意味著**關注**。但以另一種**單純立義**的方

式，而不是注意的關注方式，不僅獅子被表象，而且對獅子的感知也同時被表象。這或許就是一種必然性。表象一個對象，並且又將它表象爲當下的（因此實際上也就表象爲實存的），「結果是一樣的」。在想像中表象一個對象，這就是當下地擁有一個帶有再現特徵的顯現。由於這個特徵，顯現的對象不再被視爲是當下的，而是被視爲當下化的，這個顯現只是再現了它。但正如在本真意義上顯現的對象、圖像客體是作爲圖像而作用於被意指的對象一樣，**先天地**就有可能將現在被給予的顯現立義爲對另一個顯現而言的圖像，被映射的客體在此顯現中曾是當下的，對象的如此這般的顯現是對現實站在我面前之對象的一個圖像。

第9號　爭論。⑭（回憶的當下性，被回憶之物的過去存在。）

現在我有關於我們會客室的回憶圖像（想像圖像）。東方小桌的圖像出現。這個顯現延續了一會兒，然後消失，又再度出現，又再度消失。「目光」轉向其他對象，轉向玉製小桌，凡．戴克⑮的畫、庚斯博羅⑯的畫、鋼琴、帶有圖案的綠面座椅、沙發，雕像，現在已

---

⑭ 在這裡重新給出的，並由他寫上「爭論」字樣的頁面上，胡塞爾後加了「一九〇四年」的日期。看起來毫無疑義的是，這份札記的日期比這要早得多。胡塞爾加入的年份「一九〇四年」或者意味著：他在這時期再次通讀了這份札記並且決定將它保存下來，或者完全只能在歸檔的意義上予以理解：歸入到一九〇四／〇五年冬季講座的資料中。——編者。

⑮ 凡．戴克（Antoine Van Dyck，一五九九—一六四一年），法蘭德斯畫家。——譯者

⑯ 庚斯博羅（Thomas Gainsborough，一七二七—一七八八年），英國肖像畫家、風景畫家。——譯者

經放在對面牆上的雕像，小盒子等等。每個都延續一會兒（當下的延續），完全就像我真實所見的那樣。因而我們具有各個回憶直觀的後繼，每個都延續一會兒、變換……延續、變換，一切都在現在的體驗中。

(a) 這可以是確切意義上的回憶，而且個別回憶明顯地表露出這個特徵。

(b) 這可以是想像表象，對**在**「房間裡」的事物的想像表象。它涉及延續地**在**房間裡的對象。房間連同其布置是一個延續的對象（客觀上延續著，無論它是否被感知和被回憶和被表象），現在我直觀地表象它。

(A) 我**現在**體驗顏色、形式等等？

(B) 我現在體驗回憶；顏色不是現在被感覺，不是被給予的顏色，不是直接被直觀到的和自身真實的顏色，而是對真實顏色的「表象」；這適用於對象的顏色（當然也適用於對象本身），但也適用於主觀的顏色。它們是「不真實的」，我現在不是感覺它們。這是對顏色的表象。

(A) 但在當下回憶中沒有顏色內容在此嗎？我可以將它們稱作表象嗎，還是不可以？

(B) 什麼叫做「在此」？回憶是當下的，如果我這樣稱呼它並直接地聲明它的當下，那麼它就是現在被感知到的。但顏色不是當下的，它只是在當下的回憶被當下化了。

(A) 但在「當下化」中——這也就是回憶——被給予的是這個波動的色彩、構形、這整個起伏不定的現象，色彩等等是其中的因素。

(B) 但現在這些顏色，不僅對象的顏色，而且還有那些以前是感知顯現的「顯現」之顏色，都被單純地再現了。

(A) **完全合理**。我並不是現在具有這個一次性的顯現、感知顯現，而是以波動的、變換的方式，通常至少具有許多「顯現」，即是說，變換的現象，它們都與特定的感知顯現、

與從這或從那看到的屋子相符合。而這適用於每個感知顯現。因而波動的想像具有再現的關係，首先是與固定的面、與對象在感知中的顯現方式的關係，波動的色彩等等具有與相應的感知顯現的特定顏色映射等等的關係，與對象之顏色的間接關係。想像顯現再現著感知顯現，並且間接地再現著對象。自然，在想像顯現中已經顯現出對象，但卻是不完整的。它「完整地」顯現在一個感知顯現中。這裡我們就有「清晰的」意識了？但如果我們所具有的是一個清晰的想像表象，哪怕是在短時間內，情況又如何呢？這樣它便會透過同一性來再現：我並不是說，顯現本身是這裡的和現在的。我們常常想到與感知的爭執。感知並不只是具有相同的顯現和**存在信仰**－意識（belief-Bewußtsein）。回憶也具有這兩者，但這在兩方面都是不同的。一個具有現在和這裡的特徵，自身的特徵，另一個具有非現在的特徵，具有以某種方式與現在爭執的特徵。現在本質上屬於感知，非－現在本質上屬於「表象」。對表象的感知表明：表象是現在的，即是說，某個波動的顯現連同某個波動的顏色因素等等。但在此「浮現的」顯現，或對象在其中從這個方面或那個方面所「浮現出來的」顯現，並不是現在的，而它所具有的自我、與它相關的自我、同樣現在被回憶的自我，也不是現在的，但它在人格上與現在的自我是同一個。

第10號　在原初的過去意識與再回憶之間有一個本質區別，對此問題舊的和最初的觀察

我再回憶一個人、一個進程；我再回憶一個聲音，但我也「原生的」「回憶」一個聲音。

(a) 聲音在想像中「被更新」（「被再當下化」，被再造）。

(b)聲音剛剛逐漸減弱，但不是以一個想像材料、一個「再造」的方式顯現。儘管如此，我「剛剛聽到」它，還具有對此的意識。對它的意向還在延續，同時意指的連續性並不必定會中斷。

這就是一個本質區別！

(a)在想像顯現基礎上的回憶意識，「圖像」浮現在我面前，就像在感知中對象浮現在我面前一樣。或者，在感知中對象本身立足於此，在想像中我「彷彿」看到它，而現在我把它理解爲一個曾在之物的圖像。例如，我具有一個冒出來的聲音圖像並將它理解爲聲音，或理解爲我的小女兒「剛才」、「此前」在鋼琴上彈奏的旋律。

(b)下一瞬間這「圖像」便過去了，聲音延續了它的時間（想像聲音，而且不止於此，還有這想像聲音的想像材料），想像中的旋律演奏完了，想像旋律的顯現也隨之過去，但我現在還意識到：剛剛曾擁有過這個顯現。確切地說是這樣的：我聽到旋律自己在演奏，我聽到聲音，它剛剛自己響起，現在它過去了，但我還朝向它，它還沒有從我的意指中出來，我還在「較直接的回憶」意識中抓住它。但這不是一個想像材料。然而這是無法察覺的。我只有透過「再造」才會發現想像表象與想像材料，作爲再回憶、作爲新顯現，不是作爲感知（感覺）連續在「清晰回憶」延續的同時延續。

清晰回憶：對剛剛曾在、剛剛體驗到的意識，更確切地說，對剛剛感知到的意識，它直接與感知相銜接。

再回憶：在想像中對被感知之物的再回憶，作爲新顯現與此前被感知之物和「清晰被回憶之物」相對立。在感覺內容不再被體驗到（無論如何不再同一方式被體驗到）的同時，從感知出發而延續的意向的連續意向與新出現的想像表象的圖像意向認同爲一，而且不僅是從對象的方面：這個「顯現」復活，被當下化。這種情況可以重複，而意向的同一性被保留在

這種認同的始終並且一再地重新在它們那裡引發。

在同一個意向之充盈之或在同一個意向之「本質中」的**節奏**。

第11號　就時間客體的流逝部分而言，感知的瞬間相位具有想像的特徵嗎？⑰

就時間客體的流逝部分而言，感知的瞬間相位具有**想像**（Imaginationen）的特徵嗎？初看起來，這是不言自明的。在現在中有一個非現在被表象。對非現在的表象不就可以說是一個現在的圖像嗎？

這是一個**要點**。

再造的回憶也表象一個客體，一個現在中的非現在。這個表象與原生回憶的表象是什麼關係呢？

原生回憶並不將我置於其中，並且不使我再次「在圖像中體驗」。

兩方面，即在感知中和在再造的回憶中，我們都首先具有清晰的直觀，而後具有餘聲等等。在餘聲中我們並不眞正具有想像（再造）。

兩方面，即在原生和再造的回憶那裡，共同點在於：被表象的對象「不是現在本身在此」。但原生的回憶是一個本原行爲，它在原生的、本原的時間中原生的進行構造：A的過

⑰ 胡塞爾在這份札記的邊上做了如下的筆記：「本質上沒有〔提供〕相對於〔一九〇五年二月關於時間意識〕講座而言的新事物。」然而，如果想從這個說明中推出，這必定是一份在這些講座之後才寫下的札記，那就很可能會弄錯。——編者

去存在，就像感知（原生回憶的界限）建構時間：現在存在。

我們實際上不能把原生回憶與次生回憶加以對置，而應當把感知——或毋寧說，具體的感知（連同現在把握和過去把握，這兩者是不可分的）——與再造的回憶加以對置，後者是變異：現在再造與過去再造。

因此我們必須關注：

(一)原初的變異，它涉及每個體驗，每個印象之物都變異爲一個再造之物。

(二)構成時間質料內容的原初聯想之變異。

(三)次生（再造）回憶的整個想像都是一個感知（整個感知）現象的變異。

(四)在每個變異了的體驗（在「原初聯想」映射的意義上）的本質中都包含著一個再造（想像）的可能性，或者說，一個想像表象的可能性，以及時間表象的可能性。

第12號　時間意識的明見性

我感知一個節拍、一段旋律。我一步一步地、一聲一聲地感知。假設沒有間歇發生，於是我便持續地聽下去，我持續地感知。因而這是一個延續的、時間上延展的感知。

我感知的是**什麼**？第一聲響起。我聽到這一聲。但我不僅聽到在無時間的點中的音質。這個聲音在**延續**並且同時具有某種強度的增加。現在接上了第二聲，我繼續聽，我現在聽到它；但對前一聲的意識尚未消散。我仍然可以觀察它、「看到」它，我還保持著我對第一聲的意向，同時第二聲「眞實地響起」、「眞實地」被感知到，如此繼續。我們也常常在一個被給予的體驗那裡具有**直觀的期待**，例如：在熟悉的旋律或重複的旋律那裡。每個新的聲音

而後都充實著向前的意向。我們在這裡具有特定的期待。我們不會也不能不帶有向前的立義。**時間暈也有一個將來**。

因此，對一段旋律的感知是一個時間上伸展的、逐漸地和不斷地展開著的行爲，它始終是感知，而這個行爲具有一個不斷更新的「現在」點，而在這個現在中有某個事物作爲現在而成爲對象性的（現在被聽到的聲音），同時卻有一個剛剛過去和又有一個更遠的過去在幾個環節中成爲對象性的；或許還有一個或另一個作爲「將來的」而成爲對象性的。

這裡的**現在**，既不是一個臆想的數學時間點，也不是「剛才的聲音」，不是剛才的或隨後的第一聲、第二聲。毋寧說可以察覺，每個現在本身都有其可見的廣延。（當然，這個時間位置客體也有可能顯現爲非廣延的，即沒有看起來還可以被分割的寬度。但不可分割之物在這裡是一個理想界限，一如不可分割的空間點。）

如果我們現在聽到一個個別延續的聲音，那麼我們會持續地聽下去，通常聲音會波動，或者「同時的」演替將它分開，以至於剛剛過去之物的現在和事先期待的將來之物的現在又表現出片段的特徵，儘管是一些不清晰地顯露出的、不明確地被界定的片段。

因此我們發現：一個感知，它在時間上廣延，感知A，而後B，而後C，並且現在以偏好的現在方式感知A，而後以這種偏好的方式感知B，同時A落到後面並接受「剛剛—剛才」（的標記），它充實著一個期待或占據著一個完全不確定類型的空乏將來意向；而後C具有現在的優勢，B具有剛剛—剛才的特徵，C具有「直接在B前」的特徵。

我們在這些個別情況中可以察覺到的，也具有普遍的和本質的有效性。我們帶著明見性而整體地直觀到：意指與顯現就是以上述序列與方式在時間域中伸展，它構成一個連續性的統一。我們透過反思把握到這個明見性。

我可以進行足夠多的相同感知，重複這個旋律或視覺的進程，並與此同時關注顯現本身

和意指。在對實事的感知與對顯現的感知之間的本質聯繫在這裡被整體地把握到。

這個「被給予」感知的事物必定是一個時間上**廣延的事物**，不是一個單純的時間上的點狀物。這是明見的。但在感知的**本質**中就時間特徵而言必然包含著對一**個「現在」的偏好**和一個針對現在的**程度上的層次劃分**、一種針對零點的上升關係，在相反的方向上必然包含著一種不清晰的含混，但它本身並不本質地顯現出來。

如果我們在C—現在之中，那麼B的特徵便是最近先前的（不再的），A則是離B最近先前的。因而B不具有現在的特徵，而且在此位置上它**不可能**有這個特徵。**現在**與**先前**明見地—本質地相互排斥。此外我們明見地具有回憶的可能性，在回憶中，B的特徵是現在的，並且C的特徵是「尚未的」，同時B是被推演出來的，並且明見地被意指爲同一個B。明見無疑的是：作爲剛剛過去的B而顯現的事物，也可以在想像—回憶中同一地被意指爲在現在中被當下化的B_1。明見無疑的是：剛剛「不再的」事物，曾是一個現在。⑱此外還明見無疑的是：現在是的事物，將會成爲一個「不再的」：與「現在」相連結的「尚未」的期待得以充實，而在這裡具有「不再」特徵的事物，則充實著對在先所思的「尚未」的意向。在這裡，對象可以延續，按照它所曾是的事物，它已經不再是了，但它現在同時是作爲與它曾是的完全相同的事物，它是連續的—同一的同一個。

所有實在都處在不可分割的現在點中，在現象學中所有事物都應當還原到這個時間點上——這些都純然是**臆想**，並且會導向荒謬。在現象學中我們並不與客觀時間打交道，而只

⑱ 如果我重複，那麼我還會再次有B，並且是作爲現時的現在，但它現在顯現爲單純的重複，而現在中的B則顯現爲先前的B（聲音）的圖像。

與相即感知的被給予性打交道。這就要求我們把感知連同其顯現的現在、過去、將來看做是**被給予的**。還原之後，它們便產生出明見的現在、過去和將來：此外還有想像、再造的回憶、再造的期待（不是對時間域的直接將來的期待——時間域的直接將來之物也與指向以後將來之物的想像期待不是同一個事物）以及由此所決定的各個明見聯繫的可能性。

時間意識的明見性：不間斷的連續性伸展得有多遠，明見性伸展得就有多遠。但這裡不是最終的種差。凡有連續相似性的地方，就不可能在較狹窄的領域內進行區分，但在種屬方面是可以的。同一性和區別等等是明見的。它們建基於關係點之上，這些關係點在自身的同一性方面是明見的，但並不以絕對的規定爲前提。

第13號　對一個時間性的事物的感知與對時間性的感知⑲

在感知的觀念中包含著：感知是自身展示（Selbstdarstellen）或自身列出（Selbststellen）。

對象性的事物「自身在此」立足。應當對這個自身做比對時間性自身更爲一般的理解嗎？亦即理解爲在現在意義上的自身當下嗎？

而現在指明一個剛剛過去，或者毋寧說，我們需要將抽象的現在點與完整的現在區分

⑲ 根據胡塞爾的說明，這個札記的文字是他「在席爾瓦普拉納寫下和思考的」，即是說，在一九〇九年八月；但這份札記的撰寫時間顯然要早得多。——編者（席爾瓦普拉納（Silvaplana），瑞士東南部的一個療養區。胡塞爾曾於一九〇九年八月至九月初在此度假。——譯者補注）

開來？[20]

信仰與不信仰（單純表象）的對立。

特殊意義上的意指與不意指（問題：它是否與注意力是同一的）的對立。

感知（perception）（未變異的顯現）與**想像**（imagination）的對立。

現在、過去——未來、時間上的不確定性的對立。[21]

對一個時間之物的感知以及對時間性本身的感知顯然與意指的區別有關。因爲就顯現而言，一切都是在此的，而把在「此」的事物意指出來（herauszumeinen），就是意指的事情。

第14號　直接回憶是借助於直觀變異而從感知中生成的，是否可以將直觀變異理解爲體現內容的一種單純變動。（布倫塔諾在這裡只能當作例子。）[22]

在布倫塔諾看來，「時間的回移」本質上就在於一種內容變化。按照一種「無例外的法則」，與感知表象相銜接的是透過「原初聯想」而得以連續的新表象，它們中的每個都再造

---

[20] (1)感知是當下意識；(2)當下意識並不總是關於個體存在的意識；在個體存在這裡，感知是當下意識，並且是給予著的、關於個體延續存在的當下意識：被給予的個體延續是自身當下。

[21] 按照一份舊頁面，所有這些本質上都是再造。

[22] 胡塞爾對此札記作如下說明：「已閱：好：席爾瓦普拉納。」毫無疑問，這裡的日期是重新通讀這些頁面的時間，不是撰寫它們的時間。——編者

著前一個表象的內容，並且同時**補充著**「持續的」過去因素（馬蒂在講座中[23]曾介紹，也許還會有其他的變化出現，強度和充盈的變化，時而較微弱，時而較顯著。）由於在布倫塔諾看來，無法再對表象的行爲特徵作進一步區分，因此一切都歸結爲內容變化，時間變化僅是一個完全特殊的內容變化。

時間中的現象（phänomenal）回墜可以透過一種單純的**內容變化**，進一步說，可以透過加入一種時間特徵、一個新的內容而得到描述嗎？

A剛剛過去。這時的A是透過原初聯想而被更新了的嗎？即是說，它會因爲持續性而**繼續保留**同樣的事物嗎？換言之，A即使被弱化了也仍然在此嗎？而整個區別是否就在於，一個新的因素出現了，即過去的因素出現了？

或者也許是這樣的：A連同現在因素在此。這個因素始終在變化，與此同時A延續地（如果這裡涉及的是感知，那麼用客觀的方式說：即使在外部刺激離場後也）保持自身？我聽到的聲音在我聽它時存在著。但如果我不再聽到它，它雖然不存在了，但另一方面還是在此存在著，只是帶有「過去」的規定性？布倫塔諾說，過去是一個變異著的謂詞，過去的事物本身是一個非實存的事物。他以此並非想說：過去之物只是一個帶有另一因素的實存之物。被體驗的內容（我們要從所有超越中抽象出來）還是實存著的，並且是在這種立義的意義上實存，只是帶有另一個因素。它甚至**當下地**實存，只是在這種當下實存中它具有一個新的因素。

---

[23] 胡塞爾有一份安東·馬蒂一八八九年夏季學期在布拉格所做的關於「發生心理學」的講座之筆錄；他這裡所涉及的可能就是這個講座。——編者

直接回憶是借助於直觀變異而從感知中生成的，是否可以將直觀變異理解爲體現內容的一種單純變動。（布倫塔諾在這裡只能當作例子。）

據此，難道我不是當下地體驗過去的A？因而我們具有：

㈠首先是對A的感知的客觀實際狀況，A在此，並且帶有時間規定性「現在」。

㈡而後是回憶的實際狀況：A在此，帶有時間規定性「過去」。

在第一個情況中，A被直觀爲現在的，即附有現在因素的；在第二種情況中，A被直觀爲附有時間規定性「過去」的。

如我們要預設的那樣，如果A是一個內在的、實項地被體驗到的內容，那麼我們便有可能進行明見的判斷：A現在帶有時間規定性「過去」。但如果現在這兩個因素A與過去的**複合**實存著，那麼A現在也實存，而且A同時也應當是過去的，亦即不是現在的。

原初我們具有Ai_1（這裡的i_1是指A曾在其中被感知的A的現在因素），而後，A在此期間過去了，我們具有$(Av_1)i_2$，v_1是變異了的i_1。

但在布倫塔諾看來還談不上作爲特有因素的現在因素。我們就假定它不是特有因素。這樣我們就具有A，而後具有A_v（v＝過去）。現在意味著無標記。但A_v作爲整體又是無標記的。A具有時間標記v，然而A_v本身作爲整體又是一個當下之物（某種可以透過感知來把握的事物）。可是，如果一個複合體被給予，爲什麼要說我們不能夠將部分自爲地作爲被給予的接受下來並且感知它。而且A這時難道就和剛才的不是同一個A了嗎？因此，A在此——並且同時過去了？

看起來很明顯，與現在相關的「感知」和那個直接與感知相銜接的直觀「回憶」的關係，不能被理解爲一種透過新的原生內容的來與去便可以得到說明的關係。如果我們限制在相即被給予的、同時作爲時間對象而被統攝的內容上，那麼現在存在的A和體驗中曾在的A的區別就不可能處在與A相銜接的**內容因素**中。但顯而易見也不處在A**本身的單純變異**中。透過我現在對A的感知以及而後對一個無論在內容上有何變化的A的感知，我並不會獲

得「過去的A」的意識。現在，現象學的區別何在？**在立義的方式中？在意識的方式中？**

第15號　時間與回憶。（現在感知、回憶感知和想像式的回憶。將這些區別移置到統覺方式之中。）㉔

我的觀點是這樣的：

通常的回憶是一種**圖像統覺**，有如期待。感知是統覺，透過它，對象顯現爲本身在此的和現在當下的。相即感知當下地擁有客體本身，意指不是單純的意指。不相即感知蘊涵圖像的和象徵的要素。

通常意義上的感知是**現在**感知。如果對一個更遙遠過去的回憶例如是口頭的回憶，它就是**象徵回憶**。如果它是根據想像表象所作的回憶，它就是想像回憶。這樣它便與對一個未被感知到事物的直觀的現在—設定處在同一個層次上。例如我現在表象街道，圖像出現了，我將它理解爲對街道的表象——現在。

在回憶這裡還有其他的情況。有一種感知回憶。過去的客體在其中作爲客體自身被給予。同一個感性內容被立義爲過去的事物，在與某個感知的當下之物的關係中。㉕也許客體

㉔ 這份札記出自一個以日記方式記載的筆記本，胡塞爾本人在上面寫下了準確的日期：「一九〇一年十二月二十日。」——編者

㉕ 胡塞爾在頁邊寫下了布朗（Brown）的名字；可能是指湯瑪斯·布朗（一七七八—一八二〇年），《人類心智哲學講座》，第十三版，愛丁堡，一八四二年，第二六〇頁及以後各頁。——編者

顯現爲同一個，只是有所變異。但變異並不涉及感性內容，即不涉及在其質料方面構成客體的事物。

我傾向於將這個區別歸入到統覺方式中。㉖客觀性在哪裡？世界的統一——現在＝整體感知的統一，它包含了現在感知方式上的所有現在。這就叫做：一個整體的現在感知的可能性。當然，與這個整體感知的統一不相配的事物，不可能是現在的，即是說，即便作爲現在而被感知到的事物，也不可能是現在，只要其他的現在感知排除了這種可能，只要它與它們在一個感知中不相容。但人們還必須說：每個**相即**感知都設定了一個絕對的現在，而在相即感知這個群組以內，則只存有這樣一個可能的區別：某個部分群組$\alpha_1 \dots \mu_1$在一個唯一的現在感知中是一致的，$\alpha_2 \dots \mu_2$也是如此，然而不同群組的成員則**普遍地**不相容。凡在個別成員隸屬於不同的群組的地方，都會有延續。各種不同的群組本身構成時間上的後繼，各個現在構成一個持續的後繼。是這樣的嗎？

所有相即的現在感知都是一致的，但不是在一個相即的現在感知中。這意味著什麼？這意味著：如果$\alpha_1 \dots \alpha_\mu$ $\alpha_2 \dots \alpha_\mu$是關於$\alpha_1 \dots \alpha_\mu$ $\alpha_2 \dots \alpha_\mu$的相即感知，那麼一般說來，一個同時包含$\alpha_1 \dots \alpha_2$的相即現在感知就是不可能的。

相反，必然有一種感知回憶，一種時間感知，它現在感知α_1，並且與此相關地將α_2感知

㉖ 因此，根據這份標明確切日期的札記，胡塞爾最遲在一九〇一年底就已經——針對布倫塔諾，參見札記第14號，邊碼171及以後各頁——將「這個區別歸入到統覺方式中」，這就提供了對這裡所重現的各個札記作出編年排序的一個決定性標準。完全有可能設想，從第2號文字起，幾乎全部札記的產生年代都非常接近於一九〇二年。——編者

爲「剛才」。

或者：感知是一個相對於現在感知和剛才感知和將來感知的普遍之物。在一個集合的現在感知中，不同階段上的現在感知是無法達成一致的，但這時在與每個現在群組的關係中便會有一個回憶群組和期待群組的統一，在這些群組中，每個群組都有一個不同的現在階段與之相符。或者毋寧說，每個群組都是一個現在階段。因爲現在是一個相對的事物，它與階段有關。

上帝的無限意識「同時」包含所有時間。這個無限意識是非時間的。

每個現在點都有它的現在的群組與之相符。這些群組是有序的，透過持續的統覺方式而有序。對於上帝來說，沒有過去、當下和將來，但對他來說也沒有相對於每個點的過去、當下、將來。時間是無限意識的形式，作爲無限的、相即的感知序列。從某個現在位置a-j-b來說，a是過去的，在與a的關聯中，j是將來的，b也同樣如此。

上帝的意識是客觀時間、客觀世界和世界發展的觀念相關項。

主觀意識：現在—意識本身就是一個行爲，它在主觀體驗的流程中是現在的（客觀的說法：在一個可能的現在感知中被感知到）；在這種現在—意識中，過去的現在當然不可能作爲現在被意識到。但**過去的事物**則以一種**相即回憶**的方式被感知：它是一個行爲，這個行爲是**現在**，但在其新的統覺方式中，過去的客體及其狀態是相即地被感知到的。

現在可以客觀地說：先前的現在—意識延續著並且至少在很短時間內不變化，或不被留意到，與此相銜接的是新的現在—意識，但帶有變化了的現在；而我們把各個尾項稱作現在；剛才曾是現在事物，現在叫做過去。在這些現在之間有一個單方面的關係，而我們總是在一個包含著現在序列的各個組合點的方向上對與此終點相關的一切做出立義。但每個現在都轉變爲它的過去，因爲與現在—感知相銜接的是不同形式的一個新的現在—感知，而且稍

早的現在－感知不再是最高點（Kulminationspunkt）。與此同時，過去的感知轉變爲一個不相即的感知，一個單純圖像的感知，並且最終是一個不確定的象徵性的事物。

但是，我們可以採納無限多的統覺方式嗎？

現在統覺是某種一再重新以相同的方式產生的事物，而剛才統覺是統覺方式的某種變異，這種統覺方式以連續序列的方式變化，並且在我們回到過去時始終只透過同樣形式的關係而間接－象徵地被納入到唯一的一個序列之中。不是這樣嗎？

始終是現時被體驗的關係形式的同一個塊片被不同的質料內涵所充實，這是同一個延展，與借助於小的原初空間體驗而在觀念中對我們所形成的空間的情況是一樣的。有限的視野——無限的視野。

最清晰地看見的點：現在。㉗或許如此。但最清晰地看見的點並不是一個點，而是一個小區域，而現在點也是一個小區域，唯此才是問題所在。在這個小區域內有不同的統覺方式，而這種不同構成了形式。在意識的行進中，相即的時間感知的原初時間域一再地得到充實，而每次出現的新現在則借助於關係形式、構架形式而使以前瞬間的仍然生動的現在變爲過去。

㉗ 在空間上，這個點是由一個空間所包圍的，在時間上，現在不是被給予的時間中心，而是邊緣。

第16號　能夠作爲當下的而在感知中被給予的事物

空間的當下——時間的當下，空間的不在場——時間的不在場：利普曼在《思想與事實》第一卷、第三五一頁中作了這樣的對置。㉘這裡需要作如下的區分：

㈠空間上現在不當下的事物，但卻存在著的事物；與被感知之物同時的事物，儘管未被感知到。

㈡是否應當繼續說：在一個感知中（在一個感知意識中）可以作爲當下被給予的事物？它是可以與被感知之物共存的事物。而後在這裡包含著：所有可共存的事物＝所有與當下現在點相關的實在之物。然而什麼是可共存的？什麼事物與一個感知中的被感知之物相一致？並不是所有在寬泛意義上的可共存之物都具有這裡所說的意義。因此我們在這裡更確切和更清晰地說：「在一個感知中可共存的。」（在一個意識中也是如此）完全可共存之物已實在地被排除了可能。透過什麼排除了可能性？透過經驗。什麼叫做透過經驗？

㈠感知。

㈡回憶。

㈢對兩者的陳述。

㈣現在感知與以前感知的聯繫，將來或然性的經驗聯繫（經驗動機引發）。

㉘ 胡塞爾所涉及的是：奧托·利普曼，《思想與事實——哲學論文、箴言與研究》（*Gedanken und Tatsachen. Philosophische Abhandlungen, Aphorismen und Studien*），第一卷和第二卷，斯特拉斯堡，一八九九和一九〇四年。第一卷在第三四六—三七五頁上載有論文「時間意識——一個悖謬」。——編者

㈤他人的陳述以及它們與我的經驗和經驗陳述的一致。

第17號　變異意識的問題

如果A逐漸減弱，那麼我在現象學時間域的一個點中所具有的還不僅僅是一個A的想像圖像，連同某種「變異」，即連同時間特徵A。難道我不也具有關於持續回墜的意識？A對我來說難道不始終具有一個持續的**時間段**嗎？

構想：A響起。在它結束後，在此的是A，始終有一個「較小的」A銜接上來。我們不去顧及它的小，而是注意它的各個標記，但這些標記在這裡只是以整數被寫出來。它們是持續的數字：

A_0　A_1　A_2…A_n…

A_0結束了。取而代之的現在是A_1。

A_1結束了。取而代之的現在是A_2。

……

而後我每時每刻所體驗的都只是一個時間點的瞬間？一個在現在中「具有過去特徵的事物」？

因而我們在這裡或許具有一個時間**點**（punctum）。但是，難道回移又經歷一次回移嗎？這意味著什麼？A_0變異成為A_1，從A_0那裡留存下一個A_1，從$A_{\bar{\delta}}$那裡留存下一個A_ε，直至A_1。哪裡還可能有變異意識的位置呢？但是或許可以認為，如果與A_0相銜接的是$A_{\bar{\delta}}$，與$A_{\bar{\delta}}$相銜接的是A_ε，這不是一個簡單的自身接替，一個以此代彼的接替，而是A_0…$A_{\bar{\delta}}$…A_1的連續統同時保留在意識中。但A_0已經過去了，而且這個連續統的每個接續的瞬間也會漸漸過去

的。因此這行不通。我們應當說，對A的意識每時每刻都是一個現在，它延續著，並且以延續的方式經驗著它的延伸？我具有一個對A的延續意識，以及一個我與同一個A延續地相聯繫的意識。但A_0始終與$A_{\bar{0}}$相銜接。認同，以及不斷延續的認同。此外，A_0作爲感覺和感知結束了。但在意識中仍然保存著想像材料和想像表象，故而$A_{\bar{0}}$還保留一陣子，與此同時$A_{\bar{0}}'$已經出現，如此等等。

即是說，這是同時的：不是A_0，〔而〕是$A_{\bar{0}}$…$A_{\bar{0}}'$…A_1。但如果$A_{\bar{0}}$（每個相位）延續著，我們就不具有關於一個延續的意識嗎？或者在這裡已經納入了這些？在時間點一中，我不僅具有A_1，而且也具有直至$A_{\bar{0}}$的一切，但倘若我也具有關於A的延續的意識，那麼這就需要新的序列，並且如此地無限（in infinitum）進行下去。

第18號　回憶的特徵。——透過同一性完成的再現：這應當指什麼？㉙

回憶的特徵（作爲意識特徵）關係到**重新復活的顯現**、建基於其上，正因爲此，對象顯現爲過去的。

因此，心理行爲始終建基於顯現之上，但顯現的**對象**便含有相關的「**意識—規定性**」。

㉙ 胡塞爾似乎還把這個札記的一部分採納到了一九〇五年二月時間講座的原初設想中，有一小部分可以在第二十七節、第一〇一頁（邊碼〔415〕）及後頁中，或許也在第二十八節、第一〇三頁（邊碼〔416〕）中可以重新找到，經歷了或多或少的改動。參見後面各頁。——編者〔寫作日期可能不會早於一九〇四年。——新編者補注〕

例如：期望「關係到」一個表象，即是說，以一個表象「爲基礎」，但被期望的事物就是被表象的事物。與此相同，相關的基礎性的表象之對象是令人喜歡的、有價值的、舒適的、令人厭惡的等等。

時間意識的情況也與此類似。感知表象的對象是當下的（現在的）：感知顯現是一個顯現，這個顯現是感知意識的基礎，亦即感知設定的基礎，或者說，是一種將顯現者設定爲**當下的**意識種類的基礎。[30]一個回憶表象的對象是過去的：回憶則是一種設定（或）一種意識，[31]它——或許——以一種完全相同的顯現爲基礎，但對象卻獲得過去的特徵。

與現在相關聯的過去之物在本原的時間意識中被體驗到，是什麼構成了這個**本原的**時間意識與**再造的**時間意識之間的區別，換言之，是什麼構成了對一個進程或一個延續[32]的「感知」中的時間意識與對一個更遙遠過去的回憶中的時間意識之間的區別？

我們應當說：在後一種情況中，在通常意義上的記憶情況中，有一個顯現被給予，或者說，有一個延續或一個在延續的顯現或變換的顯現序列中的進程被給予，以至於這整個「當下的」時間性都是一個過去的時間性的**代表**、一個**圖像**？肯定以某種方式發生了映射（或至少是）再現。但這不是眞正意義上的（如在旋律那裡）圖像意識。[33]即是說，我並不

---

[30] 但感知便有了雙重含義：時間性的當下擁有和自身展示。

[31] 就像區分感知與感知立義一樣，也要區分回憶與回憶立義。回憶立義在沒有設定的回憶（回憶**判斷**、意指的回憶）的情況下也可以存有。

[32] 感知在這裡是自身展示。

[33] 也應該有雙重的圖像性：如果在**清晰**回憶中的顯現者是圖像地在先被給予的，那麼在後來的**再當下化**中的顯現者便是**在雙重意義上**圖像的：圖像的表象，它借助於圖像表象而與對象發生聯繫。

把在**現在的**回憶意識中**現在**流動著的旋律理解爲與被回憶的旋律相對的**另一個**事物，而是在那個旋律中，我回憶著這個旋律。或者更確切地說：這與**攝影**不同，在攝影的情況中，一個相似的、但內容上仍然不同的事物被用來代表一個相似者；我看著這個顯現著的小形象，以此意指的是在某些方面與此相似、但在另一些方面則與此不同的事物；因此，一個當下的事物或一個作爲當下顯現的事物被用來代表一個**不**當下的事物。然而，「回憶圖像」並不顯現爲當下的，儘管它是當下的。

或者我們也許應當說：這裡沒有本質的區別？[34]無論如何，現在的顯現用其現在的時間狀況爲我把以前的顯現和以前的時間狀況「當下化」（vergegenwärtigt），而我卻並不能將它理解爲它所能直接顯現的事物；同時這整個時間性含有在與現實當下的關係中的回移，儘管是一個不確定的回移。因而這裡有再現的時間意識和對象意識。相反，在對一個進程或一個延續的感知的情況中，時間意識便不是再現性的，而是本原的。

當然，本原的時間謂詞並不是隨意的，儘管它們對於對象而言不是構造性的，它們屬於對象。一個顯現作爲一個對現在或過去的本原時間意識的基礎，這是明見無疑的：「對象實存著，或者實存過」（它是現在存在的，或者曾經存在過）。

現在，這個問題的情況如何，即：回憶與對以前感知的回憶是否就是同一個事物？根據我們的觀點，**本原的**時間意識只是一個**建基於一個顯現之上的**、具有某種特徵（某種時間樣式）的**持續可變異的意識**。

[34] 這幾乎是行不通的。但下面這個區分或許會有所幫助，即：區分透過圖像性進行的再現和透過同一性進行的再現。

但現在需要留意：在對一個**以前**進程的回憶中，對以前顯現的再造是當下的，可以理解，隨著這樣的回憶，對此進程的以前感知的回憶可能性也一同被給予了，只要我們不僅僅具有對以前顯現的再造，而且也具有對以前的整個感知的再造。因此，爲回憶意識奠定基礎的有可能不僅僅是進程的顯現，而且還有感知的顯現。更清楚地說：以前的意識完全被再造出來，而被再造的事物也具有再造、再現的特徵，以及過去的特徵。㉟

如果我眞實地具有對A的回憶，我便必定曾感知過A——這一點之所以是明見的，只能是因爲顯現與時間設定本質上是一，因而圖像地發揮作用的顯現也就是圖像的時間設定。就此而論，對一個對象的表象與對一個存在著的對象的表象是等値的。㊱如果現在有一個回憶意識涉及一個圖像的顯現，那麼隨之也就必然地引出在過去中的設定。因爲本原意識和對象必然具有同一個時間性。明見無疑的是，感知與對象是同時的。同樣，被回憶的感知（當下的代表所代表的那個顯現）及其對象也是同時的。

我回憶燈火通明的劇院。這不可能是指：我回憶起曾經感知過這個劇院。㊲否則這就會意味著：我回憶起，我曾感知過，我曾感知過這個劇院。我回憶A，我回憶我對A的感知，我回憶我對A的感知的感知。

我回憶這個燈火通明的劇院＝我「在我的內心中」直觀到這個作爲曾在的劇院的燈火通

㉟ 從邊碼180至此，可以參見〔前面第一部分〕第二十七節、第一〇一頁（邊碼〔415〕）。——編者

㊱ 顯現與設定的關係並未因此而得到充分的澄清。

㊲ 從這句起至邊碼183，可以參見〔前面第一部分〕第二十七節、第一〇一頁（邊碼〔415〕）至第一〇二頁。——編者

明的劇院。我在現在中直觀到這個非－現在。回憶是直觀的信仰，「被信仰的」不是現在存在，而是曾經存在。——在感知中，客體作爲現在存在的而與我相對立（現在－當下）。在回憶中，客體**也自身當下地**被表象，但卻是在一個以前的現在中。現在我們應當說：回憶也是一種感知，但它具有一個相對於現時現在的變異、一個「過去」，而在其中被直觀到的時間規定性不同於屬於回憶行爲的規定性？

然而，如果我完全忘記當下——假定這是完全可能的——，那麼我便具有一個感知了。感知與被感知之物具有同一個現在。「我站在燈火通明的劇院前」。這是現在，這是當下，而感知是同時的。這就不再是回憶了，而是一個對過去的事物的（幻覺的）感知，但並非作爲過去的！可是回憶並不僅僅是對過去的事物的感知。否則對過去的事物的感知就是當下的了。但對過去的事物的感知已經過去了，而過去的事物根本不能被眞正視爲自身當下的，它也只是自身浮現出來。回憶是一個當下的行爲。透過我的同時的感知，我具有對現實當下的意識。一個圖像、對一個自身當下之物的直觀表象，將這個自身當下之物當下化，將它**再現**出來。

感知建構當下。爲了**體驗**現在本身，爲了一個現在存在明見地立足在我面前，我必須進行**感知**。爲了**直觀地表象**一個現在，我必須「在圖像中」，以再現變異的方式進行一個感知。但並不是我表象一個感知，而是我表象一個**被感知之物**（本身）、一個在感知中作爲當下顯現出來的事物。因此回憶確實隱含著一個「表象」，即一個對過去感知的「圖像再現」；但回憶並非在本眞的意義上是圖像，是對過去感知的再現，即一個**關於它**的表象。後者並不是在回憶中的被意指者，在回憶中，本眞意義上被表象的和被意指的和被設定的是這個「感知」的對象和它的現在，而後者此外還在與現時現在的關係中被設定。我回憶昨天的燈火通明的劇院，即是說，我進行一個對劇院感知的「再造」，這樣，劇院就在表象中作爲

182

183

一個當下的劇院而浮現在我面前，我在圖像中意指的是這個事物，但同時又在與現在、現時感知的現時當下之關係中將這個當下理解爲存留下來的。現在明見無疑的當然就是：對這個劇院的感知曾在，我曾感知過這個劇院。被回憶的事物顯現爲當下曾在的，而且是直接直觀的；而它之所以這樣顯現，是因爲有一個當下以直觀形象的方式顯現出來，它具有一段與現時現在的當下的距離。後一種當下是在現實感知中建構自身的，而前一種直觀顯現的當下，即在現在中對以往現在的非－現在的直觀表象，則是在一種與感知相對應的行爲中（在一種「對以前感知的當下化」中）建構自身。由此而形成關於「現在」存在的劇院的圖像表象，即是說，這是在一個變異了的行爲中，在一個對劇院之感知的當下化中進行的，但這當下化不應當是對感知的表象，即：我在生活於感知中的同時所意指的並不是這個感知，而是客體的當下存在。

但這裡還有一個困難。[38]這是一種什麼樣的奇特的「對感知的當下化」呢？如果我把感知與單純表象對立起來，那麼這裡的問題就涉及相信（belief）與不相信。[39]但在「感知**表象**」中，客體始終還顯現爲自身和現在在此的，在想像表象中，它顯現爲單純被當下化的。需要區分：借助於被意識到的圖像性進行的**圖像表象**——透過**類比**、透過圖像客體，例如圖畫、半身塑像，想像圖像、事後描述，但不是借助於對自身的意識——與作爲自身當下化的、但不是透過圖像（回憶）進行的想像表象。而後還有**時間**的區別。感知表象是現在意

184

[38] 以下直至邊碼184，還可以參見〔前面第一部分〕第二十八節、第一〇三頁（邊碼〔416〕）。——編者

[39] 即存在信仰與非存在信仰。在感知中，被感知的事物都被看做是存在的，都帶有存在設定。而在單純想像中的情況則相反。詳見譯者《胡塞爾現象學概念通釋》中的相關條目。——譯者

義上的自身當下化，回憶表象是在過去意義上和帶有不確定時間性的回憶表象意義上的自身當下化。

難道那個與感知相對應的行爲、那個當下化不是一個**單純的感知表象**嗎？在它之中直觀地顯現出一個現在（但在幻覺中也會如此），而這個「直觀顯現著的現在」成爲一個再現意識的基礎，更確切地說，它再現著一個特定的現在，這個現在是信仰的對象。可是，如果有一個圖像爲我把一個原本（original）當下化，情況不也完全是如此嗎？圖畫提供一個感知表象，但現在是一個非現在的代表。自然，並非每個圖畫都再現一個時間，但讓我們來想一下歷史進程的圖畫：處決卡爾二世，攻陷巴士底獄，如此等等。這並不是回憶。但我們在這裡當然具有一個圖像再現，感知表象提供一個相似物，一個作爲圖像被意識到的事物。回憶的情況不是如此。「燈火通明的劇院」——這不會是一個或多或少相似的圖像，被意指的不是某個與在此顯現之物相似的事物，被意指的是**顯現者本身**，顯現著的劇院、在現在特徵中顯現的事物。再現不是透過單純的圖像相似性，而是透過同一性來進行的？

透過同一性進行的再現：這指的是什麼？[40]

透過同一性進行的再現：這指的是什麼？對象是同一個，我現在當下化了的是這同一個燈火通明的劇院，柏林宮殿自身浮現在我眼前。顯現的對象本身如其所顯現地被意指。只是這個對象不是**現在**當下的，不是眞正自身在此的，它是被當下化的。

還是劇院〔的例子〕：在我眼前浮現的乃是劇院本身，而不是一個單純的圖像，即：並不是根本上的另一個客體，只是與對象本身、劇院相似而已。但是，以下兩種情況還是

[40] 可以猜測，下面的札記部分的寫作時間要比前面部分的略遲一些。——編者

有所不同的：〔一方面，〕直觀地表象劇院並且設定它爲眞實的，同時卻「沒有眞實地看到」，沒有眞實地當下擁有它本身——以及〔另一方面〕，回憶昨天劇院的燈火通明，[41]在這個或那個時間點中回憶劇院，就像它當時、前天被看到的那樣。這裡的問題在於時間；較爲狹窄意義上的回憶。這裡所說的當然不是一種客觀的時間秩序，只要有「過去」以及對時間的當下化把握就夠了，一如它「在當時的感知中被感覺到的那樣」。對象的同一性可以忽略時間。可以在許多回憶中意指同一個對象本身，但每個回憶都有它自己的時間，而對象可以在這個時間中被意指爲這個時間的對象。如何從現象學上來描述這個對象的特徵？在這裡的每個表象行爲中都包含著一個「顯現」。它構造起這個對象。而且只有這個對象才能被意指。但顯現並不構成全部表象，感知、回憶、單純想像的區別屬於特徵，即表象在其中將對象加以僞裝的特徵，屬於立義的樣式。感知給予現在，回憶給予過去。如果我關注作爲被感知的對象，關注具有現在特徵的對象本身，我便意指了在時間規定性中的對象。即使我單純地關注對象，不考慮時間規定，這個時間規定也還是會以某種方式在此，但它不被意指，而對象是同一的對象，就像它在不同時間中可以被給予的那樣。因此，**相信**（belief）還是將它設定爲存在著的。

用於圖像化的可以是對象，但也可以是時間規定。

現在回憶的情況又如何呢？在它之中隱藏著一個圖像性意識嗎？

可以說：在感知中，對象是作爲自身當下的而給予自身，而不僅僅作爲被當下化的。在回憶中，對象本身也顯現（只要它不是透過一個圖像而被間接地類比）。但它恰恰作爲對象

㊶ ⑴不帶有認之爲眞（Für-wahr-halten）：想像；⑵帶有認之爲眞：回憶；但不帶有時間意識與時間關注。

的「顯現」（在另一種意義上的顯現）、作爲當下化而給予自身，這是一個再現，但卻是透過同一性進行的再現。那麼時間因素的情況如何呢？這個顯現的現在是在一個感知中被給予的。這個現在也是「被再現的」，這個現在也是透過同一性而被拽入到再現之中的。因而與整個感知相符合的是某種變異，是「透過同一性進行的再現」，是「當下化」，是「對感知的再造」，但它不是對感知的表象。我們在此是否應當說：一個對感知的表象在此，而在此基礎上建立的是對一個與它同一的對象的表象？但這似乎行不通。什麼叫做對感知的表象？它就是（就像每個其他的直觀表象一樣，如對劇院的表象）透過同一性進行的再現，與它相符的是一個對感知的感知（它就是一個對感知之感知的變異）。這裡涉及的是對此難題的不必要的複雜化和回移。就是說，每個感知都有某個變異與之相符合，即變成一個直觀的自身表象。但在自身被表象的事物中不僅包含著現在，而且還有當下、延續、相互接續等等。

可是我如何知道原初的感知變成了一個變異？透過對回憶（作爲這個變異）與一個現時感知的比較？好吧。但我怎麼會認識到：透過對一個現在的當下化，透過對一個當下曾在之物的直觀的、而不只是間接圖像的表象，回憶便將那個曾被感知的事物表象出來？如果我信任回憶，那麼我就可以確定，回憶是對一個以前感知的當下化。

二　對客觀時間的排除，時間課題，客體化的現象學及其窘境[1]

①這些由胡塞爾本人寫明日期的，在下面所復現的札記產生於——按照他標明的日期——一九〇四或一九〇五年的前兩個月。只有幾份未表明日期的札記可能較舊些，幾乎沒有一份札記的日期是更遲的。——編者

第19號　完全排除與客觀時間相關的所有預設②

對時間體驗的現象學分析的第一步就是要完全排除所有與客觀時間相關的預設。從客觀上或許可以說，每個體驗都有其時間，有其客觀的時間位置；我們可以思考，如何在與回憶體驗和被回憶之物等等的感知內容和感知客體的關係中評判這些體驗的客觀時間秩序，例如一個感知行爲體驗的客觀時間秩序。但這不是現象學要做的事情，除非我們可以描述這些如此—判斷活動、作爲—如此—想像活動的現象，而後將它們陳述爲某種現象學地被給予的事物，即明見的事物；除非這些和那些時間關係是被意指的，是處在這些和那些時間意指中的事物。這裡的實事與空間體驗現象學中的情況相類似。尚未具有客觀空間的新生兒（至少大多數人這樣認爲）仍然會有一個充實了的視野。可以探問這個視野的客觀空間狀況嗎？這個視野具有一個在客觀空間中有其位置的平面特徵嗎？再以我們自己的視野爲例。如果我們張開眼，「我們便看入到客觀的空間中」，對被感覺到的看視內容的立義構成了這個和那個立義內容（意義）的一種空間顯現，而對同一個內容的變換立義可能會產生非常不同的空間顯現。但如果我們還原到「視野」上，排除所有超越出感覺的立義因素和意義，那麼結果就不再是某種平面的事物，不再是在客觀空間中的域（Feld）。我認爲這種還原是明見可能的，同樣明見可能的是對在這個被還原的「空間性」中的「粗糙」關係的把握：「相互蘊涵」、「相互並列」等等的關係。同樣，我們將能夠考察在現象學時間上的被給予之物、即時間立義（作爲客觀時間的立義）和眞正被給予的時間之物——即是說，不是客觀時間，而

② 一九〇四年。

是在相即地時間直觀中被給予的事物，或從它之中有待還原出來的事物。問題根本不在於「原初的空間之物」，不在於客觀空間直觀**發生地**生成於其中的質料（經驗論與天賦論的爭論以及起源問題根本與現象學無關），同樣也不在於客觀「時間直觀」產生於其中的「起源之物」。

相反，現象學的任務是：

㈠根據其**意義**來描述被給予的素樸的和科學的時間意識（時間被我們看做什麼？時間關係作爲什麼而給予自身？哪些種類在時間表象、時間直觀的意義上是有意義地被意指的？）：即是說，對時間表象的含義分析、「質料」分析、「內容」分析，而且是根據本質類型，當然不是根據每個凸顯的個別情況。

㈡〔描述〕被給予的實項內容，連同對**感性內容**和**立義內容**的區分。但這裡也包含著：

㈢擺出這樣一些特殊事例，在這些事例中被給予的有可能是「相即的時間直觀」；擺出這樣一種擬—時間之物（延續、演替），它沒有延伸出自身之外而受到超越的和「客觀的」的釋義，沒有做出任何有關「客觀時間」的陳述，而是對它進行內在的釋義，即如此簡單地看待它，就像它自身所是，並且構成特有的質料，這質料作爲立義內容乃是時間釋義的基礎。它究竟是如何產生的，這個問題與我們無關。

自然，在空間方面，那種相即地給予的事物、即客觀—空間還原給直觀的事物、「空間感覺」、「地方符號」的關聯並不能夠被稱作是空間的，「原初的」場所體驗並不是幾何學意義上的、素樸客觀空間意義上的場所。時間之物、「時態符號」（Temporalzeichen）的情況與此相同。無論它們是什麼，它們在現象學上是可直觀的事物和眞實被給予的事物，並且它們不是客觀時間的。在客觀時間中沒有現在、沒有過去等等。但還需要注意，這些表述一方面可以主觀地被意指，〔意味著〕在體驗主體與客觀時間之間的關係，另一方面可以現

象學地被意指，抽象於客觀時間一般和客觀主體一般。恰如空間的情況。

第20號　對演替的感知是以感知的演替爲前提的③

對一個關係的表象是以對諸基礎的表象爲前提的；對一個關係的直觀表象是以對諸基礎的直觀表象爲前提的；對一個關係的感知是以對諸基礎的感知爲前提的。

對關係的「意識到」必定是與對諸基礎的意識到在同一個意識中進行的。這裡的「在同一個意識中」是指「在同一個瞬間意識中」，在同一個時間點中，甚至數學的時間點中嗎？如果不是在同一個數學的時間點中，那麼是在一個時間段上（是「小」還是「大」，原則上沒有區別，小和大只是相對的概念）。

「在同一個時間點中」（在同一個意識中）是否就意味著在同一個時間段上，以至於關係（以及蘊涵）與諸基礎對於每個無論多小的時間段以及在相關時間段的每個數學時間點來說都是同時的？

當然，如果對關係的表象是非本眞的，也就不需要對諸基礎的本眞表象。問題涉及對關係的「直觀」，而且首先是這樣一些情況，我們在這些情況中如此直觀到關係，以至於我們可以說，並且可以明見地說：**它們存在**（存有）。對諸基礎的直觀必定是與對關係的**如此**直觀在同一個時間點（在每個時間點）中進行的嗎？並且必定是如此被直觀到的嗎？

在演替關係、時間間距關係中也是如此嗎？

③ 一九〇四年假期。

一**個**意識：我看見A，而後B，並且發現，B在A之後，而A在B之前。當然，只要B尚未被給予，我便不能看到間距。因此只有在B點上才能看到關係。但這裡的前提是A已經過去了。

它必定還是直觀地被表象的嗎？當然。關係應當如何變爲直觀性的呢？④但感知的情況是怎樣的呢？對關係的感知是以對諸基礎的感知爲前提的嗎？「我感知到」，聲音B是在聲音A之後的。關係在哪裡？它在兩個已被感知到了的聲音之間嗎？這是可能的嗎？一同感知、一**個**感知著兩個事物的感知——注意（notabene）這裡的前提是：感知被理解爲一種「把握爲當下＝現在被給予」——就是：讓兩者顯現爲在同一個現在中被給予。這樣它們便是同時的。

因此，對一個演替的感知的前提就在於：將此演替聯合在一起的聯繫點並非兩者都在聯繫的行爲中（更確切地說，在對演替之感知的完成了的體驗中）「**被感知到**」（在**現在**感知意義上的感知）。另一方面，它的前提在於：這兩者恰恰是在相互接續中被感知到的：對演替的感知是以感知的演替爲前提的。⑤

---

④ 這個形式——在最爲整體的明見性中的直觀化——當然是透過基底而被奠基的！因而關係的「存在」是以諸基礎的存在爲前提的：關係的被給予狀態是以諸基礎的被給予狀態爲前提的。

⑤ 但還有更多。對演替的感知與對每個關係的感知一樣，仍然是以對諸基礎的感知爲前提的。但諸基礎卻不是A—B，而是曾在的A和現在的B。演替是一個時間關係。感知有雙重含義：在這裡它具有自身把握的意義。如果我眞的感知到演替，曾在就必須是自身可把握的和被把握的。

191

這個明見性是從何而來的呢？對演替的感知按其意義不僅蘊涵著這樣的信仰，即B是自身當下的（是現在在此的，不僅是在感知行爲中被意指的，而且是自身在此的），而且也蘊涵著這樣的信仰，即過去的A曾是自身當下的，是被感知過的。但不是從前的某個地點、某個時候，不是從前的某個人，而是：**我**認爲曾感知過A，並且是在B**之前**，而且還不僅僅如此；我認爲曾在B之前感知到A，這裡又包含著：我在一個意識中曾感知A，並且在我於持守的意向中、於原生的回憶中還擁有它的同時，我曾感知B，並且又在這個統一的意識中曾將B和對A的原生回憶聯合在一起，曾覺知到（innwerden）A與B的時間關係。⑥

但「我曾感知A」這個信念不是在清晰的回憶中就已結束了嗎？它意味著：對曾是當下的「直接」——自身把握的——意識（亦即對剛剛曾是當下的意識：「剛剛」指明了某種直觀的時間位置）。

我現在可以**再造**這個剛剛被感知的時間進程、這個剛剛被直觀到的演替，無論是透過在感知中對一個完全相同的演替的重複，還是透過在回憶中對此的再造、即透過一個通常意義上的回憶表象，從而獲得一個圖像回憶。在我還具有演替意識的同時，即是說，在我（以清晰回憶的方式）持守其意向的同時，我**重複**對A等等的「感知」。在回憶的情況中也同樣如此：我表象，我在感知等等，而前一個意向在這個提供著新感知的感知或回憶中充實自己、認同自己。與此同時我又直觀到，這樣的一個意向只有在這樣的**過程**中才能得到充

⑥ 可是更確切地說：我不僅認爲我感知到演替本身，因此我必定不是以某種方式認爲我曾感知過A，或者，這裡唯一的問題在於：我不僅認爲A剛剛曾在此，而是直接「感知到」。「清晰的回憶」必定在此行爲中具有一個對「剛剛曾在」的感知的特徵。

實，在此過程中，首先是對A的感知——亦即第一個A必然是以作爲充實者的感知爲前提的，而後是對意向的持守以及B的出現。我明見地看到，那個**結尾狀況只有作爲結尾狀況**才是可能的，而一**個時間直觀狀況一般**只有作爲**已延伸**的才是可能的；一個**時間點的直觀者**只有**在聯繫中**才是可能的；而對一個時間的意識本身〔就要求〕時間，對一個延續的意識本身〔就要求〕延續，對一個演替的意識本身〔就要求〕演替。⑦

第21號　根據對同一個演替的重複當下化而做出的認識⑧

我聽見懷錶的滴答聲：滴答、滴答、滴答……。

我在這裡發現了什麼？我以爲在這裡把握到了什麼？這是一個對象性的立義；我探問：對這個立義的意義的分析以及對它的忠實描述爲我提供了哪些情況？我不探問：在「客觀現實」中曾是什麼，我不探問在客觀時間中的現實事件，這在此就意味著：我不探問在一個個

---

⑦ 最後一句話的德文原文爲：「daß Bewußtsein einer Zeit selbst Zeit, Bewußtsein einer Dauer Dauer, Bewußtsein einer Sukzession Sukzession [erfordert].」編者爲這裡的「[erfordert]」（要求）一詞加了方括號。即是說，這個詞可能原先爲胡塞爾所漏寫，後爲編者所補加。但這個補加帶有猜測的成分。胡塞爾在這裡漏寫的也可能是「[ist]」（是）。在這種情況下，這段話的意思也可以理解爲：「而對一個時間的意識本身〔就是〕時間，對一個延續的意識本身〔就是〕延續，對一個演替的意識本身〔就是〕演替。」——譯者

⑧ 一九〇四年。

體意識連同這樣一些意識體驗中的現實事件，這些體驗是在客觀時間中流動的，而且我想根據在客觀時間中的客觀關係來規定它們。毋寧說我要探問**對象性立義的體驗**，它將對象性的事物立義**爲何物**，它以爲在其中表象了和把握了哪些對象性以及它們之間的關係。

回答是：第一聲嘀T_1顯現爲**自身當下的**，而且是現在的（j_1），**而後**以同樣方式顯現出T_2，而後T_3等等。因此T_2同樣顯現爲自身在此的，顯現爲現在；但它的現在是一個**新的**＝j_2。「在此期間」它顯現爲現在的，T_1則顯現爲「不再」是現在的，而是「剛才」，T_1顯現爲在與T_2的現在的關係中的「過去」，它的現在（j_1）不再意味著「當下的」，而是顯現爲「曾是當下的」。但在T_1被感知的同時，T_2還根本沒有顯現。在T_2（作爲「現在」存在的）被感知的同時，T_1並不是同樣被感知，如果「被感知」是指「現在－當下顯現」。毋寧說它顯現爲**剛才**（在j_1中）**曾被感知的**。因此，顯現的是：

(一) 作爲過去的、作爲「時間上後於」T_2的T_1。

(二) 以及明見地與此一同被給予的，即便也許（只是）透過反思才能把握到的：對T_1的感知是曾經的感知，它在時間上落後於T_2感知。在這裡，對T_2的感知與被感知的T_2一樣，被分派給同一個現在，如此等等。其他的環節也是如此繼續。T_3顯現爲當下的（j_3），T_2在其顯現的「同時」顯現爲時間上落後的；但T_2和T_1的整個關係（也）顯現爲相對於T_3和T_2的關係是落後的，並且排出這樣一個順序：T_1，相對T_2是過去的，相對T_3是過去的，而這個關係是作爲**上升關係**而自身給予的。

我發現這個過程**不會一直走向無限**。如果新的T被感知，同時還有其他的T**被直觀**，但不是隨意多的T，即便時鐘始終在滴答地顯現著，即便我說：我延續不斷地將它感知爲滴答著的，現實地過去的T在其中顯現的這個直觀統一仍然不會伸展得很遠；在新的T出現的同時，過去的T從**直觀**中「消失」，儘管我「**知道**」，有其他的聲音先行於這些在此

的聲音：「穿過較長的時間」。有對象性描述的這樣一個塊片就夠了。它還可以繼續進行下去。

現在我們來考察這些體驗，就像它們在朝向現象學被給予之物的目光中所展現的那樣。**這裡的直接明見性（或被給予性）的區域是什麼？**

(一)首先，與每個個別的T相關，我們具有在現象學上被給予的「顯現為滴答聲」。一個被體驗到的感覺內容被立義為滴答聲。

(二)此外，我們明見地把握到一個**諸顯現的後繼**。我們感知地將T_1把握為現在當下的，而感知地將T_2把握為現在的，並且在一個與此相隨的意識中，而且是一個**直覺的意識**[9]中，T_1也顯現為剛才的；我們對此具有明見性，即這是一個意識，它將T_2感知為現在（j_1）當下的，並且在**同一個現在**中直觀到T_1的曾在。對T_1的直觀具有一個與對T_2直觀相類似的特徵，而反思**明見地**傳授說：就像T_1顯現為過去一樣，T_1的**行為**在我們看它的時候也顯現為過去的**感知**。

當然，我們根據對同一個演替的重複當下化而有此認識。如果我們表象（在想像中、在圖像中）一個演替並且關注構成這個表象的行為，那麼我們會發現對在T_2的j_2中的感知的**表象**，以及與此相一致地發現對在j_1中的T_1的感知的表象。而在這裡對這些被表象的感知有效的是：在與第一個感知的關係中，第二個感知顯現為過去的感知；即是說，與被表象的「關於T_2的感知」行為相一致的，是一個作為關於T_1的「過去」感知立足於此的行為。

194

[9] 胡塞爾在這裡後加了一個邊注：「（這是一個難點）。」——編者

以後的回憶

另舉一例：**我回憶**：首先是旅客列車如何駛入車站，隨即是特快列車。在這裡我具有：駛入的列車A的顯現，而後是駛入的列車B的顯現；兩個進程的聯繫是透過其他進程（這個間域很短）完成的，這些其他進程可能不再進一步讓人感興趣。

㈠如果我完全生活在這些進程中，那麼我便有：「列車隆隆駛入。」一聲刺耳的汽笛響起。「哥廷根！」（列車員叫道）……一個接著一個。每個相位都有它的「現在」，現在是隆隆聲（在其演替的相位中）、現在是汽笛、起和落、現在是列車員的喊聲，如此等等。

㈡我生活在對象意識中，但我也可以關注主體的事物，關注顯現，關注「體驗」。這些行爲及其內容在這裡所具有時間演替與客體所具有的是同一個。這樣我便具有感知的顯現。首先是對隆隆駛來的火車頭的感知，而後是對下車的眾人的感知，而後是如此等等。

㈢最後我可以關注這樣一些行爲，正是在它們之中，我現在發現所有這一切，而它們都是「當下的」，並且具有與至此所說的完全不同的時間規定性。亦即回憶行爲。

進程——「列車隆隆駛入」。

關於進程的意識，這個進程的顯現，對這個進程的感知。

對這個進程的現在回憶：我回憶，列車曾隆隆駛入。現在是回憶——當時是列車的駛入。對當時意識的現在當下化，而且這個當時意識是作爲我的意識：當時我曾有這個感知。

第22號　相即回憶是否可能（或如何可能）？⑩

每個回憶都要求充實，而它只能在感知中找到充實，在此感知中，被回憶的事物又再度變爲當下的，但卻是以這樣的方式，即它過渡到「清晰的」回憶中，並且一直繼續，直至達到對現在的現在（jetziges Jetzt）的感知。更清楚地說：我必須在一個連續感知中和在一個對時間進程的連續意識中再次體驗從當時到現在的整個時間內容，或者毋寧說，相即地體驗，並且是在相即的時間意識中體驗。

但這裡又會有問題：你怎麼會如此智慧呢？你是從何知道這種從未可能的充實的呢？我能誠實說出的只有這些：回憶始終指向更遠。非直觀的回憶指向充實著它的直觀的回憶，而直觀的回憶還**借助於**（qua）時間而在未來的方向上包含著始終未充實的意向；它們被充實，因爲更遠的時間進程以直觀的方式「被再當下化」，直至**現時的**現在。

如果一個與回憶相符的時間進程自己「更新」，如果一個以前的進程、以前延續的存在等等自己「更新」，以及一個新的、但在內容上和在所有時間關係方面都相同的進程進入感知，那麼我們就會說：與以前曾是當下的完全同一者又再度回來了，我現在看到的就是我以前曾看到的「完全同一者」。但缺少一點：個體性的同一性。時間聯繫是一個新的聯繫。現在的感知所跟隨的事物完全不同於以前的感知所跟隨的事物——作爲行爲，它是主觀的，根據被感知的內涵，它是對象性的。

每個被感知的事物都是一個跟隨著的事物，而且這是必然的，就像它有一個跟隨的事物

⑩ 自我對話，一九〇四年暑假。

一樣，而且這又是必然的。每個回憶也都具有意向，這些意向指向更遙遠過去的回憶：或者有一些在它之中得到時間充實的意向。倘若一切都更新了，那麼所有時間必定都會再一次變爲實在的……。這是不可能的。而回憶是如何在向現在的繼續行駛中充實自己的呢？這並不那麼容易，老先生！現在在場的是「在場時間」，⑪它每時每刻都在內容上發生變化（就內容而言）。在此期間，回憶在流動，直至它來到最近的過去（但不再是在場者），即最後被再回憶的、被直觀的過去；與此相銜接的是在場時間（某個在場時間）現時地提供的事物。但這又是可能的嗎？難道回憶不耗費時間，而流動的時間可以趕上現時的時間？現在被感知的是A，與之連結的是B……。在B這裡開始回憶M。現在我便具有以下圖式：

A⌒B⌒M_1⌒M_2…
　　{ {
　　C⌒D…⑫

---

⑪ 對這個斯特恩概念的引用允許做這樣一個猜測：這份札記的寫作時間可以更準確地定在：最早爲一九〇四年九月；參見第29號文字，邊碼217、注㉝，以及218、注㉞。——編者

⑫ 英譯者根據胡塞爾原稿對這個圖式做了修改（參見E. Husserl, *On the Phenomenology of the consciousness of Internal Time, trans.* by J. B. Brough, Dordrecht u. a. 1991, p. 203）。在兩個德文本中均爲：

A⌒B⌒E_1⌒E_2…
　（
C⌒D…

由於英譯本是經比利時魯汶胡塞爾文庫審定的譯本，且比兩個原有的德文考證版更新，因此中譯本採納了英譯者的修改，包括對符號E的修改，即統一改作M。——譯者

如果M_κ到達了A（它表象A），在此期間始終有新的事物出現，而後M_π必定要開始表象M_1 M_2……，這樣我們就永遠無法完結。這樣就有回憶的回憶，而後又有回憶的回憶，如此等等。因此很明顯，對意識直至現在的整體進程的現實再造是不可能的。有趣、非眞，但只是尷尬而已。

可是，即便我不能更新意識的整體內容，我或許還可以追蹤一條線，一條從時間和演替著的感知的寬闊河流中抓出的一條線？例如在「外」感知中。我追蹤我一步一步地感知過的事物，直至現在，而這裡還有連續性。當然，這裡的前提是：回憶能夠趕上感知，也就是說，在一個時間範圍較小的回憶中又再度直觀到一個進程，這個進程在時間上與剛剛體驗過的時間間距A—B是相同的，甚至與一個現時地貫穿體驗過的時間間距是相同的。在這裡預設了對時間的某種客體化。我必定已經可以說：一個時間僅僅是與另一時間的一個部分相同，甚至就僅僅是另一時間的一個部分。好吧，假設有各種時間範圍，假設客體化是合理的（我對它們已經不斷地作出了主觀的評判），那麼，回憶的客觀時間範圍就要小於被回憶之物的時間範圍。但所有**關係**而後仍然被保留下來。這還行得通。因而一個絕對完善的圖像是不可能的，但一個在內容與關係方面完善的圖像卻是可以想像的。並非不會產生這樣的疑慮：這是否眞的比臆想還要多。例如對一個旋律的回憶。如果我眞的想同樣地表象它，我可以在時間上縮短它嗎？如果我在內心更快地吟唱它，整個印象不會發生變化嗎？我可以在它的速度中直觀地表象它（即不更快地表象它），而在時間上絕對說來卻還是更快了？甚至可以說：如果我在思想中飛奔，那麼我就將它表象爲飛奔的。快速地表象一個在慢速中流動的旋律，這並不意味著，表象一個快速的旋律。但這在直觀上眞的是可能的嗎？以完善的圖像性的方式？

第23號　時間的統一性與時間的無限性

第一個印象的回憶。

與一個印象的回憶一致—相合的再回憶。

關於現在的變異（意識）（原生的印象的過去意識）與被再造的和被表象的現在。

需要區分：下降了的現在（它一般不被意指，不被關注，但也可以被關注）與同時結伴的被再造的現在，後者「再次開始」，再次流動，但是在「想像」中（在「再造」中），而且如此流動著，以至於它一則具有回憶的特徵，二則具有與仍然被持守的下降了的事物的同一性特徵。

在現象學事態的本質中包含著：每個「過去」都可以以再造的方式變化爲一個再造的「現在」，這個現在本身又**具有**一個過去。而這是所有時間法則的現象學基礎。

但能否有一個最後的現在，它的後面不再有過去？明見的是：沒有一個時間點是第一個時間點。這意味著，根據觀念的可能性，在每個現在中都可以包含著一個以前的現在？但這實際上（de facto）只能是一個空乏的時間。

第24號　對一個個體（時間）客體的感知。（在對時間之物感知的一個相位中，我們會找到先前相位的感知顯現嗎？）[13]

以前的感知不會立即消失。新的感知與新的「現在」相連接，以前的感知因此而顯現爲

⑬ 一九〇四年九月。

被回移的和連續地一再回移的。新的現在始終處在注意力的前臺，並且提供聯繫點，時間關係便是根據這個聯繫點來評判的。所有剛剛過去的事物都是從現在的立足點出發而被看到的。

因此我們在這裡體驗到一個特殊的過程、一個進程。一個旋律流動起來。這是一個進程。但意識進程本身也是一個過程，我們可以「感知」它本身，我們可以一個瞬間一個瞬間地關注它的各個變動不居的相位。

我們假定旋律A B C D在流動。

即是說，首先顯現的是A（感知）。而後顯現B，它是現在的（現時的現在），同時A不再顯現爲現時現在的，而更多地顯現爲逐漸消散的（它的現在被回移），如此等等。

1. A
2. A′ B
3. A″ B′ C
4. A‴ B″ C′ D

我從何知道這些？1、2、3、4——這是四個彼此接續的意識相位。這裡寫下的是客觀時間性的**顯現**，A的顯現、在其相互接續中跟隨的B的顯現等等。對這四個意識時間點的陳述：(1)現在是A，(2)現在是B，而A剛剛過去。與這些陳述相應的是時間種類的客體性。而且與它們相應的又是它們顯現於其中的體驗。

我們繼續討論對象性的事物（撇開體驗不論）。回憶，即我們在其中將此過程當下化的回憶，我們透過它而**知道**這個過程的回憶，它看起來是怎樣的呢？

我們已經想到這個旋律的最初節拍，它們被我們吟唱並且一再地在回憶中被再當下化。而後在回憶中我們顯然具有同一個過程，只是我們會「想」，A是被感知到的等等。我們在

再造的表象中具有對AB……感知的演替，或者我們具有節拍，有可能是在對吟唱之物的重複感知中，我們在這裡關注個別的步驟並且試圖研究它們爲陳述所提供的事物。

沒有一個相位可以被持守住。它只能被一再地重新創造出來。映射的時間意識（或者也可以說，時間客體性）的一個橫切面不是一個自爲的可再造之物，不是一個自爲延續的可表象之物（可再造之物）。這個過程的片段可以在想像中成爲直觀的客體，並且再次作爲過程而流動。一個相位只能在飛行中、亦即在流動的過程中、在它的基礎上被直觀出來（herausgeschaut）。

如果我們再造一個時間流動，如果我們想像一個時間流動，那麼情況會是怎樣的呢？我們在想像活動的一個相位中發現了前面相位的想像表象嗎？

但我們同樣也可以詢問對一個時間（個體）客體的感知情況：我們在時間之物的一個相位中發現了以前相位的感知顯現嗎？

看起來對這兩個問題只有一個可能的答案：無法發現這些事物。

人們起先會說：在很多情況中肯定是無法發現這些事物的。可是在一些情況中、在快速的情況下，人們會有所動搖，而且人們對實事看得愈多就會愈存懷疑。

人們起先站在現時的感知或想像一邊。可是更仔細地考慮一下：我們在新的聲音出現時還在感知著舊的聲音嗎？整個節拍的統一意識當然還是現存的，它伸展到幾個聲音上。而且這些聲音、這整個節拍當然還是統一地被感知到的。但在這個屬於節拍的意識統一方面必須說：這是一個統一意識，它在感知中逐步地建構自身，並且在不斷前行的感知中增加內容。它在最後一步中完成自己。作爲統一意識而屬於最後一步的意識，就其本質而言只能是如此自身建造的意識，它必須如此地成長起來，它只有透過對屬於以前意向的意向之持守或根據它們才是其所是。此外，正如最後一塊石頭並不構成建築，只是完成建築一樣，最後的

感知相位也不構成對節拍、旋律的整個感知。最後的相位在本眞的意義上並不是對節拍的感知，而恰恰是對它的完成，而且這是一個不獨立的事物。但一個感知並不是一個不獨立的事物，而是一個具體的感知。用建築所做的比喻並不完全合適，因爲在完成了的建築中保留了每塊磚。這裡卻不是。對節拍的感知是一個時間統一，而且是一個有時間劃分的統一。對以前相位的感知被保留在它之中，但卻以這樣的方式，也就像在一個時間伸展統一中包含著某物一樣。

第25號　相即回憶。先前的感知。──對過去的感知、嘗試（窘境）。（爲什麼清晰回憶不簡單地就是持續的原初感知？）⑭

相即回憶。以前的感知。

我現在有一個相即的回憶，即是說，看得出，我有一個對剛才被感知的事物的直觀。我

---

⑭ 第25、26、27號文字是一系列頁面的札記，胡塞爾大約在一九〇四年將它們歸在一起；他自己在這個系列中所復現保留的頁面的最後一頁上，參見第27號文字、邊碼211注㉗，標寫了「一九〇四年」的日期；僅此狀況便使得我們無法排除這樣的可能，即此札記的這個或那個頁面產生得更早些。這些札記在這裡是按照胡塞爾所排列的頁面的順序來復現的。在這些被保留的頁面的第一頁——在這裡的第25號文字中被復現，胡塞爾或許更遲些，即在一九〇四年以後作了記載：「以下的頁面是就『窘境』問題而作，但也只有就『窘境』問題才需要通讀。」——編者

265 | B／二／第25號　相即回憶。先前的感知。——對過去的感知、嘗試（窘境）。（為什麼清晰回憶不簡單地就是持續的原初感知？）

知道這兩個時間上分離的行爲的同一性；從何知道？

現在我根據回憶的相位來從時間上編排這些實事的順序（我們臆想一個直接—直觀的時間立義）。因此我直觀實事的時間編排順序、原初的編排順序。（我根據這個編排順序來確定間接時間表象的位置。）

我也在時間上編排行爲的順序，並且在此發現，在將一個實事直觀爲自身當下存在的同時，我說：它是現在的，並且這感知具有同一個現在。我在回憶中感知：自身當下的曾在。但作爲自身當下曾在的直觀是現在，是借助於回憶的感知而自身當下的。因此，我具有A—當下曾在（過去的當下）；將當下曾在者把握爲在過去當下中的當下存在者的行爲。

對A的回憶；現在當下。

因此，在回憶中我們處於現在，在回憶的對象中我們處於過去的現在；而在對過去對象的現在把握的前行行爲中也同樣如此。……⑮

對過去的感知。嘗試（窘境）。⑯

爲什麼清晰的回憶不單單是被持守的原初感知呢？

---

⑮ 胡塞爾以後將這裡中斷的文字從「現在我根據回憶……」開始（邊碼201第十行）起刪除，並且附加了一個邊注：「空缺」。——編者

⑯ 胡塞爾後加的邊注：「所有內經驗的矛盾！」——編者

它與以後的回憶、與現在的感知的區別何在？它作爲現在而啟動。每個以後的回憶都有一個其他的現在。即是說，感知特徵**自身分異**（Differenzieren），而每個分異都有一個現在與之相符。這樣，每個現在本身都被回移，而新的現在被偏好，它提供對整體之立義的關係點。

我們究竟從何知道，我們具有一個關於以前的現在的**延續**意識？**關於延續的意識**：內容延續地被感知，但不僅僅是這樣泛泛而論，而是感知連續地接受一個新的特徵，同時感知還繼續帶有舊的特徵，因此更確切地說：新的感知連續到來，而舊的感知被保留下來。

關於以前的現在，我們當然不在這個意義上具有對它的延續的意識，但在對它的感知的反思中，我們具有關於這些感知繼續實存的延續意識，並且可以隨時具有它。

因此必須特別研究，是否不單單只是感知在進行，或者是否完全有必要接受再現，甚至接受圖像意識……。

但即便在這裡也會產生這樣的**難題**：[17]我說，感知連同其現在曾延續過。（客觀地說：）對此是否有**明見性**，是否不可能出現這樣的情況：我現在具有意識：A曾在（以直接回憶的方式），同時A實際上根本不曾在（沒有前行的感知），或者我現在具有「清晰的回憶」，而剛才卻並沒有感知？

人們可能會說：「我具有明見性，即我曾有感知A」，這與「我有原生的回憶」是一回事。但回憶是感知A連同當時的現在；感知本身是一個當時的感知，而它具有那個現在的特徵，這如何解釋呢？

---

[17] 參見第43號文字、邊碼294對此問題的幾乎逐字逐句的再討論。——編者

或者毋寧說是這樣的：現在的回憶恰恰是一個現在，即是說，我將當時曾在的〔把握〕行爲把握爲一個現在：我恰恰是現在感知它。而現在這個行爲應當是持留的當時的感知嗎？連同其現在？這是不可能的，因爲那樣的話，當時的感知就是在現在中，並且所有以前的感知就都是同時的了（整個回憶系列事實上都是一個現在）。

在回憶中「顯現出」以前的感知。不是這個感知本身持留下來，而是有一個「回憶」與它相銜接，這個回憶是以前感知的對應圖像。**因此這就解決了窘境**。[18]

回憶是一個對感知的圖像表象嗎？但卻是以這樣一種方式，即回憶將被回憶的內容表象爲由它所映射的感知的對象？那麼回憶表象就具有兩個對象：(1)以前的感知，(2)這個感知的對象；但這個假設有什麼特別的地方嗎？

更簡單些：只是感知轉變爲一個相應的回憶表象（圖像表象）。但這樣的聯繫從何而來：對A的回憶與我以前感知過A的意識是等值的？假定每個感知都同時在「內意識」中被感知，那麼對這個感知的感知就必須符合所有感知的法則，即不僅感知會變爲回憶，而且這個內意識、這個〔回憶〕也會又再度變爲回憶，這樣我們便有無限的糾纏（同時有一個針對布倫塔諾的內意識之可能性的異議！）。或者人們必須說，即便回憶所原生回憶的也是被回憶的客體，但它「附帶地」是以前感知的回憶？[19]

是的：內感知「附帶地」把握到「自己」，而它的對象是原生的被把握到的。與它相銜

---

⑱ 胡塞爾後來在這句話的結尾處加了問號並且寫到：「不」。他將這個札記的剩餘部分加上括弧並指明參見在第26號文字中復現的札記。——編者

⑲ 隨後的文字是胡塞爾後加的一個附注，但顯然要早於邊碼203注⑰中的所標出的附注。——編者

接的是作為變異的回憶。在感知中的自身把握過渡到對這同一個「自身」的回憶中，即過渡到對感知的回憶中，同時，對內容的感知過渡到對內容的回憶中。這必定可以回答布倫塔諾了，而且這的確會對他大有助益。

第26號　論主要命題：感知包括了作為各自的、但不斷變化的現在的「時間確定性」，而原生回憶具有這個感知之持留的含義[20]

如果我們聽到a b c …m的演替，那麼當m被感知時，對a b …的感知、這些以前的感知，就還在意識中；在時間點t_m上，我們就同時具有$W_a(a)W_b(b)\cdots W_m(m)$，亦即同時感知a b⋯m，因此它們**顯現為同時的**。

但對此可以反駁說：

什麼叫做：**同時**感知a b⋯m？這意味著，一個感知包含著a b⋯m的路線，以至於它賦予它們現在的特徵，亦即這樣一個感知，如果它將其現在作為π給出，那麼它便可以被理解為$W_\pi(a)W_\pi(b)\cdots$，它們都具有同一個π。但這裡並不是這種情況。我們雖然同時具有$W_a(a)W_b(b)\cdots W_m(m)$的感知，即是說，一個以$W_\pi(W_a\cdots W_m)$的方式將同一個時間（即它們的時間$\pi$）分派給各個感知的感知雖然是可能的；但這些W中的每個都分派了一個不同的時間，a b⋯m同時**顯現**，但顯現為時間上不同的，m作為現在的，l作為剛才的，b還是剛才的，如此等等。每個都有一個不同的當下。而以前的當下與以後的當下相比就叫做「過去」。

---

⑳ 參見第25號文字，邊碼201注⑭和邊碼203頁注⑱。——編者

「我現在感知a」，這就是說：我具有一個感知，在其中a作爲現在立足於此，作爲「現在」，即作爲活的時間系列的尾項（最高項）。因此，「我現在感知a」並不意味著：「我具有對以前的尾項的感知，或我具有對一個非現在的感知，對一個身後還有它者的a的感知。」

還會有人反駁說：

對a的感知延續著嗎？那麼a也必須延續著，延續地感知a，就意味著：將a感知爲延續著的。

在a已消失並已過去的同時，怎麼可以說對a的感知還在延續呢？

同樣可以回答：對a的感知延續著，這可以意味著：感知體驗連續地保持下來（沒有根本的內容變化）。

可是，感知延續著的A，這通常意味著：A延續著，並且是在此延續中當下的，即是說，延續的A作爲現在在最高的時間點上顯現，同時以前的現在卻仍然持留在意識中。從時間點t對a所做的感知在延續：只要它還在延續，a就顯現爲在時間t中存在的。與這個感知a相銜接的常常是不斷更新的感知連同不斷更新的t，並且始終是對內容a的感知。如果這些t_1直延伸到現時的現在、時間序列的奇特頂點，那麼我們就具有一個延續感知，它同時也是對延續的感知。如果情況不是如此，如果它們僅僅從t_0延伸到t_1，而不是延伸到現時的現在，那麼我們在持留的感知的基礎上所具有的便是一個對剛剛過去的延續感知的現時意識。

對一個延續的a的感知並不是在一個延續的（始終不變的）感知中進行的，而更多是在一個持續變化的感知中進行的，在這樣一個感知中進行，這個感知不斷地創造著新的現

在，但這個新的現在始終是現時時間的最高者。由於確切意義上的現在是一個活動的點，所以對現在存在者的感知是一個變化著的事物，即使被感知之物始終「沒有變化」。㉑

如果我們將感知這個詞與一個行爲聯繫在一起，這個行爲把握了一個現在當下的事物，即在各個時間系列頂點意義上的「現在」，那麼，「對a的感知在延續」就意味著：同一個對象始終在現在中，它剛剛曾在並且現在還在。而感知停止，這就意味著：它不再是現在的。在感知停止的同時，只要a不再是一個現在感知的對象，以前的感知連同其「現在」就始終還在，但這個現在不再是意識中的最高點了，而它所經歷的變化是建基於對現在的持續推演上，這個現在始終是時間立義的關係點。

而等價的情況是如何的呢？清晰的回憶＝剛剛被感知，在假定持留感知的情況下？

我現在具有$W_t(a)$。這提供了：a在時間t時**曾在**，而這被我感知到。是的，但「留存的」（zurückbleiben）感知還是**現在**在此的，它本身是一個現在存在者。另一方面，它應當是「留存的」，它應當在某種意義上已經「延續過」。它墜入到意識之中嗎？當然。但以何種方式？這是個問題。W_t自身回移，因爲始終有新的時間因素出現，始終有新的感知和新的演替、延續等等出現。「它」自身回移，它延續地被意識到：如果我把W_t與一個與此相銜接的感知W_{t1}相比較（先是a延續著，而後b延續著），那麼我發現，對a及其延續的「回憶」現存地貫穿在t的始終，在b延續的同時（我們是在原生直觀的時間中活動）。什麼叫做：對延續a的「回憶」？它意味著，對$a_{t0—t1}$的感知延續地現存於意識中？而在b流動的同時，我們對此延續地有一個意識？這應當如何理解？

206

㉑ 以上的整個段落在文稿中都被加有重點號，並且在邊上畫了兩道分隔號。——編者

這樣說是否就夠了：$W_{t0—t1}$（對a在其時間伸延中的感知，或者毋寧說，自身在其延伸中顯現給我們的a）還被意識到，同時我感知這些新的內容並且又感知新的內容？即是說，a被直觀爲曾在的，被直觀爲與b和c……相比或長或短延續過的。但W(a)與W(b)W(c)是同時的。或者不如說：W(a)在這整個時間裡延伸，而這個延伸了的W就其相應的部分而言是與b和c的相應部分同時的。什麼叫做：「延伸著（dehnt sich）」？感知本身恰恰具有一個延續，並且可以在其延續中被感知到。但這個延續不是a的延續，它並不賦予a以新的時間，它僅僅賦予W(a)以時間和延續。

如何會知道曾被感知呢？後補地說出這些事情的權利是從何而來的呢？我如何知道，t「剛才」是一個現在，是一個最高的時間規定？

我們是否更應當如此來描述：

對現在的時間規定、對首要的和未變異的時間的時間規定是一個奇異的特徵，它以一種無法描述的方式與實在內容連結在一起，以至於這個內容爲此特徵之故而具有「現在」，然而就這個內容本身而言，如果說它有時間，則是毫無意義的。

與每個實在之物一樣，對a在其時間中的具體感知具有其時間，而且a_t在一個具有同一個原初時間現在的感知W_t中被給予。但時間之物難道不是某個可以被關注、可以被感知的事物嗎？而且它作爲被給予的「因素」、作爲特徵難道不也是某個具有時間的事物嗎？如果我在現在中考察視野的內容，那麼它們都是同時的，它們都是現在的。但並不是每個內容都具有一個本己的因素：現在，而是這個整體意識具有這同一個現在，絕對同一，而且這個現在根本不是一個可以被複製的因素。它完全不同於顏色因素的情況，後者常常在此並且只是在種類上是同一的。現在不是一個種類。如果我進入心理學領域，談論這個人或那個人的現在意識，那麼這是與一個可能的聚合—意識（Zusammen-Bewußtsein）相關的，它又只有一

208

個同一的現在。並非每個意識都有**它的**現在。只是完全不可思議的。每個意識都是一個具體的，且隨情況變化而不同的意識。每個意識都有它的時間，這恰恰意味著：每個行爲、每個體驗都是可能的感知對象，並且如果它在，它就在它的現在中：帶著與一個可能的意識的關聯。但這個意識如此地爲現在所穿透，以至於它賦予它的所有「內容」以同一個現在，而在最寬泛的意義上每個同時的事物都具有這同一個現在。

在 a_t 中，t 直接屬於 a。現在的特別之處在於：與每個意識瞬間相應，會有一個新的 t 相銜接。a_t 始終（「在一段時間裡」）在意識之中，但意識則是一個不斷更新的、一個連續在時間上變化的意識，即是說，它連續地賦予一個新的現在，一個新的 t。但並不是以這種方式，就好像在 a_t 中 t 被一個新的 t 接替了一樣；相反，a_t 還在連續地接受新的 t，以這樣一種方式，即每個 t 與前一個構成物的關係完全就像原初的 t 與 a 的關係。因此：

$a_t \quad (a_t)t_1 \quad ((a_t)\, t_1)\; t_2 \cdots$

可是這個符號標記法並不好，因爲這是一個連續的變異；所以大致爲：

a_t —— t_1，

但這裡在 t 與 t_1 之間的每個理想步驟都展示著一個 t，它是整個先行者的 t。

因而這也涉及感知本身、立義，涉及所有那些以意向體驗及其連續的方式而是實在的事物。如果我反思感知，我會發現現在在 t 中對相關感知進程的感知；或者毋寧說，由於感知意味著「把握爲現在」（Als-jetzt-erfassung），因此我發現被把握爲現在的是這樣一個進程，在此進程中的第一個環節是對 a_t 的感知，而後進一步連續地是對 $a_{t-t'}$ 等等的感知。[22]

㉒ 前面這個段落在文稿中從第二句開始（「但時間之物難道不是……」），邊碼237。——編者（疑爲邊碼207。——譯者補注）

a現在不在，這就是說，a沒有在直接的和素樸的時間呈現中被給予；a曾在一個現在中，a曾是當下的：它具有一個已變異的現在，它具有一個現在，但這個「a現在」並沒有連續地在其他現在中被感知到，而在每個新的現在中都有與原初的t相連結的t′……的連續性一同被給予。通常意義上被感知的是a_{t0-t1}，以及在反思中對a_{t0}的感知的自身被把握到的事物，以及那些自身把握的連續性，在這些自身把握中a_{t0-t1}……進一步地被給予。「在時間t_1-t_0之前，我感知到a」，「a剛才曾在時間t_0中是當下的」，而且「直到現在我都曾繼續著關於a的『直接回憶』，它始終『被意識到』，感知顯現在意識中維續，同時我卻並沒有始終感知到這個a（作爲延續著的a）」。

但現在會出現一個困難嗎？

可是那個連續性的每個相位都是一個實在的體驗。如果有人說：這是一個抽象，那麼我們就以每個時間塊片t_0-t'等等爲例。它現在仍然會經歷它的時間回移，我們難道不會陷入一個無窮倒退嗎？

我們以$a_{t0-t'}$這個塊片爲例。對此的意識（清晰的回憶）是一個體驗，它具有其時間：這是時間t′。現在它經歷自己的時間回移。但這並不產生出新事物。

$$(a_{t0-t'})_{t'-t1} = a_{t0-t1}$$

這恰恰便是我們曾在我們的典範中所採納的那個回移。

第27號　一個縱觀的嘗試：基本的時間區別。自身在此與客體化㉓

時間意識㉔並不來自在圖像性意義上的想像，而是純粹來自感知。但感知意識在自身變異著，並且在一個種屬內自身劃分層次。這個意識是對象意識，在其中有一個「自身當下」，而後它下降到剛剛—當下—曾在的層次，而且是持續地下降。感知的樣式自身劃分層次，並且產生出本眞的時間—意識。想像的樣式也類似地劃分層次，並且產生出想像—時間意識。

時間的連續性：立義樣式的層次劃分的連續性。非本眞的時間意識：一個被感知過的旋律所具有的在很長時間以前流逝了的部分。但並非象徵性的：象徵性的事物從符號走向被符號標示的事物，符號做出向前的指明（vorweisen）。現時的時間意識還有一個流蘇（Franse），它做出回返的指明（zurückweisen）。各個立義還在「昏暗」中的現存、可能。在唯一的「背景」中的消融。㉕

㈠聲音A B……的相互接續，或者說，在每個聲音內，如在A以內的時間相位的相互

㉓這裡所復現的三個頁面由胡塞爾整理歸放在一起，最後一個頁面上標有日期「一九〇四年」；參見後面邊碼211注㉗，並且參見前面第25號文字、邊碼201注⑭。——編者

㉔文稿中，在這裡所復現的文字前還有一句後來被刪去的話：「但這是正確的嗎？不是，不是這樣。」這個問題和否定處在何種上下文中，這裡不得而知，因爲看起來在第26號文字中所再現文字的最後部分與這裡在第27號文字所採納的札記文字之間缺了一頁，或者是丟失了，或者是被胡塞爾取出了。——編者

㉕胡塞爾後來將這個札記的第二段刪去，同時卻在第一段中加了許多重點號。——編者

接續，也是在旋律中的各個節拍的相互接續。

㈡相互接續。

1.感覺A B C……的相互繼續（或在A中的各個部分的相互接續）。

2.對A、B……的感知的相互接續，或對聲音的感知，也包括對節拍的感知的相互接續。

㈢對A）B）……系列的感知之瞬間相位的相互接續。

這些是我們都能感知到的時間序列。最後一個系列我們是在連續的河流中感知到的，我們反思這條感知的河流。誠然，爲了能夠評判、比較、區分，我們必須回觀這些連續統，必須「回返」到舊的部分上。爲此還需要「重複」和認同。同樣還包含以下的事物：

㈣在一個瞬間相位內的時態符號之順序編排：在一個相位的同時統一中的編排順序。

這當然要以在持續的滯留㉖與認同情況下對同一

211

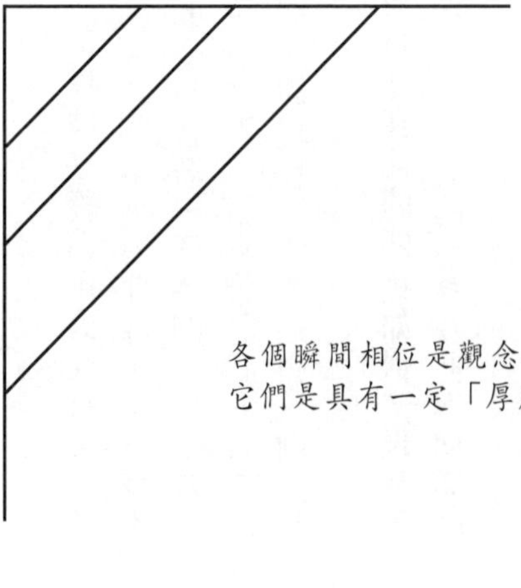

各個瞬間相位是觀念界線。具體地看，它們是具有一定「厚度」的線條。

㉖這裡首次出現了「滯留」（Retention）這個術語，並且是在一個沒有專門標明日期的頁面上。但這個頁面的產生日期或許是一九〇四年；參見邊碼201注⑭、209注㉓，以及後面注㉔。這個術語的再次出現是在第28號文字中、邊碼215及後頁。但值得懷疑的是：在這些情況中，這個術語是否已經在它以後用於「原生回憶」概念的那個意義上被使用。對此術語的這種使用起先也又被收回了——它在一九〇五年的時間講座的原

個相位的重複的當下化爲前提。

因此，㉗感覺材料和想像材料的情況如何，感知與回憶／想像的情況如何？在感性內容方面需要做某種新的向度的區分嗎？

新的向度大概只是時間性，或多或少確定的時間性，現在和非現在的區別，在此和不在此的區別。

或許必須從現象學上區分：

㈠自身在此和自身不在此的基本區別。而後自身不在此可以被立義爲過去或將來，並且被立義爲與現在（客觀現在）同時客觀當下的。亦即按序納入時間系列。此外，〔自身不在此也可以被立義爲〕時間上不確定的、不以客觀時間定位的、包含著一個時間、但不是一種可以被按序納入客觀時間系列的時間。馬人㉘也延續著，也活動著，自身帶著它的時間層次，但它屬於客觀時間的哪個部分呢？不屬於任何部分。它與主觀現在、剛要過去、剛要將來的關係如何？它與這些根本沒有關係。

㈡基本的時間區別：現在、過去（將來）。**「現在」與自身在此的關係如何**？現時現在的，就是自身在此的。而個體地自身在此的，就是現時現在的。個體的自身在此與個體的現在（相即地被給予的現在）是彼此相合的（decken）。

初設想中沒有出現——，以後——大約在一九〇八／〇九年——才再次被重新引入；參見第50號文字、邊碼333。——編者

㉗ 由胡塞爾標明「一九〇四年」日期的頁面從這裡開始；參見第25號文字、邊碼201注⑭與第27號文字、邊碼209注㉓。——編者

㉘ 馬人（Zentaur），希臘神話中的一種人首馬身、半人半馬狀的生物或精靈。——譯者

因而現在一般＝自身在此＋客體化：「與此同時」，

圖表：

直接直觀的區別：

(一)自身在此。

(二)不自身在此。

1.過去（明見的過去）。

2.臆想之物，不朝向現在，除非是作爲非現在。

非本真地被表象的區別、間接區別：

(1)更遙遠的過去。

(2)根據間接的報告、圖像等等而被表象的過去。

(3)非本真地被表象的現在（現在我的妻子坐車從哈勒返回），它是與現在同時的事物，但卻是本身沒有作爲現在而被直觀到的事物。

(4)將來的事物。

非現在的情況如何？

清晰的回憶：剛剛過去的事物是一個非現在，只要我們將它區別於現在、區別於還存在的事物、區別於延續的事物。進程是現在的，對進程的表象不是現在的。但被感知的進程相位是現在的，剛剛流逝的進程相位不是現在的，如此等等。進程是自身在此的：對進程的感知（客觀現在的：與此同時的事物）。進程不是自身當下的：它只是被表象的，它是被回憶的（它曾在）。

212

1.它曾是「剛剛」自身當下的，它還在直接的（清晰的）回憶中。（剛剛聽到的）聲音C還以回憶的形式是當下的，我知道它剛剛逐漸消散，因爲我在回憶中還擁有它。它對我還是當下，儘管不再是自身當下的，而僅僅作爲剛剛過去的才是當下的。[29]

它不是自身在此的，它本身是一個非現在。**它的過去**是一個現在，是一個自身當下的事物、**一個被感知的事物**。

2.如果我在一個**再現的**回憶中回憶它，那麼它也不是自身在此的，它本身又是一個非現在，並且**它的過去**是一個現在。但它的過去是一個現在，這個**狀況**並不是一個自身當下的事物，並不是一個被感知到的事物。過去是被認定的；它並不僅僅是象徵地被意指的，不僅僅是被說說而已的，而是被直觀到的，但並不是被**感知**的。[30]

對過去的A的感知，它難道不含有對A的感知嗎？但總不會像對紅A的感知含有對A的感知一樣。感知過去的A，這就意味著具有這樣的意識：對A的感知過渡到對A的清晰回憶

---

[29] 意向、對此聲音之意指（das Diesen-Ton-Meinen）在延續著，延續得比響起的聲音更長。它不再在此：不再是感知。但「它」「仍然被意指」。

[30] 是否至少可以說：非現在是被感知的，但過去沒有被感知？不。*我相信不能。我回憶，我知道，C作爲過去顯現給我，但在這裡並非作爲自身當下的顯現給我，除非是這種情況：C不是在現在中，我也可以說：不是在感知領域：因此這裡有爭執。但這裡還不包含對過去的感知，對C的存在的感知：無論是對不確定的還是在時間上確定的C的存在的感知。

這個「不」在文稿中被刪去，看起來後面從「我相信不能」開始的注釋文字是與刪除一起寫下的，因此，後面的文字在這種情況下是用來取代「不」的。——編者補注

中。顯現在延續著（實際上它在這裡所允許的相似性的路線上發生變異，它逐漸減弱）。但現在變化為非現在。由非現在意識承載的顯現再現著感知顯現，非自身再現著自身，它幾乎還是自身，並且具有一個樣式，一個連續引向「自身」、引向現在的規定性，這個規定性被體驗到；它與現在的間距也同樣被體驗到。

第28號　聲音、時間客體和在時間意識流中時間客體的每個相位的同一性

感知的瞬間相位不斷「下墜」，它們持續地經歷變異。它們並不簡單地保持自身，而是不斷地變化自身。時間客體的某個點不斷地在時間中回墜，即是說，首先是體現內容不斷地變異（因而它始終是某個他者），同時立義也在變化。但我們而後為何具有同一個客體—點，它只是在時間中回墜，愈來愈多地成為過去？

答案：我們必須區分

㈠ **客體**—瞬間的感覺內容（現在時間點）。

㈡ 它的時態的不斷變異。

這是對每一瞬間而言。感覺內容在時間順序中時而相同、時而相異。

㈢ 立義、客體化：

(A) 客體化，即純粹在瞬間的感覺內容中找到其內容的客體化；客體化，即同樣屬於每個變異了的過去瞬間之立義內容的客體化；兩者都被理解為產生出時間質料的客體化。

(B) 客體化，即產生出時間性、產生出時間中的此在——作為現在存在、曾經存在——的客體化。

A—（客體化）在時間中回墜時始終是同一個，更確切地說：就它所「持守」的事物

而言，就那些在內容變異時仍然是立義內容的事物而言，它始終是同一個，就其他方面而言，它獲得了不確定性的特徵。因此，它始終意指同一個事物，並且是關於這同一個的持續意識。但這同一個始終（進一步地）踏入過去，時間特徵在持續變化。

但客體並非一直改變它的時間，而是把持著它的時間，只是不斷有新事物出現，將來的事物成爲現在，現在成爲過去的事物，如此等等。過去的變化並不是客觀時間位置的變化，而是在於它相對地遠離開可變的現在。

時間立義之連續性中的同一性給出了客觀的時間點、同一的時間客體。諸瞬間被認同，但片段也是如此。現在瞬間的質料被立義爲α，在回墜的同時它始終被立義爲α，每個進一步與之相連的現在瞬間的質料以類似的方式被立義爲α'α''。αα'α''……的持續序列透過同時性、透過時間變異和同時發生而經歷到意識的統一。而後αα'α''連同它的時間狀況一同下墜到過去之中。時間質料連同其時間位置給出了時間客體（或時間客體（一個）部分）的統一，而這個時間客體作爲整體不斷地進一步回墜，因爲恰恰是它的每個點都作爲同一的同一個而被意識到。但時間的區別和間距也因此而是同一個，因爲不僅諸質料始終是同一些質料，而且全部客體（客體－點）也始終是同一些客體。時間形式也一同被客體化了，而如果a－b下墜到過去之中，那麼間距是同一個，因爲a是同一的同一個，b是同一的同一個。無論這（作爲論證）是否充分，客體意識總是一個在原初時間直觀內的同一意識：原初透過時間回移而變異的每個點和每個片段都被看做是同一的。客體立義當然也是如此，它以這種方式構造出個體的客體性。如果時間片段透過重複與滯留（Retention）[31]而被多次經歷，那麼在時間客體的不同相位之間的同一性也就透過比較而得以完成。

㉛ 參見第27號文字、邊碼211注㉖。——編者

對一個時間客體、首先是對一個簡單的音序的認同

A B C被感知，即是說，以感知的方式流動。在流動之後我們可以再造，一個再造性的回憶以想像的方式重複這個流動，我們表象它，表象**這同一個事物**。我們不僅表象這同一個，而且也借助於還現存的原生回憶來認同它，而且我們可以多次做此事。再造是作爲對以前被感知之物的表象而給予自身的，我們在它之中並不具有再造和對象這兩者，而是僅僅具有一個事物。即便在認同中，起初我們似乎也只有一個事物。但在對此事態更爲仔細的觀察中我們留意到，我們具有對一個時間序列的原生意識。如果我重複三次c g e，第一次唱著，第二次再造著，第三次又再造著，那麼我就原生的體驗到一個三重現象的序列：感知、再造和新的再造。我留意到，再造是如何借助於原生的回憶而被認同的（如同我用目光三次掃過一段線的同一個塊片），而這正是對意指之同一性的意識。重複著的、再造著的行爲在這裡是時間上相互接續的，並且就在這個序列中被發現。同一性的相合貫穿於它們所有之中，而與它們一同進行的是（隨意的）滯留，而且是再造性的滯留。隨著認同，原生回憶也就保留了自身，並且在其對象性內容方面被認同爲始終的同一個。當然，每個陳述，例如B緊隨在A後，只要它應當是明見的，便都以這種再造的滯留爲前提。即便B還在響（誠然，只要它還沒有結束，它作爲客觀的B也就尚未完成），我就必須回到A，以便我能夠說，「在A之後」。

或者，「B在A後」是在B結束之後的那個瞬間才完成的，也就是在回憶得以可能的那個瞬間才完成的。但陳述關係到客體，關係到實事狀態，而在我恰當地或以恰當的方式表達它之前，它就必須存在。

第29號　邁農對被分配的和不被分配的對象的區分㉜

(a) 聲音本身，顏色本身。

(b) 一段旋律，一個顏色變換（也包括顏色的延續，一個延續地響著的聲音）。諸對象

㉜ 在第29至33號文字中所再現的似乎是胡塞爾納入並排列到一九〇五年二月時間講座的原初構想中的札記；它們同時涉及這個原初講座文稿的頁面，即在埃迪·施泰因的加工中始終完全未被運用的頁面，從這些相關札記的特徵來看，埃迪·施泰因的做法是可以理解的。這些札記的確切時間標明可以參見本注最末段。

第29號文字詳細再現了講座文稿的第「二十七」至第「三十一」原初頁面的文字，第30號文字所再現的是第「三十二」頁面的文字，第31號文字所再現的是第「三十四」頁面的文字，第32號文字所再現的是第「三十六」頁面的文字，第33號文字所再現的是第「三十三」頁面的文字。

原初放在前面的第「十六」至「二十六」的頁面沒有被保留下來，並且在加工中始終未被運用。保留下來的是第「三十五」頁面，它的文字以略有改變的形式大部分再現於第十一節（第三十頁及以後各頁）；對這份文字的原初的和完整的稿本的確定可以參見對此的「文本考證方面的注釋」。從第「三十七」頁面開始被保留下來的各個頁面的文字從第十四節（第三十五頁）開始部分地被再現；關於這方面的所有詳細情況可以在相關的「文本考證方面的注釋」中找到。——編者

在第29號文字中被再現的札記被胡塞爾在其第二頁仔細地表明了日期：「一九〇五年一月七日」。這個第二頁顯然要比第一頁更原初：在這裡也首先被再現的前面的頁面有可能是以後附加進去的，以便更清晰地匯出論題。因此會有這些重複。這個聯繫使人猜測：第30至33號文字是在同一個時間寫下的，即直接在時間講座的開始前。——編者

（（在邁農那裡）它們叫做表象對象，但此做法的意義何在？），它們的本性在於需要時間片段才能展開自身，相對於這樣的對象，它們的特徵被擠逼到一個唯一的時間點上，可以說是一個時間性的橫切面上。（一個場所、一個聲音、一個顏色。表象、判斷、欲求、對象，可以說它們的特徵已經被描述爲相互對應的點狀事實。）

原因：在一組對象那裡，時間片段是建構性的，而在另一組對象那裡則不是。

邁農，第二四八頁：「區別的核心」並不在於，「對象是否占據了一個時間片段」（因爲它總會占據一個片段），但卻可能在於，它是否以及如何在時間上被分配。即便靜止也是一種時間分配的情況，延續響著的聲音，不變地延續的顏色。但顏色「本身」是沒有時間分配的。㉝

㉝ 胡塞爾所指的是A.邁農的文章〈論更高級次對象及其與內感知的關係〉（Über Gegenstände höherer Ordnung und deren Verhältnis zur inneren Wahrnehmung），載：《心理學與感官生理學雜誌》（*Zeitschrift für Psychologie und Physiologie der Sinnesorgane*），第二十一卷（一八九九年），第一八七—二七二頁。第二四八頁的有關段落爲：「這裡所說的對立的核心雖然無法在這個問題中尋找，即對象是否占據了一個時間片段，因爲它總會占據一個片段；但卻可能在這個問題中尋找，即對象是否以及如何在時間上**被分配**。顏色、聲音本身是沒有這種時間分配的：它〔時間分配〕以某種方式屬於旋律、顏色變換。但如果人們談到一個延續響著的聲音、一個始終不變的顏色，那麼這也是一個時間分配的情況，因而可以肯定，不僅運動展示了一種時間分配的情況，而且靜止也同樣如此。在這個意義上，下面我把時間上被分配的與不被分配對象或事實加以對置。……」

在胡塞爾所擁有的這冊被保留下來的雜誌中，邁農的文章被胡塞爾加上了許多手寫的邊注、重點號等等。胡

斯特恩㉞區分「瞬間的」和時間上延展的意識行爲。瞬間的意識行爲——撇開其某種延續不論，是在每個瞬間中都完整的意識行爲，即是說，它們等時地（isochron）包含著所有相屬的、對立義的產生來說必要的要素，以至於在時間延展中沒有一個統合性的（intergrie-rend）要素被給予。㉟（但如何可能，如果「立義」一同朝向時間規定性的話？）

塞爾尤其在與此首先相關的第三節（〈對在時間上被分配之物的表象與感知〉，第二四三頁）的開端處加了一個邊注：「讀於一九〇四年九月」。事實上可以認爲，這裡所再現的胡塞爾札記，至少從第22號文字（邊碼195及以後各頁）起，都與邁農的文章有隱含的關聯。——編者

㉞ 許多情況表明，胡塞爾是透過邁農才注意到威廉·斯特恩的研究，邁農在〈論更高級次的對象及其與內感知的關係〉文章（尤其是第二四五頁及以後各頁）中對斯特恩作出辨析。所以胡塞爾在邁農文章的第二六六頁上加有邊注：「就我所見，斯特恩所關涉的不是這個問題，而是原生的和衍生的〔記憶〕。」也可以參見邊碼159注⑫所再現的胡塞爾對第7號文字所做邊注：「（根據邁農？）類似的事物斯特恩也說過」。——編者

㉟ L. W. 斯特恩，〈心理的在場時間〉（Psychische Präsenzzeit），載：《心理學與感官生理學雜誌》（*Zeitschrift für Psychologie und Physiologie der Sinnesorgane*），第十三卷（一八九七年），第三二五—三四九頁。根據第三二六頁上的相關段落，「除了瞬間意識行爲之外，時間上延展的意識行爲可以被看做是獨立的心理統一」。在對此的注釋一中，斯特恩闡述說：「『**瞬間**的意識整體』這個表達所涉及的並不完全是那些事實上只持留一個瞬間的內容（這種內容的實存是極爲可疑的），而是完全一般地涉及那些——撇開其某種可能的延續不論——在每個瞬間中都完整的意識行爲內容，即是說，它們等時地包含著所有相屬的、對立義的產生來說必要的要素，以至於在時間延展中沒有一個統合性的要素被給予。即便在這裡，瞬間也是一個抽象，但是一個可以允許的抽象。邁農曾說（這個雜誌的第六卷，第四四八頁），『有一些表象客體，

218

批判

如果我們以具體的和抽象的對象的（獨立的和不獨立的對象）區分爲出發點，那麼在每個具體對象（更確切地說：個體對象）中都包含著某些時間規定，但每個抽象對象則不是如此。我們肯定可以從時間規定中抽象出來，而且是以這種方式，即抽象對象如紅色、場所、顏色不含有任何時間規定。當然，與對獨立的和不獨立的對象的區分相交叉的，乃是對一併含有時間性的對象和不含有時間性的對象的區分。每個個體的對象都有其時間，它或者是一個時間整體，或屬於這樣的整體。但並非每個對象都在自身中含有時間。

對時間上被分配的和不被分配的對象的區分[36]——那麼，不被分配的對象恰恰是單純的抽象。

聲音本身、顏色本身不具有時間分配。一段旋律在時間上是延展的，在關於「分析」的文章（第六卷）[37]中，這個區別被標示爲兩種對立的表象對象或者也可以說是兩種現實之

它們的特徵在於，它們需要時間片段才能展開自身；相反還有一些客體，它們的標誌在於，已經可以發現它們被擠逼在一個唯一的時間點上』。」關於這個對邁農的引述可以參見邊碼219注㊳。——編者

㊱ 札記部分從這裡開始，胡塞爾將這個部分的日期標明爲——參見邊碼216注㉜——「一九〇五年一月七日」。——編者

㊲ 胡塞爾所涉及的是A. 邁農〈心理分析理論諸論〉（Beiträge zur Theorie der psychischen Analyse）的文章，載：《心理學與感官生理學雜誌》（*Zeitschrift für Psychologie und Physiologie der Sinnesorgane*），第六卷（一八九三年），第三四〇—三八五頁和第四一七—四五五頁。由於胡塞爾擁有該文的一個特印本，按照他在封面上親手寫下的筆記是在一八九四年二月十四日收到的，而邁農在其中——正如他此外也在其〈論更

219

間的區別，前一種表象對象的「本性在於，它們需要時間片段才能展開自身」，後一種表象對象的「特徵在於，它們被擠逼到一個唯一的時間點上，可以說是一個時間性的橫切面上（當然，並未以某種方式預先判決這個切點被束縛在時間片段上）」（第二四七頁）。㊳關於「分析」的文章第七十八頁列舉了後一組對象的例子：一個場所、一個聲音、一個顏色。㊴在後面（邁農還說），「表象、判斷、感受和欲求、對象也已經在特徵上被描述爲可以說是相互對應的點狀事實，並且同時構成一個完整的分離」。㊵原因：「一組對象，時間

高級次的對象〉的文章中——不同程度地引述了胡塞爾的《算術哲學》第一卷（薩勒河畔的哈勒，一八九一年），此外胡塞爾本人也在這篇文章的邊注中多次涉及他自己的著作，因此可以認爲，胡塞爾很早，即在一八九四年左右便已經了解這篇文章。——編者

㊳ A. 邁農，〈心理分析理論諸論〉，同上書，第四七七頁及後頁：「有一些表象客體，它們的特徵在於，它們需要時間片段才能展開自身；相反還有一些客體，它們的標誌在於，已經可以發現它們被擠逼在一個唯一的時間點上。」胡塞爾根據邁農自傳而引述其〈論更高級次對象及其與內感知的關係〉的文章，同上書，第二四七頁；這段引文是準確的，只是最後的括弧爲胡塞爾所加。此外，胡塞爾還加有邊注：「在『分析』文章中：它們的『特徵』在於，它們需要一個時間片段」，進一步還有：「第二六二頁將靜止稱之爲一個時間上被分配的不變的對象」；這裡又再度涉及邁農〈論更高級次對象〉的文章第二六二頁，那裡談到「一個時間上被分配的不變對象，例如靜止」。——編者

㊴ 〈心理分析理論諸論〉，同上書，第四四八頁；胡塞爾給出的頁碼「第八十七頁」所涉及的是前面注㊲所提到的特印本的分離頁碼。——編者

㊵ 同上書，第四四八頁。——編者

片段是建構性的；而另一組對象則不是。」（第七十九頁）[41]

對此參見斯特恩「心理的在場時間」第三二六頁（第十三卷，也參見注釋），他針對邁農而區分：「瞬間的」和「時間上延展的意識行為」。瞬間的意識行為——撇開其某種可能的延續不論——是在每個瞬間中都完整的意識行為，即是說，它們等時地（isochron）包含著所有相屬的、對立義的產生來說必要的要素，以至於在時間延展中沒有一個統合性的要素被給予。[42]但如何可能，如果「立義」（意指）一同朝向時間規定性的話？

這些區分在我看來並不令人滿意。[43]

如果人們以對具體對象和抽象對象的（獨立的和不獨立的對象）區分為出發點，那麼在每個具體對象中都建構性地包含著某些時間規定，但每個抽象對象則不是如此。我們當然可以從時間規定中抽象出來，而且是以這種方式，即我們保留抽象對象如紅色、場所、顏色，它們並不含有任何時間規定。因此，與對獨立的和不獨立的對象的區分相交叉的，乃是對一併含有時間性因素的對象和不含有時間性因素的對象的區分。

(A) 每個對象都有其時間，它——它的進程——或者是一個時間整體，或屬於這樣的整體。但並非每個對象都在自身中含有時間性的事物。[44]

---

[41] 同上書，第四四九頁；胡塞爾給出的頁碼「第七十九頁」所涉及的是特印本的分離頁碼。——這裡再現的「原因」一詞是胡塞爾在以下的、以後又被刪去的邊注中所加入的：「這是唯一根本性的事物，此外沒有什麼特別之處。據此看起來很簡單：這些是時間對象，另一些則是抽象，僅僅由時間質料所組成」。——編者

[42] 參見邊碼218注㉞。——編者

[43] 這個句子有可能僅僅涉及邁農的區分，因為胡塞爾用藍筆畫線將前面關涉斯特恩的段落分開。——編者

[44] 關於邊碼219至此，可以參見前面頁面所再現的文字（參見邊碼216注㉜）。——編者

(B) 此外還有對時間上延展的對象（與其時間一同被理解的對象）的下列區分：

(a) 有這樣一些對象，它們的時間劃分無論如何進行都會一再地給出這樣一些對象，這些對象所具有的所有建構規定性——時間片段擴展除外——都與它們相同：紅色、一座房子、一個顏色等等。我們也可以說，它們是一些如此覆蓋（überdecken）其時間的對象，以至於不同的時間部分一再地會有同一的時間充盈與之相符。

(b) 有這樣一些對象，它們如此地覆蓋它們的時間擴展，以至於與不同的時間部分相符的一般是不同的時間充盈。

這也是我們的概念構成之指向。

我們也可以說：用始終同一的質料來充實其時間的對象，以及用變換的質料來充實其時間的時間對象。

將時間對象（在它們的建構內容中一同包含著時間片段擴展）劃分為靜止和運動、不變和變化。

關於(A)我還要說明：我們在對象上的興趣和概念構成可以指向它們的時間規定或也指向它們的時間質料，或者說，指向它們的質料規定。如果我們用這樣一些概念來規定對象，這些概念不含有作為建構性要素的時間概念，那麼在對這個規定的邏輯表象中，時間性的事物就始終是未被規定的。由於每個時間質料（＝A）都可以充實任意一個時間片段，所以這些對象即使被我們加上時間，哪怕是不確定的時間，它們也仍然屬於不變。因而，即便不用時間，它們的「特徵也得到了充分的描述」。與它相對立的是另一類一併帶有時間規定的規定。

邁農陳述說：「對一個被分配的對象本身的表象**可以**是甚至必須是一個被分配的事實

嗎？」⑮這裡對概念所做的解釋顯得並不很成功。我們必須首先對他的所說的意思做深邃的思考，而說到底這還是一件簡單的事情。邁農的說法讓人起初覺得他會簡單地將**時間對象與無時間的對象**（後者在這裡意味著抽象於時間的時間質料）對立。實際上這關係到這樣一些對象的區別，一方面是具有「**不變**」特徵的事物對象，另一方面是與此對立的具有**變化**特徵的對象。⑯前者在每個時間點上都是質料上的同一個：因而不需要時間分派和某種時間謂項（普遍的時間謂項除外，它們都有自己的時間）就可以描述它們的特徵。後者的情況則不同：這裡需要時間來進行特徵描述。現在的問題是：對被分派對象的表象在其延續的一個還如此小的塊片中就具有不變的特徵嗎？

或者更簡單和更透明地說：對一個**變化**的表象（或感知、直觀）必然是一個**變化**嗎？對一個進展的表象本身是一個進展嗎？對一個生成的表象本身是一個生成嗎？或者，在一個靜止的、自身不變的體驗中可以有一個自身變化的直觀地生成嗎？但這個問題也在於：對一個**不變**的直觀本身是一個**不變**嗎？或者它只能是一個**變化**？或者它只能是一個不變，並且又可以時而是這個，（時而）是那個？

邁農稍後所作的更爲狹隘的表述在我看來也是不正確的。至少不太妥當的是：「對象的相互接續必定與內容的相互接續相符合嗎？」⑰但下面的表述則是不好的了：「需要時間才

---

⑮〈論更高級次的對象〉，同上書，第二四八頁。**重點號**爲胡塞爾所加。——編者

⑯ (A)時間對象與抽象於時間的時間點之質料、即與無時間的對象之間的區別。(B)不變與變化之間的諸區別。

⑰〈論更高級次的對象〉，同上書，第二四八頁。——胡塞爾對這個引文還加了一個說明：「內容＝現象學的內容」。——編者

能表象一個在時間上延展的事物嗎？」[48]後者根本不是問題。當然需要時間，而且必然需要時間。但或許是這個問題：對一個時間上的延展之物的表象，並且是直觀的表象，它是否具有一種**變化**（一種**進展**）的特徵。而邁農提出的這個附帶問題的意義也就在於，我們是否可以在一個時間點上表象一個「延展」。[49]即是說，如果表象具有一種不變的特徵，那麼它在每個瞬間都自身是同一的同一個，而如果對時間延展的表象就是它的質性，那麼這個特徵就會爲這個表象所保留，無論人們如何延展這個時間、這個表象的時間，或無論人們如何將時間聚攏到一個時間點上。

這兩個表述中的前一個要稍好些：「對象的相互接續必定與內容的相互接續相符合嗎？」表象的變化特徵在這裡自然地出現在我們面前，因爲「內容」在這裡是指對表象而言眞實內在的事物（實項地構造它的事物），而如果我們將這個問題與立義內容聯繫起來，那麼它事實上要比一般問題更具有標誌性。人們就必須問：在對變化的感知中所呈現出來的演替因素之**在場者**的情況是如何的呢？它們在表象中是相互接續的還是同時的？這個表象至少就此而言是變化還是不變？這也適用於對不變的感知。屬於不變的每個時間點（即不變在其中於質料上不發生變化的時間片段）的在場者在直觀中是同時的還是相互接續的？

邁農〈論更高級次的對象〉，第二四九頁：我們感知一個運動，例如一個球在運動。我

---

[48] 同上書，第二四九頁。——編者

[49] 在「邁農提出的這個附帶問題……」一句後面，胡塞爾原初曾做了一個引注（「在『分析』一文」的某處），以後將它刪去了。事實上以胡塞爾的方式所表述的這個問題無法被證明是邁農的。然而可以參見邁農的〈心理分析理論諸論〉，同上書，第六十四頁及以後各頁。——編者

們區分運動的時間和對運動的表象（對它的感知或直觀表象一般）的時間。（邁農所說的是「對象時間」與「內容時間」。）對運動的感知是如此地進行，以至於我們用目光一點一點地追隨這個活動的和自身正在運動的事物，與它們的時間位置相符合的是感覺與感知，而一旦這些感覺中的最後一個成爲過去，觀察者便終止了對運動的看。此後，對運動的表象的時間看起來便與運動的時間是平行地進行的，甚至這一個和那一個似乎是重合的（第二四九頁）。⑳

（進一步的闡述並不十分透明，它的意義或許在於：運動的時間據說是與對運動的感知的時間相同一的，並且是立足於這樣的觀點：自身運動之物的狀況是一點一點地相互尾隨地被感知到的。）

但如果在運動時間的每個點上都有活動之物的某個狀態被感知到，那麼這並不是說，運動時間就是對整個運動的感知表象的時間。運動時間是對活動之物的每個個別位置之感知而言的各個時間點的總合，但它並不因此而不是對運動的感知的時間，即對整個運動之感知表象的時間，哪怕是對任何一個如此之小的塊片、亦即對運動一般的感知表象的時間。

這一個命題使得邁農的那個讓人大喘氣的論述成爲多餘，那個論述以不清晰的方式所得

⑳ 邁農，同上書，第二四九頁：「從所有跡象顯示，對象時間與內容時間是完全平行的；似乎不可能將後者迫擠到一個點上。這裡的平行如此繼續下去，以至於對象時間和表象時間在這裡看起來差不多是重合的。當然，經驗已經在清醒的主體上，更清楚地是在做夢的主體上告訴人們，對於這個主體來說情況並非總是如此……。」——編者

出的結論最終也就是這樣的。[51]

我們這方面則要更清晰地進行幾個必要的劃分：我們劃分

㈠球的運動時間（作爲感知對象的客觀進程之客觀時間）。

㈡感知的時間。但這有雙重含義：

(a)對一個運動的感知需要有對球的連續變化的位置的感知（對自身運動之物的連續相位的感知），並且在達到最後相位時完成自身。如果我們將這個連續進程稱作對球的運動的感知，那麼對象時間（運動時間）便與對運動之感知的時間相合（至少是相接近），無論如何，感知時間是一個時間相位。我們將這個感知稱作延展的感知。

(b)對運動的感知在運動感知的終點、在最後被標示的片段的終點得以完成。我們把對A－B運動的感知稱作這樣一種瞬間意識，在它之中或與它一起，對象A－B第一次以完成的方式被意識到，或者我們將它稱作這樣一種完成的狀態，這個狀態的意向相關項就是這個對象，而後「對運動的感知」便是上述意義上的感知的**終點界限**。它在時間上是**不延展**的，它再現著一個時間點。自然，我們在這裡墜落到一個理想化的臆想上，它與數學的時間點是同一個事物。

無論如何我們可以說：這個對完成了的運動的意識只有在第一種意義上的運動感知中才

[51] 邁農，同上書，第二五一頁及後頁：「如果這裡所涉及的……是一個現實統一的對象連同各個演替部分，那麼演替表象恰恰就只能把握這些部分，而不能把握整體，以至於我們可以一般地主張：更高級次的被分配的對象只能借助於不被分配的內容而被表象；在時間上受到不同規定的底層級次（Inferioria），必定是共同地（zugleich）、儘管當然不是**作爲**同時的（gleichzeitig）而被給予表象的。」——編者

225

是可能的；因此，對一個運動的直觀表象只有在一個連續的行爲中才是可能的，這個行爲在時間上延續，在每個相位上都表象著一個運動的相位，但作爲整體的運動仍然是在其本己變化的終點上才成爲意向對象的。[52]

一個變化的直觀意識必然是在一個意識的變化中進行的。[53]

然而這樣一來，我們便已超出了邁農。

當然，那個構成被延展感知之結尾相位的瞬間意識，它有什麼權利被稱之爲感知呢？我在其中完成旋律的最後一個聲音的意識，在意向上或許是這個旋律的一個片段，或許是這個完整的旋律，但這個意識可以叫做對這個旋律的感知嗎？它是對最後一個聲音的感知，甚至是對這個聲音的一個相位的感知，但並不是對這個旋律的感知。[54]

邁農本人基本上只是表明：對一個運動的感知、對一個哪怕極小片段的感知（最終是對整個運動的感知）就是對這個整個變化對象的感知（而它始終是一個整體）。它並不是由連續地相互接續的瞬間的現在感知所組成的，這些現在感知每每產生出它的現在，但並不產生出延展了的時間客體。自然，由於這個延展了的客體不是局部的現在，因此也就不可能在一

226

---

[52] 胡塞爾後補了一個說明：「在這個點上？在這個點上完成對整個運動的感知，但這並不是說，這個抽象的點就是對運動的感知。這個感知恰恰是一個演替的整體。」參見本文以「當然……」開始的段落。——編者

[53] 原本胡塞爾在這裡還寫有以下一段加了方括號的句子：「在這個『必然』中隱含著一個明見性，並且又隱含著主要實事和主要困難」。——編者

[54] 從「當然……」開始起的這整個段落可能都是後來補加進來的，時間晚於邊碼225注[51]所標明的邊注。——編者

個恰恰是給予著一個局部現在的現在感知中被感知到。對延展了的客體的感知就意味著：感知這個延展的每個點，這恰恰是明見的。而由於感知與被感知之物明見地在現象上是同時的（這裡並不涉及客觀的同時性），因此也就得出：對一個時間客體的感知必須是一個時間客體，而兩者在其現象的延展方面是相合的。

但邁農想要推斷出的恰恰是另一些事物。他相信可以推斷出：只要對時間客體的感知都僅僅給予它的現在，那麼這種感知就不是由瞬間感知＝時間瞬間—現在—感知的持續序列所組成的，因此，必定存在著一種行爲，它超出現在而包容整個時間客體。客體對於感知來說已在終點完成：因而這個行爲必然是在此進行的，並且必然在包容這個客體的同時構成對這個客體的感知。故而被分配的對象只有借助於不被分配的「內容」才會被表象（也許應當說：行爲連同再現性的內容，這些內容是瞬間地—同時地被給予的）。但這一點究竟是錯是對，還要看如何理解；而邁農的理解是錯誤的。固然，意識的把握必須超出現在。意識在每個瞬間行爲中都必須如此進行，但這個瞬間行爲不是對時間客體的感知，而是一個抽象項（Abstraktum）。要想使對時間客體的感知得以可能，不僅結尾行爲必須是一個超越把握的（übergreifend）行爲，而且每個瞬間行爲都必須是這樣的行爲；感知，即本身是延展了的、被分配的感知，就在於對這些超越把握的行爲的融合。這些行爲沒有一個有權被稱作感知。[55]

因此他相信，已經證明了這樣的結論：演替性的表象恰恰只是部分把握，但不是整體，

[55] 從邊碼226「它並不是由連續地……」開始到這裡的文字是爲胡塞爾後補插入的文字。——編者（由於這段插入文字十分重要，因此特別在中譯本中以楷體字標出。——譯者補注）

以至於我們可以一般地主張：更高級次的被分配的對象（旋律、運動……）只能借助於**不被分配**的內容而被表象。

但這一點眞的被證明了嗎？感知是結尾相位嗎？而這個結尾相位是一個數學的點嗎？如果它是，那麼就意味著，倘若這應當就是對運動的感知，這個感知要麼就是不可能的，要麼就只能被想像爲一種廣延。一個自爲的點甚至什麼也不是。現在的問題是：它只能被想像爲這樣的一個結尾相位嗎？而這樣的話，整個演替感知的行爲不就是一個實際上必須叫做「對運動的感知」的事物了嗎？這樣，感知本身就是被分配的對象，而邁農所強調的，就僅僅是一個單純的數學抽象。或者也可以說：如它在結尾相位上所生成的那樣，它是延續的存在？它可以有一會兒延續不變？但如果運動已經過去，我們還擁有對運動的感知嗎？而這難道不意味著：我們即使在沒有運動時也擁有對運動的感知？因爲每個延續的存在（每個不變）都能夠是自爲的，無論它是以何種方式生成的；「能夠」是指：可以想像爲自爲的存在者。但事實上**明見無疑的**（如果還有明見無疑的事物的話）是：**結尾相位**只能被想像**爲結尾相位**，並且**只有作爲結尾相位**才是可能的，**每個時間相位**都只能被想像**爲時間相位**，並且**只有作爲時間相位**才是可能的。這樣便產生出邁農主張的對立面。

因此要對邁農進行反駁：倘若對運動的感知眞是一個不被分配的行爲，一如顏色、場所是不被分配的，那麼原因就應當在於，它不僅僅可以作爲相位存在，而且可以作爲某種延續的事物存在。不被分配的對象是時間質料並且能夠充實任意的時間片段。但這是無稽之談（Unsinn）。

第30號　三重相位[56]

為了清晰起見，需要明確劃分**三重的相位**：

㈠瞬間直觀或直觀相位：時間客體直觀的相位。直觀本身是一個時間客體並且自身有其相位。例如對旋律的感知：對第一個聲音的感知，對前兩個相互接續的聲音的感知，將其感知為這個旋律的第一個片段，對第一個旋律段落的感知等等。

㈡客體的因素，客體的時間相位：在每個上述意義的相位內，即是說，如果我們從直觀的延展中取出一個點，在這個點以內「顯現出」某個時間形態，顯現出旋律的相關塊片，而這個塊片具有其相位：這些便是顯現著的（erscheinend）相位，而不是顯象（Erscheinung）的相位（作為體驗的直觀的相位）。

㈢在㈡方面的對象性相位，它們在一個瞬間中同時地被意識到，只要立義統一性在此瞬間中包含著它們所有，這些對象性相位就會顯現在其連續的雜多性中，同樣也會顯現在立義的統一性中，而這個立義的統一性具有一種相應的立義因素的雜多性。這便給出了對相關因素的立義的同時性相位：在瞬間直觀中的立義因素與客體的因素相符合。或者也可以說：直觀相位中的立義相位——符合於客體的時間相位。

當然我們而後也需要區分：在直觀相位中的再現相位以及立義特徵與其他行為特徵的相位。

---

[56] 這是一個頁面的札記，胡塞爾標明「三十二」，顯然曾將它列入到一九〇五年時間講座的原初構想之中；參見邊碼216注[32]。——編者

現在我們對㈠可以說：直觀相位連續地相互過渡，但這種連續性只是在一種反思的感知中才被給予，這種反思的感知將同一性的河流客體化，因而這便回引到㈢上：我們必須區分在立義相位中（在個別的立義相位中）的立義統一和在瞬間直觀中（在直觀相位中）的所有立義相位的統一。

如果我感知一段旋律（它可以完全墜入「感知」），那麼我便以對象性的方式在某個感知相位中「直至那時地」（「bis dahin」）擁有這段旋律，在結尾相位則擁有這完整的旋律。在這裡，每個對象性的相位（每個自為的聲音）都被立義了，都出現在一個立義的瞬間裡。同樣，如果我在相互接續中看到一個人，而後看到一條狗，那麼「人」自為地被立義，「狗」也是如此，而且**這兩者**都屬於處在一個結尾－瞬間直觀中相互接續的意識。每個如此隱含的立義都是一個立義的統一。但這些立義被聚合為瞬間－時間意識。

我說「瞬間－時間意識」，因為我們必須再次區分：對時間客體的直觀、對旋律的直觀、對它的感知；這個感知從第一聲響起，一直延伸到最後一聲響起。

㈠即是說，時間上延展了的、完整的、具體的時間意識、完整的感知、對時間的直觀。

㈡瞬間－時間意識、第㈠的相位。

現在，瞬間之物又在哪裡呢？瞬間的（時間意識相位）是如何聯繫在一起的呢？在瞬間－時間意識中，立義相位具有行為－連續性的統一：行為形式的因素自身分異，自身始終在分層次。各個行為形式彼此相合，卻仍然在彼此疏遠（無限小的相似性的統一並不總是這樣一種統一：顏色序列以時間的或空間的連續性為前提）。或者毋寧說，它們並不彼此相合，但它們具有親和性。它們彼此「接近」，彼此帶有間距地統合，如此等等。與行為形式相符合的是時間的範疇因素，它是「客體」、時間內容的行為構形。但這個因素本身是時間嗎？然而這是不可能的。

第31號　圖式。（現在立義與延展感知。）[57]

我們觀察ＡＢＣ的音序，每個聲音都延續著它的時間，並且連續地與它的鄰居相接界。在其順序中的這三個音都在一個感知的統一中被感知到。在它之中我們對每個聲音都具有一個具體的、時間上延展了的意識，而且不僅如此，我們還具有對它們所共同構成的聲音形態的意識。每個聲音不僅在現在點上被意識到，而在延展了的感知的整個時間中被意識到。這裡包含著：對Ａ的立義並不是隨著Ａ的起始瞬間而開啟和隨著Ａ的結尾瞬間而停止，以不變延續的方式；相反，僅僅是對Ａ的立義不再是對Ａ的現在立義。在它失去這個特徵的同時，Ａ「下墜到」過去之中。在Ｂ和Ｃ也同樣如此。XX'是客觀的時間線，每次在其中只有一個點是實在的。我們把Ａ所流過的時間間距放到在Ａ中建立起來的縱坐標上去，因此方式用縱坐標標出這種向過去的回墜。而後，諸斜線便給出本原時間域的內容的圖像。每條斜線都含有對於結尾點而言的內容的時間層次。所有點在其中當然都是同時的。

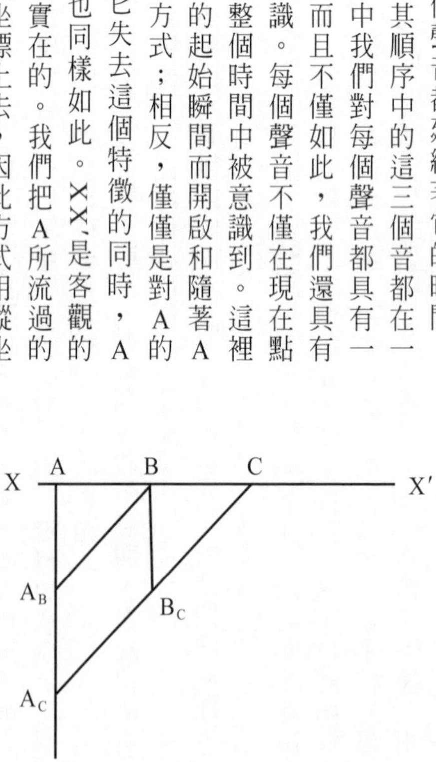

[57] 這是一個頁面的札記，胡塞爾標明「三十四」，顯然曾將它列入到一九〇五年時間講座的原初構想之中；參見邊碼216注[32]。標明「三十三」的頁面在第33號文字、邊碼232及以後各頁中得到再現。——編者

第32號　連續統[58]

㈠對一個時間客體的，例如對一個運動的延展感知的連續統，包含感知的所有相位，對這個運動的感知在這些相位中逐漸進行並最終得以完成。

㈡被感知的時間客體的時間片段的連續統，構成其時間延展。

(a)整個時間客體的時間片段的連續統，正如它在感知結束時所顯現的那樣。

(b)就它在感知的一個相位中所顯現的而言。

㈢立義的連續統，這個立義在感知的一個瞬間進行並且同一地和瞬間—同時地構造出時間客體的一個相應部分。

這個連續統對於每個瞬間而言都是不同的。

㈣對於這些瞬間立義中的每一個而言的立義內容之連續統，並且既是就那些在它們之中作爲現在而顯現的事物而言，也是就那些顯現爲作爲剛剛過去的事物而言。

㈤立義內容的連續統，這些立義內容〈屬於〉對象之物的特定相位，貫穿在這整個延展性感知的始終，而且立義特徵和立義形式的連續性也是如此。

因而每個感知都分解爲各個橫截面。在每個橫截面上都有定位在一個感覺中的感性內容的連續性，以及定位在一個現在—感知中的〈立義〉特徵的連續性。而整體感知的統一便是這些連續統的連續，它們始終一個相位一個相位地（在其瞬間相位方面）相互鄰近地結合在

㊽這是一個頁面的札記，胡塞爾標明「三十六」，顯然曾將它列入到一九〇五年時間講座的原初構想之中；參見邊碼216注㉜。——編者

一起，並且因此而構造出關於整個時間對象的統一意識。

第33號　斯特恩—邁農討論的結果[59]

㈠在對一個時間客體的感知的本質中包含著：這個感知本身是一個時間客體。它在任何情況下都是一個時間延展。

㈡在對一個時間客體的感知的本質中包含著：它具有一個變化客體的特徵。即便是對一個不變客體的感知，自身也具有變化的特徵。

㈢每個感知相位都與一個時間客體的片段有意向關係，而不只是與一個在此片段中必然被給予的並與它同時的現在點有意向關係。

㈣這個關係以**某種**方式包容了時間客體至此所流逝的片段；以或多或少的方式常常也包容這個時間客體的直接鄰接的將來片段，但後者並不是本質性的。然而無論如何，這裡本質性地包含著一個對未來之物的意向，即便不是一個對涉及同一時間客體之繼續的意向。

㈤需要區分時間客體的各個部分，一些部分在這些感知的相關瞬間相位中還限於直觀中，另一些則不是。與前者相符合的既有連續的立義內容，也有立義特徵，與後者相符合的是空乏的立義意向。

㈥感知關係到在一種雙重連續性中、在一種第二層次的連續性中的時間客體。我們區分：

232

---

[59] 這是一個頁面的札記，胡塞爾標明「三十三」，顯然曾將它列入到一九〇五年時間講座的原初構想之中；參見邊碼216注㉜，也可參見邊碼230注⑤⑦。——編者

(a) 感知相位的連續統，

(b) 在一個相位內的直觀立義的連續統。這個連續統定位在一個現在立義中，它是過去立義和將來立義的貫穿點。我們將每個這樣的連續統都稱作一個**直觀的橫截面連續統**。與這個直觀的橫截面之連續統相銜接的是一個空乏意向的模糊連續統，關係到時間客體的不再是直觀的各個部分。

(七) 感知據此而是一**個連續統的連續**。如果我們從第一個感知相位開始，即從這個必然具有現在感知特徵的感知相位開始，追蹤某個立義內容，那麼這個立義內容貫穿在橫截面連續統的連續性中，而且

(a) 至少它在貫穿於這個連續性的一個塊片時是一個持續的**現在**。立義內容是一個現在感知的持續在場者；只要這裡所涉及的立義內容是在場者，感知就具有一個對不變的延續者或自身變化者的感知的特徵。

(b) 立義內容接受了一個想像材料的特徵，無論如何可以說：接受了一個不再是感覺材料之特徵的特徵。

但在這裡要注意以下情況。由於每個感知相位都直觀地表象時間客體的留存片段，因此，例如延續了一秒鐘的聲音並不僅僅是在秒感知的每個橫截面中以現在的方式被感知到，並且不僅僅在這個橫截面中具有其瞬間的在場者；這個聲音**直觀地**透過立義內容的並延（Koextension）而在時間上延展地顯現出來，這個立義內容只有在一個點上具有感覺的特徵，而在其他方面則持續分層次地具有變異了的特徵。[60]只有在聲音感知的開始相位上才缺

[60] 胡塞爾在這裡後補了一個說明：「說這些做什麼？這不是本質性的。」——編者

少這種並延，在這個感知的每個進一步的橫截面上，這種並延都是在此的，而且它從一個橫截面到另一個橫截面地增長著，直至這個聲音感知的結尾橫截面。在這裡，對於在聲音的感性連續統中的每個橫截面來說都有一個定位在感覺中的上升連續被給予。如果旋律在繼續前行，聲音便不再是**被感覺到的**或被感知到的聲音；因而在每個進一步的橫截面中，只要聲音還屬於它的意向內涵，它就還是以一種延展的形式被表象，但不帶有一個感覺界限。對各個立義內容所做的闡述，也適用於**各個立義**：與感覺相符的是作爲現在意識的感知意識。與在程度上分層次的立義內容相符的是在一個相位內的立義的分層次；而在這些分層次中的統一中，即在一個意向的統一中，本原的過去建構自身，它與被感知的現在連續地相銜接。它當然是就一直流動到現在的時間客體而言的過去意識。

在一個連續地展開自身的行爲中，時間客體如此地建構自身，以至於時間客體的一個現在以一個瞬間接一個瞬間的方式作爲其當下點而被感知到，同時一個過去意識也一個瞬間接一個瞬間地與當下點的意識連續下去，並且使時間客體的一直流動到現在的塊片得以顯現爲剛剛過去的。立義內容是一個瞬間接一個瞬間地在此的，感覺材料對於現在是一個瞬間接一個瞬間地在此的，想像材料對於過去是一個瞬間接一個瞬間地在此的，只要過去確實曾是直觀的，只要原初的時間域在伸展。

第34號　關於一個相互接續序列的意識的問題[61]

㈠我感知A，而後B，而後C。

㈡我感知B，並且將它感知爲在A之後而來的，C在B之後而來，B在A而來，C是在現在中，B剛剛曾在，A是在B前曾在。

㈢我回憶B（它如何曾是現在，我將自己置身於B的現在之中）並且回憶，當B曾是現在時，A剛剛過去。

㈣曾是「現在」的B與B一是同一個事物，後者曾顯現在對本原時間片段裡的剛剛過去的特徵描述中。將當下化（「再造的感知」）認同爲對B的時間回移，但這個時間回移本身並不隨同原初的時間片段一起被當下化。

㈤對A的意識在直至C的整個時間片段中都延續著。在C這裡，瞬間意識具有一個延伸，它的形式如下：

$$\frac{\bar{\bar{A}}\quad \bar{B}\quad C}{t_0\quad t_1\quad t_2}$$

但「A」、對A的意識具有一個時間延伸的特徵，一種從現在向過去回墜的特徵，以

---

[61] 這是一個兩頁的札記，胡塞爾將它當作一批頁面的封面，這些頁面是埃迪·施泰因在加工其時間講座時沒有使用的頁面；背面的一個印刷品間接地表明這個札記的產生年代最早爲一九〇五年二月十五日。因此這可能是爲一九〇五年時間講座所作的最後準備的札記之一。——編者

至於它在時間t_1中具有$t_1—t_0$的過去特徵，在時間t_2中具有$t_2—t_0$的過去特徵。情況不僅僅在於，在t_2的時間點上，A帶著「t_0」的特徵在此，B帶著「t_1」的特徵在此，帶著相應的時間本身。而且更多地還需要注意：

㈠A的特徵是一個變換的特徵。它首先具有現在的特徵，而後具有過去的特徵，而且是β，即：如果B是現在，而β標誌著與B的一定距離，那麼C——我們臆想，是在距離相同的情況下——便具有現在的特徵，B具有β的特徵，而A則具有2β的特徵。

㈡此外，我們知道這種持續的變化，知道這種持續的回墜。因此，

(a)立義會在A向B向C過渡的同時不斷發生變化。

(b)這就是說：對A的立義並不消失在A的瞬間中，而是A「下墜」，立義始終與立義相銜接。

當B是現在的時候，當B在主線上的時候，A包含著A_B。如果在A與B之間的時間中沒有現在內容在此，那麼在此之間的每個現在點，如α，就包含著一個$A_α$。但如果α是一個現在內容，那麼它也下墜，並且是以同樣的程度下墜，以至於所有那些屬於與X X'相同平行線中的點都不是同時的，毋寧說那些處在斜線中的點才是同時的。它們根據其時間特徵來表達各個瞬間意識。在平行線中我們具有點，在這些點中，就像在X X'中一樣，一次始終只有一個點處在意識中。

㈢A: (B、A_B); (C、B_C、A_C); ……[62]是相互接續的意識階段，相互接續的瞬間直觀。我

[62] 胡塞爾在邊上說明：「最好是反過來寫，即從右到左地讀，或者從上向下地寫！」這裡所說的反過來也可能是指以下所運用的書寫方式：A; (A_B、B); (A_C、B_C、C)。——編者

們對這個相互接續也有一個意識嗎？它是否會導向一個無窮倒退，這當然是個難題。我們肯定不具有對這些意識階段的一個瞬間意識，我們更多是在相互跟隨中擁有這些意識階段，而且只是在相互跟隨中擁有它們。例如，如果我哼唱三個聲音。在結尾意識中我僅僅具有結尾意識。我如何區分它們？我如何比較它們？我從何知道它們的持續相隨？我重複A，我重複A_B並且觀看它（A_B B），我最後重複這個整體並且觀看（A_C B_C C），我將A認同爲A_C，同時在A這裡，B_C已經在期待中起作用了。

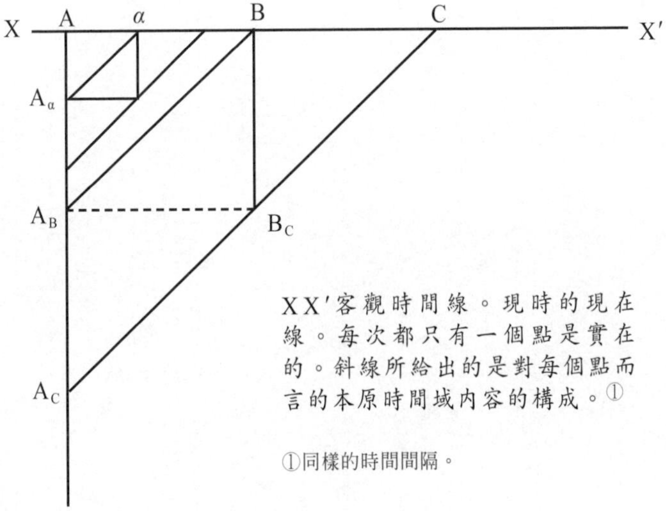

XX′客觀時間線。現時的現在線。每次都只有一個點是實在的。斜線所給出的是對每個點而言的本原時間域內容的構成。①

①同樣的時間間隔。

三　關於個體化的西費爾德文稿[1]

①這裡復現的所有札記都出自一個由胡塞爾自己集結的卷宗，上面寫有如下的文字：「西費爾德文稿以及關於個體化的較舊文稿。西費爾德，一九〇五年。個體化（歷史筆記：在西費爾德頁面中——一九〇五年——我已經發現『現象學還原』的概念和對它的準確使用）。」沒有被復現的正是那個還放在卷宗中的唯一「較舊的」札記——出自「哈勒」時期，亦即一九〇〇年前。第35號文字被仔細而明確地標明了日期：「西費爾德，一九〇五年暑假」，後面的第36號至第38號文字是後來寫下的，但最遲可能在一九〇九年前後；也可以參見下一個注釋。——〔第36號文字至第38號文字所標明的日期：一九一七年。——新編者補注〕

第35號　時間事物作爲變化或不變的同一之物所具有的統一②

我在現象學的感知中對什麼具有明見性，並且我在現象學的感知中何時會具有一個間接的和超越的知識？我看見一個啤酒瓶，它是棕色的，我盯住這個在其廣延中的棕色，「就像它現實地被給予的那樣」，我將那些在現象中僅僅被意指而沒有被給予的事物排除。這裡是一個啤酒瓶，它是這樣和那樣的。我區分諸啤酒瓶—現象，我使它們成爲諸對象。我發現這些現象的聯繫，我發現貫穿在它們之中的同一性意識。我發現我用這些語詞來表達它：啤酒瓶始終顯現，顯現爲延續的同一個和始終同樣確定的。而與此同時有不同的顯現；這些顯現並不是那個在它們之中顯現的啤酒瓶。它們是不同的，啤酒瓶是同一個。顯現本身是對象。一個顯現，這是一個持續同一的事物。它延續一段「時間」。在持存於回憶中的同時，可以在其中區分出某些部分與因素。這些部分和因素又再度是對象，每個都是在其延續過程中的同一個，在回憶延續的同時，這個延續顯現出來，這個因素顯現爲延續地同一地曾在的。

因而「內」感知、相即感知的明見性應當是什麼呢？明見性是「判斷」的事情。**超越的**感知、對啤酒瓶的感知可能會「欺騙」（täuschen）。它的對象存在，並且如此存在，這是

② 胡塞爾明確標明這份札記的日期爲「西費爾德，一九〇五年暑假」。此外他還對此札記作了注明：「普芬德—道伯特的尷尬」。因而這份札記顯然是一九〇五年暑假在西費爾德與A.普芬德和J.道伯特所作一次討論後產生的。關於J.道伯特可以參見H.史匹戈博，《現象學運動》（*The Phenomenological Movement*），海牙，一九六〇年，第一卷，第一七二頁。——編者

可以「懷疑」的。啤酒瓶或許「不是像它顯現的那樣」，或許它「根本不」在。這意味著什麼？或者感知能夠得到充實，它含有尚未被充實的意向，或者感知能夠得到「進一步的規定」，或者受到「反駁」、經歷「失實」。它所得到的充實等等是在這個和那個「方面」進行的。**內在**感知不含有任何「單純的意向」，它的「對象意識」始終是被充實的，同一性意識是一個純粹的意識，並且不是那種由意向與後加的充實組成的意識。在現象的這個（Dieses）之中我以充實的方式把握到一切。——「這個棕色在變化」。③

感知——現象學感知

我感知——**這個棕色內容**。**它**是一個**延續者**。它始終是同一個。它覆蓋了某種現象學的伸展。我昨天看到它，因此我今天回憶它。它直至今天都具有延續了的超越！我當然不能將今天和昨天帶進來。④讓我們限制在那些於感知中被給予的事物、現象學的被給予之物

---

③ 從表面上看，這裡被放在前面的這段文字——透過一條線被隔開——在文稿中是跟隨在現在被放在後面的文字之後的，即跟隨在邊碼239之後，但根據胡塞爾的說明，在這個地方應當接上的是這個也在這裡隨後復現的文字。因此，整個札記是以——從表面看來就是如此——前面〔應當是「後面」。——譯者補注〕所復現的小標題而開始的：「感知——現象學感知」。但實際上有可能是胡塞爾一則已將從這個小標題開始至邊碼239的文字後補性地放在了後面的文字之前，二則隨後也爲了作出進程說明，而爲這個放到前面的文字後補地附加了這段在附錄中被復現的文字。——編者

④ 注：但我難道不可以透過對啤酒瓶—感知的現象學還原而現在回憶這個如其曾被給予的棕色嗎？

上面：「現在」被看見的在其延續中的棕色。**這個**棕色，**它**延續著，它始終覆蓋**同一個伸展**。現在這個棕色**自身**變化了，它變深了，它改變了**它的**伸展，即它所覆蓋的**那個**伸展。

我如何會絕對地確定，對於**延續的每個相位**而言，被給予的都確實**同一地**是這同一個棕色——如果我現在把棕色理解爲種類（最小種差）？而且確實是「同一個伸展」？**有這樣一種絕對的確然性嗎**？棕色，這是什麼？它是種類嗎？不是。它是個體嗎？它是個別嗎？是棕色的最小種差嗎？但這僅僅與瞬間相位有關。作爲延續的個別相位的棕色並不延續，它僅僅是相位。我們具有許多個別相位，每個相位都是不同的。並不是有許多事物在延續，而是只有一個事物，即**這個**棕色在延續。**這個**棕色在延續，而我在它的延續中區分諸相位。這是一個抽象；我在本眞的意義上區分片段、**部分延續**；棕色在每個片段中都延續，它貫穿在所有片段中延續著。這個在此延續著的棕色覆蓋著一段伸展，而這同一個棕色蔓延地貫穿於這個伸展的所有部分。被分離的伸展具有「同一個事物」，在這裡是相同的棕色，被分離的延續具有相同的棕色，這同一個種類的棕色。這個棕色不是最小種差，它也不是所謂最小種差的數學上精確的個別情況，不是絕對意義上的個體因素。⑤

但它又是個體因素。首先它是一個個體，它是一個這個，具有其絕對的個體性，是作爲個體性而被意指的，而非作爲普遍之物。已經預設了，它是一個被感知的**這個**，並且具有它的現在，當然，它是現在，這一點並未被意指。

其次，被意指的並不是一個具有這個棕色的個體，而是這個**棕色**，而它也不是指這個對

⑤ 在這裡開始的頁面的邊上胡塞爾作了一個說明：「一九〇九年看過」，這個注釋或許也對這個札記的後面幾個頁面有效。——編者

象的棕色、這個具有一個個體的棕色；可以肯定，至少不必定是指這個，就像如果我意指這個快感，我並不必定會意指我自己，並不必定會把這個快感意指爲我的。即是說，我意指這個個體的棕色，這個種類的個別情況——這也是要強調的——又不是將這個棕色意指爲種類的個別情況，就好像這個關係現實化爲「普遍對象」一樣。

這個種類的個別情況、這個棕色在這裡是意指的同一之物，這個**棕色**—**顯現**是此意指的基礎。棕色—顯現指明**棕色**—**延續**，它是一個延展的顯現，在其中立足著一個延展的對象；意指並不朝向延續，而是指向這個在延續著的並且在延續中是同一的棕色，即是說，這個**在統一性和自同性中被意指的**棕色。「反思」表明，它就是這樣被意指的；如果我們「分解」時間延續，或者我們分解現象、分解在時間方面的顯現，那麼我們會直觀到塊片，它們本身是與整體同一類的顯現，而在這個差異性（眾多性）的基礎上，我們直觀到因此而被相互區分開來的諸對象的相同性：這一個棕色和另一個棕色是「同一個」，即相同者。但如果我們反思顯現的統一，那麼我們便直觀到同一性，它是本真的同一性意識（一個範疇性的同一性意識），棕色在此意識中是作爲連續同一地被意指之物、作爲在統一性和自同性中的被意指之物而在此。

我們一方面具有**連續的統一意識**，它給出統一性、**不間斷的統一性**、在時間連續性中的同一性、在時間的連續河流中的統一之物。

另一方面我們具有一個間斷的意識、一個被分片的（zerstücktes）意識；在對塊片（Stück）區分中，我們具有諸多的統一。每個統一都是在上述意義上與每個塊片的時間連續性相關的統一。但這是不同的統一，它們並不組合成一個整體的統一，相反，由於它們建基於**連續的**顯現和一個連續的統一意識的統一之上，因而這些有別之物的同一的統一又再度得以形成：這個延續塊片的棕色和那個延續塊片的棕色是各不相同的，只要它們屬於不同的

240

時間片段；但只要它們連續地充實一個時間片段，就會有一個延續的對象存在，就會有貫穿在整個時間片段中的同一個事物存在。⑥

我們也許必須區分：

我們可以將**連續顯現著的棕色**理解爲延展了的棕色、伸展了的和始終爲一的棕色，它貫穿地在時間中「展開」自身，但卻隨相位的不同而各不相同。即是說，**棕色—伸展**是一個統一，它根據時間被劃分，而且每個部分都是不同的。這個棕色—伸展不是一個對象的延續，它不延續，延續著的是一個同一之物，它作爲一個同一之物貫穿在那個始終爲一個棕色所覆蓋的時間伸展之始終。這個**貫穿的統一性意識或同一性意識**不應被混同於那種**完全另一種對時間上始終相互排列的各個瞬間的**一個**整體**的意識。當我們生活在同一性意識之中時，我們在始終的連續統中、在時間延伸的連綿河流中所具有的始終是一個事物。**客體並不是這個伸展，而是這個自身伸展的事物**。明見無疑的是，我們而後始終可以把這個伸展本身變爲對象，劃分它，並對部分作出區分。各個棕色—瞬間的連續性是作爲連續性而被一個同一之物的統一所穿透的。

⑥ 胡塞爾對上面的文字加有邊注：「參見休謨，《人性論》，利普斯，第二六七頁及後頁。」他以此所涉及的是大衛·休謨的《人性論》（*Traktat über die menschliche Natur*），特奧爾多·利普斯所作的德文翻譯並加有一個索引；第一部分：「論知性」，漢堡和萊比錫，一八九五年，第二六七頁及後頁。胡塞爾用的這個版本被保留下來，並且帶有他親手所加的諸多邊注、重點號等等。在第二六八頁上，尤其是在休謨談及「個體化原則」時，可以發現胡塞爾的如下邊注：「我的關於時間的講座和研究！」——編者

連續性與統一性

在所有連續性中都生活著這種同一性，每個連續性意識⑦都是對一個統一性的意識，而且在這裡必須始終區分自身連續著的統一之物和作爲連續統本身之整體的統一性。這個連續性意識是一個時間意識（還不是一個「客觀」時間的意識），而我們必須區分兩種情況：**不變的**、延續的意識與**變化的**意識；在前一種意識中，在此立足的是作爲不變之物的同一之物，連續的統一意識的相位根本不能被區分，除非是從時間上區分；在後一種意識中，這個始終的統一之物、同一之物發生變化。

這個棕色**始終在維持**，它在延續——這裡指的是在棕色因素的連綿河流中的統一，即在對一個棕色對象的立義中構成這個同一棕色**標記**的統一：對象具有棕色這個規定性，它延續地是棕色的。

這個棕色在變化（從一個棕色—色彩層次變爲另一個棕色—色彩層次）；它始終是棕色，它是在時間上延展了的棕色—因素之連續性中的同一之物，它（在觀念化的抽象中）同一地始終是**作爲種類的棕色種類**。並沒有進行觀念化的抽象；它是一個**因素**，在變化「自身」並且一再地變化，在時間的連續統中貫穿著一個同一性。對象的顏色在變化，它是個體的同一之物，但也是「自身」在質性上變化著的事物。

在簡單因素及現象學領域中，情況便是如此。對在不變與變化中的一個連續的統一性

⑦ 這恰恰是在時間展開中的一個同一之物（一個存在）的連續性；不是指「質的連續性」、顏色因素的持續分層次。

242

（同一性）的感知：**建基於其上**的對片段的感知和對差異性的感知（我將連續的片段區分爲部分、區分爲多數），對相同性的感知等等。對一個「**因素**」的感知：**棕色**——以及對一個統一之物的感知，**統一性意識的進行**；棕色因素被給予——而後在重複的回憶中被認同。

而後是**各種複雜狀況**。但我們最好應當說：上述情況適用於最小微差（形而上的諸部分）。**空間的廣延在延續，在變化**。聲音在延續，在變化，**強度**、**音色**。如果我們走近**具體的整體**，那麼這裡就會有這個**整體**的同一性附加進來，它建基於整體特徵的種類同一性之中。需要注意：更高層次的對象：**旋律不變化**，它延續得這樣和那樣長，它透過「展開」的方式延續著，同時始終有新的聲音出現。是什麼構成了**這個**旋律（「這同一個」在這裡是種類的同一個）的「重複」？

根據上面所說：**棕色**在延續，棕色在變化，它延續，它作爲「棕色」在質性上保持不變；它就其作爲棕色的本質而言「在質性上」變化，它在其廣延方面發生變化，或它在其「廣延」方面保持不變（它在質性上保持不變，它在其廣延方面發生變化；它既作爲棕色而變化，也在其廣延方面而變化），以及諸如此類。

另一方面是否可以說：作爲空間的廣延，廣延在同樣的意義上固持或變化？在廣延方面難道不是必須要說：質性的廣延、某個有廣延的事物的廣延，它保持不變還是在發生變化？這裡難道沒有區別和困難？⑧

243

⑧ 胡塞爾對上面的文字加有以下邊注：「對這些略述的闡釋在附頁中」，以後將「在附頁中」修改爲「在其他頁面中」。下面文字新加了在這裡復現的副標題「連續性與統一性」。——編者

連續性與統一性

我們需要區分：

㈠ **時間連續性**，被理解為時間點（時間點本身）的連續性。

㈡ **時間中**的連續性，被理解為**時間內容**的統一，統一被理解為連續統一和「**實在統一**」。時間內容「始終」在充實著時間片段，而由於它們進行這種充實，「實在之物」的同一性便束縛住它們，這些實在之物作為在這個時間中變化著的或不變地延續著的（在不變或變化中**固持著的**）統一之物，始終貫穿在時間延續之中。

㈢ 一個「**持續**」**變化的連續統**。時間連續統是由一些「持續」分異著的因素的連續統所充實的，在這些因素中，一種最小微差得以個別化。一個顏色的持續變化：顏色差異始終在變更，而顏色因素的分異與時間的分異是「相合的」。

一個「**質性的**」**連續統只有在一個時間伸展中才能成為本真的連續性意識**，而後在時間的伸展中有一個「自身變化著的」同一之物被把握到，或可被把握到，它「自身變化著」；而且是「連綿地」、無「跳躍」地變化。跳躍和間斷會撕開統一，但統一可以透過另一個自身相合的因素而被保留和被製作；例如，空間的連續性與一個顏色連續性相合。如果**這個**顏色連續性經歷跳躍，廣延便會自身**分開**，但它仍然還是一個統一。

在一個時間連續統之上的一個「空間的」和質性的連續的延伸

時間連續統不是一個「**實在之物**」，時間本身不是一個延續或變化的事物，一個時間差異的系列並不又再度在時間中，並不含有貫穿地在這個系列中展開的同一之物（一般「時

間」的情況則與此不同）。但每個貫穿在時間中的伸展者都是實在的，**時間內容**是**實在的**，它「持續地」充實著時間，而且透過它的充實，它以這種持續的方式論證著同一性。**同一之物是實在之物**。實在之物延續著或變化著，並且作爲如此這般形成的、作爲在這個時間因素t中的α、作爲在t′中的α′而「規定著自身」。如果在t_0—t_1時間片段中的規定性始終同一地是在最小微差中形成的，那麼它就不變地延續著；如果這個規定性變換、持續地分層次或以不連續的方式跳躍，那麼它就在變化著：在後一種情況中，同一性必定是透過其他規定性而始終得以維持的？⑨

個人的同一性；同一個事物的同一性；變化中的同一之物

蘇格拉底。**個體之物**是一個在變換中同一地保持自身的**屬性**嗎？顯然是荒謬，對每個屬性都可以想像無限多的載者。

個體之物在直觀表象中是**無法找到的**；屬性的複合，**連續地**變化，但我們在變化的連續性中「確定」（Konstatieren）同一性。（確定當然不是對一個**內容**的發現。）**同一個事物**在變化；只要我們感知到連續的變化，我們所認定的就是自身變化者的同一性、客體的同一性，而不是屬性的同一性。屬性不是同一的同一個，紅變爲橘紅，但橘紅與紅並不是同一

⑨ 隨後還跟有一句後來被刪去的話：「現在的問題是，我們以此而向『經驗』實在的分析走得有多遠。」胡塞爾看起來是在刪去這句話的時候在下面加了個注：「作爲延續著的同一之物的『實在之物』概念。『延續著的』在這裡常常意味著不變的，延續常常就和不變差不多。」——編者

的。**只有亞里斯多德的屬才始終是同一的同一個**。先前的紅的客體現在是橘紅的，客體是同一個。這個同一之物仍然還是一個抽象之物嗎？客體的複合形式、亞里斯多德的屬（在某種擴展中）對於變化了的和原初的形式而言是同一的同一個嗎？但這是不能令人滿意的。**這個事物是同一個**。

諸變化對不同事物的依賴性。因果性。如果 a_{α} 過渡到 a_{β} 之中，那麼 $b_{\alpha'}$ 也必定過渡到 $b_{\beta'}$ 之中。

時間性中、時間流連續性中的同一之物，在個體之物意義上的同一之物，或者易言之：在時間存在意義上的同一之物。時間中的實體化者（固持者）。在現象學時間中的現象學實體化者，現象學的靜止者和自身變化者。（「內在者」）⑩

這個：這個顏色、這個顏色性的伸展，這個顏色和伸展的統一在延續，在變化。

反思：我「發現」時間連續性、延續，我可以在其中區分流動的「部分」。沒有嚴格的劃分。我發現「顏色」並且一**再地發現顏色**。顏色在延續。顏色屬或複合屬（顏色—廣延），在延續的不同伸展中的種類之物「始終是同一個」。顏色（或顏色—廣延）是「時間上的延展」，可以根據時間的延展而被劃分。這就是

㈠ **作爲時間充盈的顏色**。相反，

---

⑩ 帶有這個副標題的下列研究——直至邊碼249——被胡塞爾特別稱作「西費爾德基本考察」；寫著這個研究的兩個頁面被標示爲這個札記的「主要頁面」。——編者

㈡**延續著的顏色**，它貫穿在時間中，是在時間的顏色—連續性中的同一之物。是貫穿在它之中的同一之物：在種屬上被規定爲顏色的個體之物在延續擴展的同時或在延續的擴展中是同一個，它延續，它是貫穿於連續時間充盈之始終並且連續地在它之中實體化著的事物，或者它被規定爲空間上的顏色—廣延，而且它「**隨時**（je-derzeit）」都具有顏色規定性和空間廣延規定性，以及最後一個規定性：在每個時間片段和每個時間相位中的同一個顏色與廣延的差異。相位——這只是單純的臨界情況：任意小的時間片段（這是延續，延續的各個部分是與整體相似的：「種類」相同）在內容種類上是相同的，無論是僅僅就一般的屬而言，還是也就差而言。撇開時間部分的秩序以及那個叫做時間擴展並可以具有不同程度（「大小」）的擴展不論，總是有一個相同的事物——在不變的情況中。

變化與變換。（跳躍）

時間連續性中的**充盈**。具體的連續性：**隨著**時間擴展的充盈。[11]內容的連續性。具體的內容可以允許進行一個在較大或較小的**時間延展**方面的**比較**；與此相對的是那些構成時間展開之**內容**的事物。[12]「同一個」內容可以展開到不同的時間片段之上。例如同一個紅—綠的連續性。

我們持留住時間片段，或者撇開內容的時間延展之程度區別不論。我們進行**其他方向上**的**比較**和抽象。

---

⑪「隨著」（mit）也完全可以說成是：「在……中」（in），時間擴展：所有這些都是形象的說法。

⑫在延續方面就已經必須這樣來闡述了。

(a) **不變**。在不變的情況下，無論對延續如何做「劃分」，這些內容都一再地是相同的，不帶有作爲時間狀況（秩序）和時間「大小」區別的其他區別。在時間意識的連續性中始終有自身性（Selbigkeit），它被規定爲不具差異性，被規定爲完全相同的，在「**質性**」（在整個時間充實的本質）**方面的純粹相同性**。

(b) **變化**。變化的情況（顏色發生變化）則與此相反，我們在時間充盈方面發現——撇開時間擴展和時間秩序的程度不論——**充盈的差異性**，另一方面則發現**同一性**，即「自身變化著」的那個**事物**的自身性。這個事物（Was）在構成共同性的更高「顏色」屬中始終受到不同的「規定」。在進行隨意劃分時，每個部分自爲地看都有它的統一性，而所有這些統一性（基質）都是顏色這同一個屬的，正如建基於它們之中的整體基質，而另一方面，局部統一的最小微差則是不同的。如果我們走向極限，那麼我們便具有點的劃分和點的差，它們自身無法〔再〕被劃分，並且在不同的部分中不〔再〕能夠包含差的區別。

（顏色在這裡不能被看做是對通常意義上的顏色—質性差而言的更高屬〔純粹質性、純粹紅色、純粹色彩層次〕，而是對**時間充盈之統**一而言的更高屬。我們從時間延展的大小、從那些由不同的時間延展或在時間延展之內的劃分所導致的諸程度區別中抽象出來：留給我們的便是作爲統一的**時間充盈**（作爲某種時間上被延展的事物）。時間也在一旁，但問題並不在於這個或大或小的時間。這與一個空間廣延的「著色」是一樣的。）

如果我們根據時間延展來劃分充盈，那麼我們會在持續的變化上一再發現屬一般的相同性——它始終是「著色」，另一方面則是差異性——一再發現另一種〔著色〕。然而不僅僅是一般之物：著色是相同的——即便在「著色跳躍」的情況下也是〔如此〕——而且還有**質**

性的連續性，沒有跳躍，在任何部分中都沒有。⑬

還有一種相同性：隨意的時間相鄰的充盈表明一種相似性，以及在這種相似性之內的上升狀況，這些狀況無須與時間的上升狀況攜手並進，同樣也表明秩序狀況。這需要進一步的描述。

在**變化速度**不同的情況下，時間上不相同的片段在質性上「變化相同」，它們具有質性的差異性，但同時也具有相同性。根據這種連續性所做的劃分，有別於根據時間連續性所做的劃分，儘管隨著一個劃分的進行也會有在另一連續性中的劃分發生。

各種跳躍：

(一)在兩個延續之間的跳躍。

(二)在兩個持續變化之間的跳躍，這兩個變化沒有組合成一個**持續**變化的統一。

(三)從一個不變到一個持續變化的跳躍，或者反之。

質性上持續映射的**快**與**慢**。質性的映射（Abschattung）愈慢，與一個質性固持（不變）的相似性就愈大；質性的固持〔是〕質性映射的臨界情況。

對基質與充盈之區別的澄清⑭

如果我們反思時間片段並且將它視爲一個整體、一個形式，即內容借它來展開自身的一

⑬ 胡塞爾後加了一個說明：「這裡缺少對跳躍概念的定義（澄清）。」加入這個說明的時間應該要遲於後面寫下關於「各種跳躍」的幾行文字的時間，這幾行文字本身顯然也可能是後加的對正文之補充。——編者

⑭ 這個副標題下面的段落是胡塞爾後來附加到前面文字邊上的。——編者

個形式，那麼這個自身展開的充盈無非就是**基質的連續統**，這些基質屬於流動地凸顯出來的時間部分，並且最終屬於時間因素。因此我們也可以說：如果瞬間基質（片段—基質的極限）在連續的時間序列內滿足某個內容上的（即基質的）連續性的條件，那麼瞬間基質就構造了一個基質，它本身不是這個瞬間基質的連續統，而是貫穿在它之中，並因此而長久地**保存**（währt）時間片段。

「時間種類」(a)——時間充盈的種類(b)

從現象學上看：

就(b)而言：我在視野中發現許多「**白色**」因素，它們是種類上的共同之物。⑮視野——我們假定是在靜止觀看的情況下——（是）一個現象學的延續統一。它作爲不變的統一而在統一性意識中「被持守」。在它上面或在它之中，我發現一**個白色**和**又**一**個白色**；每個都是在延續片段內的不同「時間」中被把握到的，但卻並非隨著這個時間而被意指的，而只是作爲各種延續—**統**一。現在的問題並不在於延續，它們兩個是「在種類上同一的」：認同中的統一。每個在個體上都是不同的：這個與那個是各不相同的。它們每個都有在視野中的不同「位置」：這個視野的每個部分都是不同的，而這些部分具有某種秩序關係。我可以談論，一個部分在視野中「**自身**移動」。這個部分在這裡除了顏色之外還有它「**形**

⑮ 這個基本解釋可以用「共相」一詞來概括。但譯者仍然放棄「共相」的譯名，因爲它只能被視爲一個基本解釋。——譯者

狀（Figur）」，它又再度是一個可以在種類把握到的事物。這是一個在變化中的同一。本眞的變化：這同一個統一在變化中一再具有不同的「狀況（Lage）」。但也有非本眞的變化：我可以**想像**這同一個由形狀和顏色組成的統一忽而在此、忽而在彼（但這個個體性在這裡已經不再是同一個了）。

時間延續在這裡始終是可以自由變更的。這個白色延續得較長或較短，它在變化，或快或慢，在較大或較小的時間片段中。

就(a)和(b)而言：**時間擴展是那個自身擴展之物**、那個「充實著」時間的事物的一個**規定性**。在時間中的同一之物，這就是**個體之物**。不同個體之物的共同一般之物〔共相〕就是種類，是個體的內規定性（構造性的規定性），是這個個體之物可以與其他個體之物共有的事物：**不依賴於時間**。

個體是在時間中的同一之物，亦即在獨立於時間片段的情況下論證著時間充盈的那個統一。因此，個體的構造性的事物就在於時間充盈的同一之物，而由此便產生出**構造性的規定性之種類**的概念，這些規定性可以爲不同的個體在同一的或不同的時間片段中所擁有。因此，(a)時間**中**的同一之物、在時間流中連續的同一之物；(b)**種類**（Spezies）的同一之物就是**種類化**（Spezifikation）的同一之物，這種種類化是由不同個體的「共同之物」來確立的。

就(b)而言：但本身還是**普遍性**的**時間規定性**情況如何呢？認同可以涉及兩個個體的**內容**；這便給出了構造性的種類（實在種類）。但它也可以在其「**時間形式**」方面、在其時間延展方面涉及這些個體；這兩者可以充實**同一個**時間片段，它們是同時的。

時間片段不是兩次在此，而時間充盈則可以完全相同地在同一個時間片段上兩次在此（種類上同一）。如果個體是同時的，它們當然不是「共同成長的」，因爲在它們的構造性

內容中並不包含時間。時間片段是某種抽象的事物。它必然是某個個體性的時間片段。但它不是個體的因素，而且它不是一個可以多重複製的事物（Zu-vervielfältigendes），不是一個可以種類化的事物（Zu-spezialisie-rendes）。**它不是個體的**。個體性是在它之中——而這是必然的。**它並不如此地造出個體性**，就好像絕對的、個別的時間片段以抽象的方式（in abstracto）（誠然，前提在於要有一個充實著它並從它之中抽象出來個體性），透過假定它已經爲顏色這個種類的一個個別之物所充實，從而便將這個種類已**個體化**一樣。因爲**同一個**時間片段可以被顏色的許多個別情況所充實。

時間片段的同一性是**許多個體的**一個**同一之物**，但它並不是一個可以在各個個體（所有那些充實著這同一個時間的個體）中多重複製的種類之物。這裡不可能有多的意識（Mehrheitsbewuß-tsein）。

因此，時間還是可以被種類化的，即：不同的時間片段在一個總的時間片段的同一統一中可以是**同時的**和**不同時的**——時間範圍屬、時間片段、諸時間範圍的種類。個體的時間擴展與個體構造因素的時間擴展也具有種類，根據**延續**和**變化**；速度、加速等等。我們可以將時間充盈連同其時間加以統一，並將它種類化。

空間種類

「空間」的情況是如何的呢？在一個現象學的——前經驗的——廣延的統一中，**感性的質性**可以**多次被給予**。空間部分只能是一次性的。感性質性的最後種差可以被多重複製，但場所、一個質性所充實的廣延卻不能被多重複製。廣延是一**次性的事物**，但卻仍然是**抽象的事物**。如果一個感性質性與另一個在種類上與之完全相同的感性質性都屬於同一個具體的廣

延統一，那麼它們透過什麼來相互區分呢？透過廣延部分、透過「**場所**」。它們在空間上是不同的。可是廣延部分或場所的區別並不在於顏色，顏色就是同一個！場所永遠無法同一次被兩個屬於同一個屬的（**視覺的**或**觸覺的**）質性所覆蓋，無論它們是**相同的**還是**不同的**質性。如果質性的種類是確定的，而且如果場所是確定的，那麼（暫時處在一個包容性延續的空間具體化之統一以內的）**個體的塊片**便是確定的。

這個場所將質性的最小微差「變爲」（macht）個體的最小微差。場所是**個體地規定著的規定**。

在這同一個延續之內可以有兩個個體，在它們的構造性內容中包含著場所和質性（空間形式和空間充盈），但在同一個延續之內的兩個場所屬於同一個「**空間**」。不用「場所」更好些：兩個一次性的廣延作爲部分而屬於一個唯一地包容它們的一次性廣延，而且如果個體是分離的，它們就作爲相互排斥的部分而屬於這個廣延。⑯

一次性的廣延始終是**某物的**廣延；抽象地看，它們是**最終的一次性**，是不能在一個延續中被多重複製的個別性。這種一次性（猶如空間—個體）可以被比較、被種類化；**空間種類**生長出來；廣延屬、範圍、形狀等等。

空間個體

還有一種認同，它將個體的同一性抬高到**絕對場所**之上。**空間個體**就是**場所變換中的**

⑯ 我在這裡說的是「一次性的」廣延，即個別的廣延，（可能的）特定的個別—個體的廣延，或廣延一般的最低抽象。

同一之物，就是場所變化（變化，一個任意的時間變化）的同一之物。如果空間充盈自身（在種類上）保持同一，並且在被充實的空間形式（形狀）的種類之物得到保持的情況下自身**運動**，那麼空間個體便是同一個。同樣，我們可以**不去考慮**空間充盈。因此是在場所的變化中的同一之物。構造性的內容是：種類的形狀和種類的質性。個體始終是種類相同地被規定的事物和改變著絕對場所的事物。當然沒有質性的個體；空間個體的取決於空間和時間的特性。[17]

〔這個〕空間個體在不考慮其充實性內容或「幾何」軀體的情況下是一個固持的（starres）空間事物。如果我持守住這個**充實性**內容，那麼我就具有一個固持的軀體＝場所變化的同一之物。[18]

在**聲音領域**中沒有空間。兩個種類同一的聲音只能在不同時間中出現。在同一時間中只有一個具有同一種類規定性的聲音。在這裡只有**不同之物**的**同時性**，而即便是不同之物也會轉變為一個統一，轉變為一種融合。聲音並不構造感性事物，它們只是被這些感性事物**所喚起**，並且只是**間接地被置入**這些感性事物以及它們在其中自身「擴散」（verbreiten）的空間。

至此為止，我們試圖盡可能現象學地進行操作。（當然所有這些都需要在這個方面受到覆核。）如果以現象學的方式、而不是以經驗─超越的方式來理解時間性和空間性，那麼它們真的就是個體化的完全原則嗎？如何從現象學的事物邁向經驗的事物呢？而首要的是：**自我**的個體性以及「它的」現象的個體性、狹義上的它的感性顯現以及它的心理體驗的個體

[17] 參見康德的空間與時間論證。

[18] 最後這個段落是後加給前面文字的。——編者

性——這些個體性與現象學的個體性處在何種關係之中？在這裡當然很難說，「自我」的現象學的事物是由什麼構成的？

第36號　（關於）西費爾德反思。（時間對象的典型性、數學性和統一性。）[19]

我感知到這個棕色；我進行現象學的還原，亦即如此地接受純然的感覺素材，就像它現象學地被給予的那樣，作爲「現在」**延續著的**。它，這個棕色，在延續，它固持不變，它在其延續期間始終具有有一個廣延。它，這個**棕色**，在變化，它變化其質性，變化其亮度，它變暗了，變化其伸展，它所充實的**那個**伸展被覆蓋了。

這關係到——先假定這一點——一個**感知**。在它之中、在這個現象學的感知之中，在多大程度上包含著絕對的確然性呢？即便是一個我在其中發現棕色不變地延續著的感知——我也具有並且可以具有絕對的確然性，即這個棕色在質性、亮度、伸展方面，在這些因素的所有方面或在這些因素的一個方面，是不變的，或者說，這個伸展始終是同一個不變的伸展？

在感知中我們以明見被給予的方式具有被感知之物，就像它是被感知之物的那樣，它是

⑲ 胡塞爾在這個札記上加了——而且不是後加的——「西費爾德反思」的標題，這個情況本身表明，它被寫下的時間至少遲於第三十五號文字。——編者〔寫作日期爲一九一七年。——新編者補注〕

不變的或另一方面（在相反的情況中）是變化之物；從一個相位到另一個相位，或從一個延續部分到另一個延續部分，它是同一個或不同的事物；這是以劃分和比較爲前提的。我們可以說：在劃分之前，並且又再度透過對類似情況的比較，「不變」這個**類型**（Typus）和「變化」這個**類型**是可以把握到的，一個類型與另一個類型的區別是明見的。

在「不變」類型（類型本質）中包含著：「某種」劃分所具有的結果是：不同的部分本身又是不變的類型，並且這時在內容方面是「相同的」，或者，如果對時間部分的選擇是相同的（而且每個延續可以被劃分爲相同的部分），那麼就相互的關聯而言，這些被充實的部分就只是一些重複。在「變化」類型中包含著：與相同時間部分相應的是不相同的具體項（Konkreta）；**如何**不相同，以及這裡可能有哪些不相同性的類型——對此還需要進行先天的（apriorisch）思考。

我談及「不變」**類型**和「變化」類型。如果我討論類型之物，那麼我就必須談論「相同延續」的類型、「在相同延續時的時間對象之差異性」的類型或「在不同的延續充盈時的相同延續」的類型；另一方面則要談論「在相同的延續充盈時的相同延續」的類型，或「在延續和充盈方面相同的時間對象」。而後在差異性的情況中：相同延續著的或充實著相同延續的時間對象是不同的，可是在其伸展方面是相同的，然而在這個（「空間的」）伸展的質性充盈方面卻又是不同的。它們在較爲狹窄意義上的質性方面是相同的，但在其強度（亮度等等）方面則是變換的。

這首先是**類型**的發生情況（Vorkommnisse），因此談不上無限的（in infinitum）時間劃分，而只能談論〔這一點〕：劃分是一種類型的情況，在這個情況中包含著相同劃分的類型和不同劃分的類型。

但在此之前〔要考察一下〕許多時間對象的比較情況以及從屬的類型統一形式。

我們發現每兩個時間對象都在延續中處在長—短的類型關係中（或一個相對長，另一個相對短：處在它們的共處中）。或者：兩個在一個感知統一中統一地被給予的「時間範圍」在相互發生關聯之前便含有一個類型的、感性的統一，這個統一是「時間範圍」之差異性的基礎，並且包含著「a比b長」、「b比a短」的關係。在這裡，屬於這個感性統一類型的是一個程度性，它接近這個類型，使它連續地過渡到「作爲時間範圍—相同性的相同性」統一類型中。而後這些情況便不言而喻地過渡到從一個劃分中產生出來的某個時間片段的各個部分上。

在與劃分的類型情況的本質聯繫中包含著以下的事物：每個時間客體都具有一個延續，我們是這樣說的。但在一個延續的類型中，我們具有在擴展著的、流動著的延續和瞬間的延續之間的區別，而且是在那些進行劃分的企圖之前就具有這種區別。這是一個質性的整體類型—區別。相關地說：擴展著的和流動著的延續——以及瞬間延續、閃電般的事物。

這裡當然包含著關係和關係的發生情況，或者說，包含著奠基性的感性統一形式的類型。一個延展著的延續可以是一個延展得較長或較短的延續，或者兩個延展著的延續可以是延展得同樣長的延續。它們具有相同的時間長度。所有構成一個相同組的延展都具有同一個時間範圍或時間片段（同一個片段一般的差）。與此相反，瞬間—延續、瞬間則不具有時間範圍，不具有擴展，儘管我們在它們那裡也發現程度上的區別。即使在這裡我們也會像在一般的變級（Steigerung）情況中一樣談論「範圍大小」，談論較大或較小。即使在這裡我們也可以想像構成了的同一「範圍大小」的概念級別。但我們不能說片段，不能說延展。

可劃分性屬於現象學延展、片段的本質。在這裡人們不能說，片段在劃分時必定一再地分解爲片段，我們最終達到**瞬間**。每個片段都可以根據瞬間的較大或較小而劃分爲一個較大或較小的數字。另一方面，各個瞬間所具有的一種程度性會導向片段。小的片段雖然還作爲

255

256

延展而給予自身，但已經接近瞬間，而那個使較大和較短的瞬間得以區分的程度性，會在對瞬間的放大中導向小片段。最後還需要探討的是在對感性共同體的比較和連結以外、至少是在延展時的長短之**準**－質性的區別。然而在這裡，瞬間是作爲「短的」而被納入排序的，而這裡的問題是：那個指向比較的隱含意向性在多大程度上一同起著作用。

現在，類型之物是如何將我們引向**觀念領域**的呢？如何引向這些數學上的純粹臨界概念：數學的點、數學的長度或片段、無限的劃分的呢？休謨問題。

但我們要回到西費爾德問題上。

棕色，這究竟是什麼？它是一個種類？那麼問題就在於：「種類」與這裡出現的類型的和數學的發生情況處在何種關係中？顯然這個概念預設了數學化的同一過程，它是精確的，從邏輯上理解是一個數學的臨界概念（Grenzbegriff）。我們將類型的相同者、類型的完全相同性和在許多方面類型的相同性區分出來，而後獲得作爲極限概念（Limesbegriff）的精確相同性和精確的一般之物或本質，具體的或抽象的本質——所有這些都是精確「邏輯地」被理解的。因爲**邏輯**是處在觀念之物的領域中，而不處在單純類型之物的領域中。但我們在數學的觀點中又再度對這些觀念進行還原。即是說，與時間劃分相應的是具體的部分，而且是具有一個數學的時間片段和一個數學地被充實的片段的具體項，或者本身就是這樣的片段。而數學化將時間形式的精確相同者與時間充盈的精確相同者加以對置。無限的劃分導向作爲整體的不可分的時間點，而這些點「沒有範圍」，它們作爲範圍（即作爲點）在數學上是不可分的，而且在這個點性（Punktualität）中具有其範圍。在它們之中包含著作爲相應的臨界概念的點的充盈，即是說：充盈的點的種類，以及這個點的具體項之剩餘就像每個片段－具體項一樣分解爲它的抽象「因素」，分解爲顏色、強度、伸展的不同種類，或分解爲無論哪種可以在各自內容方面有可能相關的事物。

如果我們現在已經處理過了這種數學化，並且用這種理想概念（Idealbegriff）來理解被給予的感性素材，那麼我們就要說：**這個棕色**不是種類，既不是時間片段點（延續的點）的點種類，也不是具體延續充盈的種類，後者在數學化中被理解爲點種類在其順序中按延續點進行的連續融合。**這個棕色**也不是具體的**個體**。這個棕色作爲延續的點狀相位並不在延續，在時間點連續統中的棕色—因素之連續統並不在延續，而是時間片段在一定的順序中被點狀的充盈所充實：恰恰是一點一點地被充實。時間片段實際上並不是就這些充盈才叫做**延續**。這個棕色在這個時間中延續著，穿越它而伸展，並且在穿越過所有點以及穿越過這些點的所有充盈時始終是同一個，而這些點作爲時間上有別的，本身也是有別的。在意項上我可以劃分時間片段、延續的時間，而後每個部分都有其充盈；但還不僅如此：每個部分都有其顏色（它的棕色），它穿過這個部分、穿過它的時間片段而延續，而這又意味著：同一個事物、同一個顏色是貫穿在所有這些充實性內容之始終的。

在這裡，無論「自身」變化還是自身不變，這個**棕色**都可能是始終相同的。因而這裡所說的同一性並不是那種有可能連結延續的所有部分和點的種類同一性。這適合於不變的情況。但我們不僅必須看到：我們在它之中發現有相對於種類同一性的另一種同一性，即延續之物的同一性，這個延續之物在所有時間點中都「自身始終是相同的」，即它的伸展貫穿在不同的、但就種類而言是同一的充盈之始終；〔而且也必須看到，〕在變化的情況中，「自身」變化的事物在整個變化的始終是同一個事物，是這一個對象性、這一個「顏色」、這一個棕色，它自身變化並且在每個時間點都是不同的。這看起來是一個矛盾。我們稱之爲這一個棕色的事物，亦即這一個自身變化的事物，即便在這裡也不是這個時間點的棕色—充盈，而是某種可以說是在它之中自身展示的事物、一個同一之物，它在不斷更新的充盈中是同一個，並且只是它之所是，作爲在這種有序的時間充盈中存在著的。

可以說，這個**棕色**是在連續的雜多的棕色—「顯現」（Erscheinung）中（在時間相位的充盈中）「顯現出來的」，並且作爲「顯現統一」也貫穿在被充實的延續片段之始終的同一個自身的事物。我們具有一個連續的統一性意識，它的相關項是一個不中斷的統一性、時間連續性中的同一性、一個在連續的時間流和在連續的時間充盈流中的同一之物。我們另一次具有一個中斷的意識，在對時間塊片或被充實的時間塊片的區分中；我們隨之具有許多這樣的統一，但它們並不會緊湊地組合成一個整體的統一。相反，由於這個劃分關係到一個統一，即是說，它分解了這個統一的被充實的時間片段，因此它便析出了在其中屬於這個時間片段的各個統一，即整體統一以某種方式處於**其中**的那些統一。

時間片段的這個塊片的棕色與那個塊片的棕色是不同的，只要它們屬於不同的時間片段；但一旦它們以某種方式連續地充實一個時間片段，它就是「**一個**」延續著的「對象」，就是在這整個時間片段中始終**維續著**的這同一個事物。

我剛才說：「以某種方式充實。」就是說，在某種意義上我們對每個時間點和每個時間片段都有一個充盈，而時間片段充盈是這個時間點充盈的連續的總合，是就某種析取劃分的部分片段而言的充盈之總合。在另一種意義上我們將時間對象的統一稱之爲這樣一種事物：它延續著，並且只是在充盈中宣示自身，它顯現著，在其雜多性中始終是維續著的（**在維續著**），也作爲充實時間的，在時間中連續存在的，恰恰在它之中**維續著**的。

或者，我們也區分：

㈠**時間對象**、延續的事物、在時間中並貫穿於時間之始終而連續地維續著的事物。

㈡自身**伸展著**的時間充盈、**棕色**—**伸展**，作爲根據時間而自身分片（zerstücken）的統一，以至於每個塊片都是不同的。

這個棕色—伸展並不**延續**。它是一個時間片段，連續地被棕色所充滿、所覆蓋。但在這

種時間伸展的始終，有一個同一之物、時間對象在貫穿地表明自身。

與此相關的是這個貫穿的統一意識或同一意識，我們將它當作「某物在延續」（一個顏色、一個聲音在延續）的意識，有別於對一個由時間上始終相互鄰接的各個瞬間所構成的**整體**的意識。兩者是共屬的，是不可分離的一個事物，但需要有一個不同的目光朝向才能在課題上把握到這個統一或這個整體。時間客體是自身伸展的事物，而不是這個伸展；或者，時間客體是在時間中**固持的事物**（Verharrende）。

在這樣一個固持之物（**時間實在之物**）的構造可能性中包含著什麼？時間充盈的連續統；更清晰地說：我們在我們的例子中就統一性方面所必然發現的事物就在於：棕色並不是不連續地過渡爲另一個棕色，甚或過渡爲一個藍色等等。這樣的話，也就不再有什麼過渡了。

第37號　時間客體⑳

我有一個「**棕色**」現象，或者我們說，一個感性**素材**，完全具體意義上的。它**固持著**（在**固持**的意義上**延續著**），它是一個不變或變化的統一。它固持著，在其質性、強度、延展（準－空間的）方面不變，或在其質性、強度、延展方面變化。

人們也可以說：**質性固持著**，或強度、伸展——固持著？**人們說**：質性保持不變，而後它變化了等等。大小和形狀（空間的軀體性）保持不變或自身變化。

---

⑳ 寫作日期爲一九一七年。——新編者注

如果我關注質性，那麼，我把握到它在變化或不變中與其自身的同一性。我不進行「**觀念化**的抽象」，我把握的不是純粹的本質，而是個體的統一，它貫穿在質性的這個時間連續性中。對於每個因素都同樣是如此嗎？我關注延展，關注空間的軀體性，例如它保持不變，而後它變化形狀等等。同樣，我關注強度並且對它作類似的陳述。另一方面，這些因素彼此並不相同，並且是在這整個連續地堅持著的統一中的因素。

這個具體的聲音素材是作爲延續著的而被給予的（被構造的）。它始終不變，而「在其中包含著」：它的變化並不是就它的所有因素而言，而在其中又包含著：這些因素中的每一個本身都是一個固持的事物，但卻是**不獨立的事物**。

具體的統一是一個基質、主要基質；它自身承載著「特性的」基質。它的存在、固持－存在（Verharrend-Sein）「**是**」在這樣的特性之中的，這些特性的存在又再度是固持－存在，但卻是在特性方式中的固持－存在，這些特性僅僅是作爲關於某物的特性。但這個某物是一個統一，是所有特性的統一，不是對象的一種連結，而是在固持的基質之存在中的多樣性，而這基質恰恰就在固持的特性**之中**。這樣，特性的固持就由於其不獨立性而接受了一個特殊的意義，另一方面，這種不獨立性並不是一種可以說是在外在意義上的不獨立性，按照這種外在的意義，對於一個事物的存在而言的某個法則一併也要求另一個事物的存在，某個相關的屬或種的事物的存在。具體個體在與其他具體個體的關聯中的不獨立性，完全不同於特性的不獨立性。特性是基質對象，然而是對一個基質的創造（Erzeugung），這個基質可以說是生機勃勃地活在這些特性之中，而且這個基質就是它之所是，只是處在這些特性之中。

但現在我們還觀察到本質區別，即這裡在特性標題下總括地顯現出來的那些因素彼此奠基的層次順序的本質區別。

在聲音素材的基質統一的例子中，我們將**延續**與它在延續特性方面的本質，或與在此固持的對象的整體**特有本質**（Eigenwesen）區分開來，前者並不是眞正意義上的特性（延續本身並不延續，不固持）。這個在對象與特有本質之間的區分意味著什麼？

誠實地說，它要麼就只是一個口頭的區分，即是說，對象本身與在這裡被稱作特有本質的事物一樣，是同一的事物，即在延續中的固持；要麼它意味著特性本質的融合（融合的整體），並且因此而表達「對象」、作爲其特性之統一的時間客體，或者它表達**埃多斯的**（eidetisch）本質，它可以爲許多時間對象所同一共有，並且在它們之中個別化。個體的個別本質（埃多斯〔εἶδος〕的個別化）是時間客體本身，它本身是固持的，而且據上所述是如此地固持，以至於在它身上可以區分出組元（Komponenten），也就是固持的組元；而且只要它們組合成一個固持之物的統一（但不是結合起來的，而是在它身上可作區分的統一），這個固持之物、具體—個體的時間客體就處在固持的特性**之中**，它在它們之中展開，並且在其存在中還伸展到它們之外。反過來，這些特性不僅在個體的時間客體中必然是被結合的，而且它們也存在，只要這個個體的時間客體存在，在這些特性中以特性的方式這樣和那樣地存在。

然而我們還是回到聲音素材上：

它存在於它的音質、強度、音色等等之中——但這些特性的地位並不是同等的。我們說，質性，例如c，是或多或少有強度的；c具有某種強度，而且有可能是一種變換不定的強度；但不會是這樣的情況，即：強度具有一個質性，並且有可能具有一個變換不定的質性。（如果一個質性持續地過渡爲另一個質性，那麼強度可以始終保持不變。但我們不會說並且也看不到：一個固持的強度以不同的方式質性化，正如我們與此相反地看到：一個固持的質性會採納不同的強度，或者在其強度上發生變化。）在音色和其他那些規定性方面，情

況也是如此，這些規定性始終與作爲基本特性的質性〔相關聯〕，質性在它們之中得到進一步的規定，同時本身（即「作爲」質性）卻不必經歷變化。

如果我們另以顏色素材爲例，那麼類似的情況也適用於顏色質性，進一步適用於紅色等等。但空間（或準—空間）廣延的情況是怎樣的呢？這個**廣延**顯然又具有一個不同的位置。〔空間〕將那個在廣延中廣延著的事物加以個體化。

顏色素材是一個廣延著的素材，就像它具有一個帶有強度的顏色質性等等一樣。廣延作爲「特性」屬於顏色素材（作爲固持的素材），但它並不像強度那樣屬於質性。作爲其概念界定而圍繞質性組成的各個屬性（Beschaffenheit）提供了一個相對具體的統一，它作爲整體而進行的「延展」、伸展超出了廣延，它分有著廣延，延長著、擴大著廣延。每個部分都有其特殊的質性，因此也就有其特殊的強度等等；而整個廣延具有一**個質性（質性化的一個統一）**，屬於它的是在任何其他質性方面的一個**整體強度**和整體特性的**統**一。

連續性如何會成爲課題？我如何可能以貫穿它本身的方式觀察〔它〕？我在回憶中穿過一個過程，例如一個對象的變化序列，但堅持把握住每個相位、每個相位連續統、相互接續的整個連續性。這樣我便在每個瞬間都同時把握到一個在「並存（Koexistenz）」中的連續統，只是在每個現在中都是一個不同的連續統，即舊的連續統連同新的展開。如果我結束了，那麼我就在現在中同時把握到作爲課題的整體。即便我不把變化進程當作課題，我仍然可以在回憶中反思並且指向它，並且在一個創造性的再回憶中使這個進程以回憶的方式得以再創造，在此過程中我獲得一個由各個並存—連續統組成的連續序列，這些連續統在連續的增長中使這個課題再次原初地產生出來。當然，像在（一個充實了的）空間廣延的情況中一樣，我並不具有連綿的演替，具體地說：不具有這樣一個進程，它在一個時間點和一個時間片段中同時作爲一個延展了的當下而被給予，但我以在一個當下中延展地被給予的方式而擁

262

有作爲過去的過去連續統，而這裡的被給予方式是指這類事物所能被給予的方式。只要在這裡也有過去的連續統在時間點和時間片段中延續地和貫穿它們地（以某種固持的方式）被意指，並且是在某種原初性中被意指，這裡便存在著一種與並存的（空間的）連續性的類似性。與此相反，一個連續統甚至一個多數和一個變化則只能以「明確的」形式在貫穿中被給予，亦即演替地被給予。個別–把握、關涉、總括等等則是在相互接續中進行的，是在不明確的並存基礎上進行的。

時間內容的連續序列的統一。時間對象之**相位的時間序列**統一、作爲時間對象存在之**形式**的時間序列本身，對象存在就是「對象點」的一個相互接續，這些對象點借助於這種連續的存在形式而構成一個連續統：

相位（Phasen）指的是什麼？作爲一個固持對象的對象統一是一個具有連續形式的統一，而我們可以關注統一並關注這個形式的各個部分，並且與它們相符，我們發現不獨立的對象，它們是這些部分的部分形式的統一，以至於整體延續的對象就在這些部分**之中**，並且以特有的方式是由這些部分所聚合而成的。這些局部統一的連續序列是一個被結合在一起的諸對象的序列。但整體延續的對象統一並不只是一個結合的統一，而且還是這樣一個統一，它穿過不間斷的相位連續性（融合）而伸展，它處在每個相位中，並且從每個相位中選取養分，豐富著這個對象的存在內容，但它自身並不是這些相位的單純相互連續（而且不是由相位所建構起來的，或不是透過劃分而從連續的整體中凸顯出來的塊片）。如果我在對象的內容方面貫穿這個時間，那麼我便具有一個對象的連續性。時間客體的統一的伸展從頭至尾地貫穿它，但它並不是課題。如果我生活在時間流中，對象的連續性（進程）在流動，但它並不是課題。這一個和那一個是不可分的存在。

因此才有空間概念向時間性的引申，才有將時間形象地理解爲一條線的做法，才有將延

續形象地理解爲一個片段的做法，在這裡，時間中的單維度的順序同時也得到形象化。反過來，我們在並存的系列方面談及在一個點序列，談及一個持續的顏色序列、聲音序列，即是說，把時間概念納入並存。

如果時間上的後繼之物滿足了某些條件，一個**時間序列**自身便具有**統一**；如果這個後繼之物展示著某種內容上的連續性，並且具有這種連續過渡的方式，即在一個持恆地（konstant）延續著的目光中被把握到的連續過渡方式，〔那麼就會出現〕那種與並存的連續統的相似性。統一是對這個作爲**進程**的連續統的同一基質而言的統一。

逐字逐句來自西費爾德頁面

我們一**方面**具有一個連續的統一意識，而它爲我們提供（基質，作爲）**不間斷的**而且也眞正不可分的統一、一個在時間連續性中的同一之物：在連續的時間流中的同一之物。另一方面我們具有（對延續的棕色的時間片段的劃分）一個間斷的意識、一個被分段的意識，而在對片段的區分中我們具有**諸多**上述意義上的統一。這些統一並不總合爲或並不構造出這個棕色的延續基質的統一、這個整體片段的棕色的統一，[21]相反，我們在此所具有的恰恰是這兩者：一方面是在不劃分的貫穿進程中的不中斷的統一意識，另一方面是與各個部分相符合的劃分與多樣的統一意識。如果我們可以說是又再度取消這個劃分，那麼我們便獲得整體片

㉑ 從「逐字逐句來自西費爾德頁面」的標題起至此可以參照第35號文字、邊碼240。胡塞爾對自上而起的文字加了方括號，但這個方括號到邊碼265在「……屬於相應部分的基質」之後便已結束了。——編者

段的基質，而只要它們劃分自己，而且只要對局部—統一把握的有序系列之進行與對中斷的意識之進行本質上是「相合的」，那麼整體基質也就與諸局部基質是相合的；但這並不是指：整體基質被分片爲諸局部基質。在生活於連續的貫穿中，連續地生活於延續著的意識中的同時，我在每個瞬間都具有延續者，而且它在每個瞬間都是與屬於相應部分的基質相同一的，但它在任何瞬間都不是流逝的基質的總合。相關延續的這個塊片的棕色和那個塊片的棕色是不同的基質，但只要相關延續的這個塊片的棕色和那個塊片的棕色連續地充實著一**個**時間片段，它們就是一**個**基質、一**個**貫穿在這個時間片段及其基質之始終的延續之物。

「這個貫穿的同一性意識不應被混同於那種完全另一種對時間上始終相互排列的各個瞬間（或者沒有劃分：一條連續的河流）的一**個**整體的意識。當我們生活在同一性意識之中時，我們在被充實的時間的連綿流河中所具有的『始終』是一**個事物**。時間客體並不是這個伸展、這條河流，而是這個**自身**伸展的事物。但明見無疑的是，我們而後始終可以把這個伸展本身變爲對象，進行劃分、區分。棕色的伸展連同其各個棕色—瞬間的連續性是被一個同一的基質**所穿透的**。」㉒

㉒ 這段被胡塞爾加了引號的文字可以參照第35號文字、邊碼241。——編者

第38號　對整個西費爾德考察方式的異議[23]

一個**顏色**顯現並且延續，它一段時間不變化，而後自身變化。一個聲音響起，它有一段時間保持不變，而後自身變化，它變爲另一個，過渡爲第二個聲音或持續地過渡爲連續的新聲音；我們在這裡更恰當地說：聲音c始終保持爲聲音c，而後過渡爲一個特別**流暢**的現象、一個質性流，它還有可能過渡爲一個新的流暢的聲音現象，例如過渡爲h。

讓我們在這裡更進一步地考察這類事件。所有連續地在聲音上被充實的時間片段都爲我們提供**具體項**，[24]它們具有一個普遍的、類型的共同性；我們將它們稱作**聲音現象**。在這裡，在時間分片的過程中，連續地被聲音所充實的片段（如後加的分析所揭示的那樣）在相同的時間部分中、在單純「**重複**」意義上都是相同的，所有這些片段都有一種特別的共同類型本質，它在分析前便已提供了一種特有的相同性；而我們將每個這樣的個體具體項都稱作**同一個聲音**、一個**具有同一實事本質**的聲音—個體，而兩個這樣的聲音便叫做**在内容上同一的**。它們至多在**狀況**方面和在時間長短（或延續）方面**相互有別**。兩個具有同一個延續的個體的和具體的聲音就叫做具有同一個具體本質的聲音，它們僅僅在其時間狀況方面是不同的。（但我們也有可能說，兩個聲音是對同一個聲音的單純重複，只是具有不同的狀況和時間延續。）

然而在**内容中，特殊意義上的質性**仍然有別於其他的内容因素。撇開時間長短和時間狀

㉓ 寫作日期爲一九一七年。——新編者注

㉔ 我最好是從例子出發，從所謂完全具體地被理解的聲音出發；感性的具體項以及聲音的課題的個體。

況方面的規定性不論，同一個聲音通常說來並不是具體—內容方面的同一個（即是說，在如前所說的從那些始終變更著的時間規定性中抽象出來的情況下），相反，我們在遭遇許多聲音的情況下總會談論同一個聲音：同一個聲音，只是重複的聲音，這裡同時也就意味著，只是一個是響亮的，或者更響亮，而另一個則是低沉的，或者更低沉；再就是：只是一個具有小提琴的音色，而另一個則具有長笛的音色。㉕

一個同一的本質在這裡作爲規定著的而出現在內容中，或者作爲這樣一種事物，它在突出的意義上構成了**特質**（das quale），但在許多方面具有變換的規定塊片，只是透過對這些規定塊片的確定，它才變得具體，而在這些規定塊片發生變化時，它始終是同一的。這個**特質**具有其種屬（聲音質性屬、顏色質性屬）。但還會有進一步的區分；或者毋寧說，這整個闡述都會陷入動搖。以上所述所涉及的難道不是那種透過劃分而使各個相同具體的部分一再地得以產生的情況嗎？除此之外，人們還能夠獲得一個**特質**概念嗎？

如果我們以始終被認定質性相同的（gleich qualifiziert）片段類型爲出發點，那麼它們就會在數學上還原爲同一個質性的時間點之連續統，而質性是一個點概念。這個展開了的事物並不具有一個質性（Qualität），而是具有一個質性認定（Qualifizierung）、一個著色（Färbung）、一個定調（Tönung），它是由各個點質性（Punktqualität）建構而成的；或者這個具體項是一個由質性點（Qualitätspunkten）組成的融合統一，或者毋寧說：一個由時間點連同其「具體」時間充盈所組成的融合統一。

㉕ 即是說，同一個聲音：(a)如果完全具體的本質是同一的（狀況是不同的）；(b)如果只有時間延續是不同的，「內容」是同一個；(c)如果突出的本質，即這裡叫做質性的本質，是同一的。

在較爲寬泛的質性意義上（不是在特殊的**特質**意義上）的**質性認定**，或者是一個**各向同質的**（isotrope）——始終是逐點地相同的——質性認定，或者是一個**各向異質的**（anisotrope）質性認定。如果我們從某個「位置」、從充實了的時間片段的某個瞬間或塊片出發，並且穿過相鄰的瞬間、塊片，那麼一切都在相合、相同性的意義上流逝，或者並不始終在這個意義上流逝。如果我以聲音c開始，它在一個片段上始終是同一個，即是說，就其具體本質而言，而且也就其質性種類而言是同一個，那麼聲音c就「自身」有所變化，這個種類在進展中不再是同一個，而是另一個，並且又再度是另一個。**聲音**c在變化——它始終是同一個。它在維續、在延續。質性始終是同一個，在與繼續流動的相合中，我在質性方面經驗到「同一個」。㉖

個體的對象：它具有其具體的**本己本質**，它是由各個「構造」因素、由特性而「建構起來的」或「抽象地」區分爲這樣的因素和特性。它「**具有**」其具體的本質，它本身是這個本質的個體化；而且它會得到一個在時間中的位置、一個**狀況**，而且它又再度會得到一個延續，並與之相符地得到一個從屬於其各個本質的連續序列：它得到一個進程。它作爲一個發生（Vor-sich-gehen）的統一而存在，它作爲延續著的而存在。

每個對象都具有內容與形式，或者它是內容，但僅僅是作爲形式的內容。

現在，關於**獨立的**和**不獨立的**內容的舊學說與所有這些關於構造性的內容和特性的闡述

㉖ 後來胡塞爾在這裡接了一個說明：「在西費爾德頁面上：更高層次的對象——一段旋律沒有變化，它延續這樣和那樣長，它透過自身『展開』、透過不斷更新的聲音的出現而延續。」對此參見第35號文字、邊碼243。——編者

處在何種關係之中呢？這個舊學說具有一個超越出本眞的本質領域的意義嗎？即是說，一個超越出個體**本質**領域的意義嗎？狀況並不是不獨立的內容（就好像它在本眞的意義上是「對象性因素」一樣）。另一方面，帶著屬和種我們難道不是具有了不同的普遍時間規定嗎？現在在此一切都還是含糊不清的。這必須成爲下一個課題！

是否**可以**設想由「因素」所建構的對象？就好像對因素的一種結合或融合在最後一個因素沒有出現之前就是不獨立的一樣。

在這個典範上，每個這樣的「最後」因素都將是個體化的——究竟應當根據這個典範來進行，還是毋寧說，這是一個錯誤的典範？

一個事物是獨立的，這是指：它可以自爲存在，不依賴於其他的事物，沒有某個他者的補充。在何種程度上這是一種有意義的表象方式呢？

時間延續是否是這樣一個因素，我在它這裡可以詢問：它是否是自爲的？

而作爲相對於內容而言之形式的場所與空間廣延的情況是如何的呢？

「形式」概念。

四　論立義內容——立義典範的消融①

①　一九〇七年初至一九〇九年初。——編者

第39號　感知中的時間②

我們將目光朝向幾個無論是**展示性的感知**還是**非展示性感知**（如我們至此爲止所理解的那樣：實項內在的感知）都共有的要點，並且朝向從這些感知的不同本性中產生出的變化。無論感知是展示的還是非展示的，它們都指向一個切身的對象，而這個對象是一個**個體之物**。我們可以補充——至少就我們所區分的感知類型而言——個體對象每次都是一個**統一，相對於雜多而言的統一**。這起初並不明顯。我們寧可說：知覺（Perzeption）的功能是把個體之物切身地表象出來，這個個體之物是一個**時間性的統一**。

個體之物是必然的，無論是個體的「事物」，還是個體的「進程」。它是一個事物，一個**延續著的**並且用其事物性內容來充實時間延續、**充實它的**延續的事物，一個時而以變化的

② 這個爲胡塞爾本人附加了標題的札記是由編者從胡塞爾一九〇六／〇七年冬季學期在哥廷根大學所作講座的文稿中抽取出的，這個講座的標題爲「邏輯學與認識論引論」。這份講座稿的第一部分現存胡塞爾文庫，在標號爲F I 25、F I 16（在第一部分）和F I 10的文檔中，第二部分連同幾個頁面還存於F I 17以及F I 7中。胡塞爾顯然未作本質改動便將這個第二部分納入到他一九〇九年夏季學期以「認識現象學引論」爲題所作的講座之文稿中。在這裡被復現的篇章產生於這個第二個、起初是在一九〇七年初所作、而後在一九〇九年重複的一九〇六／〇七年冬季學期的講座部分。下面我們會在註腳中標出文稿中因一九〇九年的重複而加入的附錄與修正。——編者（這份文字肯定不是出自一九〇六／〇七年的講座，該講座現在已經作爲《胡塞爾全集》第二十四卷出版。寫作時間：一九〇九年。——新編者補注）

方式，時而以不變、靜止的方式來充實其延續的事物。或者，個體之物是一個進程，我們對它——儘管是在顯然的另一種意義上——又會說：它延續著並且在延續中本身或是不變，或是變化。我們根據這些本質的**時間事件**來考察被感知之物本身，沒有這些事件，它作爲被感知之物是無法想像的。

例如：這個事物是統一，它延續著，並且處在它的時間延續中。在它之中可以區分雜多的相位，每個相位都是事物的時間此在的相位。但**這個事物**並不是相位的眾多性，也不是相位的連續性，而是這**同一個**事物，它在其時間中**始終**可以保持爲同一個，在**每個相位**上都是同一個。這事物可以在它的延續期間始終**不變**，它可以在每個時間點上都賦予相同的內容充盈；但它並不只是在相同性意義上的同一個，相反，它，這個同一的事物，自身始終是相同的；在變化中也是如此：這個同一的事物**在質性上**並不始終相同，即是說，就它一再地變化而言；然而它卻仍然是同一個事物；被把握的是一個**自同者**（Selbiges），但它卻**自身**變化。

因此，相對於雜多的統一在這裡就意味著這種在對個體的知覺中可以把握到的**同一性**，我們完全一般地將它標示爲相對於事物相位之連續時間雜多性而言的**事物**同一性。這個連續性同樣可以被關注、被意指並且在這個意義上被把握，它是在一個不同於事物的意義上的統一性，它同樣是相位連續性的統一。而且進一步說是事物的**延續**或**變化**，是具體充實了的時間本身，事物作爲所有相位的同一之物而穿過它展開，或者以本己的方式**處在**它**之中**，可以從它的被給予性中明見地獲取。在這個方面顯然包含著我們稱之爲**進程的統一**的事物，只要這指的不是這個事物靜止或變化的**實事狀態**。在進程的統一中包含著事物的統一，某個事物隨著這個進程靜止或在某種變化形態中自身變化。就這裡所使用的**事物**一詞所具有的廣度而言（我們還會談及這一點），我們無須區分個別的事物和關聯的事物複合。後者也是一個時

間中的同一—統一之物，總地說來還是一個「事物」。

但我們究竟是在何種寬泛的意義上使用關於**事物**的說法，以及隨之還有關於**進程和時間**、**延續**、**靜止**、**變化**的說法？我們明確地說：這裡談及的不僅僅是展示性的感知，而且還有非展示性的感知，不僅僅是超越的感知，而且還有內在的和相即的感知，簡言之，談及任何一種對個體統一的客體的感知。因此，這裡所談的不僅僅是自然客體意義上的事物客體。如果我們過渡到在實項內在感知方面對事態的更爲特殊的考察中去，在這些感知中相即地被給予的不是自然客體，而是一個個體之物，那麼在這裡得到證實就不只是關於事物統一和時間雜多的一般說法，而且我們很快也會發現，一**與多的對立**獲得了一**個新的意義**，它會將我們回引到一個關於構造意識的更深層次上。

每個能思（cogitatio）③都是在實項內在中被給予我們的，我們在反思中觀看它，並且我們以被還原了的笛卡兒式明見性所要求的那種方式來如此地看待它，就像它**絕對地自身被給予**的那樣。在現象學分析中，就其是在反思以內被給予的而言，**如此被給予**我們的例如有外感知，在它之中有展示性的物理內容的複合、感覺的顏色、感覺的聲音、感覺的粗糙等等。我們以一個聲音—內容爲例。一個提琴聲被聽到，但我們並不生活在對提琴聲音的聽之中，而是我們看向這個**聲音**—**顯現**，以及其中作爲物理內容的聲音，一如它在自身中之所

③ 胡塞爾是在笛卡兒的意義上使用「cogitatio」或「cogitationes」的。這裡根據習常對笛卡兒的「我思」的翻譯而譯作「能思」。但需要注意：笛卡兒所說的「思」與我們通常理解的「思維」（即作爲高級智力活動的意識行爲）概念並不相互涵蓋。笛卡兒在「cogitatio」的標題下所理解的意識行爲有：懷疑、肯定、否定、領會、意欲、厭惡、臆想、感覺等等，也就相當於胡塞爾所說的「意識」。——譯者

是，並且在抽象於那些連同它一起顯現的事物，和以外事物感知的方式作爲對在空間現實中所拉奏的提琴弦之產物而立足於此的事物。易言之，我們從聲音所展示的那些事物中抽象出來，並且將它視爲**感覺的聲音**。而後我們顯然必須說：在聲音被給予我們的實項內在的感知中，它是在**其時間相位河流中**的一個**統**一。這聲音延續，而且在內容上，它時而作爲不變的立足於此，時而作爲變化的，例如它的強度發生變化，此起彼伏，或者它也變化它的所謂質性、它的音色等等。

聲音，作爲這個時間統一，乃是一個**相即地**被給予的客體，我們也可以說，一個內在被給予的客體，而且我們在這裡有一個在一般意義上被我們稱作**事物**的例子。這是一個在內在領域中的**事物**—**被給予之物**，即：恰恰作爲一個時間上的延續之物，而且無論它是不變之物，還是自身變化之物，它在其延續中都是時間的**同一之物**，具有其特性，質性、音色、強度的特性，它們對它而言或者是延續地始終保持的，或者在它、在這同一個事物上連續地或間斷地發生變換。即便是**特性**也是在時間中的統一，類似於具有特性的事物本身。例如我們說，**聲音**的強度在延續，此起彼伏，它有一個片段保持不變，如此等等。在其完全的具體性中、這個從其作爲自身封閉之物的背景中突顯出來的**聲音**，就是事物；但強度卻是**聲音的強度**，它也是時間的統一、在其時間相位之連續中的同一之物，但它恰恰是**聲音**的強度，它是一個**附在**聲音上的不獨立之物，在相即的特性感知中被把握爲從屬於聲音的。這種「特性」的統一的特點在於：它們明見地只能以獨特的方式附在另一個事物上存在，這個事物恰恰就「擁有」它們，而且這個事物本身是自在的或自爲的，而且並不是在這種獨特的意義上爲另一個事物所具有。當然，恰恰與事物一樣，特性也是一個**內在的事物**，並且有別於我們在自然領域中，並且尤其在超越的領域中稱作特性的事物。但事物與特性這兩個詞都標示一個共同的事物——已有的描述適用於這兩方面：自然事物與內在事物一樣，都是時間統

一，它們具有特性，但不是特性，而特性是時間的統一，它們可以回溯到它們所**附著**的、擁有著它們的那些統一之上。對事物的**感知**和對特性的**感知**雙方都是本質地聯繫在一起的；我們試著這樣說：這裡有**同一個**感知，這一次是注意力指向這個同一的事物，另一次是注意力指向這事物的這個或那個特性。以下這點是正確的：在關注這個事物時，那些特性是同一的，並且始終是同一的，而反過來在關注這些或那些統一的特性時，那個事物始終作爲統一而立足於此。完整意義上的感知包含**對……的關注**（Achtsamkeit auf...），因此要比單純的知覺更多，後者可以與其他的注意模式連結在一起。（「Wahr」-nehmungen〔感—知、認之爲眞〕一詞。）

與事物和特性兩者一樣，**進程的統一**也是兩方面被給予的；進程的統一是**這個**實在地充實了的時間的統一。但在實在充實了的時間中確然地（eo ipso）有一個**事物**在此，它在此時間中延續，而且是帶著它的構造性的**特性**而在此時間中延續。就**進程本身**而言，它在**延續**並變化。但進程所具有的是在**有別於**事物—統一之物的**另一種**意義上的延續，它是一個充實了的延續，但事物則是**在延續的每個點上的同一之物**，在每個充盈的相位上的**同一之物**。而倘若說到進程，即便它在每個點上存在，這個在一個點上的存在也還是不同於在這個點上的**事物**之存在。每個點都爲進程作出貢獻，建構進程，但一個點並不爲事物作任何貢獻，而是在它之中的完整事物，只是在這個瞬間的事物。即便進程也是一種同一性，而且我們甚至說：進程始終是在形式上與自己相同的，它自身不變化，而且它自身變化，它改變它的形態，它變得更慢了而後又變得更快了。即便進程也是一個統一並且具有它的特性。但所有這些都是在一種本質上不同於事物連同其構造性的事物—特性的意義上。與所有這些相關聯的是：一個事物的所有可預見性明見無疑地都是同一的；例如，構造性的事物—特性與事物的屬性連同它的變化方式、它的變化形式和流程，這是本質上不同的。

273

274

但在兩方面，即在內在的實在領域和超越的實在領域中，時間都是上述樣式中的個體實在之無法揚棄的形式。我們在這裡是在被知覺到的實在之物**身上**把握到時間性的因素，因此我們必須說：如果這是現在，或如果這延續是現在或是一**個內在被給予之物**的延續，那麼時間因素本身就是內在被給予的，它又作爲一個超越之物的時間樣式超越地被給予。另一方面，「**這時間**」在某種意義上而且明見地顯現爲一**種唯一的時間**：從相應的時間樣式來看，兩個實在之物、兩個事物、諸特性、諸進程在時間上可以是同一的。

以此爲例：對一個實在之物的感知本身就是一個實在之物，而它們的時間是相合的。感知的現在與被感知之物的現在是同一的自同者，感知的延續與被感知之物的延續是同一的，如此等等。如果被感知之物是一個**超越之物**，那麼即使它不是實項被給予的，它也**顯現在**那個本身成爲實項被給予性的感知所在的同一個現在中。如果我們將此感知反思和把握爲一個剛剛過去的事物，那麼它的被給予之物是在過去之物的同一個時間點上顯現的。如果被感知之物是一個**內在之物**，並且因此也是在其實存（Existenz）方面的被給予之物，那麼這兩個實在個體就是**相合的**：感知與在其——同樣相即地被給予的——時間樣式中、在其延續和延續的各個點上的被感知之物（例如感覺聲音）。**時間並不是雙重地在此**，同時性就是時間的**同一性**，儘管時間因素是在實在之物上被給予的。

我們無法對這些在至此爲止只是被勾畫的方向中所需進行的艱難分析作出進一步的闡釋，而是要過渡到一個特別重要的考察中。讓我們首先局限於純粹內在物理素材而作如下思考。

在被還原的現象學感知中，**聲音這個物理內容**是作爲**內在的「事物」**而立足於此，它是諸聲音相位的流動的雜多的統一。聲音這個事物——它屬於事物性一般（überhaupt）的本質——具有一個時間形式和充實時間的內容。這時間形式〔是〕一個諸時間點的連續性，它

們之中的每個點都具有各自的充盈。客體的充實著的內容伸展到那個就是它的延續的時間延續之外。聲音延續著，它是現在的，並且一再地是現在。現在一再地是一個新的現在，並且它在新的現在中的同時並不也在舊的現在中，而是**曾在**舊的現在中。這將我們領向一個新的連續性，不是構成客體之延續的新的聲音相位或時間點的連續性，而是聲音的**時態映射**的連續性。讓我們看一下聲音現在（它當然一再地是一個新的現在）。現在是各個聲音－曾在之連續性的**邊界**，而在這裡顯然有一個目光朝向是可能的，在這個目光朝向中，我們無法看到曾在的聲音相位和這樣一些聲音相位，在其相對於不斷更新的現在而一再後移的同時，它們隨其個體同一性也保持時間點的同一性；相反，我們看到的是它們的**被給予性的「現象」**。④這意味著什麼？現在，我們顯然必須區分對於聲音**感知**的每個瞬間而言的**實項內在之物**與**在它之中客觀顯現出來的事物**。在其延續中的聲音乃是在聲音感知中內在被給予的，而這個聲音感知本身是一個延續的事物。聲音感知的每個現在都把握著一個聲音相位，而且是相關的現時現在的聲音相位。但不只是這些。**流逝的聲音相位的連續性是在同一個現在中被意識到的**。這些流逝了的聲音相位在感知的相關現在點中被感知到，但並不像那些在它之中作爲一個現在而立足於此的聲音相位一樣被感知到。它們還是被意識到的，它們還**顯現著**，但卻是以變異了的方式。這個流逝的現在連同其充盈並不始終是現時的現在，而是在新的現時現在中以某種**映射**的方式展示自身，而每個這樣的映射都可以說是代表了在現時現在中的曾在之物。它在聲音感知的相關現時現在點中構成了一個**實項內在的內容**；而這也適用於流逝的和仍然活躍地被意識到聲音相位的整個連續性。因此，如果我們將

④ 胡塞爾對以上內容加了一個邊注：「時間意識」。——編者

目光朝向在現時現在中的聲音感知，那麼這是聲音的各個時間映射的一個連續性，它限定（terminieren）在一個**邊緣相位**中，這個邊緣相位不只是**映射著**聲音的現在，而且是**絕對地自身把握到**它。現在，如果現時的現在移到前面，那麼就有一個新的聲音現在絕對地被把握到，而剛剛曾以此方式被給予的事物，則是由一個映射來代表的。但以前的諸映射的整個連續性就要再次經歷映射。感知－現在的整個實項內涵**連同**其所有那些實項地包含在它之中的映射都「**墜入到過去之中**」，這樣，每個相位、每個映射都會重新地得到映射。

我絕不是想把這個分析稱作最終的分析，我們這裡的任務不可能在於解決所有現象學問題中的這個最困難的問題，即時間分析的問題。我認爲這裡所做的僅僅在於略微地掀開這個至此爲止還對我們隱而不顯的時間意識之神祕世界的面紗，我尤其想要強調**相對於雜多而言的統一**所具有的新意義，與此相關的是關於內在感知、關於相即感知的多重意義，甚至是關於與絕對自身展示相對的**展示**的多重意義。根據以上所說，你們將會容易理解下面的論述。

我們曾以一個感覺聲音爲例，在強度、質性、顏色方面如此這般地變異，並且此起彼伏，如此等等。一個內在感知、一個排除超越的立義組元的感知，將這個感覺聲音自身地和切身地把握爲時間統一，把握爲這個延續著的、此起彼伏的聲音的統一。這裡的**雜多**，是諸聲音相位**在時間上的**雜多，它同樣可以在其作爲進程的統一中被對象化，而且同樣是以感知的方式被對象化。但與此又再度不同的是**完全另一種「內在感知」，即朝向聲音映射之河流的內在感知**，在這些映射中，同一的聲音「展示」自身，它在每個感知－現在中，透過一種減弱著的變異的連續性，以不斷更新的方式，在其現在中並按其流逝的延續來再現自身。這裡涉及的顯然是一個完全不同的感知；不是對在其連續性中的聲音相位的感知，即不是對聲音**進程**的感知，而是對連續性的感知，即這個**展示著**它所再現之聲音－過程的連續性的感

知。如果我們反思對這個統一聲音的感知，或者反思對聲音－進程的感知，並且抓住它的現在以及在這個現在中實項地屬於它的事物，那麼我們就會發現它是一個**連續性**，特別是在那些寓居於它之中並經歷了**立義－連續性**的物理內容方面，我們發現一種連續性：聲音感覺的現在相位和一條餘音的河流，在這些餘音中，聲音的流逝了的存在、曾在的（gewesene）存在以及延續地曾在的存在不斷地在這同一個感知－現在中映射自身。映射顯然是在此立足於映射的特徵中，立足於一種**展示**的特徵中，即是說，在其特殊變異中的物理內容具有一個持續的意識特徵，某種與立義同類的事物，它恰恰是將展示特徵描述為展示的事物。⑤

⑤〔**產生於**一九〇九年**夏季學期的補加**：〕我們以前就已經常常使用顯現學（phansiologisch）這個表達，以便在現象學分析的內部明確地強調在能思（cogitatio）的實事與所思（Kogitierten）本身的實事之間的區別，後者也是可以得到明見描述的。我們依據笛卡兒式的考察而堅持能思（cogitatio）這個表達。我們將這樣一種研究稱之為顯現學的（phansiologisch），它根據能思的實項組成來研究能思。但在這裡得以確定的是：能思在反思的感知中成為統一，因為在此可以把握和描述明見的統一被給予性；就像我們將感知、回憶和判斷視為統一，並且以統一的方式談論作為感知顯現或回憶顯現，談論設定的特徵、注意力的特徵等等。但另一方面，這些統一的是雜多的統一，亦即這樣一些統一，它們必然回指到最終時間流的雜多上，在此時間流中它們必然展示自身，在顯現學的時間流中映射自身。在這個河流中包含著絕對之物，所有現象學的分析都回歸於它。我們談論的是絕對的顯現學的時間流，而且我們說，所有統一都是在它之中構造起自身的。所有這些客體性都在某種意義上是〔上面所說的〕那種意向的客體性，是統一，並且可以說是由統一所建構的，而且在這個意義上的所有統一都是時間的統一、實在的統一，是在某種意義上單純的意向統一。每個這樣的統一都先天地，即本質地與一個構造性的意識流相一致。

278 我們**扼要重述**。⑥以一個相即地在實項內在感知中被給予的聲音為例，我們確定，這個聲音是一個個體的統一之物，只要它作為延續的聲音立足於此，即作為在這個延續過程中的同一個事物立足於此，它就是統一的。「在延續的過程中」是指：在這個延續的所有可區分的部分中和在這個延續的所有抽象可區分的相位中。在這裡，這些相位是充實了的相位，而充實它們的是聲音內容，是聲音透過其內容來充實，這些內容在每個相位上都是不同的。而聲音內容並不是**同一的聲音本身**，不是同一之物，不是我們所說的那個延續著並在它的延續中時而靜止、時而又變化的事物。這個同一之物如果沒有內容就什麼也不是，它是它連同其內容之所是。同一之物並不是單純地被放置到內容中去的，就好像它還可以被重新拿出來並且可以被看做是自為的一樣。聲音這個**事物**的同一性是**貫穿在**所有相位以及所有從相位連續性中所獲取的內容之始終的，聲音作為這個同一之物只能被看做是穿過這個連續性而自身伸展的事物、在它之中延續的事物、一個靜止和又再度變化的自同者。

我們看到，這裡有各種不同的——類似的——統一處在本質聯繫中。聲音的統一曾是事物—統一，我們從中區分出我們稱之為事物特性的從屬統一；這裡也應當提到事物性的關係。此外我們還要強調那些叫做進程的統一。

每個感知都在設定這樣一種統一，實際上與這些統一的基本形式相符合的還有感知的形式與類型。這些感知類型之間有本質規律性的聯繫，從一個感知類型可以過渡到另一個感知
279 類型，隨著一個對象性的被給予性還有其他的對象性一同被給予，即在對感知的相應轉向

⑥胡塞爾加有邊注：這裡涉及的是對「從八七起」所做考察的扼要重述，準確地說，從——在文稿中所標明的——這個地方起，即從這裡第39號文字——邊碼269——所再現的地方開始。——編者

中，在從一個感知類型相一兩個感知類型的過渡中把握到另一些對象性。無論這些統一是內在的、相即被給予的統一，還是超越的、亦即通常意義上的外在事物、外在特性、自然過程等等。

如果我們從一個通常的外感知過渡到一個對其感覺內容的內在感知，那麼這個過渡的可能性是先天地建基於外感知的本質之中的。例如，我們感知一輛郵車駛來，並且留意車輪滾動的噪音或郵車號角的音響，從所有那些意味著超越的事物中抽象出來。而後我們就這個內容說：它是一個內在的客體；車輪滾動的進程、郵車號角的音響，它們在這裡都是相即的被給予性。**這裡的內在意味著什麼呢？**它是否意味著，客體不是在意識之外，而是**在意識之中**，而且意識就像一個口袋，統一的內在的客體就藏於其中？我們當然應該關注現象學還原的學說。郵車號角的音響在外感知中是一個超越的實在之物，在內在感知的本質上變化了的觀點中，它不是超越之物，而是內在之物，而在其中——初看起來就是如此——事實上也包含著客體在感知中的一種實在蘊涵。然而，從前一講結尾的各個考察中已經得出，這裡必須極爲小心。我們在這裡將這些考察繼續進行下去。

對音響的外感知不是音響，而且也不是對此的一個在其他方面⑦空乏的觀看。這在這裡是完全自明的。就內在感知的情況而言，音響作爲單純的物理內容是客體，並且是作爲客體而相即地被給予的，這裡存在著一個較大的誘惑，它讓我們如此這般地看待這個事態，並且把感知解釋爲一種對實項地寓居於它之中的內容的無區別的把握和擁有。但是，如果我們採取一個反思的新步驟，即採取一個作爲觀念可能性而建基於感知本質之中的步驟，即

⑦「無區別的。」（胡塞爾原先加在文稿中的注釋。——譯者補注）

是說，如果我們從對內在音響的感知過渡到**對這個感知的感知**，**時間意識的奇蹟**便會開顯出來。對不斷處在更新的現在中的聲音的感知並不是對聲音的一種單純擁有，即便是在現在相位中的聲音。毋寧說，我們在每個現在中除了現實的物理內容之外還有一個映射，或者更確切地說，我們發現一個特有的聲音－映射，它限定在現時感覺到的聲音－現在中。如果我們反思地關注那個從被吹奏的郵政號角的聲音中或從車輪的滾動中於現在、於現時的現在中被給予的對象，並且就像它被給予的那樣關注它，那麼，我們就會發現**擴展著**這個聲音或滾動之現在點的**回憶－尾**（Erinnerungs-Schweif）。這裡明見無疑的是：要不是感知意識在包容現時感覺點的同時也一併包容了以前的各個現在的感覺所具有的減弱著的相位之連續性，內在的事物就根本不可能在它的統一中被給予。如果過去的事物不在現在中再現[8]自身，它對於意識來說就什麼也不是，而如果現在（Jetzt）不是**作爲一個過去存在的界限**而在意識中立足於此，那麼現在也就不是現在，亦即對於相關瞬間的感知意識而言不是現在；過去的存在必須在這個現在本身之中再現自身，[9]而它是透過那個限定在**感覺點**中的、在其他方面變得模糊不明的映射的連續性來再現自身的。[10]但這個映射的連續性顯然並不是

---

⑧「再現」（repräsentierte）一詞後來被胡塞爾——最遲約於一九〇九年——修改爲「當下化」（vergegenwärtigte）。——編者

⑨「再現」（repräsentieren）一詞後來被胡塞爾修改爲「當下化」（vergegenwärtigen），前面的語句從「自身」（sich）開始加了間斷的重點號（粗體），表明胡塞爾對此有疑慮。——編者

⑩「映射的連續性」（Abschattungskontinuität）一詞後來被胡塞爾修改爲「滯留的連續性」（retentionale Kontinuität）。——編者

一個感覺點的連續性。⑪與聲音的現在相位相符合的感覺相位，乃是這個現在的唯一感覺相位。過去的感覺並不是作爲感覺而被保留下來的。只有感覺的餘聲、本質上改變著聲音素材的印象特徵的特殊變異，⑫才作爲統一的連續性而在現在中是當下的。而在其中，每個相位又都在特徵上有別於另一個相位，連續性是作爲連續性而立足於此的；作爲減弱的系列、映射的系列。⑬這個連續性在感知的每個瞬間中都在最眞正的意義上是實項內在的，而無論我們如何在感知中一個現在點一個現在點地追溯它的相位，我們也無從發現這個**聲音**、這個**現象學的事物**，甚至在本眞的意義上連這個聲音的相應的現在相位都無從發現。後者是很明顯的，我們只需注意到，對同一聲音的感知並不會簡單地消融在映射系列——這些映射系列在每個新的現在中都限定在一個新的感覺內容中——的流動著的和映射著的後繼之中。情況並不僅僅是這樣的：感知在其開端現在和第一現在中只是感覺內容，而這個感覺內容立即開始映射，並且同時連續地出現一個新的感覺內容，它立即又過渡到映射中，如此等等。即使再加上下列情況也還不夠：在這條河流的行進中，每個**映射**都在進一步地映射著自身，這個新生成的映射又再次映射自身，如此等等；與此又再度相關聯的是：每個屬於某個現在的映射連續性作爲整體來看都經歷著統一的映射，並且整個過程也可以被看做是**映射連續統的映射**，它在這裡始終透過新的感覺點而擴展自身，而後立即將它們轉變爲映射相位的形式。所有這些都還不夠。這個自身變異的連續性的複雜河流自身還不是對延續著的、此起彼伏的聲

⑪「映射——」（Abschattungs-）這個語詞部分後來被胡塞爾刪除了。——編者

⑫在「變異」一詞後，胡塞爾後來加入：「當下化變異，更確切地說：滯留的變異。」——編者

⑬「減弱的系列、映射的系列」這幾個詞後來被胡塞爾刪除了。——編者

音的感知。在感知中立足於此的是這個統一的對象性，而不是那些混亂的雜多。郵政號角在響起。聲音在延續、在揚起。關於聲音的意識是關於**它在時間延續中**的意識，因此它是作為**相對於一個諸曾在（Gewesenheiten）的連續性而行進著的當下**而立足於此，這些曾在是它自己的曾在。顯然在這裡包含著這樣的狀況：在對此在的聲音連同這個聲音的現時當下點的意識中也每次都意向地包含著這同一個聲音的過去，亦即它的曾在的當下點，而且是作為同一個聲音的曾在的當下點。雖然這個現時地一同被包含的聲音過去的每個時間點都在與不斷更新的當下點的關聯中持續回移，但它在其個體統一中卻始終是意向的，它始終作為同一個聲音立足於此。如果現時的聲音—現在轉入到過去之中，並且不斷地回墜，那麼可以說它對於感知意識而言仍然還被視為同一個聲音現在，被視為同一個聲音相位，只是這個聲音相位在其與更新現在的關係中連綿不斷地回退著。

因此，延續的客體是一個時間統一，而它的延續是客體時間點的一個連續性，這些時間點本身是統一，即相對於感知流的統一。在這裡，每個事物相位的統一都與各個映射的雜多形成對照，這些映射本質上屬於這個事物相位，而且如果沒有它們，對這同一個事物相位的意識就是不可能的。如果我們從聲音的當下點出發，並且讓它挪移到過去之中，那麼就**有一個聲音感覺映射的連續統與它的意向同一性相符合**；[14]但感知意識所感知的並不是這些映射，[15]而是（抽象地說）這個同一的聲音相位。因而對於時間點或聲音客體平行相位的

⑭ 「感覺映射」（Empfindungsabschattungen）後來被胡塞爾修改為「感覺滯留」（Empfindungsretentionen）。——編者

⑮ 「映射」（Abschattungs）後來被胡塞爾刪除了。——編者

意向統一而言，映射的連續統[16]具有再現[17]的連續統的特徵。一個在特殊意義上的「**意識統一**」，我們也可以說，一個**立義的統一**，恰恰是在這個映射連續性[18]中把握到同一的統一的時間相位。當然這些是抽象的說法。我們強調了屬於一個時態客體點的雜多。但**整個延續**正是這些點的持續統一，因此這是立義的統一，這個立義根據映射系列的整個複雜性來把握整個延續，並且以另一種立義的方式來把握**在此延續著的統一客體**。

在每個感知的瞬間，由聲音的每個過去了的現在所組成的映射系列，都在作爲對直至聲音—現在爲止的過去聲音之相位系列的再現[19]而起作用。在感知流中，立義的統一在這些再現[20]的持續變化中自始至終都得到保存，以至於這種立義統一會始終貫穿在這些變異的線索之中，即貫穿在那些每次都在感知的流動中與同一個聲音點相符的諸變異的線索之中。[21]

---

[16] 「映射—」（Abschattungs-）後來被胡塞爾刪除了。——編者

[17] 「再現」（Repräsentationen）後來被胡塞爾修改爲「當下化」（Vergegenwärtigungen）。——編者

[18] 「映射—」（Abschattungs-）後來被胡塞爾刪除了。——編者

[19] 「再現」（Repräsentation）後來被胡塞爾修改爲「滯留的當下化」（retentionale Vergegenwärtigung）。——編者

[20] 「再現」（Repräsentationen）後來被胡塞爾刪除了。——編者

[21] 胡塞爾後來——最遲約一九〇九年——對上述文字作了說明：「再現、立義——它們在這裡是不合適的語詞。這裡所涉及的並不是展示，而是滯留。在九五（即邊碼279至邊碼282）上已經強調過：這不是感覺（即不是較弱的感覺，不是像糟糕的比喻所說的那種『減弱的感覺』）。『立義』——這可能是無法避免的。現在中的本原立義本身經歷著滯留的變異，但這個變異成爲統一。」——編者

我們此時看到，看似最素樸的感知、對一個內在聲音的感知，是一個多麼巧妙的事物。而且我們同時看到，聲音這個同一時間客體的內在應當區別於那種構成對聲音的被給予性意識的聲音—映射以及對這些映射之立義㉒的內在。作爲統一被給予的以及——如我們這裡所預設的——作爲個體的存在，因此而是時間的存在而相即被給予的事物，這在最終的絕對的意義上並不是實項內在地被給予的，即不是作爲**絕對意識的組成部分**而被給予的。**內在的**可以意味著**超越的**對立面，這樣，聲音這個時間事物就是內在的；但內在的也可以意味著在絕對意識意義上的存在者，這樣，聲音便不是內在的。

我們也可以這樣論述：**無論被感知的是什麼，無論作爲個體的客體㉓而自身被給予的是什麼，它都是作爲一個絕對未被給予的㉔雜多的統一而被給予的**。在這個作爲時間統一的統一之本質中包含著：它在絕對意識中「構造」自身。尤其是就相即被給予的統一而言，就像那個聲音統一所曾是的那樣，我們認識到這樣一個奇妙的事實：如果這樣一個統一不是某種自身構造的統一，即如果它不是回指向某種具有特別形式的和有關聯的**意識流**，它的此在就是不可思議的。如果這個意識流存在，那麼統一的客體也就在此，而如果這個客體立

㉒「—映射以及對這些映射的立義」（-Abschattungen und der Auffassungen dieser Abschattungen）這幾個詞後來被胡塞爾刪除了。——編者

㉓「無論自身被給予的」（was immer selbstgegeben ist）這幾個詞後來被胡塞爾修改爲「無論被把握爲自身被給予的是什麼」（was immer als selbstgegeben erfaßt ist）——編者

㉔「未被給予的」（nicht gegebenen）這幾個詞後來被胡塞爾修改爲「未被把握到的」（nicht erfaßten）。——編者

足於此，那麼這個內涵的絕對意識流也就必定存在，這個客體是在此意識流中的統一被給予性，或可以從這個意識流中作爲統一而被給予。在某種意義上，內在的聲音—事物的**存在**（esse）消融在對它的**感知**（percipi）中。這個**感知**本身不是一個事物，並且具有別樣的存在方式，但這一種存在方式是隨著另一種存在方式一同先天地（a priori）被給予的。在那種**意識流**意義上的感知以及隨之而作爲可能性被給予的統一—感知意義上的感知「創造出」事物，只要這條意識流的絕對存在是對聲音的可能擁有和把握，而沒有這種可能性它就什麼也不是。客體本身是其所是，只是作爲相即感知的意向客體，或者說，作爲絕對意識的某條河流，它使得這種相即的感知成爲可能。

這個內在客體與一個給予性意識的本質關係在這裡要求解決這個被給予性問題，即：必須仔細地研究意識雜多及其統一，客體便是在其中「建構自身」，在其中意向地作爲相即被給予的而立足於此，而且沒有它們，客體就什麼也不是。㉕

但在繼續進行之前，我們現在必須解釋某些或許已經對你們湧現出來的**困難**。個體的聲音、這個時間的統一，是在一個具有特殊建構的相即感知中被給予的。我們回溯到這個感知

㉕ 人們當然可以問：是否恰恰必須說：這樣一個客體的存在是在相即感知中的存在，而不只是在可能的相即感知中的存在。我的想法是這樣的：如果映射的雜多是在絕對意識之中，那麼它並不因此而必須是一個相應的內在立義*，而後才擺置內在客體。在外感知的情況中，例如內在的感覺是否眞的被客體化爲內在的客體？姑且不論它們是否是在被意指的客體，即在被析出意指的（herausgemeinten）客體意義上的客體。

* 「立義」（Auffassung）一詞後來被胡塞爾修改爲「把握」（Erfassung）；胡塞爾後來在這個注釋的整個剩餘部分上面加了一個問號。——編者

上並且研究，即便只是粗糙地研究：內在統一在這種感知的絕對意識雜多中意向地建構自身的方式。如果我們就這樣來研究對聲音的**感知**，它**本身**是在二階的反思感知中被給予我們的，而且在這個反思感知中的聲音－感知這個客體、這個個體的、時間的客體，又再度是內在的被給予之物。對聲音統一有效的，當然也對聲音感知的統一有效。因此，與這個在所有的內容時間點方面的整個延續統一相符合的又是一個由雜多組成的構造性河流，這些雜多從屬於絕對意識，而且是以二階感知的形式。但對這個二階感知的反思又再度使它作爲一個時間客體而立足於此，若沒有一條由雜多組成的構造性河流，這個時間客體就不可能存在，這條構造性河流本身又再度是一條時間流，並且在構造一個時間的統一，如此**直至無限**（in infinitum）。

接下來需要作以下的陳述。如果我們談及對聲音的感知，那麼在這裡始終要區分作爲絕對意識的這個感知和**被客體化的**感知，更進一步說，作爲反思它的感知之**對象**的感知。在我們反思時，我們不僅將感知把握爲現在，而且也把握爲明見的曾在；但在它現在作爲被關注的和特別對象的感知而立足於此的同時，這個感知的過去的片段卻並不作爲被關注的曾在之物而立足於此。此外，如果我們反思地關注聲音－感知，那麼我們會發現映射系列以及對它們的立義，即將它們立義爲從屬於聲音被給予性之本質的。如果我們關注與此同時進行的二階反思感知，相應的情況當然也是有效的。但我們顯然不會在下階的感知中找到從屬於這個感知的立義，它們毋寧說是在較高階次的感知中進行的。

對這個事態的更深入的分析肯定會面臨巨大困難。這個分析必須澄清：**持續的自身映射屬於絕對意識的本質**，感知立義的觀念**可能性**就包含在這個意識的本質之中，這些感知立義可以說是從這條絕對的映射河流中獲取作爲一個內在－意向統一的時間統一，或者說，在其中構造出作爲一個內在－意向統一的時間統一。這是建基於所有絕對意識的本質之中的，因

此也建基於每個被進行的統一設定、每個被進行的感知的本質之中。即便是它們也在映射自身，即便是在這裡，新的立義的觀念可能性也建基於這個絕對的映射河流之中，這些新的立義從那些映射雜多性中獲取那些屬於它們的、在它們之中自身映射的統一，這便是二階的絕對感知。同樣的情況也對這些感知有效。從某種意義上說，絕對意識處在所有統一設定之前，即在所有客體化之前。統一是客體化的統一，而客體化是客體化著的，但不是被客體化的。所有未被客體化的客體化都屬於絕對意識的領域。

第40號　客體性的各個階段㉖

㈠「意識」之河流。

㈡前經驗素材的（präempirische）「時間」連同過去、「現在」、而後；以及前經驗性的「存在者」、延續著的和變化著的「存在者」（聲音作爲「意識內容」）。

㈢經驗素材（empirisch）存在的階次、經驗（Erfahrung）存在的階次、經驗的被給予之物和被思考之物、我們稱作實在現實的存在。實在之物在前實在之物中構造自身。

(A)感知的事物和前邏輯的經驗、還在客體化層次的「思維」之前的——在邏輯的或前邏輯的思維之前的經驗直觀的統一；我們尤其要從作爲人格的經驗自我的構造中抽象出來，因此也從「其他人格」的構造中抽象出來。因而事物還不是交互主體世界的、交往世界

㉖根據在這個札記頁面上的一個出自埃迪・施泰因之手的說明，她曾將這個札記「用於」編輯第三十四節、第一一七頁（邊碼〔427〕）。——編者

的同一事物；還不是科學的事物。實際上我們可以有兩項：

⑴直觀的——邏輯的。

⑵在精神客體化之前的意識——交往的意識與精神客體化之後的個體意識。

因此，倘若我們限制在個別意識上，並且人格客體化不牽扯自我與其他自我，那麼事物客體化的層次究竟會延伸得有多遠（或一個構造自身的「事物」究竟會獲得何種意義）？如果我們這樣問：那麼我們便具有〈這樣的問題〉：

(a) 純粹直觀的事物—客體化會獲得什麼？而且

(b) 邏輯的客體化（經驗邏輯的客體化）會獲得什麼？

僅就在沒有交往共同體的情況下能夠做些什麼而言。（可以在何種程度上將科學建構爲非交往的？）

(B) 同感進入到作爲身體的事物之中。身體與心靈（精神）。本己自我——陌生自我。精神事物、人、人格或心靈的交往（commer-cium），透過它們的身體。同一事物的構造，同一個世界連同一個空間和一個時間的構造，作爲交往同一的世界的構造、作爲一個自然的構造、作爲一個自然科學的構造。

事物（軀體）和軀體的進程屬於這一個時間，其中包括身體進程，以及另一方面包括**精神進程**、心靈引動。

因而在顯現活動和顯現者之間存在著一個時間關係，即：如果我們追隨直覺，那麼顯現活動和顯現者在每個感知的情況中都是同時顯現的。（另一方面，回憶活動和被回憶之物卻並不顯現爲同時的；感知的圖像表象和被表象之物又再度顯現爲同時的，但作爲圖像被表象之物的被表象之物卻仍然不會顯現爲此時和此地的——因而實際上〔顯現爲同時的〕只是表象和圖像客體，而不是圖像主體；期待和被期待之物當然不會顯現爲同時的。）

問題：這個同時性究竟是某種原初的、原本質的事物呢？還是從精神事物和心靈的客體化中才生長出來的呢？究竟是這種客體化以那種同時性爲前提，還是反之？

這個同時性「顯現著」，但它一般說來「實際上」根本不存有，這是不言自明的。我現在看到的星星或許在幾千年前就不再存在了（當然在非本真的顯現情況中也是如此：聽到的錘聲）。「顯現」（實際上我們在這裡不能談論它），或者不如說，內在的立義和被立義之物在同一在場的現在中是同時的，這屬於絕對意識的本質嗎？自身建構同一內在聲音與建構它的行爲是同時的。對被建構的聲音—現在的立義、認同以及它連續性的河流。

第41號　顯現與時間。體驗活動與體驗。意識作爲複數的意識體驗在其中被體驗到的體驗活動

顯現與時間

在哥廷根的最初幾年裡，顯現（Erscheinung）這個概念給我帶來一些麻煩。有一個顯現的概念似乎得到了界定，它似乎排除了「任何時間特徵」，即：人們在某種意義上可以這樣說：我在感知中、在一個相應的回憶中、在一個純粹想像中具有同一個顯現。這間房子恰恰是從同一面顯現給我，在同一種顏色中，而且在這裡是從同一個位置出發，即在顏色的同一種映射中、在形式的同一種映射中——**同一個顯現，「只是」**一次是**感知的顯現**，**一次是想像的顯現**。然而，這裡的區別不就像在同一間房子之間的區別，只是一次是被感知，另一次是被回憶？

如果我們使顯現成爲客體，那麼我們事實上就是一次具有作爲客體的現時感知顯現，一次則具有想像的顯現，它當然是同一個顯現，只是被想像化了。並沒有兩種房子：被感知的房子和被想像的或被回憶的房子，與此相同，也沒有兩種顯現；**顯現肯定就是感知的顯現**，一個想像的顯現是關於一個顯現的想像。**回憶顯現是對一個顯現的回憶**。

誠然，現在人們會說：在回憶中我們回憶這間房子、這些和那些進程，但我們這時回憶的不是相應的顯現。

對此的回答當然是：問題在於人們把感知、想像表象、回憶稱作什麼。應當在這裡對這些概念作不同的了解：我們並非「**朝向**」（gerichtet）兩個事物：房子和房子顯現。但這兩個事物在某種程度上都是在此的。如果我們把此**朝向狀態**（Gerichtetsein）視爲行爲，或者，如果我們把感知理解爲行爲，把回憶理解爲恰恰是這種朝向狀態的行爲，那麼我們就需要一個適當的語詞來表達這個單純的顯現以及它的想像的、回憶的變異。

這一點當然還要得到進一步的研究：回憶這所房子，這就是具有一個回憶顯現，但不是使這個顯現成爲客體，不是朝向這個顯現，不是在確切的意義上意指它。這裡的問題在於：㈠我們具有一個基本的變異，它將顯現（未變異的顯現）導向變異了的顯現（想像）。這樣的話，意指的區別便屬於另一個維度，它是一個被奠基的區別。㈡在單純想像和回憶之間的區別是什麼，在清晰的回憶（它是「感知」的一個組成部分）與再回憶之間的關係又是什麼？

體驗活動（Erleben）與體驗（Erlebnis）。意識作為這樣一種體驗活動，在它之中，複數的意識體驗被體驗到。

體驗活動作爲**河流**的統一，㉗在此河流中，本原的顯現學（phansiologisch）時間建構自身，伴隨著作爲顯現學—時間**統**一的**體驗**的建構。因而每個**體驗**都作爲統一而屬於被建構的統一的秩序；每個這樣的統一都可以成爲一個內在感知的客體，而這個感知又再度是一個統一的體驗，並且屬於被建構的統一的秩序。此外，一個統一在其中建構自身的**河流**同樣可以在一個觀看的目光中被把握到，在一個反思中**被捕捉**（同樣的情況也適用於此，這個捕捉又再度成爲統一）。

由於一個體驗成爲**內在感知**的客體，它便作爲一個**自身當下的**、**絕對的被給予之物**而立足於此，作爲一個現在，同時這個現在具有它特有的現在，後者具有它的此前和它的此後。這屬於時間建構。

在**諸體驗**中也有這樣一些體驗，這些體驗與內在感知是類似的，因爲在這些感知中某物是以「**相似的方式**」立足於此，只是不以自身當下的方式，而是以**擬**—**當下**的方式。根據觀念的可能性，每個感知都有一個想像表象與之相符合，而且還有一個回憶（如果我們把想像與回憶區分開來），同樣還有期待。每個內在感知也都有一個與內在想像與之相符合；此外，正如每個內在感知都與這樣一個體驗相符合一樣，這個體驗可以說是「透過目光的朝向」而成爲內在的感知，內在的想像也有一個變異了的體驗與之相符合。

㉗ 不是在被建構意義上的統一。——編者

現在我們將體驗劃分爲兩類，一類是本原的體驗，一類是非本原的體驗。每個自身—當下—意識（Selbstgegenwarts-Bewußtsein）都是本原的體驗，無論它是一個透過一種意指的目光才變爲一個感知的體驗，還是一個已經是感知的體驗。

或者每個體驗㉘都是「意識」，而意識是關於……的意識。然而每個體驗**自身都是被體驗到的**，並且**在此意義上**也是「被意識到的」。**這個**被意識狀態（Bewußt-sein）是關於體驗的意識，並且它要麼是原生的、**本原的**意識，即對作爲體驗—**當下**（Erlebnis-Gegenwart）的體驗本身的意識，要麼就是次生的意識，即它雖然是對一個體驗—當下的意識，但當下的體驗則是這樣一種體驗，它是關於一個非自身當下的意識、一個當下化的意識，並且是對一個體驗的當下化，而這個體驗又再度可以是一個關於某物的意識，有可能是關於某個擬—當下的事物，例如，關於一間房子的意識。

對每個體驗來說，都會有一個基本的變異與之相適應，根據這種變異，它成爲「想像材料」（Phantasma），關於體驗、關於意識的想像材料。但當下化可以是「眞實的」（wirklich）當下化，可以具有回憶的特徵（完全具有眞正當下化的特徵），或者它可以具有單純想像的特徵。

因而我們具有：本原的體驗（感覺）——非本原的體驗：單純想像材料——回憶；相應

㉘ Erlebnis（體驗）。在尾音「-nis」上胡塞爾後來補加了一個問號，並且同時加有邊注：「與此相反，時間流。」（Dagegen Zeitfluß）——編者

地：內在感知——內在的單純想像表象——內在的回憶表象；而後是**瞬變的**（transient）㉙體驗。每個瞬變的感知都以經歷著本原立義的感覺爲前提；每個瞬變的想像表象都以經歷著想像立義的想像材料爲前提；每個瞬變的回憶都以經歷著回憶立義的回憶爲前提。

292

再次思考

諸流體㉚的河流——「內在」時間統一的建構、絕對意識內容的建構：被感覺到的內容的建構——顏色映射、「聲音」；被感覺到的事物顯現的建構——房子顯現、事物顯現；特殊意義上的「行爲」（作爲被感覺性）的建構——「目光的朝向」與意指。喜悅（對重現的好天氣的喜悅）、希望、謂項判斷等。

所有這些都作爲在內在時間中的統一，以及「無論是否被注意到的」統一。整體意識是一個整體統一。整體意識建構一個整體統一：即是說，整體意識是一個完完全全的**意識**，是

㉙ 胡塞爾在一九〇六／〇七年冬季學期「邏輯學與認識論引論」的講座中（參見前面邊碼269注②）對一詞作了如下定義：「我們將這樣一些感知稱作『實項內在的感知』，這些感知的本質在於：實項地捕捉被感知之物，並因此而實項地與它成爲一體。即是說，我們在各種例子中從各個能思（cogitationes）中作爲感知而了解到的那些相即（adäquat）感知，同時也就是實項內在的感知。那些並不在上述意義上實項地捕捉其客體的感知，被我們稱之爲瞬變的（transiente）感知。如果它們的本質在於：只是以非相即的和瞬變的方式把握其對象，那麼我們就將這些感知稱作『超越的』（transzendent）。」——編者

㉚「流體」一詞，胡塞爾的原文是「Fluentien」，但他在該詞後加有括弧內容「（Fluxionen?）」。英譯作「flows」。——譯者

一個完完全全的**諸流體的河流**，而每個這樣的流體都屬於一個統一。因而這便是**第一性意義上的意識內容**，作爲被體驗性（Erlebtheit）（統一）或被意識性（Bewußtheit）（被感覺性）的體驗。現在我們在它們之中發現一個特殊的群組：**統覺**（Apperzeptionen），並且在其中發現事物立義，或者更確切地說：事物顯現。

事物顯現是被意識性、內容、內在時間統一。但它們本質上建構新的統一。即是說，顯現在某些從屬於顯現的顯現雜多性中流逝，與此同時，顯現構成在第二性意義上的統一意識。它們不是在原初意義上的意識，而更應當說是已被建構出來的事物。因而如果我們將顯現和顯現的雜多性稱爲意識，我們實際上就必須回溯到建構它們的**原意識**上，並且將此原意識標示爲**建構的**。而後我們就應當說：這個原意識建構二階的統一。或者我們不把顯現稱作意識，並且不把顯現的雜多性稱作意識聯繫，而是毋寧稱作關於……的統覺、關於……的顯現。

根本性的事物在於：從觀念的可能性上說，每個內容都可以變爲被意指的內容，並且作爲一個此物而被設定。每個內容都可以被給予：對它的意指的設定就是給予者。這種被理解爲內容的意指並不又再度是一個在原初意義上的意識，但卻是屬於此原意識的河流。意指是一個「行爲」（一個行爲就已經是統一），而這是一種新的意義上意識的複合。

每個顯現的對象（二階的統一）都可以成爲被意指的對象和被設定的對象。可以看向它，可以在它上面加上這個（Dies）（觀念的可能性）。而後它便成爲一個在第二性意義上的意識的對象。

如果我們就此而論把這個設定爲此物的活動稱作**行爲**，那麼顯現本身就不是行爲。

在被體驗性、被意識性中包含著一個在本原被意識性或印象與再造的被意識性（再造、想像材料）之間的基本區別。我們在這裡需要研究回憶和單純想像材料，而空乏的被意識

性、空乏回憶、空乏想像材料也可以說是一種變異。顯現作爲完整的和空乏的被意識性，同時卻建構新的統一。

「帕納斯山的進階」（gradus ad Parnassum）。㉛作爲更高統覺的象徵表象。因而統覺是一個比素樸顯現更爲寬泛的概念。象徵（圖像或客體）映射著、類比著或標示著另一個客體。

綜合。

可惜，帕納斯山還在雲霧之中。

第42號 明見性

每個被體驗到的內容都隸屬於一個內容的連續性（一個內容的減弱著的諸相位的連續性），它可以被理解爲個體的（時間的）對象性，而且是一個延續對象之諸相位的連續性。

我編排整理如下：

㈠內容本身的連續性（無論立義是否出現）。這時人們會說：內容本身在延續，並且同時在變化或不變。但這裡不可混淆：在內在時間事物意義上的內容，即時間中的個體對象——以及最終時間流的內容，它們在延續，並且不是時間客體，而恰恰是意識的最終河流。**原初的**變異始終將**現在**—內容（它們在受到立義時便「成爲」現在—相位）〔轉變

㉛帕納斯山是希臘的山名，爲太陽神和文藝女神們的靈地（日後也轉義作「詩壇」解）。「帕納斯山的進階」（gradus ad Parnassum）是多首著名樂曲的標題。胡塞爾在這裡是在雙重的意義上使用這個名稱。——譯者

爲〕映射，它們按其本質是對非現在的展示。

㈡立義特徵的連續性。

作爲個體客體化之形式的**時間意識**、作爲每個可能顯現之形式的時間意識。在這裡我們又再度要區分：絕然的顯現（印象的顯現）——以及它們的再造性變異。因而時間意識要麼就是印象性的，要麼就是再造性的。

因此我們具有根本不同的區別：

㈠最終的**起源**區別（印象與再造）。

㈡屬於顯現形式的區別（我們在這裡從一開始就在印象的領域內活動，在再造的領域中「一切又都復歸」，「只是發生了變異」）。

第43號　難題

現在我說：「我剛剛感知A，A剛剛曾在，而這是我親眼看到的。」難道不可能我現在具有這個原生的回憶，而實際上A根本不曾在，實際上此前根本沒有一個對A的感知嗎？「清晰的」回憶究竟是如何爲一個此前的現在感知提供保證的呢？[32]

從時間分析中得出：我以前討論「明見性」的方式是含糊的。我常常在與自身被給予性〔相同〕的意義上使用「明見性」。的確必須區分：〔一方面是〕明見性，另一方面是被給

[32] 此札記的這個第一段落幾乎逐字逐句地重新採納了對這個「難題」的一個較早札記；參見前面第25號文字、邊碼202及後頁。——編者

予狀態本身；前者是從屬於判斷的明察，即這樣的判斷：某物本身在此，它是，並且又作爲這個而被給予。

我意指某物，而它是如其被意指的那樣被給予，並且是作爲被意指的而被給予。明見性＝被給予狀態＝以「內在」方式的被給予狀態、「相即的被給予狀態」。如果從那個著名的成見出發，人們在這裡就會說：我如何能夠得到**延續**的明見性？剛剛曾在的明見性？「清晰的回憶」所展示之物的明見性？參見上面的難題。

當然，明見性並不是被布倫塔諾理解爲點狀現在－感知的「內感知」之明見性。每個認同、區分、每個判斷都以演替爲前提，都以延展了的感知、把握爲真（Wahr-Erfassung）爲前提。這就是自身本質規律性的明察。明見性與現在點的關係必定是一個臆想。能思（cogitatio）就已經是一個延續者本身的明見性。

第44號　意識的時間形式

這裡要進行區分的考察：

㈠在感覺和想像材料之間的區別，在伸展到所有現象上的對「印象」與再造的劃分的意義上。

㈡連續的減弱，它既涉及印象，〔也〕涉及再造。

每個現象都有其彗星尾，或者每個現象都是一種諸相位的連續性，連同最高的相位，對這個最高相位我們說：它在減弱。每個現象都「產生」、「延續」、「變化」——這是客觀的說法。但另一方面，一切都在變化（在新的意義上）。在客觀立義中一個現象的產生就是

一個新事物的出現，現象的延續就是一種自身變化，因爲連同那個保持不變的事物一同被給予的是「這同一個內容」的各個減弱著的相位的彗星尾，如此等等。

因此，在絕對意義上的現象領域（顯現學的雜多性領域、客體化之前的體驗領域）中，只有變化，只有一條永恆的河流。

如果說，印象在減弱，而再造同樣也在減弱，那麼就需要關注：再造的系列連同其種種減弱仍然是並且始終是一個再造的統一，而且每個再造的本質就在於：它們被理解爲對……的展示（有可能是對……的回憶；而何時是後者，這需要更爲仔細地考慮）。現在這會引起誤解。但我們必須區分再造本身和再造性的表象，完全就像我們必須區分印象本身和印象性的表象＝感知表象一樣。

㈢感覺的減弱有可能不產生想像材料。想像材料的減弱則一再地產生出想像材料，但以某種方式發生了變異，恰如印象的減弱會一再地產生出印象，但以時態的方式發生了變異一樣。**時態的變異與從印象到觀念的變異是根本不同的**。後者是分立的（diskret），前者是持續的。

㈣根據㈡，在現象性（Phänomenalität）的本質中（在所有絕對顯現學之物的本質中）包含著一種「生成」。這對於我們來說就是唯有透過**時間立義**才以產生、進行、延續和自身變化方式完成的生成。這個絕對的生成是所有時間立義的基礎，但不是時間立義本身。**時間**是所有個體客體性的**形式**。客體性尚未在單純「內容」和單純內容的河流中被給予。只要意識不進行綜合，並且例如在延續中不以認同的方式設定一個延續者的同一性，也就**沒有延續**，而只有某個有待進行特徵描述的內容的河流。這種特徵描述又再度是透過一種對內容**本身**的客體化而發生的，並且是透過**建構**客體性的行爲而發生的。時間並不是那些構成意識本身的體驗、「內容」的形式。另一方面，人們當然不得不說：內容（也有其時間），意識流

具有**其時間**，而且在意識中一切都是時間上被編排整理了的。

然而恰恰需要**區分**：〔一方面是〕這種屬於意識本質一般、即屬於所有體驗和體驗聯繫的本質的意識之秩序，以及〔另一方面是〕**客觀地**歸屬於體驗的時間秩序。**時間形式**並不是在後一種意義上的顯現學形式，不是絕對存在的形式，而只是一種「諸顯現」的形式，但這就是說，只是一種個體客體的形式。我們必須說：它不是一種**絕對的**形式，而只是一種**範疇的**形式。

因而**時間意識**是一種**客體化**意識。若沒有認同和區分，沒有現在設定、過去設定、將來設定等等，也就沒有延續、沒有靜止和變化、沒有相互接續的存在。這就是說：沒有所有這一切，絕對的「內容」也就始終是盲目的，也就不會**意味著**客觀的存在，不會**意味著**延續等等。而當下擁有（Gegenwärtigung）和當下化（Vergegenwärtigung）的區別也屬於此，混亂的意見。在客觀時間中有**某個事物**。**某個事物**！這是由客觀的立義決定的。

第45號　意識流的雙重意向性㉝

內在時間客體、這個在此的內在聲音內容，只是在此意義上才是它所是，即：它在其「現時的」延續中前指向一個將來之物，並且回指向一個過去之物。現在被意識到的這個聲音就以一種方式成爲這種內在時間客體，它在一個建構時間的現象中起作用，從而使這

㉝ 這份札記的很大部分都已在第二十三、二十五、二十六、二十七、二十八、二十九節中復現，下面還會個別地予以標明。——編者

個現象獲得一種觀念的可能性：恰恰把這個聲音的過去進程重新當下化，以當下化的方式重新建構它。同樣也有持續的「意向」指向將來：現時當下的延續塊片一再地啟動一個新的現在，而一個**前攝**就附著在那些建構聲音的「顯現」上；一個前攝，只要聲音在延續，這個前攝就在充實自身，作為對這個聲音的前攝，如果有某個新的事物開始取而代之，它便自身揚棄並自身變化。㉞

對內在之物的回憶本身是內在的，關於內在之物的本原意識本身不是內在的，亦即在內時間意識的**時間之物**之意義上。這不是很討厭嗎？人們會想說：當下化意識與當下擁有意識仍然是「完全同一個事物」，只是「有所變異」而已，難道它會有一種完全不同的建構嗎？這難道不是個**問題**嗎？

如果我將聲音C當下化，那麼它便作為過去的而立足於此。我在當下化的同時聽到其他的聲音，我看到我的周圍環境等等。當下化作為一個現在立足於此。在內在的時間點中開始，例如以剛剛聽到的雜訊X開始，並且同時隨它而結束。它延續，並且與X延續得一樣長，X是一個內在的感性客體。聲音C以一種「或多或少清晰的方式」浮現在我面前。但被當下化的事物、作為曾在的事物以及同時擬－流逝的或剛剛流逝了的事物，以及這種不清晰性的各種樣式，它們都與這整個被當下化的內在之物以及它的意識樣式相關聯。

（對關於C的本原意識而言有效的是，聲音C首先顯現為生動的、真實的、清晰的，而後帶著減少的清晰性而過渡為「空乏之物」。這個變異屬於**河流**。但恰恰在這同一種變異出

㉞ 胡塞爾在邊上後加了一段文字：「但在前攝與滯留之間的區別是本質性的，前攝不去決定將來之物可能是什麼，以及客體的延續是否可能終止以及『何時』終止，而滯留則是受束縛的。」——編者

現在對此河流的當下化中的同時，還有**其他的**「不清晰性」會在此出現，即是說，「清晰的事物」已經像是披了一層面紗，不清晰地立足於此，並且或多或少是不清晰的，如此等等。因而不可將這些和另一些不清晰性混爲一談。）

當下化的這些生動性或不生動性、清晰性或不清晰性的特殊樣式並不屬於被當下化之物，或者只是借助於當下化的樣態才屬於它，相反，它們屬於當下化的現時體驗。

一般說來，當下化的建構顯然完全遵循本原的當下擁有的建構：即是說，當下擁有是我們所描述的純然的當下擁有相位的河流，它的意向性在於：這種相位是關於同一個事物的意識，而且是關於一個內在時間之物的意識。對C的回憶現在又再度是一條河流，但卻是一條當下化相位的河流，這些當下化相位乃是對相應的當下擁有相位的「變異」、「再造」，並且以此方式而是它們的準確「反映」（Spiegelungen），整條河流也是如此。

當下化具有一個與當下擁有不同的意向性。這兩條河流的要素和瞬間是不同的，就此而論，這裡完完全全地存在著一個區別。當下擁有的河流是由體驗瞬間組成的，當下擁有的河流也是由體驗瞬間組成的。體驗瞬間在這裡意味著什麼？我們在這裡只能指出一點：在被當下化的事物和未被當下化的事物（本原的事物）之間有一個區別，而且這個區別對於意識流來說也存在：反思的目光當作本原的而把握到的一條意識流就是體驗，恰恰就是我們稱之爲體驗的本原河流，並且根據這河流的樣式而進一步稱作現在—體驗、減弱的體驗，等等。當下化的河流也是體驗流，但它的體驗是當下化的體驗，就是說，每個體驗都是**關於**……的當下化，而在此意義上的當下擁有不是**關於**……的當下擁有。當下擁有著的乃是與一個在它之中建構自身的內在客體有關的當下擁有。但當下化著的乃是一個雙重意義上的體驗，因爲它是對一個相應的當下擁有的當下化，並且因爲在當下化河流的連續統中，就像當下擁有（Gegenwärtigung）當下擁有著（gegenwärtigt）一個內在的客體一樣，這個當下化

（Vergegenwärtigung）也當下化著（vergegenwärtigt）這個內在客體。

這樣我們便結束了嗎？而後就可以說：

當下化河流㉟是一條體驗的河流，它的建構與任何一條建構時間的體驗河流是完全相同的，即是說，它本身是建構時間的。所有那些建構時間形式的映射、變異都可以在這裡〔重新〕找到，而且，完全就像內在的聲音（它本身不是體驗）在聲音體驗的河流中建構自身一樣，聲音─當下化的統一、即聲音─回憶的統一（同樣還有聲音─想像的統一）也在聲音─當下化的體驗中建構自身。普遍有效的是：我們在現象學的反思中從所有那些在最寬泛意義上的顯現者、被表象者、被思考者等等而被回引到體驗去，並且所有體驗都處在建構時間的河流中，亦即經歷著一個內在的客體化：即對感知顯現（外感知）、回憶、期待、期望等等的客體化，使它們成爲內意識的統一；也就是說，任何一種當下化，只要它們是體驗，就在建構那些具有普全地建構時間的形態的體驗流動，即建構內在的客體：「延續著的、這樣或那樣流動著的當下化進程」。

但另一方面，當下化的本己特點在於：它們自己本身並且根據所有體驗相位都是在另一種意義上的**關於……**的當下化（Vergegenwärtigung von...），它們具有一個第二性的、另類的意向性，一個並不對於所有體驗、而只對它們而言是本己的意向性。但這個新的意向性的特殊之處在於：它就形式而言是那個建構時間的意向性的對立形象，而且正如它在每個要素中都再造著一個當下擁有之河流（Gegenwärtigungsfluß）的瞬間，並且在整體中再造著

㉟ 這個札記的文字從這裡開始到邊碼300已作爲第二十三節的結尾在第九十四頁（邊碼〔409〕）至第九十五頁（邊碼〔410〕）得到復現，只有略微的變動。——編者

300

一個整體的當下擁有之河流一樣，它也如此地製作著一個再造性的意識，即關於一個被當下化的內在客體的意識。因此這個新的意向性建構一個雙重的事物：一方面是透過它的體驗流的形式建構作爲內在統一的當下化；並且，由於這條河流的體驗瞬間是一條類似河流（它在通常情況下是由非再造性的瞬間所組成）之瞬間的再造性變異，並且由於這種再造性變異意味著一種意向性，這條河流便組合成一個建構的整體，在它之中有一個意向統一被意識到：被回憶之物的統一。

爲了澄清瞬變之物的當下化的情況，顯然首先有必要澄清意識流的雙重意向性，在這些意識流中，一方面，透過河流的形式，一個外部顯現或一個外部顯現進程的統一得以建構；另一方面，透過這條河流的顯現體驗要素所特有的意向性（由於這些要素，每個顯現體驗作爲河流的體驗瞬間便具有一個外部的意向性），一個外部的以及本身又再度是時間性的客體便建構自身，它的時間就是客觀的時間。

在這裡和在當下化的情況中一樣，在時間建構中建構的內在對象是「顯現」。但在這裡，它們是當下擁有的顯現，而不是當下化的顯現。可是這會導致這樣一個狀況：顯現體驗這一次乃是具有當下化特徵的意向性，另一次則具有本原意向性的特徵。

這裡有一個大問題：這種本原的意向性或本原的「關於……的顯現」（內在）不僅是內在的時間性，而且還建構（瞬變的）時間性，它們的特徵何在？在於相對於自發性而言的「素樸性」、被動性嗎？那麼一個被當下化的、但卻被設定爲現在的事物的情況如何呢？同感（Einfühlung）的情況又如何呢？是否要事先確定外感知的最素樸的瞬變的客體化？因此，這就導向了事物性與空間和時間相一致的建構。

每個體驗都有其關聯意向，這是肯定的，而且這一同屬於它作爲**時間統一**的建構。但我懷疑的是，究竟應當如何理解這一點，以及這裡是否在任何方面都是完全清晰的。必然會有

一個延續的存在建構自身，而且首先是一個體驗—存在。就此而論，每個**生活**都是迎向生活（Entgegenleben）。但生活不是體驗。生活是建構意識的河流。但**每個體驗**都前指向將來之物和回指向曾在之物嗎？在每個體驗中，例如在一個期望體驗中，都包含著這樣的狀況：這個體驗被意識爲現在，並且在現在中有一個意向朝向非現在、朝向將來之物。但這些意向還是作爲在時間意識中的存在者而屬於存在樣式，亦即屬於生活，而不屬於在其自身之中存在著的體驗本身。屬於存在者的是什麼？**時間順序**以及時間順序的規定性、必然性：B在A之後，而後C—B屬於這個聯繫。現在，在原初的時間意識中、在生活中就包含著與現時的、建構現在之生活的「聯繫」，即是說，每個回憶都含有這樣的意向，它們的充實會導向當下。提出這個順序的客觀可能性：當時是這個，而後有這個，直到現在。

時間中的**順序**：這不是一個建基於想像內容中的區別，類似顏色區別，在相關顏色的顯現中的一個顏色秩序。**再造**以再造的方式給出一個現在、一個剛剛—剛才和一個剛剛到來。但被再造的現在應當是一個過去或將來或現在（被當下化了的）；而在這裡，再造可以是直接直觀，以回憶或期待的形式，或以非滯留和非期待、直接的時間直觀的形式，最終是以間接的形式。㊱而我們認爲，這些可能性中**必定**有一個是存在的。沒有一個再造的現在是能夠被設定的，而且沒有一個再造的現在不是在時間統一中的現實性，即包含著現時現在的現實性；根本就沒有再造的時間之物。另一方面，一個再造的時間之物可以在**任何**時間之

㊱ 從「而在這裡」到「以間接的形式」這幾句話是在一個邊注中後補上的，這個邊注還繼續包括以下內容：「對此參見後面。在回憶與期待方面，我把一切〔都當作〕被回憶之物〔來處理？〕，並立即將它普遍化。但這是容易修改的。」——編者

中，除去當下不論。而時間位置並不是某個能夠作為被給予之物而以某種方式在這個內容中被找到的事物。另一方面，時間位置卻是可以被指明的，例如在回憶中：我追隨回憶的聯繫。而明確無疑的是：每個回憶都已經具有某種對其被回憶之物的位置的「意向」，哪怕是一個還不確定的；但它這時便是一個可以確定的不確定性，而不會隨意地變成〔確定性〕。這樣，例如我在回憶時便受過去束縛，而且有可能受前天的束縛等等。因此（首先對於回憶和期待而言）我們具有：

㈠對於每個再造、而且是設定的再造而言都有一個**內容**，而且是在意向方面的一個組成。這些意向〔涉及〕在此內容之延續方面的被再造的存在；

㈡每個延續都有一個內容，或者說，每個延續的存在都有其延續中的形式，有其延續充盈中的內容——但這同一個形式和充盈可以在「這個」時間的聯繫中具有一個不同的時間位置。㊲

在對一個延續著的存在的再造中，除了具有對被充實的延續的再造以外，我們現在還具有、並且是**必然地**具有與此位置相關的意向。倘若一個延續沒有在聯繫中被設定，即是說，倘若**聯繫的意向**不在此，一個延續是根本無法被表象的，或者更確切地說，是根本無法被設定的。而在這裡必然的是：這個意向（在回憶和期待的情況中，但這只是特殊的情況）或者具有過去意向的形式，或者便具有將來意向的形式。而後，在它的本質便包含著：被設定為與「現在」意識相一致地「在相反的方向上」與此意識相聯合。但這個聯合是

㊲ 這個札記的文字從這裡開始到邊碼307已在第二十五節、第二十六節中，以及在第二十七節的第一段（第九十七頁（邊碼〔411〕）到第一〇二頁（邊碼〔415〕））復現，帶有一些改動。——編者

一個一般的和非本眞的聯合。它不是充實。

就第一點而言的各個意向，即這整個意向複合體，構成了過去延續的客體顯現，它們在屬於同一個延續者（同一個延續，爲同一個客觀規定的內涵所充滿）的各個顯現之體系中具有其可能的充實。但所有這些顯現都必然具有它們的第二種聯繫意向。時間中的聯繫意向，指向的是完全不同的方向。這裡所涉及的是對直至現時當下的被充實的聯繫的製作。因此我們當然需要區分——對於回憶而言（但並不始終以同樣的方式）：

〔其一，〕對那個過去延續著的客體在其中被給予，即被感知的意識的再造；以及〔其二，〕那些以對於「過去的」或「當下的」（與現時的現在同時）或「將來的」意識而言建構性的方式依附在這種再造上的事物。

那麼後者是什麼呢？它也是再造嗎？這是一個容易使人誤入歧途的問題（它會誘惑人們將現時性與印象混爲一談）。當然，這個整體是再造。不僅是當時的意識當下連同其河流，而且**以隱含的方式**包括整個直至活的當下的意識流，它們都是「被再造的」。「**隱含的**」（implicite），這在心理學上就是說：回憶是處在一種連綿的河流之中，因爲意識生活是處在連綿的河流之中，而不僅僅是一個環節一個環節地加入到鏈條之中。毋寧說，每個新的事物都回復地作用於舊的事物：它的前行著的意向在此同時得到充實和規定，並且這爲再造提供了一個特定的色彩。因此，我們在這裡具有一種回復作用。新的事物又再度指明新的事物，後者在出現的過程中規定自身並且爲舊的事物變異著這些被再造的可能性。在這裡，回復作用的力量是循著這鏈條而回溯的。因爲對一個過去的再造帶有「**過去**」的特徵，並且帶有一個不確定的意向，即對某個相對於現在而言的確然時間狀態的意向。因此，並不是我們具有一個單純的「**被聯想到的**」意向鏈：一個事物讓人回憶起另一個（流動著的）事物，這個事物又讓人回憶起下一個（流動著的）事物；而是我們具有一個意向，

它自身就是朝向這個可能充實的系列的意向。然而這個意向是一個非直觀的意向，一個「**空乏的**」意向，並且它的對象之物就是各個事件的時間系列，而這個時間系列就是環境（Umgebung）。

「環境」的特徵不就在於：一個統一的意向，它朝向許多相互聯繫的對象性，並且在它們的不同的、多重的、漸次的被給予性中得到充實？一個空間「背景」的情況也是如此。因而在感知中的每個事物也都具有其作爲背面的背景（因爲這裡所涉及的不是注意力的背景，而是立義的背景）。我在講座[38]中描述爲「非本眞感知」、共感知的事物，就是一個「複合」意向，它可以在特定類型的聯繫中、在被給予性的聯繫中得到充實。沒有背景也就沒有前景。沒有不顯現的面也就沒有顯現的面。在時間意識的統一中情況也是如此：被再造的延續是前景，那些編排意向（Einordnungsintention）使一個背景、一個時間背景被意識到。而這種狀況在延續者本身時間性的建構中以某種方式隨著它的現在、此前、此後而持續。我們可以作以下類比：〔一方面〕是將空間事物編排到全面的空間和空間世界之中，另一方面是空間事物本身連同其前景和背景（至少作爲幻象）。對於時間事物而言，是編排到時間形式和時間世界之中，另一方面是編排到時間事物本身以及它的相對於活的現在的變換著的定向之中。可是不要完全從字面上理解和簡單地接受這種類比。只有仔細的研究才能確定，它們作爲嚴格的類比眞正可以伸展得有多遠。

但重要的是要研究，**回憶與期待是否眞的能夠平等**。直觀的回憶爲我提供對一個事件

㊳ 這裡指的可能是一九〇六／〇七年冬季學期的講座「邏輯學與認識論引論」；參見前面邊碼269注②。——編者

之流逝延續的活的再造，而非直觀的則始終只是這樣一些意向，它們回指著此前，並且前指，直至活的現在。對一個將來事件的直觀表象的情況是如何的呢？

我「隨後將會下樓去餐廳……」。我「隨後將會吃晚飯……」。我現在直觀地具有一個以再造方式流逝著的進程的再造「圖像」。與此相銜接的是不確定的將來意向和過去意向，也就是那些從此進程的一開始就涉及那個限定在活的現在之中的時間環境的意向。**就此而論**，期待直觀是倒轉過來的回憶直觀，因爲在回憶直觀那裡，現在意向並不「先」行於這個進程，而是後隨於這個進程。它們作爲空乏的環境著色處在「相互對立的方向」上。

現在，進程本身的被給予方式是怎樣的呢？在回憶中，這個進程的內涵是確定的內涵，這是否會構成一個本質的區別？即使是回憶也可以是直觀的、但卻不十分確定的，因爲有一些直觀的組元（Komponente）根本不具有眞正的回憶特徵。在完善的回憶那裡，一切都清晰具體，並且具有回憶的特徵。但**從觀念上說**（idealiter），這種情況在期待直觀那裡也是可能的。它在一般情況下爲許多可能留下空間，而這種始終開放的狀態又再度是相關組元的一個特徵。

圖像性、回憶圖像、期待圖像

這整個直觀在某種程度上只提供一個將來之物的典範，甚至是一個圖像，因爲我在直觀被給予之物中看到了某個事物，它沒有被給予我，並且它會被給予我，倘若沒有任何事物在「圖像」中爲我開啟了某種事物的話。但回憶不也同樣——至少一般說來——處處在我具有一個顯現的地方都爲我提供了一個單純的圖像，但帶有這樣的意識：曾在的事物在此顯現中乃是在具體的特徵中擺出自身（sich stellen），在其他地方則是展示自身

（sich darstellen）。但這兩方面的特別之處都在於：**一個完善的表象原則上是可能的**，亦即一個不再帶有任何被給予之物與被意指之物之分歧的表象，一個不再帶有**圖像客體**（Bildobjekt）與**主題**（Sujet）之區別的表象，原則上是可能的。

難道一個預見的意識（一個自詡爲預見的意識）原則上是無法想像的嗎？人們難道不能說，我們事實上並不常常具有一個完全確定的計畫，並且在直觀地表象被計畫內容的同時將它可以說是毫髮不差地當作將來的現實接受下來。此外，直至現時現在片段的這個塊片，在兩方面都是不確定的，並且可以是或多或少不確定的（在力量上〔δύναμις〕）。

但原則性的區別在於充實的方式。過去意向必然是透過對直觀再造之聯繫的確定來充實自身。對過去事件的再造在其有效性方面——或者我們說：在再造本身及其有效性方面（在內意識中）——只允許證實回憶的不確定性，並且允許透過向一個再造的轉變來進行完善，在這個再造中，所有的組元都具有再造的特徵。這裡牽涉到這樣的問題：我是否眞正地看到了這些，感知到了這些，我是否眞正具有這個顯現，具有恰恰帶有這些內容的顯現？（另一個問題是：這曾是一個現實性嗎？這個顯現者曾是現實的嗎？）所有這些都必須同時編排到恰恰由這些顯現所構成的、直至現在的一個聯繫之中。

與此相反，期待是在一個感知中得到充實的。在被期待之物的本質中包含著：它是一個將被感知的事物，或者是在生成中的感知。環境意向的情況也是如此。所有這些都是透過體驗活動的現時性以及印象的體驗活動的現時性而充實自身的。但一言以蔽之，期待直觀完全與過去直觀一樣是某種原初的和特殊的事物。

需要關注的是：在透過再造而完成的時間意識樣式中，**回憶**與**期待**只是構成了一個**突出的群組**。在再造性體驗的本質中不僅包含著對時間存在的單純再造性設定，而且還包含著與內意識的某種關聯。

在回憶的本質中原生地包含著、並且作爲基本實事包含著這樣的狀況：它是關於被感知的曾在的意識。如果我直觀地回憶一個外部的進程，那麼我便具有對它的一個再造性直觀。而這是一個設定性的再造。但這個外部的再造必然是透過一個內部的再造而被意識到的。（一個外顯現必須透過外部進程在某種顯現方式中的被給予而被再造。作爲體驗的外顯現是一個內意識的統一，而與內意識相符合的是內再造。）但現在存在著兩種可能性。內再造可能是一個設定性的再造，因此這個進程的顯現可能是被設定的，而後是在「內」時間的統一中被設定的；或者，外再造可能是一個設定性的再造，客觀時間中的時間進程可能是被設定的，但內再造卻不是設定性的，即顯現本身並不被設定爲內時間的進程，因此，相應的、建構時間的河流也就不是在整體體驗流的統一中被設定的。

㊴**回憶與期待的本質**（即直接直觀的回憶與期待的本質，參見後面）就在於，它們將被再造的顯現編排到內時間的存在聯繫之中，編排到我的體驗的流逝著的系列的存在聯繫之中。設定（Setzung）通常也伸展到外部顯現的**對象之物**上，但這種設定也可以被揚棄，它也可以被反駁，這樣，留存下來的便只是回憶和期待了，就是說，我們不會停止將它們稱作回憶和期待。我們只是會說：我回憶：我當時「誤以爲」（vermeintlich）感知了這個，但那曾是個錯覺。我期待看到這個或那個（我以前曾期待它，並且以爲這是眞的，現在我知道，這將是一個幻覺的看。）但通常「我期待這個事件——我回憶這個事件」這兩者都意味著：「我將看到這個事件」（或者說，「我將得到消息說這是眞實的」）——「我看到這個

㊴ 這個札記的文字從這裡開始到邊碼308已在第二十八節的第二段（第一〇三頁（邊碼〔416〕））中復現，並有一些改動。——編者

308

事件」（或者說，「我已得到消息說這是眞的」）。

我現在看出，這裡需要作一個補充：**直接直觀**的回憶和**直接直觀**的期待——相對於非直觀的或間接直觀的、非直接地象徵化的、建基於非直接認識之上的回憶與期待等等。在這個意義上直接直觀的是**同等級次**上的行爲：對外部事物的直接感知、直接直觀的回憶和期待，它們都具有同樣的建構，即不僅設定被直觀到的外部事物，而且設定直觀活動，亦即設定內感知、內回憶、內期待，如果這裡從一開始就涉及對心理之物的直觀，而且是**直接的**直觀，那麼這個層次系列的區別就不復存在，而我們從一開始就具有同等的級次。

[40]如果我們停留在對外部事物的直觀上，對外時間與對象性的直觀上，那麼，我們就還需要顧及**另一些類型**的直觀，亦即對時間對象的直接直觀。我現在表象容斯；[41]但不是表象爲對先前所見的容斯的回憶，而是表象爲現在存在的，一如他現在所是。而且我直觀地表象一個曾在的事件；但即使我並不回憶它，我也把它當作眞實過去的：我根據一個描述來直觀它；在將來方面也可以如此。我也可以直觀一個當下之物、一個被設定爲當下的事物，儘管我有可能從未見過它。在第一種情況中，雖然我具有回憶，但我給予被回憶者以一個直至現時現在的延續；而對於這個延續，我並不具有內部被回憶的「顯現」；這個「回憶圖像」服務於我，但我並不設定被回憶之物（在其類似延續中的內回憶的對象之物：就像它那時曾以

[40] 這個札記的文字從這裡開始到邊碼310已在第二十九節（第一〇四頁（邊碼〔417〕）到第一〇五頁（邊碼〔418〕））中得到復現，帶有一些改動。——編者

[41] 「容斯」是對原文「den Roons」的音譯。它應當是一個人名，所以後面用代詞「他」。但英譯者用了代詞「它」。——譯者

對象的方式所是）。我在這裡如何設定，以及我設定什麼？無論如何，我們所設定的是在此顯現中自身展示的延續者，以及這個顯現著的現在，並且設定一再更新的現在，如此等等；但我們並不將它設定爲「過去的」。

我們知道，在回憶過程中的「過去」也並不是意味著：我們在現在的回憶中爲自己製作一個關於以前的回憶的圖像以及其他類似的建構。相反，我們只是設定這個顯現者、這個被直觀者。按照它的時間性，它當然只能在時間的模式中被直觀到。而對這個在此同時的顯現者，我們以回憶的方式透過這個顯現的環境意向而給予它相對於現時性的現在的位置。也就是說，在將一個不在場的當下擁有當下化的同時，我們也必須探問直觀的環境意向。這些環境意向在這裡當然是另一種類型：它們根本不會透過一個在整體上被設定的內顯現的持續系列來與現時現在發生關係。自然，這些再造的顯現並非沒有聯繫。應當有一個延續者存在，它在此顯現，它曾經存在，並且現在存在，並且將會存在。因此，我「能夠」在某一條道路上前去觀看，並發現事物還在；而後我可以再回來，並在一再「可能的」顯現系列中直觀它。假如我此前就出發並已經到達那裡的話（而這是可能的，與此相符的是可能的顯現系列），那麼，我現在就已具有作爲感知直觀的直觀。即是說，雖然這個再造地浮現在我面前的顯現並不在特徵上被描述爲以內印象方式曾在的，雖然這個顯現者並不在特徵上被描述爲在其時間延續中被感知爲曾在的，但在這裡也有與**此地此時**（**hic et nunc**）的關係，而且我們可以說，這個顯現也帶有一個特定的設定特徵：它被歸屬到一個特定的顯現聯繫之中（它完全是由「設定著的」、執態著的顯現所組成的聯繫），在與這個聯繫的關係中，它具有動機引發的特徵：環境意向爲「可能的」顯現本身提供了各自的意向暈。對於我當時沒有見到的過去之物（例如，一小時前的房子，而我現在第一次看見它）的直觀而言也是如此，對於未來也是如此。所有這些都是直接直觀。

而後還要**加上**圖像化的直觀，根據顯現等等，亦即非直接的直觀：當然，只在這裡，時間設定和對未被回憶之物或未被期待之物的設定才眞正不再是附加在直觀上的一個單純設定特徵。此外，同感（Einfühlung）、融情（Introjektion）又再度具有**它們的**間接性。

第46號　將所有區別都歸結爲立義方式之做法的可疑性㊷

通常意義上的回憶與期待處在同一個階次上，而它們兩者都與想像表象處在同一階次上。

通常意義上的或在某種確切意義上的感知，是現在感知。但也有回憶感知（原生回憶）。對一個遙遠的過去之物的回憶或者是空乏的（有可能是象徵的）回憶，或者是想像的回憶。後者（直觀的再回憶）與對一個未被感知的當下（一個「熟悉」的現在存在者）的直觀當下化處在同一個階次上，〔例如〕與對我回憶的那條在我房前的熟悉的街道的再當下化處在同一個階次上；因此，這是對某物的回憶，但這個某物並不是作爲曾在之物，而是作爲（未被感知的）當下之物而被設定並直觀地立足於此。

但回憶也可以是回憶感知。過去的客體是作爲過去的而「被給予的」。過去的客體直觀地「顯現」，但不是在知覺的意義上。以前我曾傾向於認爲這裡只是一個立義的區別，並且傾向於說：同一個作爲知覺的在場者（perzeptive Präsentant）而產生作用的感性內容，在這裡經歷了一個已變異的立義。

㊷ 可以留意一下這個札記與前面第15號文字，尤其在邊碼173及後頁復現的札記的一些相似之處。儘管如此，這裡的札記寫作時間顯然與那個札記相比要遲很多，這一點至少可以從它的結尾中看出來。——編者

第47號 「內容因素」和「立義因素」與清晰回憶的明見性㊸

㊹當本眞的感知過渡爲清晰回憶時，人們談及感覺在場者的**減弱**（Abklingen）、**退散**（Verblassen）等等。但根據前面的研究可以明瞭：滯留的「內容」根本不是感覺內容，更不是本原意義上的「內容」。當然，在這裡很難悉知一切。「內容」這個詞究竟想要說什麼？當一個聲音在減弱時，它自身首先帶著特殊的充盈（強度）而被感覺到，而且與之相銜接的是一個強度的迅速消滅，這個聲音還在此，還被感覺到，但只是在餘音中。這種眞正的聲音—感覺有別於在清晰回憶中的聲音因素。清晰回憶的聲音並不是當下的聲音，而恰恰是在現在中剛剛被回憶的聲音：它在回憶意識中不是實項（reell）現存的。但從屬於這個回憶意識的聲音因素也不可能是另一個實項現存的聲音，甚至也不是一個非常微弱的同樣質性的（作爲餘音的）聲音。一個當下的聲音雖然可以使人回憶「起」一個過去的聲音，可以展示它並將它圖像化（verbildlichen）。但這已經要以另一個過去表象爲前提了。過去直觀本

㊸胡塞爾後來推測這個札記寫於「席爾瓦普拉納或之後」；他曾於一九〇九年八月滯留於席爾瓦普拉納（Silvaplana）。但從實際的內容來看，這個札記的寫作時間卻很難遲於一九〇八年秋——這個札記的大部分——帶有許多修改——在第十二和十三節（第七十三頁（邊碼〔392〕）至第七十六頁（邊碼〔394〕））中得到復現：更爲詳細的說明還可以參見隨後的注釋——編者

關於「席爾瓦普拉納」可以參見對第13號文字的譯者補注。——譯者補注

㊹這個札記的文字從這裡開始到邊碼314已在第十二—十三節（第七十三頁（邊碼〔392〕）到第七十五頁（邊碼〔394〕））中復現，帶有一些改動。——編者

身不可能是圖像化。它是一個本原的意識。當然不應否認餘音也是有的。但每當我們認識和區分它們時，我們都立即可以確定，例如：它們不屬於回憶本身，而是屬於感知。小提琴聲的餘音恰恰是一個微弱、當下的小提琴聲，並且與那個剛剛曾在的響亮聲音根本無關。餘音本身乃至所有那些從較強的感覺被給予性中（從物理學上講：在刺激終止之後）保留下來的後像，都與回憶的本質根本無關，更不能將它們看做是必然屬於回憶之本質的事物。 312

但在時間直觀的本質中或許包含著這樣一個狀況：它在其延續（我們可以反思地使它成爲對象）的每個點上都是關於剛剛曾在之物的意識，而不僅僅是關於這個顯現爲延續著的對象之物的現在點的意識。而在這個意識中，這個剛剛曾在之物是在恰當的連續性中被意識到，並且是在每個相位中以特定的「顯現方式」，連同「內容」與「立義」的各種區別而被意識到。我們注意一下剛剛響起的汽笛聲：在每個點上都有一個延展（Extension）立足於此，而且是在「顯現」的一個延展中，這個顯現在此延展的每個相位中都具有它的質性因素以及它的立義因素。另一方面，這個質性因素不是實項的質性，不是現在實項地存在的聲音，即是說，不是作爲現在存在的聲音，哪怕它可以被說成是內在的聲音內容。現在意識的實項內涵有可能含有被感覺到的聲音，而後這些聲音在客體化的立義中必然可以稱作被感知到的聲音、被當下擁有的（gegenwärtigt）聲音，但卻絕不能稱作過去。回憶意識實項地含有關於聲音、聲音—回憶、直觀的、原生的聲音—回憶的過去意識，而且它不能被分解爲被感覺到的聲音和作爲回憶的立義。就像一個想像—聲音不是聲音，而是對聲音的想像一樣，或者就像聲音—想像和聲音—感覺是原則上不同的事物，而不是僅僅受到不同解釋、不同立義的同一個事物一樣，或者，無論人們在這裡想說什麼：原生直觀地被回憶的聲音原則上不同於被感知的聲音，或者說，對聲音的原生回憶不同於對聲音的感覺。

313 現在，有沒有這樣的**法則**：原生的回憶只有在與前行感覺或感知的連續銜接中才是可能

的？每個原生回憶的相位只是作爲相位才是可以想像的，就是說，它不能擴展爲一個在其中所有相位都是同一的片段？人們會堅定地說：這是完全明見的。當然，習慣於把所有心理之物都當作單純事實性來對待的經驗心理學家會否認這一點。他會說，爲什麼就**不能想像**一個起始著的意識，它以一個清晰的回憶開始，而在此之前卻並不曾擁有一個感知？也許在實際過程中的確必須要先有感知，而後才能創造出清晰的回憶。也許在實際過程中的確是這種情況：人的意識只有在具有了感知之後才可能具有回憶，即便是清晰的回憶。但是，相反的情況也是可以想像的呀。

針對這樣的心理學家，我們將宣導**這樣一種先天必然性，即：相應的感知或原印象先天必然地先行於清晰的回憶**。

人們首先必須堅持，一個相位只有作爲相位才是可以想像的，它不具有延展的可能性。而現在相位只有作爲一種清晰回憶的連續性界限才是可想像的，就像每個清晰回憶的相位本身只有作爲這樣一個連續的點才是可想像的一樣，並且對於時間意識的每個現在來說都是如此。然而至此，如果沒有先行的相應感知，一個全部完成的清晰回憶串（Serie）也應當是不可想像的。這就意味著，這個從屬於一個現在的清晰回憶串自身就是一個臨界點，並且必然要發生變化：這個被回憶之物「不斷地下墜到過去之中，同時卻不改變其時間性」，但還不只如此——它必然就是某種下墜著的事物，某種必然地允許一個明見的再回憶的事物，這種再回憶將它回引到一個再被給予的現在之上，這個現在以相同的方式在回墜的（然而是再回墜的）過程中自身還原爲這個相同的串。

但人們現在可以說：我難道不可以擁有一個對A的回憶、哪怕是一個清晰的回憶，而同時A卻事實上根本沒有發生過？當然可以。甚至還可以確認得更多些。我可以具有一個對A的感知，而實際上A卻根本沒有發生。

而我們以此並不是例如想申言，以下的事實是明見的：如果我們具有對A的清晰回憶，314 那麼A必定是已經先行的，但我們的確是想申言這樣一種明見性：如果我們具有對A的清晰回憶，那麼A必定是已經被感知到的（無論它現在是否被原生的關注到，都有某物以被意識到的、即便是未被注意的或附帶被注意的方式切身地立足在此）。

當然，在我們看來，也有一**種**清晰明見性的明見性：它是透過向內在的還原而產生的，自然也是透過向與內在感知之相應內容有關聯的內在回憶之內容的還原而產生的。所有這些現象學—認識論的**明見性**都需要得到最爲仔細的研究。

有人可能會提出如下的指責：我們的現象學時間分析的整個進程都受一個**經驗假設**的制約。人們會說：我們認定了客觀的時間進程，而後基本上只是對一種時間直觀和一種本眞的時間認識的**可能性條件**進行了研究或構想；同時我們從一開始就認定：**確實發現了**在對時間關係的直觀中——也在朝向時間意識進程的現象學的直觀中——現存的時間素材和時間秩序。因此我們始終**預設了**時間直觀的確切性。

然而在這裡需要考慮：我們僅僅在何種意義上從一開始就認定了一個**客觀的**時間進程？正是在這樣的意義上，就像我們在對事物的分析中認定了一個事物，在對感知的分析中認定了一個被感知之物一樣。然而我們並沒有認定某個**世界**時間和一個世界的眞理，沒有認定某個事物和一個事物性延續的眞實的實存。可是我們要接受顯現著的延續本身、顯現著的事物性本身。這是絕對的被給予性，對它們的懷疑是無意義的。受到研究的並不是一個事先被認定的現實實存的世界時間和世界以及對它們之認識的可能性條件，而是一個世界時間本 315 身、一個事物延續本身等等的可能性條件。

此外，我們也預設了存在著的時間，即不是那個經驗世界的時間，而是現象學的（更確切地說：顯現學的〔phansiologisch〕）時間、在意識進程中的內在時間，這當然是正確

的；例如，對這個聲音—進程的意識、對我聽到的這個旋律的意識，確實是直觀意識的一種相互跟隨。但這「確實」不是在完全心理學意義上的相互跟隨，而是在內在意義上的相互跟隨。但我們為此需要一種明見性，一種有利於這種以及任何一種完全絕對的被給予性的明見性。而在這裡，我們認為，懷疑和拒絕是無意義的。原則上說，可以合理地懷疑的事物，也可以合理地被看做是不存在的。因此，它合理地不存在並且被拒絕，這是可能的。這對於**每個**清晰回憶都是確切的嗎，包括對內在之物的清晰回憶？

我想說：如果可以否認一**個**內在回憶，那麼每個內在回憶都可以被否認，如果一**個**內在回憶是確切的，那麼每個內在回憶都是確切的。懷疑、認定、否認的動機始終都是相同的。

人們說，能思（cogitatio）的存在是無可置疑的。這是否可以意味著：在一個數學點意義上的能思的現在存在是無可置疑的？就其本質而言，一個能思存在多久，它就必然延續多久，這裡的明見性難道會更少嗎？

而如果我們對一個哪怕極短的延續都具有明見性，那麼我們因此不也就已經具有對清晰回憶的明見性了嗎？或者應當用合理的或然性來說服自己？人們會說：如果眞的存在某個時間關係「a在b之前」，那麼原則上就有可能直觀到它，有可能使它成為充分證明的被給予性。在每個存在的意義中都先天地包含著：一個被給予狀況是可能的。這種可能的被給予狀況看起來應當是怎樣的呢？它可以是一個間接地被給予狀況嗎？某個間接地被給予狀況的確切性難道不以某種方式預設了對其時間性進行把握的可能性嗎？甚至每個個體都必然是一個時間之物。我必須論證的事物，只要它尚未被論證，就是可疑的。如果每個清晰的回憶都是可疑的，並且只要它尚未被論證就是沒有權利的，那麼值得懷疑的就是：這個論證究竟是否是根據已邁出的步伐而進行的，而且它是否可以被置疑，我如何能夠申言：我已經進行了論證？

無論如何，還有什麼能比以下主張要求更高的權利：[45]當一個序列、一個變化顯現出來時，本質上屬於這個序列等等之顯現的內在序列、變化等等就是絕對確然的。有人想要對此作出證明：由於我不能用現在（即那個在現在中現存的回憶圖像）來與已經不在了的非—現在作比較，因此我如何能夠在現在中知道一個非—現在？這種論證是**根本錯誤的**。它給人的印象就好像是在回憶的本質中包含著這樣的特徵：在現在中現存的圖像是爲另一個與它相似的實事而預設的，並且我可以而且也必須像在圖像表象那裡一樣作出比較。回憶不是圖像意識，而是完全不同的事物。被回憶的事物當然現在**不存在**，否則它就不是曾在的事物，而是被當下擁有的事物了；而且在回憶中，它並不是作爲現在被給予，否則回憶也就不是回憶，而是感知了（或原—印象）了。對一個不再被感知的、僅只被回憶的事物與某個在它以外的事物進行比較，這是根本沒有意義的。正如我在感知中直觀到現在存在，並且在擴展了的感知（就像它自身建構的那樣）中直觀到延續的存在，我也在回憶（只要它是原生的）中直觀到過去的事物，它在其中被給予，而過去之物的被給予性就是回憶（作爲原生回憶的本原被給予性、作爲再回憶的再被給予性〔Wiedergegebenheit〕）。

但或然性立場的情況是怎樣的呢？內在的現在把握、現在感知的點給出確然性的完整明見性，確然性在或然性的意義上發生與回憶的連續性相應的漸次變化。但我能夠具有關於某個不可能真正直觀到的事物的或然性嗎？難道在直觀可能的地方，被給予性不也總是可能的嗎？人們可能會試圖這樣來回答。但在外感知、對事物的感知的案例中情況是怎樣的呢？被給予性在這裡是可能的，但這是相即的被給予性嗎？每個外感知都只是或然的感知嗎？這大

[45] 這個札記的文字從這裡開始已在第十三節（第七十六頁（邊碼〔395〕））中復現，帶有略微的改動。——編者

概行不通。可是，在相反的動機尚未合理地否定其他動機的情況下，談論或然性是有意義的嗎？在一個連內在的相互跟隨和相互並列都還沒有合理地被設定的情況下，談論或然性是有意義的嗎？

但我認爲，所以這些事情都必須得到更爲敏銳的透澈思考，並且得到最爲仔細的表述。我還沒有完全滿意。

我們以一個**聲音**爲例。在我們聽見它的同時，「它在減弱」，而時間意識給予它的位置，是對各個感知的現在而言下墜著的位置。在我們生活的同時，我們在各個回憶中關注這個時間之物，關注這個進程的這些或那些突出的相位，或者關注延續著的、自身如此這般變化著的聲音。但我們也可以對象性地關注這些回憶本身，感知它們，而在我們這樣做的同時，我們發現它受時間法則的支配，它們在時間中下墜：即是說，對回憶的感知在建構自身，自身擴展爲對回憶的回憶，而我們便可以獲得一個對原初回憶之相互跟隨的意識。

這裡存在著這樣的**法則：兩個相位**在下墜時**始終維持著同一個間距**。持續的同一性意識在下墜中將A持守爲同一個的A、將B持守爲同一個B，借助於這個同一性意識，A和B這兩者始終保持著**同一個時間間距**。

我們在這裡始終認爲，時間之物是透過一個在時間意識中實項地被體驗的內容而被建構的，這個內容是由時間性的再現、由時間立義而被啟動的。這樣便有一個**問題：同一個內容**，剛才是一**個感知的在場者**，現在難道不能**任意**作爲一**個回憶的在場者產生**作用嗎？或者，這是一個其**特徵**與自己相關聯的**偶然**嗎？即是說，這是一個心理事實嗎？例如，它只是在心理學—經驗的法則方面受到規定？**回答**是：否。**回憶相位只有作爲相位才是可能的**，「原生」回憶**只能作爲附件**、作爲一個感知意識的**連續**出現。**我們是從何而知道這些的呢**？

我們明見到：「過去」指向「現在」，而現在和過去相互排斥。雖然同一的同一個可以同時是現在和過去，但只能是透過這種方式：它在現在與過去之間曾有過延續。我們明見到：一個回憶相位不能延續，而且它只能存在於一個從感知出發的回憶連續性的聯繫中。一個同樣明見的法則是：一個感知若沒有一個與之相銜接的回憶連續性就不能延續。這裡還包括：並非每個感知都可以延續，即是說，對一個建構時間的回憶的感知是不能延續的。是什麼使得這樣的明見性得以可能的呢？一個兌現這些明見法則的相即直觀看起來是怎樣的呢？

還有一點：**對過去的直接意識**客觀地說不只是一個連續的意識，而且也是**關於這個連續性的意識**。這個意識是產生於對那些回憶的反思之中嗎？這些回憶恰恰因此而被感知並且本身隨之而獲得其相位，在屬於每個回憶相位的二階相位的每個瞬間中，而後這些二階相位再發生連續—統一的漸次變化？顯然如此。

第48號　原初的時間回移

課題：「再現」。對意識—存在者（Bewußtseins-seiende）的感性內容的「體現、再現」。簡言之，它們「就在此，並且一旦在此，便是相應地如此這般被立義的」。

我們假定，紅色顯現出來。而它現在是剛剛曾在的（eben-gewe-en）。還是直觀性的。那麼一個現時當下的紅色這時可以繼續維持，並且作爲「代表」發揮作用嗎？用再現理論（Repräsen-tationstheorie）可以說得通嗎？倘若一個紅色還現實地被體驗到，與以前的紅色在同一個意義上在此，那麼這個紅色就還在延續，最多是有所減弱，在充盈、強度上

有所減少，如此等等。同樣，如果我們在原初的時間回移中截取一個隨意的相位，並且詢問，若我們將此減弱視爲一種「內容變動」，則「減弱著的內容」在這裡如何可能是「代表」。

在最早的頁面上曾討論過這個難題。無論如何，這裡有對我的原初看法、對我用被體驗到的「內容」（例如感性內容）來操作並將它們看做是相應地如此這般被立義的再現理論的各種指責。一切都僅僅是立義的區別，它只是與其他被體驗到的和在意識中存在的內容相銜接，並且給它「賦予靈魂」。但這樣一種詮釋有可能是完全站不住腳的，而特殊的任務就是要在這裡創造出完全的清晰性。

第49號　我們在現在點上同時地具有一個原生內容的連續統並且還同時地具有一個「立義」連續統嗎？[46]

如果像在這裡的舊頁面中所做的那樣，將**感知**和**當下化**理解爲一種立義內容和特殊立義的產物，那麼感知立義（現在立義和原生回憶立義的連續統）的連續性就會產生出當下延續著的對象，並且以變異的方式產生出在一個過去的當下中曾延續著的再回憶對象。立即會產生一個問題：這同一個內容是否眞的能夠原則上以時間不同的方式被立義，而後，例如這個同一的同一個內容是否也同時能夠以這種不同的方式被立義？同一個內容、同一個

[46] 第49號和第50號文字的寫作時間不會早於一九〇九年九月，因此不會晚於第51號和第52號文字的產生時間。——新編者

內容規定性這一次以現在的方式被立義，同時又以原生—過去的方式（Weise des Primär-vergangen）被立義。我們先做更爲一般的思考。

在對一個延續對象的感知之連續統中，與這個延續的每個相位相符合是一個**特有內容**。對象在時間中伸展，在延續中它是同一個對象，但這同一個延續的對象是時間上延展的，而與這個延展相符，它在時間上是可分的，與每個時間部分相符的是對象的不同時間塊片。過去的事物是過去的，連同所有構成時間充盈的規定性。時間充盈從一個相位到另一個相位都各自不同，至多是一個完全同樣的，即在不變的情況中。對象是同一個。但它是它自己的——無論是保持不變的、還是自身變化著的——時間內容的延續統一。因此，每個時間內容、每個時間片段的內容和每個時間點的內容也都必然有**另一個再現**與之相符。因爲在對對象性的延續的直觀中或在對在延續中的對象的直觀中，對象的塊片或相位應當統一地被直觀到和被給予。對一個連續之物的直觀本身必然是一個連續統，對於一個延續的直觀本身在某種程度上是延續著的，它是伸展了的直觀，而與被直觀的延續的每個相位相符合的是一個直觀的相位，作爲對這個相位的直觀。

因此，與被直觀的、延續著的對象性的每個碎片、每個相位相符合的是一個特有的「再現」，一個特有的部分直觀連同「立義」和「再現的內容」。雙重的「立義」將意味著：時間可以說是切割自身，對象的過去相位與當下的相位是同一的。對象在其延續中是同一個對象，但卻是「過去了的對象本身」，它的過去存在與它的現在存在並不是同一的。

就主要情況來看，以上所說並不依賴於任何詮釋：即無論我們是否用「立義內容—立義」的典範來詮釋時間直觀。在任何情況下我們都應當承認這樣一個先天必然性：對延續的直觀是一個在顯現（phansischer）方面的連續統，並且在每個相位中我們都具有對對象的一個時間相位的直觀，同時需要以某種方式區分內在的內容和「立義」，前者「再現」對象

性的內容，使它顯現出來，而在後者之中則宣示出顯現活動。可是這所涉及的是**略去了時間性的「顯現」**——一間房子（它延續地立足於此）得以顯現，在時間直觀的每個相位中，或一棵樹、或一個提琴聲（即使就這些對象而言，「顯現」與原生的事物性相比也具有其根本的區別）。無論如何，這個以後建構時間區別的事物，是在一種**根本不同**意義上的「立義」，但又是某種與對象性的立義原則不可分的事物。對象只是在時間立義、時間意識中才將自身建構爲自身，建構爲延續著的、自身變化著的或不變的。

在各個現在中現存的內容透過它們所經歷的立義而作爲時間的對象性立足於此，這應當會有什麼意義呢？首先，意識的現在與對象的現在點正相對立。房子作爲當下的、作爲當下延續著的立足於此。而關於現在的意識本身是一個現在，關於延續著的當下的意識本身是一個延續著的當下。但我也可以說：這個杯子延續地顯現。但不止如此。杯子的顯現、從這個特定的面對延續著的杯子的展示和從屬於此的一切、對這個杯子的面的各個規定性的展示、這些展示內容以及它的展示活動本身，這些是延續地顯現出來的。這個顯現是一個「內在之物」的顯現。現在目光轉向其他，不是朝向杯子，而是朝向杯子的展示（杯子顯現）。在時間意識中經歷著不同「立義」的「內容」在這裡是什麼？「感性內容」與「顯現意識」（展示）。在其他情況中也是如此，只是「目光」朝向不同而已。延續著的杯子始終作爲杯子而立足於此，即便我「關注」它的延續顯現；反過來，延續的顯現始終在此，即便我關注杯子本身。這個關注、這個朝向和意指也是某種可以是反思對象並具有其「時間位置」的事物。屬於被關注的杯子之現在的是關注活動的現在，而屬於被關注的杯子之剛才的是剛才曾被關注的狀態（Vorhin-beachtet-gewesen-sein）。由於對關注的反思的進行，即一個對關注的關注的進行，這個二階的關注也是一個現在，並且它被編排到一個時間聯繫中，被編排到時間領域中，而且所有這些時間領域都必然具有相互聯繫：關注活動的現在並

不是一個不同於被關注之物的現在的事物——它將自身給予爲同一個事物，杯子的顯現的現在又再度將自身給予爲與杯子現在的同一個事物；對各個過去點來說也是如此。

在這個於此延續或作爲延續著的而立足於此的杯子之顯現的本質中包含著：它具有一個連續的伸展，而且在杯子的現在點中已經包含著一個顯現的連續統，直觀的非現在就在此連續統中被瞬間直觀到。顯現的原生核心在其中具有其伸展。這是一個什麼樣的伸展呢？**我們在現在點上同時有一個原生內容的連續統，並且此外還同時具有一個「立義」—連續統嗎**？由於我們自己在這個被看到的現在點上將一個現在歸屬給關於這個對象性、關於我們的杯子的「意識」，因而所有「實項地」屬於這個意識的事物在其中都是同時的，而且是「現在的」。

現在是否可以說：各個實項的組成部分就在於原生內容（即與杯子的直觀延續片段的各個相位相應的原生內容）的一個伸展，以及與此一致的、使得杯子得以自身展示的各個立義的伸展？而這個使得時間伸展被意識到的事物，是一個自身變異著的意識特徵嗎？就像一個更高的立義或一個與立義類似的事物？

首先需要注意：**同一個原生內容可以展示不同的事物**，透過不同的事物立義可以顯現出不同的事物。這並不適用於**時間**—**「立義」**的連續性。恰恰相反：在現在中伸展的原生內容**不能調換它們的時間功能**，現在不能作爲非現在立足於此，非現在也不能作爲現在立足於此。〔否則，〕內容的整個連續統最終就都可以被看做是一個現在，並因此而被看做是一個並存，而後又被看做是一個演替了。這明見無疑地是不可能的。

但我們還要看得更仔細些。

我們談到原生內容，它們都在現在點上聯合爲一，也在此與對它們的立義聯合爲一：兩方面聯合爲一個達到相合的連續性。在這個連續性中，臨界點應當作爲代表

322

323

（Repräsentant）而直觀地展示出對－象（Gegen-Standes）之現在，其餘的點應當根據這個連續序列而直觀地展示出對象的曾在相位。但一個**並存的**原生內容的系列每次都能使一個**演替**被直觀到嗎？一個紅的內容系列每次都能使一個紅的一個延續被直觀到嗎？一個聲音c，以及諸如此類？這是**原則上**可能的嗎？

我們設想一個內在延續的對象性，就像在瞬變的被給予性的情況中（在它們的顯現形式中）也始終出現的那種對象性。這樣，例如對延續的聲音c的時間直觀所選的現在點就會同時含有一個諸c－相位的連續性。這樣，各個c相位**就會是**同時的，尤其它們還都會是**現在的**。紅色的情況也是如此：我們就會同時具有一個諸紅－點的連續性，就像諸紅－點連續地充滿一個面積（在它們的存在的現在點上）一樣。倘若這些同時的內容同時也可以被理解爲是演替的，那麼在同一內容的基礎上就既有可能進行對並存的直觀，也有可能進行對**演替**的直觀，而且明見地也就會有這樣的可能：曾同時並存過的同一個內容（而且它們在現在意識中應當始終是同時並存的）同時也就會是演替的，而**這是荒謬的**。這不僅適用於各個原生的內容，而且也適用於**各個事物立義**，因此也適用於**各個完整的顯現**。

實際上，任何堅守於現象本身的分析都沒有表明：在對象意識的連續性的現在點上存在著這樣一種顯現連同其原生內容和立義特徵的連續性，這種連續性允許我們說：在這個現在中有一個**顯現**的連續性是**實項地被給予的**，而這意味著，與對象的現在點相應的顯現（在一種最爲狹窄意義上的感知顯現）會具有在同時性形式中的伸展；或者，就好像那些在相關現在的延續直觀中活躍的不同相位都是都是現實地、實項地相同一樣，而且就好像它們與那些臨界顯現、對象性的現在的顯現是相同的一樣。

也許用一段旋律來做案例分析會更好些，這裡的情況必定在本質上是相似的。只要剛剛過去的聲音落到在場時間中（落到在所選的現在點上的旋律之現時直觀塊片中），它就**還是**

被意識到的，但不是在這個意義上被意識到，就好像它現實地、實項地「被感覺到」，以一個現在－聲音的方式在此一樣。一個以事物的方式作爲現在而立足於此的現在－聲音，必然是透過一個現在－聲音－內容而被再現的，這個內容的特徵同樣是現在。仍然活躍的、「仍然」處在時間直觀的目光中的聲音已經不再存在，而屬於它的顯現的事物不是「聲音－感覺」（一個現時的現在），而是感覺的「餘聲」（Nachhall），是一個變異，它不再是現時意義上的原生內容（不是內在的聲音－現在），而是某種變異了的事物：一個對過去感覺的意識。但在其中找不到現實的聲音，而只能找到聲音－曾在（Ton-Gewesenes）。

簡言之，這是一個**澈底的變化**，並且是**一個永遠無法以描述那些又再度導向感覺的感覺變化的方式來描述的變化**。感覺就其本質而言是現在意識（或包含著一個現在的延續的顯現）。連續性是意識變化的連續性，這些意識變化例如不可以被看做是含有一個始終是共同的組成部分的產物——例如一個聲音c、紅色，諸如此類，而變化則應當歸結爲那些被稱作立義的新因素。這裡的情況與感覺－紅和對紅的再造性的再當下化的區別的完全一樣。不能把意識內涵事物化，不能將意識變異篡改爲原則上不同的變異，如此等等。

第50號　原生的回憶變異[47]

聲音c響起並且延續，在強度上如此這般地變化。延續充滿了變換著強度的「聲音」，

[47] 這個札記的寫作時間肯定是在一九〇八年十月十五日與一九〇九年夏季學期之間。因爲一方面，胡塞爾在此札記中涉及胡戈．貝格曼（Hugo Bergmann）的著述：《內感知明見性問題研究》，薩勒河畔的哈勒，一九〇八

持續地。延續的每個點都包含著一個聲音—內容點。但在這裡，與對這個的點的感覺意識（我們設想任意一個點，第一個切入點〔Einsatzpunkt〕除外）相銜接的是一**系列**的以前點的**映射**（一個連續的原回憶意識），而如果我們沿著這個延續前行，那麼在切入點中包含著一個對它的連續回憶之映射系列。對延續的每個時間點而言，我們都有一個意識連續性，它包括：意識相位，即關於聲音現在點的原印象（聲音—內容，它在這個點上是「現在」，是在這個點上「被感覺的」），以及對它的回憶系列（它在這些回憶中連續地被意識爲愈來愈「過去的」），而這個回憶系列對於每個現在來說都是不同的，並且自身是始終變動的。

讓我們首先**抓住**一個現在點（顯現著的客觀延續的一個點）。例如對**切入點的「原生」回憶**看起來是怎樣的呢？（原初的過去意識。）「回憶」這個術語通常包含「**意指**」（Meinung）。意指例如恰恰指向這個切入點、意指生活在回憶現象中。但這是在具體的意識流中的一個持續之物，而意指就如此地生活於其中，以至於它透過這個持續的系列而意向地朝向起始點；而且對於每個點來說都是如此。現在這意味著什麼呢？

年；而且在收藏在魯汶胡塞爾文庫中的這部胡塞爾藏書的封面上，胡塞爾標有：「一九〇八年十月十五日得自作者」。另一方面，胡塞爾在這個札記中從某處開始（參見後面邊碼333）引入了「滯留」的概念（而後將它後補到這個札記的前面部分中），這個概念的意義看起來已經在一九〇九年夏季學期的講座中得到確定（參見第51號文字、邊碼335及以後各頁）。

看起來胡塞爾自己已經確定將這個札記的諸頁面加入到他一九〇五年二月時間意識講座的原初文稿中；這個札記的一個部分也在第十一節、第七〇頁（邊碼〔390〕）得到復現，下面對此有更爲詳細的說明。——編者〔寫作時間不早於一九〇九年九月。——新編者補注〕

我們首先具有**原印象意識**、**絕對本原的**意識，在這個意識中，各個聲音—點作爲自身當下的、作爲現在的、切身的而立足於此。⑱這個意識處在持續的變動之中。河流就在其中，它是一個絕對的被給予性。而一個自身當下之物、一個在現在形式中的自己（Selbst）的建構，乃是以連續性爲前提的。原印象是某種抽象的事物。⑲而我們想要描述的是作爲絕對被給予性的某物，它可以在相關延續的顯現中找到，而且是對這個延續的每個可以捕捉到的點而言。

變動就在於：切身的聲音—現在自身持續地⑳變異爲（即：以意識的方式、在意識「中」）一個曾在（Gewesen），而且持續地有一個不斷更新的聲音—現在去接替那個過渡到變異之中的聲音—現在。但如果關於聲音—現在的意識、原印象過渡到滯留的㉑回憶中，那麼這個回憶本身又再度是一個現在，即屬於一個新的聲音—現在，㉒即是說，回憶是自身被給予的、現時的、是切身的事物。它的本質在於：它本身是現實的事物、切身的事物，但

---

⑱ 文稿中後加的邊注：「我說原印象，它標示出原本性的不獨立相位；絕然感覺標示出整個建構時間的意識，一個內在的感性內容在此意識中建構自身。」——編者

⑲ 前面這兩句話可能是後加到文稿之中的。——編者

⑳ 這個札記的文字從這裡開始到邊碼327已在第十一節，第七〇頁（邊碼〔390〕）中復現，帶有一些改動。——編者

㉑ 這裡的「滯留的」（retentional）和「滯留」（Retention）都是胡塞爾後加到字裡行間的：參見後面邊碼333注㉒。——編者

㉒ 〔後來用鉛筆做的邊注：〕但這不是同一個意義上的現在，而且並非兩者都是相同種類時間性的。

326

它本身卻不是聲音，而是對曾在的聲音的回憶。意指可以朝向現在：「回憶」。意指可以朝向被回憶之物。可是，意識的每個現在、〔每個〕現時之物[53]都服從變異的法則：它轉變爲對「回憶」的原生「回憶」；而這是連綿不斷的，即是說，這是一種**連綿的「回憶」之連續統（滯留），以至於每個以後的點都是對於以前的點而言的回憶、滯留**。而每個回憶都已是連續統；即是說，聲音響起，並且「它」始終在繼續。聲音—現在轉變爲聲音—曾在（感覺意識、聲音被給予性的意識，以與河流的序列相應的、流動的方式過渡到不斷更新的回憶意識之中）。在這裡，沿河流而行或隨河流而行，我們具有一個屬於聲音之切入點的回憶、滯留[54]的持續系列。但不只如此，這個系列的每個以前的點都又再度在「回憶」的意義上自身映射爲一個現在，因而每個這樣的回憶都有一個回憶映射的連續性與它相銜接，而這個連續性本身又再度是一個現時性的點、一個以回憶方式映射自身的「現在」。每個回憶自身都是一個連續的變異，它可以說是以一種映射序列的形式在自身中承載著整個先行發展的遺產，這並不會因此而導向無窮倒退。並不是說，在河流的縱向中，每個以前的回憶都被一個新的回憶所取代，即便是以持續的方式；而是說，每個以後的回憶都不僅是從原印象中產生出來的連續變異，而且還是同一個切入點的所有以前持續變異的連續變異，即是說，它本身、這個回憶點，是一個連續統。是不是更應當說：關於一個連續統的**意識**？持續地在自身中意向地隱含著所有對過去變異（Vergangenheitsmodifikation）的以前回憶意識的意識？

327

---

[53] 這裡的「現時的」（aktuell）和「現時之物」（Aktuelles）和「意識的〔每個〕現實之物」（<jedes> Aktuelle des Bewußtseins）都是胡塞爾後加到字裡行間的。——編者

[54] 參見邊碼326注[51]。——編者

但卻不是實項的？**這是確然的**。可是這樣一來，它自身就是一種意識的持續性：其中的每個相位都是對那個切入—聲音的一個以前的回憶相位的意識，而且是以這樣一種方式，即：如果我們比較兩個這樣的相位，那麼以後的相位就會一併以某種方式與以前的那個相位的對象性發生聯繫。我現在對這個聲音的切入點的回憶，是一個回憶的統一，對我剛剛對這同一個聲音相位的回憶之回憶也屬於這個統一。而每個如此被回憶的回憶完整地看也都（包含著）對那些就這同一個聲音相位而言是先行的回憶之回憶。（在這裡可能始終要區分回憶本身和回憶意指。）

事情當然還要複雜得多，因爲適用於切入—聲音—點（Einsatz-Ton-Punkt）的事物，也會適用於在其延續中的每個新的聲音點。

無限性——它應當處在哪裡？參見胡戈．貝格曼所提到的布倫塔諾的指責，第八十二頁（論述「內感知」的著述）：[55]在他看來，如果「內感知」在每個時間點上都指向當下之物和過去之物，就會產生一個有無限多維度的連續統：我的內感知是指向當下之物和過去之物的，爲它所把握的過去的內感知又再度指向當下之物和過去之物。[56]

328

---

[55] 參見前面邊碼324注㊼。——編者

[56] 在該書相關處的文字是：「因爲不只是我的當下的內感知，而且我的過去的內感知也據此而部分指向當下，部分指向過去，同樣還有被這個內感知作爲過去來把握的內感知，如此不斷地接續下去。這裡似乎已經產生出了一個有無限多維度的連續統。似乎還可以進一步推導出：如果我們的內感知持續地包含著一個如此之小的時段（Zeitspanne），那麼它也就必定包含著我們的整個心理生活了。」貝格曼在一個註腳中對此解釋說：「這個指責是我於一九〇六年夏從布倫塔諾教授先生那裡聽到的」；同上書，第八十二頁注①。——編者

無限性在這裡相互交織在一起，而且是無限多次地相互交織。現時的現在以回憶的方式包容著一個過去的連續統。每個新的現在又再度包含著這個回憶的連續性，更新的現在又包含新的回憶連續統，如此等等，連綿不斷。我們具有連續統的連續統，而每個銜接的連續統又不同於每個其他的連續統：對回憶的回憶與一個素樸的回憶永遠不會是同一的。

這不是一種**荒謬**嗎？一個包含著其他連續統的連續性是可能的，甚至包含無限多的連續統。在一個目光束中的目光束之連續性：它是一個連續統，其各個點本身是連續統。我們在這裡具有一個二維的連續統；或者說，三維的連續統。

在我們的案例中是怎樣的呢？**我們的確具有一個有著無限多維度的連續統嗎？我們所具有的難道不更多是一個二維的連續統嗎**？什麼事物在連續地變化？聲音－點（切入點）是被感覺到的。感覺被給予性不斷地過渡到（在河流的路線上）感覺被給予性中。因而，回憶的持續連續統僅僅具有這樣的特殊性：以持續的方式，每個回憶也都是過去回憶的回憶。「僅僅」——難道困難是在這裡嗎？同一個現象如何能夠**是對 t_0 的回憶以及對 t_0 回憶的回憶**呢？㊼在每個通常的運動中，對來自起始相位 t_0（爲簡便起見我們想這樣稱呼〔它〕）的某個相位的「創造」，同時就是對來自每個隨意的中介相位的創造。這個類比表明了我們的意圖何在。我現在對切入點 t_0 所具有的回憶意識向我表明它在某個過去之中（某個「剛才」），而它必然也是對所有以前的原生回憶的回憶，每個這樣的原生回憶都始終具有另一個「剛才」。而這些回憶的客體始終是切入點，只是這個切入點在每一個回憶中都以回憶的

㊼〔後來用鉛筆做的邊注：〕我必須區分對 t_0 的回憶以及對 t_0 的原印象的滯留。這個滯留自身持續地變化爲新的滯留。就 t_0 而言，它們是一再下墜之物的回憶。——編者

方式帶有一個不同的、相對的剛才，因爲每一個回憶都有其現在，它也是一個被回憶的現在。

無限性的無限性難道不在於：那些實項地適用於對 t_0 的現在回憶的事物，以回憶的和意向的方式也適用於每個應當包含在現在回憶中的〔對這個點的〕回憶？我不相信。這從下面的圖式可以看出。我現在想以一種比在討論課中㊽更爲合適的方式來描畫這個圖式：我們用它們在OX橫坐標軸上的各個點來標示客觀的延續，並且在某個角（它不應當具有象徵的含義）下標示一條直線。在這個方向上的連續性應當以下列方式大致地說明回憶的連續性：縱坐標給出回憶連續統。例如在 t_1：終點是這個在 t_0 開始響起的聲音的切入點在 t_1 中所具有的映射。在 t_2 中，這同一個聲音點就等於是經歷了 t_2^0 的變異，在此期間，t_1 點所經歷的是 t_2^1 的變異。t_1^0（我在 t_1 中所具有的對 t_0 的回憶）所經歷的是 t_2^0 的變異。這樣，整個縱坐標 t_1—t_1^0 都經歷了一個推延，即一個由 t_2^1—t_2^0 組成的變異。

這些縱坐標整體上是一個回憶連續統，而每個以

㊽ 顯然是指在一九〇五年二月的時間講座中。——編者

330

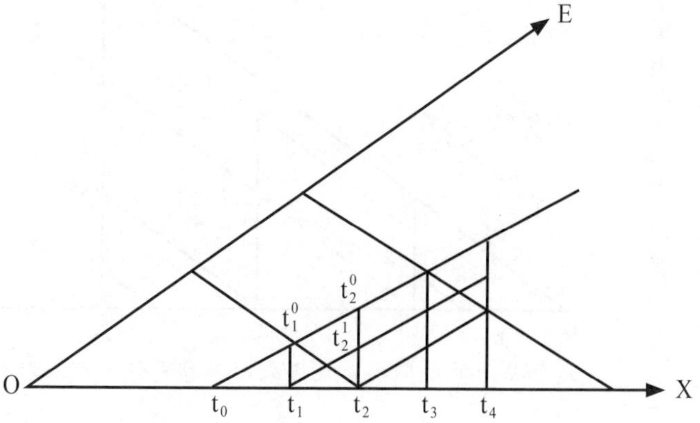

後的縱坐標自身都包含著對每個以前縱坐標的回憶。縱坐標在各點（各個回憶）上所包含的一切，都是在其時間點上「同時的」（現時的體驗）。在E—方向上的變異（可以說）**就一般而論和就原則而論始終是同一個**。故而t_3^0也可以理解爲對t_1^0對t_2^0的回憶，如此等等；這也適用於這些縱坐標的整體。因爲它們就是一個「現在」，例如在t_2上，縱坐標是對先行的聲音塊片的「被感覺到的」回憶，而這個整體在回憶中過渡爲AA'。

但這是正確的嗎？任何一個這樣的片段都可以隨意地被理解爲任何一個先行回憶的回憶嗎？現在我是這樣想的：我們不能做到完全隨意。但如果我在t_3上關注t_2的回憶，在這個回憶中有一個聲音現實地迫使我們關注，那麼對我來說，與對這個聲音的回憶相一致，**一個對先行之物的回憶就現實地顯現爲與這個聲音「同時的」**。即是說，我在A上關注過去的t，並且同時在其餘的

331

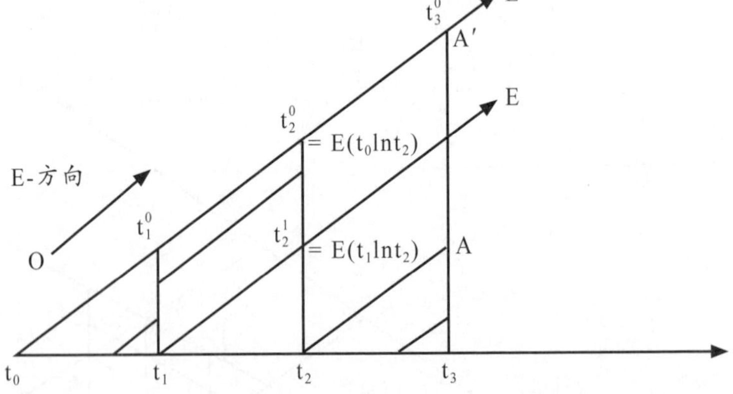

這個扇形的展開要是反過來向下會更好，可以形象地說明下墜的情況。59

59 這是胡塞爾對這個圖式所做的一個邊注。——編者（此外在英譯本所提供的圖式中，所有的E均改作M。——譯者補注）

回憶連續統中用〔對它的〕意指來如此地確定位置，以至於我將這個過去的t就看做是對t_2—t_2^0的回憶。我通常——或常常——在t_3上指向整個聲音系列t_0—t_3：這樣我便具有恰恰對這個聲音系列的意識。

現在的問題是：所有這些是否完全正確。

我在對一個旋律塊片或聲音運動的回憶中（亦即在「原生的」回憶中、在**滯留**[60]中）與此同時地具有一個對這些曾屬於每個聲音點或個別聲音的回憶的回憶？亦即作為某種可以區分的事物？根據我現在的闡述是**不行的**。對聲音系列的回憶意識自身同時是對那些曾屬於每個聲音—現在的回憶的回憶意識。[61]事實上，如果我轉向**聲音系列**，那麼我是否能夠在對它的回憶中**額外地**找到這些回憶呢？大概是不行的。這樣就會產生**困難：我難道不也具有一個對河流運動的回憶**，對不斷更新的現在的出現的回憶，對那個促使縱坐標之連續性從t_0中產生出來的**發展**的回憶？**這裡是否有無窮後退的威脅**？為了具有對聲音系列的意識，我必須具有對回憶連續統（縱坐標）系列的意識。而為了具有它，我難道不又必須要做第二個圖式嗎？而且如此直至無限？

但我恰恰認為，這種**變異的本質**就在於：它不會使這種無窮後退出現。這從圖式中已經顯露出來。正是透過t_0向t_1 t_2……的過渡，各個回憶系列才構成自身，我們將它們標示為縱坐標，而這些縱坐標**同時也彼此相互過渡**。如果t_0客觀上過渡到t_3，並且在橫坐標方向上的縱坐標內容同樣在客觀上過渡，那麼t_0便以意識的方式過渡到t_1^0 t_2^0……，而後t_1—t_1^0過渡

[60] 這裡的「滯留」（Retention）一詞是胡塞爾後加到字裡行間的。——編者

[61] 〔後加的鉛筆邊注：〕這裡對回憶的理解是在雙重的意義上：對對象的回憶——對行為的再造。

到t^{1}_{2} t^{0}_{2}，而正是由於有不斷更新的縱坐標構成，所以被構成的縱坐標便是在意識變異的同一條路徑上行走。但這難道不就意味著：這些縱坐標相互過渡，以及這個過渡本身無非是回憶變異的過渡嗎？或者更確切地說：**雖然意識的河流本身又再度是相互接續，但它自發地滿足後繼意識的可能性條件**。但是，一個不是回憶系列的感覺系列只有以上述方式來**論證回憶系列**，而後才能作爲**時間序列**而被意識到。必須有作爲新事物的原生回憶與感覺相銜接，而後關於這個感覺的意識才不會丟失，感覺內容和時間對象的延續，如感覺變化（實在變化）才應當能夠建構自身。相反，就**回憶的河流**而言，新出現的回憶並不需要與任何事物相銜接，因爲它本身已經**在自身中隱含了對先行回憶的「回憶」**。（**滯留**。）[62]

然而這是完全正確的嗎？問題在於：我應當如何獲得對「河流」的感知，類似於對聲音運動的感知。我曾經具有對河流的感知嗎？我難道不能在現象學上採取一種態度，以至於我不去關注聲音，而是關注意識，關注聲音—現在的秩序連同其回憶尾？即是說，看起來我們必須無限地重複這個圖式。這是無法想透的。

難道荒謬就在於，時間流被看做是一種**客觀的運動**？**是的**！另一方面，回憶卻是某種本身具有**它的現在**的事物，而這同一個現在是一個類似聲音的事物。**不是**。根本的錯誤就藏於此。**意識樣式的河流不是一個進程**。**現在—意識並非本身是現在的**。與現在—意識「一同」滯留的存在者不是「現在」，**不是**與現在**同時的**，否則將毫無意義：

如果將那種與以前的意識相位有關的滯留稱作**回憶**，那麼錯誤就已經犯下了。回憶始終只是與一個已建構的時間客體有關的一個表達；但**滯留**則是一個可以用來標示意識相位與意

㉜ 這裡的「滯留」（Retention）一詞仍然是後加到字裡行間的。——編者

識相位之意向關係（一個根本不同的關係）的表達，在這裡不可以將意識相位和意識連續性本身又再度看做時間客體本身。

因此，**感覺**——如果以此來理解**意識**（而不是內在延續的紅、聲音等等，即不是被感覺之物）——、同樣還有**滯留**、**再回憶**、**感知**等等，是**非時間的**，亦即**不是在內在時間中的事物**。（它在何種程度上可以在自然中、在「客觀時間」中被客體化，這是特別的問題。）這是極爲重要的實事，也許是整個現象學的最重要的實事。

334

五　這項研究的首次結束[1]

① 一九〇九年初至一九一一年底。——編者

第51號　在現象學的基本考察中的時間問題[②]

我們也曾說過，借助於能思（cogitatio）的意向性或「意識」的意向性，**現象學**——我們也可以將它稱作**純粹意識的科學**——**在某種程度上包羅了所有那些被它仔細地排除出去的事物，它包羅所有認識、所有科學**，並且在對象方面包羅**所有對象性**，也包羅整個自然。現象學當然要排除自然的現實性、天地的現實性、人與動物的現實性、本己自我與陌生自我的現實性，**但可以說保留了它們的心靈、它們的意義**。自然，或者說：事物、實在的進程、聯繫，對我們來說是前科學認識的或科學認識的客體，是在其多種形態的殊相中的認識客體，這些認識包括自身感知、對其他心理本質的感知、對物理事物的感知、回憶、期待，而後是感知判斷和回憶判斷，再後是在其不同的殊相中的間接思維。現在，所有這些都是體驗和體驗聯繫。它們具有其意向的內涵，同樣具有其實項的內涵，並且會在這些方面根據現象學的還原而受到研究。每個對象性在這裡都作爲意向的對象性出現，每個按其本質而與這種對象性相關聯的認識種類也是如此出現。作爲現實的事物應當始終被擱置，但我們可以說，作爲現象的事物則屬於現象學。

誠然，我們在這裡會面對**現象學這個詞**所具有的一個無法避免的**雙重意義**。一方面，現象（Phänomen）（始終在現象學意義上理解的）是指各個實項的能思（cogitatio）、**實**

② 這個札記是由編者取自胡塞爾一九〇九年夏季學期以「認識現象學引論」爲題在哥廷根大學所作的講座文稿。這個講座的完整文稿現藏魯汶胡塞爾文庫，標號爲F I 18、F I 17和F I 7；對此參見邊碼269注②。根據下面復現的胡塞爾記載的日期，這裡復現的片段寫於或首次宣講於一九〇九年五月和六月。——編者

項的意識，但它其次也是指**意識的意向內容**，即在相關的感知、表象、意指中被意指的事物、被感知的事物、被表象的事物本身。這第二個現象概念更符合本來的詞義。它恰恰就是φαινόμενον，即顯現的事物，而擴展之後便是指：被意指的事物，也指非直觀地被思考的事物本身，但不涉及現實或非現實。所以我們在通常的生活中談到：彩虹不是現實的事物，而只是現象，或者，一個展示在立體鏡像中的事物、一個展示在藝術作品中的事物只是一個現象，一種顯現。**因而現象在這裡是顯現者本身**；當然，人們在通常的生活中不會將每個被意指者本身稱作現象，例如一個被思考的、但未被直觀的事物。因此，如果我們在現象學中在這個標題下也包含了被思考的事物本身，那麼這個表達便有了一個非常大的擴展。

另一方面，心理學引入這個術語來將心理行爲本身、感知、表象、判斷等等標示爲心理現象，據此也就根據現象學的還原而產生出**現象**這個名字，用它來標示**被還原的行爲本身**。因此，現象時而是指顯現活動（Erscheinen）（在其中顯現的意識），時而又是指顯現的事物（Erscheinendes）。凡有必要鮮明地將行爲本身意義上的現象標示爲**意識**的地方，即**對某物顯現的意識到**，我們將使用**顯現**（Phansis）一詞，而每個實項的意識分析都被強調爲**顯現學的**（phansiologische）**分析**。我或許不得不放棄用一個專名來標示更原初的和更自然的意義上的現象；當然人們也可以說幻象（Phantom）或幻像（Phantasma），但它們有其非常不利之處。

在《邏輯研究》中，我在談及現象學時想到的始終是行爲（Akte），而且我把現象學理解爲在純粹內在考察中進行的關於行爲的科學。現在，一門關於行爲的科學從自身出發會導向不僅是實項的、而且是意向的分析，即意義分析。

我們今天從這樣一個**問題**開始：前幾個講座的考察是否已經足以確保**一門純粹意識科學的一般可能性**。我們似乎透過對笛卡兒基本明見性的適當詮釋而標示出了**一個絕對被給予性**

（實項的和意項的被給予性）**的無限領域**，而看起來不言自明的是，這個領域可以受到科學的研討。**然而，在現象學科學的確立上，存在著**自然科學無法了解的**特殊困難**。如果我們個別示範地指明了某個種類的自然客體或自然事件，而且它們引發我們的理論興趣，那麼我們不會長思：我們是否能夠對它們進行科學研究。我們**乾脆就開始了**。在指明這些客體是實存的之後，它們在自然中、在空間－時間的關聯中便以**不依賴於認識者的偶然認識的方式**確立自身，它們便可以被定義爲有自然規律的變化流程的關係點，這甚至是不言自明的。我們在這裡首先進行一種客觀確定的考察，而後進一步實施對經驗上的普遍聯繫的分類、確定的任務，而後同樣去實施因果分析的任務，從中得出這些變化在功能上的依賴性，我們會上升到普遍的自然規律上，並且借助這些規律來對個體被給予的和特定的客體進行因果解釋，或者從這些被給予的客體出發去預先規定尚未被給予的未來客體，或去確定未曾被給予過我們的客觀上已過去的進程。

但**現象學領域**的情況如何呢？**在這裡存在的是個別意識，是行爲，不是指心理學的個別性**。倘若行爲被當作心理學的個別性，那麼它就是某種可以客觀確定的事物，並且在其——相對於與它有關的變換不定的體驗而言的——同一性中可以一勞永逸地被規定的事物。這樣的話，它就作爲一個空間－時間自然的組成部分而存在；它甚至與一個身體、一個物理事物連結在一起，同樣可以與另一個在空間和時間中帶有可規定的位置的事物連結在一起。**透過與身體的聯繫，測量空間和時間的裝置獲得了在心理之物上的可運用性**，心理之物現在可以在它的時間位置、時間延續方面，在它的內容因素和對中樞神經系統的功能依賴性等等方面得到客觀的規定。這裡也有可能對將來出現的心理之物進行預先規定，或對過去之物進行重構。**對每個規定的客觀表達都是在這樣一些陳述中完成的，這些陳述在記錄下來之後可以一再地在其對象含義的同一性中得到運用**。這種運用是在不同心理物理個體的不斷更

新的行爲中進行的，但相對於客觀被確定的事物而言、相對於客觀有效陳述的同一意義而言，行爲和個體是偶然的。

可是，如果我們進行現象學還原，並且在排除自然以及所有可疑的超越設定的情況下回撤到**能思**（cogitatio）**的絕對被給予性**上，情況會怎樣呢？這裡是否還仍然存在一種客觀有效判斷的可能性呢？即是說，我們進行某些行爲（能思），進行感知、回憶、期待、判斷等等。我們在其自身被給予性中純粹地把握它們，我們不只是將那個在能思中被設定的自然排除出去，而且也將本己自我的自然實存和作爲其狀態的行爲的自然實存排除出去。這樣一來，**所有自然科學的規定手段顯然就都被排除掉了**，沒有任何標準、沒有任何經緯儀或高差計、[3]沒有任何計時器、沒有任何暫態計留存給我們。**它們都被現象學還原所革出。我們還保留下什麼呢？純粹的能思**（cogitatio），**這裡的這個**（Dies-da）！例如這個感知，而且甚至都不是我們的感知。因而**失去的**是與經驗的人的自我的連結，隨之是**與空間的關係**。但也包括它**與客觀時間的關係**。〔例如，感知行爲〕便是一個現在，並且是一個從現在繼續向更新現在伸展的事物，它延續著。而在它延續的同時，它自身同時也在其實項的組成部分方面發生如此這般的變化，並且與此同時朝向如此這般變化的、作爲被意指之物的客體。**這裡出現的時間不是客觀時間，不是客觀可規定的時間。它無法被測量，任何計時器和任何其他暫態計都不適用於它。在這裡只能說：現在、剛才和更遠的剛才**，在延續中變化或不變，如此等等。如果所有自然科學的輔助手段都作爲經驗規定的手段而被排除，那麼，應當如何

[3] 這裡的德文原文爲「Katheter」，即「導液管」，與這裡的語境不符，可能是作者或編者的筆誤。因而在此參照英譯本而改爲「高差計」，即「Kathetometer」。——譯者

來確立科學的陳述呢？它們應當限制在能思的純粹自身被給予性上。那麼，**自身被給予性的範圍究竟有多廣呢**？人們總不至於把**相關自我所具有的，甚至將要具有的能思之整體區域**都看做是他的可以用作現象學研究的和科學可規定的能思的範圍。可以把這個範圍的陳述變爲現象學陳述一般嗎？在現時地進行一個感知時，我可以在反思中說：這裡的這個，而且我可以用直觀的目光在純粹內在中探究它，只要它還在延續。我可以關注它的**各個實項劃分**，只要它們突顯出來，而後也關注**被意指之物本身**以及它內在突顯的組成部分；而且我可以將此**付諸表達**。**但陳述難道不是完全束縛在這個現時地處在其延續中的現象上嗎？與它一同到來並一同消失？無論如何很快就會又再度失去它所需的有效性**？感知延續著它的時間，從現象學上而言，它開始，延續，又再度**消失**，從經驗上說就是我把**目光轉開**。**結束了就是結束了**。如果目光又轉回到舊的狀態中，那麼，這已然是一個新的感知了。因此，**從這個**並不敘述現在感知的**舊陳述中**，還會**留下些什麼**呢？現在人們會說：在目光轉向之後與感知，也與每個流逝的意識相銜接的是一個**滯留意識**，而且**在以後的意識流瞬間中**可以**出現再回憶**，它們回溯到以前曾有的感知上，回溯到以前進行的判斷意識、感受意識、意願意識上。如果以適當的方式對這些再回憶進行現象學的還原，即是說，如果也不在它們之中對以前被感知的花樹的現實、我的以前的自我和從屬於它的自然關係做任何運用，那麼，**現象學的目光**現在就會伸**展到以前的意識流上**，伸展到這些行爲以前曾發生的來來去去、延續、變化上。而這就是現象學的領域。

但現在會有懷疑產生。再回憶是一個現時的現象，我們可以在它的「**這裡的這個！**」中把握它。譬如說它與一個以前的、現象學還原了的感知有關。它的這個關係構成它的意向內容，而我們也可以將它理解爲被再回憶的事物，它是屬於再回憶的事物，而且是作爲絕對之物被給予的事物。但如何對待這個問題：**這個被再回憶之物是現實曾在的嗎**？如何對待再回

憶的**有效性**問題？

再回憶涉及以前的感知，並且將它**設定**爲現實曾在的。我們的確承認它是如此，這是被 341
給予的。但這個**設定**必定是一個有效的嗎？對一個自然存在的感知是對一個自然的設定，但
我們排除這個設定（即在現象學中將它的有效性擱置起來），因爲這裡有一個謎；與此完全
相同，**再回憶的有效性**看起來也**必須被放到我們現象學的括弧中，因爲它也超越了再回憶的**
現象，並且使之成爲我們的謎。**對再回憶有效的事物**，看起來也必定適用於**直接跟隨這個流**
逝著的現象的意識，即我們稱作滯留的意識。據此，看起來我們在我們的現象學陳述中完全
束縛在現時的現象上，束縛在**現實在場**的現象上；只要現象在延續，它們設定爲在現象學上
存在的事物、設定爲具有如此這般屬性的事物就還在此。而一旦現象消失，陳述也就失去有
效性基質。**因而我們在現象學上甚至沒有權利來談論一個意識流**、一個不斷更新的行爲之流
程。在回顧一個被給予的行爲時，我們只能確定這個回顧的行爲，並且只能將在它之中被直
觀到的事物**當作被意指之物**，卻不能當作眞實曾在之物來運用。

因而所有陳述都是無關緊要的，我們僅僅附著在**這裡的這個**（Dies-da）上！它始終是
我們所能談論的唯一的事物。當然這也一併涉及我們至此爲止的全部反思。我們完成對自然
的排除。但如果要求我們**也排除在回憶與滯留中包含的那種超越，那麼，我們最終所處的瞬**
間就是我們在開端時所處的瞬間。很容易看到，我們預設了回憶和滯留的某種有效性。接下
來，**懷疑論**的列車**還會不斷地前行**。那麼，**現時**現象的情況是如何的呢？現實進行的意識的
情況是如何的呢？以及朝向它的觀看活動的情況是如何的呢？

一個感知可以開始。但現在隨即就已經過渡到了非現在中，而且一個新的現在便已在 342
此。我們說，感知在延續。這個延續具有一個終點、流動的現在以及曾在的現在的一個片
段，因而具有**一個向過去之中的伸展**。**即是說，我們始終具有滯留。由於看的目光所設定的**

是延續的感知本身，即實項地唯一被給予的事物、現在，並且還一同設定不再是實項地被給予的事物：曾在的感知—現在的連續性，因而**看的目光現在不是在進行超越嗎？我們難道不是必須將它排除，並且回撤到眞正的被給予之物上**，回撤到**絕對的現在**和不斷更新的現在上嗎？**而後，所有陳述當然也都會終結**。因爲，如果我說，感知朝向盛開的、現在正在風中如此這般飄動的客體的意向客體，那麼，感知會與什麼發生聯繫呢？**如果我們不能在延續中堅持這個統一，它是伸展著貫穿在剛剛曾在的現在之連續性中的變化和不變的統一，那麼也就沒有任何事物可以陳述**。陳述是自行流動的，它如何能固定現在，後者在固定狀態中會一再地變爲一個新的現在？因而這與絕對的懷疑論已經相差無幾。我們甚至可以放心地說；這就是**絕對的懷疑論**。

我們顯然誤入了迷途。我們如何重新找回理性和明晰？這當然意味著：回溯到**原初提問的意義上**，以及回溯到那些能夠**篩選出無疑之物的明見性之意義上**。自然認識是有問題的。原因何在？因爲它們回溯到直接的自然設定上，這些設定就其本質而言原則上並不具有**自身給予的設定**的特徵，或者易言之，因爲它們**原則上開啟了這樣一個可能性：儘管自然感知要求使自然成爲被給予性，但自然感知仍然會進行欺瞞**，即事實上沒有使任何**自然**成爲被給予性。**倘若我們無法使認識本身成爲絕對的被給予性**；倘若這一點不是確定無疑的，即：它是對這個和那個當時內容的認識，是對自然存在的認識，例如感知恰恰是對這個盛開的樹的感知，如此等等；而且，倘若我們無法對此做出這樣的**陳述**，它們與關於自然的陳述不同，它們不僅是有效的，而且是**無疑有效的**（之所以無疑，是因爲它們無非是**將絕對的被給予之物絕對地表達出來**），那麼這整個提問自身就是無意義的。現在，笛卡兒式的明見性已經幫助我們有把握地確定：這些對於**理性提問**而言的前提**得到了滿足**，它們明見地就是**對於每個提問一般而言**的前提。如果某個事物成爲問題，那麼對我來說至少有一點是絕

對確然的，即它是有問題的，而從這裡便進一步走向能思（cogitatio）一般以及在其中之所思（Cogitierten）的明見性。因而絕對的自身被給予性肯定不是一個空乏的語詞。我們具有它，即便我們在現象學的還原中排除所有自然實存，也排除經驗的自我實存。因此，**問題就應當是：絕對的自身被給予性究竟能伸展得多遠**。而在這裡**完全顯而易見的是：看的目光朝向例如感知顯現和被感知之物本身**，透過這種方式而將這個在其延續中的被感知之物**內在地把握**爲絕對的自身被給予性，而且**局限在這個始終處在流動中的現在之上的做法是一種臆想**。據此已經說明，在對延續的把握中減弱著的相位，亦即剛剛流過的現在的相位並沒有消失，而且它顯然可以**作爲絕對自身被給予性來使用**；在感知中**已經寓居著一個滯留**，在這個滯留中，**剛剛過去之物**在其與現在和不斷更新的諸現在的統一性中成爲絕對的被給予性。如果我們回顧盛開的樹，那麼樹就會在一個時間形態中成爲被給予性，而如果我們聽到一段旋律，那麼，我們根據那些抽象地思考出來的**現在點**而聽到的**不僅僅是個別的聲音**，乃至個別聲音的瞬間，甚至數學的聲音—現在，相反，我們聽到的是**延續的聲音**，並且是連結爲一個**音形**（Tongestalt）的聲音，而我們將這整個音形把握爲持續建構自身的音形，把握爲被聽到的事物，**我們**在朝向它的持續統一的目光中**將這個音形的整體感知顯現的統一把握爲絕對的自身被給予性**。**而如果整個聲音相位**④**過去了，滯留還仍然會把握住在此流逝的這整個相位的剛剛**—**曾在**（Eben-gewesen），而且滯留還仍然會把握住這整個感知顯現，以一種剛剛曾在，並不再包含現時感知之瞬間的〔滯留的〕方式。在這裡，明見性所涉及的

④ 這裡的和後面的「相位」，對應的原來是德文原文中的「Phrase」（短語、空話），應爲「Phase」（相位）之誤。現參照英譯本修改之。——譯者

是**剛剛—曾在**，以此方式，對象之物與流動的現在的聯繫便一同被給予了，而且與之密不可分。所有這些都是在現象學的還原中、在始終排除當下的或曾在的自然現實的情況下進行的。

如果有人說，在實項的現實中被給予的不僅僅是現在，那麼我們會回答：我們在這裡不想爲實項的或非實項的現實進行爭論，而只想獲得**絕對的確定**、**眞實的自身被給予性**，它們在所有合理的懷疑面前都是可靠的，而我們擁有它們。在這裡，在自身給予的意識統一中，過去僅僅宣稱自己是作爲過去而自身被給予的，現在僅僅宣稱自己是作爲現在而在意識統一中自身被給予的。我們就像我們所看見和所擁有的那樣誠實地對此作出陳述。**這可能是一個問題域**，亦即朝向對**這種自身被給予性的類別和要素的分析提取**，**但這裡沒有任何事物是在自然認識的問題性意義上**的問題。**滯留**是一個現在活躍的和可以成爲自身被給予性的行爲，它確然地超越自身，將某個並不實項地寓居於它之中的事物**設定**爲存在的，即設定爲過去存在的。但這裡需要學到的事物是：在絕對自身被給予性的領域之內出現一個超越的有效性，它是並且必定始終是無可爭議的，因爲它不僅意指對它而言實項的超越者，而且還以顯然有效的方式、以絕對有效的方式設定它，並且不會像在外感知情況中所發生的那樣總是無法避免非有效性的可能性。

當然，**再回憶的情況卻並不完全那麼好**，例如會出現一個回憶，它並不以滯留的方式在其向連綿流動的現時現在的連續性中僅僅持守剛剛曾在的事物本身。我們在它之中也可以進行現象學的還原，只要我們排除那種進入再回憶的自然此在，但一般說來，**這並不保證它能夠擺脫那種原則上的欺瞞可能性**。另一方面，人們在現象學還原的範圍內也會確信：再回憶並不始終是可以合理懷疑的，至少並不在任何方面都是可以懷疑的，例如，當我們〔透過〕一條連續的回憶途徑而從它到現在並從現在透過滯留和透過持續啟動的滯留一再地

向那個在再回憶中被設定的事物回返時，情況便是如此。但這是一個需要受到特別研究的問題。

我們回顧一下聖靈降臨節前我們沉思的狀況。⑤意圖超出自然認識和自然科學層面的**主導問題**是「**超越的問題**」，首先是超越**自然**的問題。或者也可以用散漫的和誤解性的表達來闡釋：這裡的問題是：認識意識在其雜多構形的和相互交織的認識行爲之河流中如何能夠超越它自己，並且如何能夠以有效的方式設定和規定這樣一個對象性，這個對象性就其任何組成部分而言都無法在〔此認識意識〕之中實項地被找到，它在〔此認識意識〕之中從未曾成爲絕對無疑的自身被給予性，但這個對象性按照自然認識的意義卻應當自在地實存著，無論它是否被偶然地認識到。由此出發，這個問題似乎**以不確定的一般方式在擴展自身：關於某個在類似意義上自在存在之物的認識是如何可能的**，應當如何理解它的客觀有效性要求，並且應當如何保護它不受那種悖謬的懷疑——反思似乎一再地會逼近這樣的懷疑——的威脅？

我們已經看到，在這些關係中應當爲我們提供幫助的那些研究聽命於**現象學還原的要求**。這無非是要求：始終不懈地專注於在這裡活動的問題以及它的本真意義，並且不把其他的認識問題強加給它。但這就意味著，我們不能將任何事物預設爲在先被給予的，不能將任何事物當作前提來運用，不能允許任何與此問題附著在一起的研究方法。就自然認識而言，這就表明：有關在剛剛所闡釋的意義上的自然認識之可能性的研究，**自身不能具有自然科學認識的特徵**，自身不能是自然科學的研究。我們並不眞的就是懷疑論者，但我們必須如

⑤〔邊注：〕一九〇九年六月九日。對至此爲止的講座進程的扼要重述。

此行事，就像我們對所有自然實存都持有懷疑一樣：不能運用對自然的任何實存設定。生理學、生物學、心理學，所有自然科學一般都以同樣的方式是可疑的，始終都以同樣的方式被排除。

現在，笛卡兒式的基本考察提供了一個開端。能思（cogitatio）是一個絕對的被給予性，它沒有附著超越的問題。面對笛卡兒的迷失，面對依據笛卡兒的內感知明見性學說以及它對認識論的所謂基本意義，我們確定：能思的絕對被給予性並不意味著我思（cogito）、我在（sum），並且也不意味著在心理學意義上的所謂心理現象的實存。朝向懷疑的體驗、判斷的體驗、願欲的體驗的現象學反思的看，可以說就意味著：這個，以及隨之而觀看地把握和設定，並不是心理學的自身感知。

現在看來，純粹能思領域擺脫了所有一同交織的經驗實存設定，無論是對所思的自然的設定，還是對能思的本我（ego）的設定；**獲得了這個能思的領域，我們便獲得一個可用的和獨立的研究領域**，獲得了一門現象學——如果我們把那些純粹的能思稱作現象的話。看起來，我們要分析這些現象，要將分析的結果以相即描述的方式表達出來，我們可以將它們如實地加以分類，如此等等。**這裡很快就可以看出，這種研究的領域比我們起初所想像的要寬泛得多。實項的分析有別於意向的分析**。已經表明，在諸能思上有一些不單純是實項的組成部分能夠得到指明，並且可以在分析中使這些部分成爲絕對的自身被給予性；在能思的本質中包含著：它們與某物發生「意向的」聯繫，在它們之中顯現出一個對象性的事物，或在它們之中有某物以某種方式「被意指」，而**顯現者本身、被意指者本身可以得到明見的描述**，可以在意向分析中成爲絕對的自身被給予性，即便是在與能思的聯繫中。在感知時，我們可以描述被感知之物，一如它在此所顯現的那樣，我們對它的描述，與它在這個感知中被意指的狀況，與它在感知中立足的狀況是一致的，無論實存與非實存的情況、感知認

識之可能性的情況究竟如何。在其他的能思（cogitationes）那裡，情況也是如此。**因此，自身超越自身以某種方式屬於能思的本質**，這始終是一個絕對的被給予性，即：所謂的事物感知、判斷等等在意指著某個它們本身所不是的事物，或者說，**有兩種表達自身被給予性的絕對判斷是可能的，一種是設定能思連同其實項組成部分之存在的**判斷，一種是涉及**它們與那些對它們來說並非實項內在之物以及非內在之物的內容之關係**的判斷。**這裡似乎分裂出各種不同的存在概念：在現實和自然意義上的存在者**，但我們不能在其現實性中運用它。**在意識的意義上的存在者**，即在能思意義上的存在者，最後是**所思的存在者**（Cogitiert-seiende），例如在臆想中的**被臆想狀態**（Fingiertsein），我們雖然不能將它看做是眞實的存在，但我們另一方面卻可以明見地將它標示爲被臆想之物，標示爲所思，並且根據它的內容來描述它，一如它在此被意指的那樣。

根據對笛卡兒式明見性所具有的這種雙重性的認識（根據對它進行的適當還原），亦即根據對在**純粹現象**或純粹意識標題下所標示的絕對被給予性的**本質雙重性**的認識，看起來可以得出：現象學**獲得**了一個已極具擴展的、**甚至包羅萬象的範圍**。看起來它包羅了所有認識和科學，並且在對象方面包羅了所有可設想的對象性，其中也包括所有自然對象性。當然，自然的現實不可以被運用，自然科學的確定不可以作爲前提起作用。另一方面，絕對的**被給予性**是所有的能思，因此也是所有在認識的標題下可以被把握到的能思、所有感知、表象、回憶、**所有意指，無論何種類型**，所有正確的和錯誤的、明晰的和不明晰的判斷，與這所有一同的當然還有所有被表象的、被意志的、有可能明晰地被認識的**對象性**，作爲相關認識—能思的意向對象性。隨每個能思一同被給予的恰恰是它的意義，而意義恰恰構成它與這個或那個對象性之關係的本質特殊性。

隨之，**不僅對於一門現象學、即作爲在實項的和意向的兩個方面對純粹意識所做的內在**

分析的現象學而言，而且也對於引領性的認識論問題的解決而言，最爲有力的預兆已經得到顯現。因爲現在會有這樣的想法展現出來：如果超越的認識的可能性，或者在較爲狹窄的出發點問題的意義上：如果**自然認識**的可能性是一個問題，我們就必須在現象學還原的範圍內研究不同的認識種類，自然在這些認識種類中被意指，受到時而被論證的、時而未被論證的確立與規定。透過對認識在所有關係中的現象學本質的研究，即透過在實項的組成、意義方面、在合理論證（Rechtsbegründung）或合理否證（Rechtsentgründung）方面、在證實與反駁方面對認識的現象學本質的研究，所有與認識可能性相關的問題必定都可以得到解決。而另一條穿透認識問題之意義的道路是根本無法想像的。我剛才說：所有與認識可能性相關的問題，我指的是：認識在每個領域中有可能擺出來的所有類似的問題、所有超越的謎。

但現在出現了一個突變。一個新的沉思告訴我們：至此爲止的工作，並沒有爲一門現象學科學的可能性提供充分的準備，甚至還有困難在阻礙著它，這些困難似乎在將它擠逼到一種絕對的懷疑上。

在其實項組成和意向組成方面的各種能思應當是現象學的一個領域。但這是什麼樣的能思呢？當然是在笛卡兒式的明見性中和在現象學還原中被給予的能思，亦即在現象學反思之瞬間中的體驗。例如，如果我在懷疑，並以沉思的方式意識到：我在懷疑，那麼這個懷疑的被給予狀態是絕對確然的；如果我感知，那麼我感知，如果我意欲，那麼我意欲。但**所有體驗都在流逝，意識是一條永恆的赫拉克利特式的河流**。剛剛被給予的事物，會下沉到現象學的過去深淵，而後永遠逝去。沒有什麼事物能夠重返並在同一性中二次被給予。因此，我們眞的具有一個無限的領域，而不更多只是一個每每來而即遁的點？對於我們來說，現象學家曾具有的、甚至所有其他人所具有的和曾具有的無限豐富的現象作爲被給予性

都是不可能的。我們排除自然、本己自我和陌生自我，而且我們是因爲超越之謎的緣故而排除它們。但我們難道不需要堅定地貫徹到底，始終追蹤這個謎，在它的所有類似形態中？對所謂自然在實存方面予以置疑，而不去觸碰相同的問題，這會有用嗎？自然從來不是絕對的被給予性，我不理解，它如何能夠被確立，並且是合理地被確立，而後如何能夠進一步在科學上被規定。另一方面，在**能思**的情況中，我在其反思地被給予的那個**瞬間**具有絕對的被給予性：在我的能思情況中，我也具有這種被給予性，只是我要排除我自己。對一個他人的能思，我當然不具有絕對的被給予性。他人可能會具有絕對的被給予性。但如果我必須一同排除它，連同他人的實存，那麼他的絕對設定還有什麼用呢？**現在，我超出一個絕對被給予性以及對它的設定——現在設定——了嗎**？我們討論的是滯留和再回憶的問題。直接的滯留持守著那個還在逃遁中的流逝的體驗，但只是以剛剛曾在之物的方式，這種直接的滯留似乎已經附著了超越的問題。滯留甚至已經不再是那個曾在的能思本身了。因此，如果這種有可能進行描述的判斷缺少本真的客觀性，它被一同拽入到能思的河流之中，而且一旦這些能思逝去就無法再成立，那麼，對能思的設定以及那種有可能進行描述的判斷對我還有什麼用處呢？或者我們只應從中得出回憶判斷？但由於滯留不是去設定「這個在」，而更多地是設定「這個剛剛曾在」，它不是超越了被給予之物了嗎？再回憶就更不用說了。**所有再回憶不都有可能是欺瞞嗎**？難道它不會向我們保證說，以前曾有過某物，然而實際上卻從未有過某物嗎？

這個懷疑看起來甚至會牽扯到現象學的感知。每個對延續現象的把握也會隨延續把握（Dauererfassung）而隱含著滯留。**因此，我們應當說：唯有絕對的現在才是現實的被給予性**，並且不帶有超越的問題，而向過去——它本質上屬於延續——的最細微的展開就已經是成問題的了？這樣我們便陷入了**極端的懷疑論**。**最後我們甚至都不敢談論一條意識的河**

350

351

流，並且不敢談論任何事物，因爲如果我們試圖以抽象的方式來取消這條河流，甚至試圖將它視爲問題，那麼絕對的現在看起來是根本無從把握的。

然而，**假定**有人執拗地站到**笛卡兒式的明見性**基地上去，並且說，這是笛卡兒爲所有時代確定的一個眞正的阿基米德點，我們可以懷疑一切，只是不能懷疑我們反思地把握到的作爲被給予性的能思之存在，那麼我們也可以問：**他以此究竟想怎樣開始呢**？例如，像笛卡兒那樣從中得出**推論**，這些推論甚至應當導向上帝的此在、一個物體和精神的外部世界的此在、一個對它們有效的數學和自然科學的此在，如此等等？但每個從被給予之物導向未被給予之物的推論不又再度附著了超越的問題嗎？作爲能思的推論可以是在反思中的絕對被給予性，但被推導出的事物和未被給予之物是現實的，這又給出了一個謎：意識如何能夠無可辯駁地超越自身。最終甚至是根本沒有什麼會符合被推導出的事物。如果有人說，推論作爲**正確的和明晰的推論**，會帶有一個**突出的必然性特徵**或必然有效性特徵，帶有一**種在錯誤推論那裡所缺失的感受**，帶有一**種絕然無欺的感受**，那麼我們當然會說：是的，這恰恰就是謎。我們並不想否認推論的無可辯駁性，我們並不是獨斷的懷疑論者，但我們是**批判的懷疑論者**。我們承認，明晰的推論必定在意識中以某種方式有別於不明晰的推論，我們也眞心地準備承認：明晰之物是客觀有效的，而明晰性的特徵保證了客觀有效性。**但我們不理解，它是如此做到這一點的以及它如何能夠做到這一點**。未被給予的存在與依附於我們的推論體驗的特徵有什麼關係？如果像人們所說的那樣，明晰性是一種感受，並且在明晰起來的假特徵之謬誤中是一個不同的、否定的感受，那麼我們要問：這些感受是否有可能顛倒它們的功能，而那時我們還應當如何作出更多陳述，因爲這一次是感受 a 在此，另一次是感受 b 在此。但我們這一次說，未被給予的和被推導的事物是**現實的**，另一次又說，它是**非現實的**。

在所有這些問題、難題、懷疑面前首先只有一種態度：凡在我們這裡的思維取向中有問題的事物，我們都必須作爲問題來處理，並且僅僅持守那些我們的提問和思考（作爲有意義的提問）奠定基礎的事物。因而我們不能放棄笛卡兒式的明見性，但另一方面我們必須**正確地理解它**、正確地把握和界定；也不能界定過窄。它訴諸於在懷疑中的懷疑的絕對自身被給予性、在感知中的感知的絕對自身被給予性，如此等等，它以此而向我們指明**原則上無問題的事物，並且隨之而事先從形式上標示出那個在其中問題必定可以得到解決的領域。絕對的自身被給予性恰恰就是在超越問題意義上的原則無問題之物。**對一個不是在絕對意義上自身被給予的此在的設定乃是一個謎，恰恰因爲它不是自身被給予的。**如果我們擁有和把握某物本身，而不在我們的意指、陳述、判斷中超出眞實的自身被給予之物，**那麼一個懷疑就會沒有意義。我們常常說話和判斷，不是漫不經心，而是理由充分。如果我們要求給出理由，如果我們想要得到業已指明的理由，那麼**這個要求的意義不總是在於：從遠離被給予性的意指回歸到指明的、自身給予的意指之上嗎？**我們至少感受到，這是意義所在。即便在**經驗領域中**，即在我們要求經驗判斷回歸到現時感知和回憶的經驗領域中，情況也是如此。這就是如此，我**看見它**：懷疑便隨之而被切斷了。當然，進一步的考察會表明，經驗的感知不是一個**絕對**自身給予的行爲，而且它這方面又再度附著了超越的問題。正因爲此，才要做出進一步的研究。**我思（cogito）是一個絕對的出發點，並非因爲它涉及我們本己的心理體驗，而是因爲我們具有關於這些能思的**——如笛卡兒所說——**明白而清晰的感知**（clarae et distinctae perceptiones）。但更正確地說，是因爲在這裡被設定的事物，乃是在**純粹自身被給予性中被設定的，**而且**以此也就在以下的意義上標示出這個研究的第一基地，**即所有認識超越的問題恰恰都必須從**認識本身的被給予性出發，以及從所有那些在認識本身中絕對被給予的事物出發，無論它是實項的，還是意向的**。但在這裡我們必須繼續前行並且恰恰要

探問：這個自身被給予性究竟伸展得有多遠，而且我們例如不能認爲，自身被給予之物就不會帶來任何問題。本質性的事物在於：這是自身被給予的，而且**在自身被給予性中，它所提出的問題完全可以內在地解決**。在這個意義上，延續活動（Dauern）和感知中的剛剛曾在、也包括滯留，已經被我們確定爲絕對的自身被給予性。**滯留與感知一樣，是一個絕對給予的行爲**，而這是一項特殊探討的實事，即：研究在這些行爲中所有屬於絕對被給予性領域的狀況。而從這裡出發還要繼續前行。笛卡兒已經自問：我思（cogito）的明見性爲什麼被視爲是絕對的？什麼事物能夠與它相並列？而他說，是我們在同一個意義上**明白而清晰地感知到的**（clare et distincte percipimus）一切。可是他卻**沒有把握到這些實事的本眞意義**。這裡所涉及的感知（perceptio）是純粹的、**向被意指之物的絕對自身挺進或對純粹自身給予行爲**的所有形態**進行探究的看**（Schauen）；而且我們將會充分地看到，這個領域究竟有多大。

第52號　對各個進程或對各個個體（延續）對象的單純表象。記憶感知的明見性。對被當下擁有之物的感知的明見性⑥

但是，對被當下之物的感知還只是一個在延續感知（Dauerwahrnehmung）中的**界限**，或者毋寧說，我們需要區分意指和感知顯現，後者始終是**連續的**；一個完全充實了的時間

⑥ 希爾斯─巴塞爾基亞（Sils-Baselgia），一九〇九年八月底。（希爾斯─巴塞爾基亞是瑞士的一個度假地。——譯者補注）

片段顯現出來，而被意指的是這個同一之物，它是現在的，並且在新的現在中始終是同一個。另一方面，我所意指的卻不是這個單純的**相位**。我意指的是這個**聲音**，而不是這個聲音的不可立義的、短促易逝的現在相位，不是這個單純的抽象。

如果我談論**相即的感知**——這裡的問題究竟何在？相即感知意指的是在場者，一如它在此所是，一個在感知中實項被給予的事物——這樣說有沒有意義？

聲音是相即被感知的。這意味著什麼？聲音無非意味著自己本身。但聲音已經是**統**一了。

我們在每個外感知中都有一個「感性內容」，我們看向它，並且在那裡發現一個**對象**，如聲音、顏色等等，它延續或變化。或者毋寧說，我們發現**許多**這樣的內容，一個聲音統一、一個觸覺複合。是誰給了它們統一？「意識」、事物立義的統一。如果我們不去考慮統一化的（vereinheitlichend）立義，我們便可以自爲地看待每個內容，這時它便是一個前經驗的事物，又再度是一個統一，但若撇開提取把握（Herausgreifen）（提取界定〔Herausgrenzen〕）不論，它並不是一個像經驗的事物統一那樣的統一，不是一種聚合思考的（zusammenden-kend）統握。這裡的統一在於內容本身。它本身是一**個**內容。而**感知**本身，它不也是一個統一嗎？我們在這裡有許多統一，但一同交織在感知的統一中，在所有這些之中都顯現出一個事物，都有一個事物立足於此，例如一頭步履沉重前行著的母牛。

在所有顯現變化中的整體顯現（視覺的、觸覺的等等）的統一。亦即**統**一。這個統一是內在地被給予的。每個這樣的統一都是如此。「內在地被給予」在這裡意味著什麼？

而如果我設想這些統一在其中**建構**自身的所有這些**流動的瞬間**，那麼人們卻不能又說，它們正是這些統一。例如，聲音在其中將自身展示爲同一聲音的聲音－相位，而且不僅僅是現在相位，而且還有過去相位。這樣一個相位，以及這些相位的連續性，並不是一個像「**聲音**」、顏色那樣的統一，它現在具有這些內涵，現在具有那些內涵，從這個本性上

355

說，它是不變的，而後又具有那個本性。

因此，我們具有**感知**，而且是作爲對這些統一之把握的相即感知，擺脫了所有的「超越」；首先需要確定的是，這應當是指什麼，以及在其中本眞地包含著什麼；而另一方面是對在活潑流動著的意識上的**那些相位**、那些建構性的內容、內涵的**捕捉**。它以某種方式也是統一；但不是這樣一種統一，即在河流中被理解爲貫穿在河流的各個相位中、貫穿在河流連續性中的同一之物的一個事物，而是這個意義上的統一，即：我將目光朝向它，並且將回墜中的它持守在河流中，並且而後在再回憶中和新的再回憶中一再地認出它。

當然人們會說：因此，即便是一個相位也是一個統一，它被理解爲一個這個，而在我這樣理解它時，它也**又再度回墜**，它也具有其餘聲，具有其諸相位的彗星尾等等，它在其中被看做是和被設定爲這同一個。而我——人們想這樣說——可以將目光朝向這樣的一個相位，而它也又再度流逝。如此繼續，直至無限嗎？困難就在這裡。

它不可能無限繼續下去。如果我在郵車搖鈴時對準一個相位，現在全神地關注它的減弱，這難道不是最終的事物嗎？我不可能在一個新的系列中關注這個減弱過程的相位。我可以再回憶，並且（抽象地）對準其中的這些流逝和瞬間。這就是一切。而後我在再回憶中可以一再地說：「這裡的這個，這個同一的事物。」這是一種最原始的統一。

但另一方面我具有統一，它貫穿地生活在河流中，其次我可以在再造中像每個統一一樣，將這個統一確定爲是這同一個統一。

相即（Adäquation）現在只能意味著：統一如此地被把握，「就像它所是」；當它在一個自身不包含任何仍需充實之意向的感知中被把握到時，情況便是如此。只要統一能夠在一個意識中完完全全地被給予，它便是一個封閉的統一。統一可以是封閉的和不封閉的，它們可以是帶有超出自身的指向的、並且在不斷更新的行爲中自身展開的統一，也可以不是這

樣的統一。這樣我們就需要區分兩種**感知**，一種是朝向**封閉統一**的感知，這就意味著：它們是一種類型感知，這種感知本身就是封閉的統一，它們封閉地展示其被感知之物；另一種是類似事物感知的感知，它們可以並且必須得到無限的擴展，而後才能恰當而完整地給出事物，因爲事物的本質就在於，它是無限可規定的和重新可規定的。**不相即**在這裡就是指：感知朝向一個**不封閉的**統一，感知意指這個統一，但它並未完整地得到展示。感知是不完善的。

另一方面，明見無疑的並非是感知本身，而是判斷。而如果作爲判斷之基礎的感知不完善，那麼判斷就是不明見的。但它具有一種明見性程度，即根據完善性的明見性程度，而明見的判斷是一個朝向被給予性的判斷，只要這樣的感知在進行著被給予性（只要它是被給予性意識），並且在這些感知的關係中進行對被給予性的朝向，那麼在這裡唯有提出以下的要求才是有意義的：判斷，並且在感知上證明這個判斷之所說（事物－判斷），只要此判斷要求某種證明。

另一方面，如果判斷的客體不是事物，而是一個自身「封閉的」客體，那麼判斷就是明見的；如果對這個客體的感知恰恰在此，並且只要感知在這裡不包含任何未被充實的事物（因爲這在這些客體那裡不會提供任何意義），那麼在這裡提出更多的要求也就沒有意義了，如此等等。

在事物的情況中去考慮封閉感知的可能性的做法是錯誤的，正如以爲在「聲音」這類個體統一那裡「非相即的」、非封閉的感知是可能的這種看法也是錯誤的一樣。當然，**術語**還需要改進。就相即感知而言，於「感知行爲」中實項地被給予的事物，就是在它之中以感知的方式被設定的和被意指的事物。

感知，對此我們可以說，具體的（in concreto）顯現，它本身是一個內在的被給予性，

而顯現者在內在感知中就是顯現本身。在聲音—顯現中顯現出什麼了嗎？顯現出它自己。

如果我們將聲音—顯現理解爲現在被給予性和曾在被給予性（Jetzt-und Gewesenheitsgegebenheit）的**河流**，聲音在其中作爲同一個而立足於此（它從中可以作爲這一個而被提取出來，可以在其中被設定），那麼**聲音—顯現活動**（Ton Erscheinen）就有別於那個顯現著的聲音。

在外部事物的情況中：**顯現**，在這裡是**統一**（不是**河流**），有可能是變化統一，就像我們說：顯現在自身變化，這是顯現的連續性。所有這些都不是**顯現活動的河流**。

因此我們區分：如果我們將**顯現**稱作一個客體在其中「**表象**」自身、展示自身的**統一**（個體的、時間的統一），那麼就要說：在外部事物那裡我們具有顯現的統一，它展示某個不同於它的事物，因爲感知意識是這樣一種意識：一方面「可以發現」顯現是從屬於它的、統一地在它之中現存的，但客體卻不是顯現。這個意義上的顯現（Erscheinung）僅僅爲「外感知」所具有，亦即有別於顯現的客體，在內在感知的情況中，這個意義上的顯現與客體本身就是同一個事物。

在外感知的情況中我們具有：

㈠ **顯現活動**（das Erscheinen）（**河流**）。

㈡ **顯現**（die Erscheinungen）。

㈢ **顯現的客體**（erscheinendes Objekt）。

「不可能有對過去之物的**相即**直觀（感知）」——「在記憶感知中，在剛剛過去之物方面的體現性內容永遠不可能與被體現之物相同一」——這是否**有誤**？「體現性的內容」與被體現者在**任何一個感知中都不**可能是同一的，無論是在我們稱作現在感知的感知相位中，還是在一個其他相位中；除非是唯一的一個例外：對一個河流相位的「捕捉」

（Erhaschen）。但問題在於，是否還能將它稱作感知，而不是稱作抽象。

根據我現在的明察，體現性的內容是什麼？當然，整個術語現在都必須得到轉變。在外感知的情況中，各個物理內容（每個都被視爲**統一**）的複合是「體現性的」嗎？應當可以這樣說。因爲統一是「體驗」，即是說，它沒有**被意指**，但卻仍然是顯現的統一（必須一再考慮這一點）。我們具有這個體現性的內容和對象的內容之間的關聯。但其次可以稱作體現性的是河流的現在－內容（不作爲統一）。這樣一來，每個感知顯現一方面具有一個體現性的內容，另一方面具有一個再現性的、建構時間的過去、延續等等的內容。這整個註定用於展示的內容（河流意義上的內容）並不是在統一展示統一（可以在第一個意義上這樣說）的意義上進行展示，而如果我們劃分體現性的和再現性的（復原性的[⑦]）內容，那麼前者當然與對象的建構性內容不同一，並且在這裡根本不比後者優先。

「不可能在當下對一個過去之物，也包括對一個最近的過去之物進行相即直觀」——難道對一個當下之物的相即直觀不是不可能的嗎？相即感知、相即直觀——這究竟是什麼？

這樣一種感知是可能的：對象（它們的本性使這成爲可能，但也要求如此）在它之中成爲自身被給予性，完完全全地，不做超出自身的指向，不是透過「單純的顯現」。但這裡是體現性的內容：感覺現在：不是對象、統一。統一只能在統一中展示自身。

復原性的（repristinierenden）[⑧]內容也只是河流內容。因而下列說法是否具有可用的

⑦ 這個在此和後面三次出現的表達在文稿中首先清晰完整地寫爲「repristinierenden」，在第二處縮寫爲「reprist.」，第三處加省略號寫作「reprist...」，因此每次都像這裡寫作「reprist.」。——編者

⑧ 參前注。——編者

意義：過去的事物在現在中不能得到相即的展示？過去之物可以在現在中作爲非現在立足於此。這是不言自明的，它只能作爲曾立足於此，透過原初的復原。可以考慮這裡還有什麼會剩餘下來。

要求對一個演替之進程的感知做出比它——如我們所見——所做的更多的事物，這有意義嗎？

第53號　內意識的意向性[9]

我們試圖描述：我聽見一個**聲音**，例如一個短暫延續的聲音。[10]我排除所有暫態的解釋，[11]我接受純粹感性原素的聲音─素材。它開始並終止，而整個延續統一、它開始和結束於其中的整個進程的統一，都在結束之後「移向」愈來愈遙遠的過去。只要我可以在滯留中追蹤它，它便保留其本己的時間性，它就是這同一個聲音，它的延續就是這同一個延續。我可以將注意力朝向它的被給予**方式**。它與它所充實的延續是在一種「諸方式」的連續

---

⑨ 胡塞爾將這個札記的寫作時間仔細地確定爲：一九一一年十一月十—十三日。他顯然還曾確定將它納入一九〇五年二月的時間講座的原初文稿中。這個札記的文字大部分已在第八、九、十節和第二十節中得到復現，帶有一些改動，下面還會個別地予以標明。——編者

⑩ 在開始時，這個聲音並未事先被期待。

⑪ 這個札記的文字大致從這裡開始到邊碼362已在第八節和第九節的第一段，第六十四頁（邊碼〔385〕）至第六十六頁（邊碼〔387〕）中得到復現，帶有一些改動。——編者

性中被意識到，在一條「連綿的**河流**」中被意識到，而這條河流的一個點、一個相位就叫做「關於這個響起的聲音的意識」，而在其中，這個聲音的延續的第一個時間點是以「現在」的方式被意識到的。這個聲音被給予，這就是說，它被意識爲現在，但只有「在」它的某個時間相位作爲現在而被意識到「時」，它才被意識爲現在。但是，如果聲音—延續的某個時間相位、一個客觀的時間點是一個現時的現在（開始相位除外），那麼時間點的連續性就會被意識爲「剛才」，而從開始點到現在點的時間延續之整個片段都被意識爲流逝了的延續，但這個延續的其餘片段則尚未被意識到。在結束點上，這個結束點本身就是現在點，而整個延續被意識爲流逝了的（或者說，這已經處在一個不再是聲音片段的新的時間片段的開始點上）。在這整個「意識進行」或流動「期間」，這同一個聲音被意識爲延續著的，被意識爲現在延續著的。「此前」（如果它例如不是一個被期待的聲音的話）它未被意識到。此後它在「滯留」中「還有」「一段時間」被意識爲曾在的聲音，它可以被抓住，並且可以在固定的目光中站住或停留。這個聲音的整個延續片段或「這個」在其延展中的聲音，都是作爲某種可以說是死的事物、某種不再生動地創造著的事物而立足於此，它是一個不爲任何現在的創造點所啟動的構成物，但卻持久地變異著並回墜到「空乏」之中。這樣，這整個片段的變異都類似於、本質上等同於這樣一種變異，即在現時性時期，延續的流逝部分在意識向不斷更新的創造的過渡中所經歷的那種變異。

這裡有什麼可以描述的呢？客觀時間之物如何於一個連綿的河流中「顯現出來」、如何「被給予」的方式。而對這種方式的描述並不意味著對顯現著的時間延續本身的描述。因爲這是同一個聲音**連同**從屬於它的延續，這個聲音雖然沒有被描述，但卻在這個描述中**被預設了**。這同一個延續是現在的、現時地建構著自身的延續，並且是過去的、「流逝的」延續，還被意識到的或在再回憶中「彷彿」被新創造出來的延續。現在響起的這個聲音與那個

在「以後的」意識流中被稱作「曾在的」、「其延續已流逝的」聲音是同一個。時間延續的各個點離開我的意識，就像當「我」離開空間中的靜止對象時，它的各個點離開我的意識與我的顯現活動一樣。這個對象保留它的位置，同樣，這個聲音也保留它的時間，每個時間點都是不移動的，但它遁入到意識的遠方，與創造著的現在的距離愈來愈遠。這個聲音本身是同一個聲音，但那個「以此方式」顯現著的聲音則是一個愈來愈不同的聲音。

更確切地看，就「聲音這一個內在對象，即在其顯現的不同方式上得到描述的那個聲音」（完全就像一個在不同顯現方式中得到描述的空間對象的情況）而言，我們現在可以作出如下區分，即：

㈠我可以進行描述的、明見的陳述，關於內在客體自身，以及關於它現在延續，關於此延續的某個部分已經流過，關於在現在中被把握到的聲音延續點（連同其聲音內容）持續地向過去挪移，以及一個不斷更新的延續點踏入現在或者成爲現在，關於流逝的延續自身疏離開現時的現在點（它始終是一個在某種程度上充實了的點），移挪到愈來愈「遠」的過去，如此等等。

㈡但我也可以談論類似的**意識方式**，談論這個內在聲音及其延續內容所具有的所有這些「顯現方式」的區別是如何「被意識到」的方式：我們就這個延伸到現時的現在之中的聲音延續來談論**感知**，並且我們說，這個延續的聲音是被感知到的，並且每一次從這個聲音的延續展開中都只有這個在特徵上被描述爲**現在**的延續點才是完全地、本眞地被感知到的。對於已流逝的片段，我們說，它是在**滯留**中被意識到的，而且，那些與現時的現在點距離「最近的」、無法明確劃界的延續部分或延續相位是帶著不斷降低的清晰性而被意識到的；那些距離更爲遙遠的過去相位則完全是不清晰地、空乏地被意識到的。而在這個延續流逝之後也同樣如此：隨著臨近現在點的距離的不同，離它最近的可能還有少許清晰性，而這

個整體已經消失在昏暗之中，消失在一個空乏的滯留的意識之中，並且一旦這個滯留不再進行，它就會完全從意識中消失（如果可以這樣說的話）。

我們可以一**再地**讓一個聲音延續流動，在一再的回憶中，而後也可以描述回憶方式，描述在它之中所有那些被標示的事件以何種方式被意識到，但卻被意識爲回憶事件，但我們也可以根據這些來研究意識的本質，一個內在的、時間的存在便是在意識中「建構自身」，而且是連同那些就第一點而言的各個顯現方式一起建構自身。

對在其客體性中的對象之物進行描述，這是**另一回事**；而對在其「顯現」的方式中的對象之物進行描述，則又是另一回事；而對必定以一種樣態（Wie）顯現出來的對象之物在其中被意識到的那個「意識」進行描述，則最終還是另一回事。

類比空間事物、空間顯現與空間意識⑫

在**空間事物**方面有什麼類似的事物呢？

㈠我可以根據它的本己存在、根據它的對象性內容來描述它。

㈡但我也可以對它的**疏離**做出陳述，並且不是作爲「客觀的」的陳述，而是我純粹「經驗地」進行陳述，對象（它保持它的位置）這一次顯現於此，非常近，另一次顯現得較遠，它移向遠處，它從側面顯現出來，諸如此類。也可以是這樣的：在移向遠處的同時，它顯現爲縮攏著的，來到近處的，延展著的。它這次展現這一面，另一次展現那一面。

⑫ 對此參見第六十七頁（邊碼〔387〕）注⑫。——編者

我可以在這裡描述對象的這些「顯現」，並且將對象描述爲如此這般顯現著的，同時不去顧及與這些顯現方式相互交織在一起的關係（唯有經驗才能告知這些），即顯現對象與我的身體和我的並不顯現出來的（至少在我純粹依據視覺之物的同時不會以視覺的方式顯現出來的）感覺器官的關係。

㈢最後我還可以描述對空間事物而言的「意識」；不是事物的顯現，而是描述這些：這個顯現方式如何被意識到；如何在「感知」中，如何在「回憶」或想像中被意識到；當這個事物從一個面顯現，從這個或那個面顯現出來時，那個在此「實際上沒有顯現出來的事物」是如何被意識到的；這同一個正面的顯現方式的差異如何產生出意識的差異。

空間事物也是時間事物，因而在其時間性方面也產生出各種顯現方式，以及對各種意識方式之研究〔的可能性〕。

但我們重新回到**內在**的領域中。⑬我們在這裡能夠發現和描述爲建構時間的意識現象的事物究竟是什麼呢？這裡的建構時間的意識，乃是指時間客體連同其時間規定性在其中建構自身的那個意識。

也可以將它們稱作「顯現」；我們此前將在流逝**樣式**中的延續客體（或也將延續進程）稱作顯現，而這裡的「在樣態（Wie）中」就意味著：客體（或進程）現在在延續著或已延續過（現在流逝著或已流逝過），它顯現爲現時當下的或過去的：易言之，當下的事物在流逝，並且在流逝之後成爲過去，而且愈來愈多地成爲過去。每個時間存在都在某一個流逝樣

---

⑬這個札記的文字大致從這裡開始到邊碼366已在第九節和第十節、第六十六頁（邊碼〔387〕）至第七〇頁（邊碼〔390〕）中得到復現，帶有一些改動。——編者

式中以及在不斷變動的流逝樣式中「顯現出來」（如果它眞的被意識到的話），而「這個在流逝樣式中的客體」在這種變動中恰恰會一再地變爲另一個，然而我們卻說，這個客體以及它的時間的每一點以及這個時間本身，都是同一個。我們不能把「在流逝樣式中的客體」這個顯現稱爲意識，就像我們不能把空間現象、將處在「這個」或「那個面」、由近或由遠的顯現樣態中作爲物體的物體顯現稱爲意識一樣。

「**意識**」、「體驗」與客體**發生關係**，而且必然是與借助於一個顯現而顯現出來的客體發生關係：先天明晰的是，意識**可以**與這個同一的客體發生關係，如果它「內在地」具有這個客體的一個**顯現**，而恰恰在這個顯現中，這個「在樣態中的客體」立足於此。顯然我們必須認識到，「與對象的關涉性」以及「意向性」的說法具有**雙重含義**：這要看我們指的究竟是「顯現」與顯現者的關係，還是意識與「在樣態中的顯現者」（Erscheinende im Wie）這一方面（即在體〔ontisch〕意義上的顯現）以及與絕然顯現者（Erscheinende schlechthin）另一方面的關係。

定義：我們在這裡要有所區分地談論「**意識現象**」、建構時間的現象，以及〔另一方面〕談論那些建構**內在時間客體**〔的現象〕。我們很難使用「顯現」的說法來表達這些在流逝樣式中的時間客體。因爲可以確認，內在客體本身又再度是——在一種完全不同意義上的——顯現，如外部客體的顯現。我們在這裡最好是說「**流逝現象**」，並且就內在**客體**本身而言所說的是它們的「流逝特徵」（例如：現在、過去）。關於流逝現象，我們知道，這是一個不斷變化的連續統，它構成一個不可分割的統一，不可分割爲各個能夠自爲存在的片段，並且不可劃分爲各個能夠自爲存在的相位，不可劃分爲各個連續的點。我們抽象地分離出來的那些部分，只能存在於整個流逝之中，那些相位（流逝之連續的點）也是如此。我們也可以明見的方式就這種連續性說，它以某種方式就其形式而言是不變的。無法想像這些相

位的連續性是這樣一種連續統：它兩次含有同一個相位模式，或者，它甚至展開地含有這個相位模式，使其超出一個完整的部分片段。就像每個時間點以及每個時間片段都可以說是「個體地」區別於任何其他的時間點，不能兩次出現一樣，也沒有一個流逝樣式可以兩次出現。

但我們這裡還必須進行進一步的區分和更清晰的規定。我們首先強調，一個內在時間客體的流逝樣式具有一 365
個**開端**，可以說是具有一個**起源點**。這就是內在客體開始存在所具有的樣式。它的特徵就是現在。

而後我們在流逝樣式的持續前進中發現這樣的奇特性：每個以後的流逝相位本身都是一個連續性，並且是一個持續延展著的連續性、一個由諸多過去組成的連續性。我們把客體延續的流逝樣式之連續性與這個延續的每個點的流逝樣式之連續性加以對置，這個客體延續不言自明地被包含在那些最初的流逝樣式的連續性之中，也就是說，一個延續的客體的流逝連續性是一個連續統，它的各個相 366
位就是客體延續的不同時間點的流逝樣式之連續統。

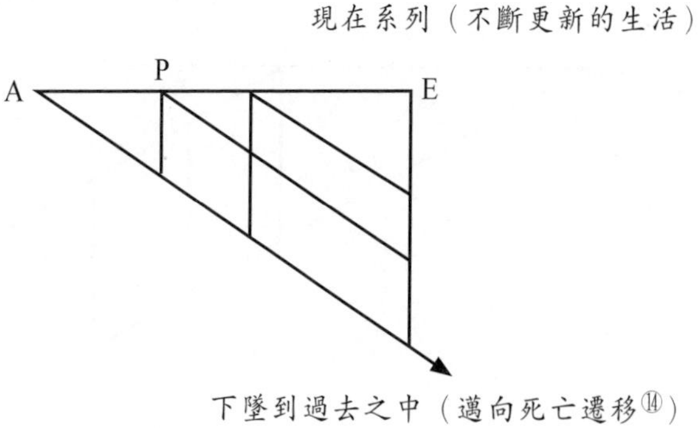

⑭「遷移」一詞的德文原文是（Zug），也有「特徵」的含義。即是說，也可以譯作「死亡特徵」。英譯作「march of death」。——譯者

如果我們沿著這個**具體的**連續性行走，那麼我們便是在持續變化中前進，在這些變化中持續變化著的是流逝樣式，即相關時間點的流逝連續性：只要有一個新的現在出現，這個現在就轉變爲過去，而且與此同時，前行點的諸多過去的整個流逝連續性都挪移「下去」，均衡地挪移到過去的深處。在我們所畫的圖表中，縱坐標的持續系列描繪出延續客體的流逝樣式。它們從0（一個點）開始生長，直至一個特定的片段，這個片段的終點是最終的現在。而後，流逝樣式的系列便開始了，它不再含有（這個延續的）現在，這個延續不再是現實的延續（這個詞所表達的通常是在A與E之間這個系列的流逝樣式的一般之物），而是過去的並且持續更深地沉入到過去之中的延續。因而這個圖表提供了一個流逝樣式之雙重連續性的完整形象。

現在所涉及的便是對**建構性的意識現象**的描述。流逝現象在建構性的意識現象之河流中流逝，在意識的統一中流逝，延續的客體便持續地顯現在這個意識中。它持續地顯現，但恰恰是以一種作爲活的當下而進行著的延續的形式顯現，與此延續相銜接的是流逝了的延續的顯現之連續性。這意味著什麼：同一個事物顯現出來，同一個事物在建構意識中流逝？正如我們可以對準流逝現象、對準客體

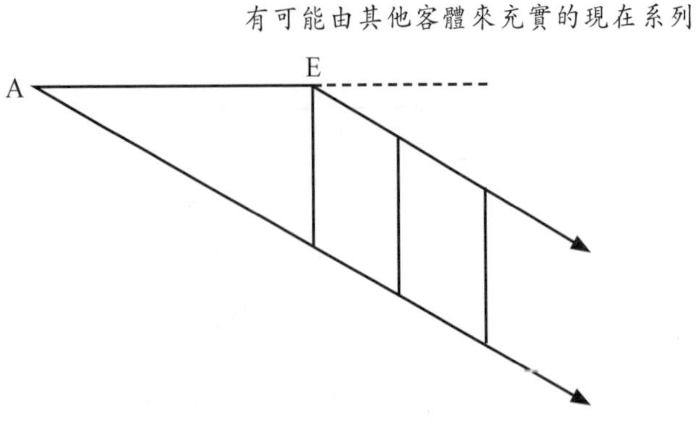

的正在延續和已經延續一樣，我們也可以對準一個進一步的樣態（Wie）、對準這個流程的自身進行的樣態；它不是簡單的，它處在一個**樣態**之中。不僅是這個延續的客體現在延續著，並具有一個作爲現在存在的時間點，並連續地將流逝了的延續的其餘各個點描述爲流逝了的過去，而且在現在點上的聲音也以某種方式要比在屬於現在的「瞬間」—流逝樣式的其餘相位中的聲音更爲清晰；確切地說，清晰性發生漸次的變化，並且最終過渡到「空乏」之中，過渡到「昏暗」之中。⑮我們於此而在清晰的領域以內發現一種較大的明白性和相互離散性，而且它離現時的現在點愈近也就愈大。但〔我們〕愈是疏離現在，就有一個愈來愈大的流失性和聚合性（Zusammengerücktheit）宣示出來。只要我們反思地回溯一個**分環節的進程**的統一，我們就會觀察到，這個進程的一個清晰部分在向過去回墜時會「縮攏」（zusammenzieht）自身——一種與空間透視相類似的（在**本原的**時間顯現領域中的）時間透視。當時間客體移向過去時，它便縮攏自身並且同時就變得昏暗起來。

可是現在，這個時間客體，而且是這個充實了的延續、一個進程，不僅是在**本原的**建構性的時間—感知中被意識到的；即是說，它不僅是在這個延續之流逝的生成和回墜過程中被意識到的，在此過程中，客觀的流逝樣式以愈來愈昏暗和縮攏的方式被意識到，而且也以**再回憶**的方式被意識到。在時間客體還被意識到、還在回墜的同時，這種再回憶就有可能已經在進行；而在當下化⑯所進行的「復新（Erneuerung）」中，有可能就進行著同一性的意識，即延續的和置身於回墜中的昏暗之物的被再回憶的開端之同一性意識。或者毋寧說，再

⑮ 這個札記的文字從這裡開始已在第九節、第六十六頁（邊碼〔387〕）中復現，有略微改動。——編者

⑯ 這個當下化是質性的原信念。

回憶必然與那個昏暗的樣式「**相合**」，但**可能**會有一個注意力的目光朝向那裡，並爲這樣一個陳述奠定基礎，這個陳述用語詞來表達就是：「我對這個剛剛流逝的和繼續回墜的事物進行再當下化」。被當下化的現在不是現在，正如被當下化的這裡不是這裡一樣，它將一個**現在**當下化，但這個現在**曾是**現在，即是說，它以新的方式使一個時間點被意識到，這個時間點的流逝樣式是某個過去之物。在某個範圍內可能有一個時間點、一個在不變的過去樣式中被意識到的一個時間點，以**雙重的**方式被意識到，一次是在本原的滯留中，在關於這個回墜之物的本原意識中，同時也是在一個再造的樣式中，作爲當下化，即對以前的原本顯現的當下化，因此同時也是對與此相銜接的本原的回墜的當下化。

[17]在顯現中的各個流逝樣式的本原顯現和結束是某種**固定的事物**，是透過「**觸發**」（Affektion）而被意識到的事物，我們只能**看向**它（倘若我們眞的實施觀看的主動性的話）。相反，當下化則是某種「**自由的事物**」，[18]它是一個自由的穿流，我們可以「更快地」或更慢地、更清楚明白地或更迷惘地、疾速地一口氣或分步驟地以及如此等等地進行當下化。

在這裡，當下化本身是一個內意識的發生事件（Ereignis）：**如果**它進行，它便具有其現時的現在、其流逝樣式等等，而在它現實地進行的同一個內在的時間片段中，我們可以「自由地」處置被當下化的過程的較大和較小的塊片連同其流逝樣式，並因此而較快或較慢

---

[17] 這個札記的文字從這裡開始到札記結束的第二十九行已在第二十節，第九〇頁（邊碼〔406〕）至第九十二頁（邊碼〔407〕）中得到復現，帶有略微改動。——編者

[18] 但與過去的領域有關。

地將它經歷一遍。

在這裡，這個片段的被當下化的各個點的相對流逝樣式（在繼續同一相合的前提下）始終保持不變。我所當下化的始終是同一個事物、始終是時間片段的流逝樣式的同一個連續性、始終是在其樣態（im Wie）中的它本身。但如果我如此地一再回返到這同一個起點和各時間點的這同一個序列，那麼這同一個起點本身就會愈來愈遠地和不斷地回墜。

第54號　意識（流）、顯現（內在客體）與對象⑲

這個創造系列是一個創造著的意識，在它之中始終有延續被意識到，以這樣一種方式：第一個客觀點被意識爲現在，而後，下一個客觀點被意識爲現在，並且前一個客觀點被意識爲剛才，如此等等。與此同時，作爲被充實的時間系列擴展自身，在這個系列中，延續者顯現爲客觀的時間系列，並且每次都顯現爲一個延續，統一之物在其中一直延續到現在，延續到這個不斷更新地充實自身的現在，這個被意識到的延續也就隨之而不斷地擴展自身。

但是，人們在**自然的觀點中**會完全不言自明地說，並且會認爲這種說法是完全不言自明的：**現在**我把握到一個聲音，它在其延續期間保持自身，或者我把握到一個內心體驗，例如對事物顯現以及與此相連結的、超出它的延續而伸展的中意（Gefallen）的體驗。由於我現在關注內意識的**建構顯現**，因此我將它把握爲現在存在的，我現在把握關於現在的意識和剛才—意識的整個連續性，而這整個連續性是同時的，它屬於現在，在現在發生，作爲現在而

⑲ 這個札記的大部分已在第三十五—三十九節中復現，有一些改動。後面還會個別說明。——編者

在此立足。而如果我沿著這個連續性的河流行進，那麼它們會**相互接續地發生**，而這個整體便充實了一個延續。這個延續當然與內心顯現者的延續是同一個，內在聲音的延續與意識的延續是同一個，聲音就是在此意識中按其延續而不斷地建構自身。

但問題在於：**這是否有意義**，即在現實的和本眞的意義上說，**時間意識**（內時間意識）**的建構顯現本身落入（內在）時間**。我們會立即注意到下面幾點：

⑳(1)每個個體的客體都在延續著並且必然在延續著，而它延續著，這就意味著，它連續地存在於時間中，並且是在這個連續存在中的同一之物，這個連續存在同時也可以被看做是進程，反之，在時間中的存在，是在時間中連續的，並且是作爲進程的統一而連續的，這個進程在其前行中不可分離地帶著這個延續者的統一。我也必須這樣表述：如果一個進程在時間中被意識到，那麼這也只有在某物在進程中進行時才是可設想的。在聲音—進程中包含著聲音的統一，它在這個進程中延續著，而聲音的統一則相反是被充實的延續中的統一，就是說，在進程中的統一。因此，如果某個事物被規定爲在一個時間點中存在，那麼它只能被設想爲一個進程的相位，在此相位中，一個個體存在的延續具有它的點。

(2)原則上，個體的或時間上具體的存在是不變或變化（進程是一個變化進程或一個靜止，延續的客體本身是一個變化的或靜止的客體）。每個變化在這裡都具有涉及這同一個延續的變化速度或變化加速（相比較而言）。原則上，變化的每個相位都可以延展到一個靜止上，每個靜止的相位都可以轉引到一個變化中。

⑳ 這個札記的文字從這裡開始到邊碼372已在第三十五—三十七節，第一一八頁（邊碼〔428〕）至第一二〇頁（邊碼〔430〕）中得到復現，帶有略微改動。——編者

如果我們現在來看一下內時間意識的**建構**現象，那麼我們在這裡就會發現：它們構成一條**河流**，而這河流的每個相位都是一個**映射的連續性**。但原則上與第二點相矛盾的是：這條河流的每個相位都不能延展到一個連續的後繼中（即不可能設想這個河流如此地得到改變），以至於這個相位自身蔓延到（perpetuierte）它自身所帶有的同一性之中。相反，我們原則上必然發現一條持續「變化」的河流，但這種變化的荒謬就在於，它完全就像它所流逝的那樣流逝著，既不能「更快地」，也不「更慢地」流逝。但還有，在這條河流中變化的客體在哪裡？在每個進程中都先天地有某物在前行？但這裡沒有任何事物在前行。變化不是變化，因而關於某個在此延續的事物的說法也就沒有意義，而且在這裡尋找某個在一個延續中不變化的事物就是無意義的。

因而明見無疑的是，這些建構時間的現象是一些原則上不同於在時間中被建構的對象性的對象性，它們不是個體的客體或個體的進程，而且這些現象的謂項不能有意義地被歸屬給它們。因此，也就沒有意義這樣去談論它們（並且是在相同的意義上談論它們）：它們存在於現在之中並且以前曾經存在，它們在時間上相互後繼並且相互是同時的，如此等等。但人們或許可以說並且必須說：某個顯現的連續性，即這樣一個連續性，它是這個建構時間的河流的相位，這個連續性**屬於**一個現在，即屬於這個**建構**它的現在，並且屬於一個以前，即屬於一個對此以前來說是（我們不能說：曾是）建構性的事物。

但這河流不正是一種相繼嗎？它不就具有一個現在、一個現時的相位和一個由諸過去構成的連續性嗎？而它們現在在滯留中被意識到嗎？我們在這裡幫不上忙，而只能說：這條河流就是我們**根據這個被建構者**來稱呼的事物，但它不是時間上的「客觀的事物」。它是**絕對的主體性**，並且具有一個**形象地**被標誌爲「河流」的事物的絕對特性：現時性點、原源泉點、「現在」湧現出來的事物，如此等等。在現時性體驗中，我們具有原源泉點和一個諸餘

音瞬間的連續性。對所有這一切我們都還缺少名稱。

還需要注意：如果我們談論「感知行爲」並且說，它實際上是本眞感知的一個點，這個點與「滯留」的連續性的後繼相接，那麼我們以此並沒有描述時間性的內在統一，而恰恰是在描述這個河流的瞬間。就是說，**顯現**，例如一個房子的顯現，是一個時間的存在，一個延續的、變化的存在，如此等等，同樣還有那些並不是顯現的內在的聲音。但另一方面，房子—顯現並不是感知意識和滯留意識。這種意識只能被理解爲建構時間的意識，理解爲這河流的瞬間。同樣，回憶顯現（或被回憶的內在之物，有可能是被回憶的內在的原生內容）也應當區別於回憶意識連同它的回憶滯留。我們始終要區分：**意識**（河流）、**顯現**（內在客體）和**對象**（如果〔一個〕原生內容不是內在客體）。

並非所有意識都像例如外感知的意識一樣具有與「客觀的」時間之物、客觀個體性**的關係**。在每個意識中我們都找到一個「內在的內容」，它與那些被稱作「顯現」的內容在一起，這些顯現或者是**關於**個體之物（一個外部的時間之物）的顯現，或者是非—時間之物的顯現。例如，在判斷行爲中，我具有「判斷」顯現，即作爲內在的時間的統一，而**在其中**，邏輯意義上的判斷「顯現出來」，如此等等。判斷行爲始終就是河流，而且我們稱作行爲的事物始終是一條河流，一個內在的時間統一在這個河流中建構自身（判斷、願望等等），它具有其內在的延續，並且有可能較快地或「較慢地」〔進行〕。內在的時間在這裡是一**個**時間，亦即在這裡有同時〔性〕（Gleichzeitig〔keit〕）、同樣長的延續（或者有可能是這同一個延續，即對兩個內在的現象而言的延續），也有某種客觀的可規定性，無論是此前、此後，還是「同時」。

[21]一個聲音c**響起**，延續得如此這般長，在強度上時而相同，時而有所跳躍。這個聲音是一個**在其時間延續中的統一**，而這個時間延續是被聲音—進程、在變換不定的強度中被聲音c的流程所充實的。在延續的每個點中都包含著一個**聲音—內容點**、一個聲音—進程點（還有對此延續及其部分和點的流逝樣式的描述）。我們從第一點、**切入點**開始。它的特徵被描述爲現在。我們將**關於它的意識稱作原感覺意識**（Urempfindungsbewußtsein），同時並不想說：在這裡確實應當區分這兩者：原感覺意識和聲音—現在。我們不排除這樣的可能性，即：這兩者是同一個，只是在不同視角下被標示而已。聲音—現在是一個聲音—延續的開始，而這個延續的每個點都作爲現在而以原感覺的形式連續地被意識到，但在意識的一條「**河流**」中被意識到。原感覺意識**在流動**，這就是說：如果存在一個屬於河流的原感覺，那麼就整個系列而言，一些處在持續系列中的原感覺「尚未」存在，另一些則「不再」存在，而現實的原感覺是「尚未」和「不再」這兩個連續統的交界點。流動還進一步意味著：「首先」是原感覺，它構成切入點，而所有其他點都還未存在。在「持續的後繼」中始終有一個新的原感覺，而每個新的原感覺都吞噬著以前的原感覺，並將它們的模式改變爲「不再」。而後它便不再是原感覺，而是不再—感覺（Nicht-mehr-Empfindung）。而後它具有一個「不再」的片段，並且在前面具有一個「尚未」的片段，直至這個延續的終點。如果它在原感覺中被意識到，那麼它的所有其他點都會以「不再」的形式被意識到，而「不再」事實上是一個與「現在」一樣的意識形式。但這個聲音的**整個延續**都是某種消逝著

373

---

[21] 對這個札記從這裡開始的部分直至邊碼373，胡塞爾加有邊注：「實事上是正確的，但闡述上是笨拙的；因此非常要緊的是對它進行重新加工。」——編者

的事物：與聲音—結尾的原感覺相銜接的是這樣一個原感覺，它不再是這同一個延續的聲音的原感覺，而是另一個對象的原感覺，這個對象就其延續的一個片段而言，曾是與這個聲音部分地同時的，並且在這個聲音已經不再存在的同時卻仍然延續著。

(1) **這一個內在的時間**。

(2) **時間流逝的唯一河流**。

(3) **建構時間的意識的統一**。

㉒在反思中我們發現一條**唯一的河流**，它分為許多河流；但這些河流具有一個統一，它允許我們說，這是一**條**河流。我們發現許多河流，因為有許多原感覺的序列在開始和結束，但我們發現有一個**有束縛力的形式**，因為對所有這些河流來說，不僅分別有從現在向不再（Nicht-mehr）、另一方面從尚未（Noch-nicht）向現在的轉變規律在起作用，而且還有一個如現在的共同形式、一個在流動模式中的相同性一般這樣的事物。幾個、多個原感覺是「一下子」（auf einmal）存在的，而且如果一個流動，那麼這些多數也「同時」流動，並且是在完全相同的模式中、帶著完全相同的映射、以完全相同的時速：只是當一個原感覺停止時，另一個卻還具有其「尚未」，即具有它的新的原感覺，這些原感覺繼續著那些在它之中被意識之物的延續。或者，更好的描述是：這許多原感覺在流動，並且從一開始就支配著這同一些流逝樣式，只是這些對於延續的內在客體來說，建構性的原感覺序列是以不同方式繼續著，這種繼續是與這些內在客體的不同延續相符合的。它們並不都以相同的方式使用這

㉒ 這個札記的文字從這裡開始到邊碼376已在第三十八節，第一二二頁（邊碼〔431〕）至第一二三頁（邊碼〔432〕）中復現，有一些改動。——編者

374

些形式的可能性。

這是首要的一點，還需要仔細地和更爲恰當地得到描述。我們需要**客觀地**指明對於所有內在客體和進程而言的內在時間的統一連同本質上屬於時間的起源樣式和流逝樣式之河流的統一；我們需要相關地指明內在之物的時間—**意識**之統一性（唯一性）。與此同時還要指明這樣一些樣式：包羅萬象的現時原感覺的「聚合」、「同時」，包羅萬象的所有剛剛過去的原感覺的「**剛才**」、「先行」，原感覺的每個聚合向這樣一個「剛才」的持續轉變，這個剛才是一個連續性，它的每個點都構成一個對於這個整體的聚合來說同類的、同一的流逝形式。原感覺的這個**整體「聚合」**受這樣一個規律的制約：它自身轉變爲意識樣式的一個持續的連續統、已流逝性（Abgelaufenheit）樣式的連續統。在這同一個持續性中有一個一再更新的原感覺之聚合在本原地產生出來，而後又持續地過渡到已流逝性之中。**無論一個聚合作爲原感覺的聚合是什麼，它都始終是在已流逝性樣式中的聚合**。

原感覺具有其在連續流逝意義上的連續的「相繼」，而且原感覺具有其聚合，具有其「同期」（Zugleich）。同期存在的事物是現實的原感覺，但在相繼中的是一個——或聚合的一組——現實的原感覺，其他的原感覺是已經流逝的原感覺，而這就不是現實的原感覺了。但這意味著什麼呢？我們能說的無非是：「你看」！意識到一個內在的現在的一個或一組原感覺（一個聲音—現在、在這同一個現在中的一個顏色等等），持續地轉變爲剛才，轉變爲剛才—意識的樣式，在這個剛才—意識中，這個內在客體被意識爲過去，以及愈來愈過去，並且與此「**同時**」出現了一個新的和一再更新的原感覺和原感覺組，一個一再更新的現在被確立，隨之一個一再更新的聲音—現在、形態—現在等等被意識到。

一組原感覺是同時的、聚合的——「聚合」是指：這是所有現實的原感覺或現在感覺？但聚合並不意味著在一個現在中的聚合；原感覺是意識—現在，而且原感覺有別於僅僅透過

內容而產生的原感覺：現在是同一個，不是客觀現在的存在者，而是現在意識。就其形式而言，意識作爲原感覺意識是同一的。

但與原感覺意識「**聚合**」在一起的是「以前的」原感覺、以前的現在意識之流逝樣式的連續序列。**這個**聚合是一種從形式上看連續**轉變了的**意識模式的聚合，而原感覺的聚合則是一種純粹由**形式同一的**樣式所組成的聚合。在流逝模式的連續性中我們可以取出一個點，然後我們發現在這個點中也有一個由形式相同的流逝模式組成的聚合，或者毋寧說一個同一的流逝樣式的聚合。

必須從本質上區分這兩種聚合。一個是對**同時性**（Gleich-zeitigkeit）建構而言的基本部分，另一個是對時間**後繼**之建構而言的基本部分，儘管另一方面同時性不會沒有時間後繼，時間後繼也不會沒有同時性，故而同時性和時間後繼必定是相互關聯並且不可分離的，即是說，這些基本部分又再度是本質互屬的。

例如我們在術語上可以區分：**顯現的**（phansis）**「瞬間—同期」**、**顯現的「時間片段—同期」**。在此需要在這個笨拙的運算式方面留意：我們並不把這個或那個**同期**（Zugleich）稱之爲一個同時（ein Gleichzeitig）。出於非常嚴肅的理由，我們不說意識的時間，我們把原感覺理解爲**關於**一種同時性的意識，亦即聲音、顏色的同時性，以及任何一個在同一「現時現在」中的事物的同時性，但我們不把它們本身稱作同時的，更不會把「時間片段—同期」的相位稱作同時的意識相位，就像我們同樣也不能將意識的相繼稱作一個時間相繼一樣。

我們繼續進行描述。我們所說的是原感覺的相互接續，進一步說是屬於一個內在延續統一的、「在其延續期間的」原感覺的相互接續。我們並不將這種相互接續標示爲時間後繼，就像時間客體的「被感覺到的」相位（在流動的現在中被標示爲不斷更新的現在的那些

相位）的相互接續一樣。與每個原感覺瞬間—同期的是那個關於其他客體的原感覺，這個或那個關於其他客體的原感覺，而一個客體的原感覺有可能被視爲是複合體，它的各個要素是瞬間—同期的。隨著在原感覺的顯現的（phansischen）相互接續中的每個原感覺，我們都會發現一個片段—同期，而這個片段—同期是樣式的片段，就像片段一詞所暗示的那樣，是一個連續的、一維的系列（它的各個點自身又再度隱含著瞬間—同期）。我們研究片段—同期及其相位的本質。這些相位中的每一個都有這樣的特性：它們是關於以前的現在的意識，是關於它或對它的「原初回憶」，並不以一種再回憶的方式將它「當下化」，但卻將它當下化，或將此前以現在方式、以一種原感覺的方式曾被意識到的事物留存下來，以一種新的並持續從原感覺活動中產生的樣式留存下來。但透過它對原感覺的表象，它以某種方式而將早先那個以現在樣式被意識到的時間點當下化。對此的理解應當是這樣的：㉓如果原感覺回退，持續地變異，那麼我們就不僅具有一個體驗，它是以前體驗的一個**變異**，而且我們還有可能已經將目光轉到這個體驗之中，以至於我們在已變異者中可以說是「看到」這個以前**未變異的**體驗。如果一個不太快的聲音後繼在流逝，我們可以在第一個聲音流逝後不只是「看向」作爲一個「還當下的」、儘管不再被感覺的聲音的它，而且我們還可以關注：這個聲音剛剛還具有的意識樣式，就是對它在其中曾作爲現在而被給予的原感覺意識樣式的一個「回憶」。如果這是正確的，那麼，另一方面就必須明確地區分：

377

我們將**回憶**稱作關於內在時間客體的意識，因爲它被意識爲一個此前被給予的，或許

㉓ 這個札記的文字從這裡開始到邊碼377已在第三十八節，第一二四頁（邊碼〔433〕）中復現，有一些改動。——編者

我們將它稱作**過去意識**更好（帶有「滯留」意識與「再當下化」意識、「回憶」意識的區別）；相反，我們**從不**把過去意識稱作**關於以前的原感覺**（現在意識）的過去意識，而是稱作**關於它的滯留**。如果這裡涉及的是一種在感覺變異的原初河流中的意識，此外還稱作**關於它的再造**。這一點必須得到徹底的堅持。

因此，如果一個內在客體之延續的某一個相位是現在相位，即在原感覺中被意識到，那麼，在片段—同期中便有各個相互銜接的**滯留**與它連續地聯合起來，而且是原感覺的滯留，這些原感覺從屬於這個延續的所有其他已在時間上流逝的點。每個這樣的滯留都具有一個特定的樣式，與此樣式相符合的是現在點的時間距離。每個滯留都是關於相應的以前的現在點的過去意識，並且給予它以此前的樣式，這個此前的樣式是與它在已流逝的延續中所具有的位置相符合的（它的在體的時間流逝樣式）。㉔

我們考慮一下：我聽見一個聲音，它現在顯現，它在下一個瞬間顯現爲同一個，在質性和強度方面的同一個聲音，但「過去了」並且愈來愈遠地回墜到過去之中。與此相對，我們談論這個聲音的內在時間意識：關於在場的聲音的意識，關於剛剛曾在和一再回墜的聲音的意識。我可以關注這些意識方式，我可以「看見」：當下的聲音是如何持續變化的，一個新的現在是如何出現的，一個回憶的尾巴、一個回憶的彗星尾是如何持續地與原回憶相銜接的，而這個彗星尾是如何持續變化的。

在這個意識中我發現一個「相互接續」，我發現它是一條「河流」，而且我在其中發現一個「現在」相位，即一個使聲音—現在本原地被意識到的相位：原初體現性的相位。但我

㉔ 如果不是胡塞爾的頁碼編號有錯，就是這裡缺了札記的一個頁面。——編者

與此「同期」地發現一個相位的連續性，它構成以前—意識。而這整個由原初的體現和過去的（präterital）相位之連續性所組成的「同期」構成了意識現時性的運動瞬間，這個意識現時性在不斷的變化中建構內在的客體。

但現在會有困難產生：我知道**作爲**河流的意識流，我可以看向它，即是說，我在一個把握性的意識中具有這條河流的現時性相位，並且同期具有一系列對以前相位的回憶。㉕如果一條完結了的（從屬於一個延續的進程或客體的）河流已流逝，那麼我就可以回顧它，它似乎在回憶中建構起一個統一。因而意識流在意識中不也作爲統一而建構自身？即是說，在意識流中建構一個聲音—延續的統一，但意識流自己則又再度作爲聲音—延續—意識的統一而建構自身。而我們是否也必須進一步說：這個統一是以完全相似的方式建構自身，並且同樣也是一個被建構的時間序列，因而人們還是必須談論時間上的現在、此前和此後？

我試圖用以下方式來**解決**這個困難：這是一條唯一的意識流（有可能是在一個「最後的」意識之內），在其中建構聲音的內在時間統一，並同時建構這意識流本身的統一。儘管這看起來令人反感（開始時甚至是荒謬的），即意識流建構它自己的統一，但情況的確就是如此，而且這是可以從它的本質建構中得到說明的。目光可以**穿越**那些在持續的河流進程中作爲對聲音的意向性而彼此「相合」的相位。但目光也可以**沿著**這河流行進，朝向這河流的一個片段，朝向這個流動的意識從聲音—啟動到聲音—結束的過渡。後者對建構來說意味著什麼？這是如何可能的？我的回答是：每個這種「**滯留**」的意識映射都具有一個**雙重的**意向

㉕ 這個札記的文字從這裡開始到邊碼382已在第三十九節，第一一五頁（邊碼〔434〕）至第一一八頁（邊碼〔437〕）中得到復現，帶有一些改動。——編者

性：一個是爲內在客體的建構、爲這個聲音的建構服務的意向性，即我們稱作對（剛剛被感覺的）聲音的「回憶」的意向性；另一個是對在河流中對這個原生回憶的統一而言建構性的意向性；就是說，滯留是與此相一致的：它是對這個聲音的回憶，是對消逝了的聲音—感覺的再造，更確切地說，對原感覺的再造。再更確切地說：它是在它於河流中持續地自身映射中的、關於持續先行了的相位的**持續再造**。如果我們觀看意識流的某個相位（在這個相位中顯現出一個聲音—現在以及顯現出在剛剛流逝性之模式中的聲音—延續的一個片段），那麼，它會包含著一個在瞬間—同期中統一的各個再造的連續性；這個連續性是關於這河流的各個連續先行的相位的整體瞬間連續性的再造（在啟動環節中，它是新的原感覺，在後繼而來的持續的第一環節中、在第一映射相位中，它是先行的原感覺的直接再造，在下一個瞬間相位中，它是對先行的原感覺的再造的再造，如此等等）。如果我們讓這河流繼續流動，那麼，我們就具有在流逝中的河流連續統，它使這個剛剛被描述的連續性以再造的方式發生變化，而在這裡，由各個瞬間—同期存在的相位組成的每個新的連續性都是與在先行相位中的同期整體連續性相關的再造。所以也就是說，有一個**縱的意向性**（Längsintentionalität）貫穿在此河流中，它在河流的流程中持續地與自己本身處在相合統一之中。第一個原感覺在絕對的過渡中流動著地轉變爲它的再造，這個再造又轉變爲對此再造的再造，如此等等。但同時隨著第一個再造而有一個新的「現在」、一個新的原感覺在此，它與第一個再造以連續—瞬間的方式相連結，以至於這河流的第二相位是這個新的現在的原感覺，並且是以前的現在的再造。因而第三個相位又再度是一個帶有對第二個原感覺的再造的原感覺，並且是對第一個原感覺的再造的再造，如此繼續下去。在這裡應當一同考慮到，關於一個再造的再造的意向性不僅與直接被再造者相關，而且也關係到二階的在再造中的被再造者，就像對一個事物顯現的當下化不僅僅是與這個事物顯現相關的意向性，而且也是與顯現著的事物相關的

意向性一樣，或者更好的說法是：就像一個對A的回憶的回憶不僅使這個回憶被意識到，而且也使作爲此回憶之被回憶者的A被意識到一樣。

據此，我們認爲，在意識流中，河流本身的統一作爲一個一維的擬—時間秩序的自身建構是借助於各個再造變化的持續性而進行的，並且是借助於這樣一個狀況：這些變化持續地是關於彼此的再造，關於持續先行的再造的再造。如果我朝向這個聲音，如果我關注地進入到「**橫的意向性**」（Querintentionalität）之中（進入到作爲關於各個聲音—現在之感覺的原感覺之中，進入到作爲在流逝的各個聲音—點序列的原生回憶的再造映射之中，並且在原感覺的再造變化和已經現存的再造的河流中始終地經驗著統一），那麼這個延續的聲音就已經在此，並在其延續中不斷地延展著。如果我指向「**縱的意向性**」以及指向在它之中建構自身的事物，那麼我就將反思的目光從聲音（已經如此這般延續了的聲音）投向那個在「瞬間—同期」中於一個點之後的原感覺的新事物以及那個在一個持續的瞬間序列之後與此「同期」的被再造者上。這個被再造者是在其相位序列（首先是其先行相位）之後的過去意識，而在持續的意識流動中，我把握到這個流逝的意識的被再造的序列連同這些現時的原感覺的界限點以及這個序列隨著被再造之物與新的原感覺的新開啟而進行的持續回移的界限點。

然而人們在這裡可能會問：我是否可以在一個目光中例如一下子就在瞬間連續性中發現並把握這整個再造地包含在它之中的對過去意識進程的再造意識呢？必然的過程難道不更多地是這樣的嗎：我必須先要把握這個「瞬間—同期」㉖本身；而它在再造中是持續變異的，

㉖ 胡塞爾後來用鉛筆對這個段落作了一個說明：「可惜我用瞬間—同期（Momentan-Zugleich）這個表達時，處處都指的恰恰是片段—同期（Strecken-Zugleich）。因此處處都要修改。」——編者

它只是如其所是地處在河流中；而只要這河流改變著這個「瞬間－同期」，它便與自身意向地相合，並在流動中建構統一；而這同一者含有一個持續的回移模式，一再更新的事物從頭開啟，而後很快又在其瞬間聯繫中流失。在這個過程期間，目光可以始終固定在這個下墜著的「瞬間－同期」上；但再造的統一之建構遠遠地超出它，不斷地附加新的事物。目光可以在這過程中轉到這個方向上，而它作爲被建構的統一始終還是在河流中的意識。

因而看起來這一切即使是如此困難，也仍然是可以理解的。據此，在這條唯一的河流中有兩個不可分離地統一的、就像一個事物的兩面一樣相互要求的意向性彼此交織在一起；借助於這一個意向性，內在的時間建構自身，它是一個客觀的時間、眞正的時間，在它之中有延續和延續者的變化；在另一個意向性中建構自身的，是這條河流各個相位的擬－時間編排，這條河流始終並且必然具有流動的「現在」－點，具有現時性相位，並且具有前現時的相位串和後現時的（尚未現時的）相位串。這個前現象的、前內在的時間性是作爲建構時間的意識之形式而意向地建構自身的，而且是在此意識之中建構自身的：

建構內在時間的意識流**不僅存在著**，而且是以如此奇特、但卻又可以理解的方式存在著，以至於在它之中必然有此河流的一個自身顯現，因而這河流本身必然是可以在流動中被把握到的。這個河流的自身顯現並不需要第二條河流，相反，它是作爲現象而在自身中建構自身的。建構者與被建構者是相合的，但它們當然不是在每個方面都相合。意識流的各個相位是在這同一條意識流的各個相位中現象地建構自身的，後一類相位與前一類被建構的相位是不可能同一的，而且也不是同一的。在意識流的瞬間－現時中得到顯現的事物，就處在這意識流的這同一些過去相位的再造瞬間序列中。

但現在的問題是：是否我們必定不能說，還有一個**最終意識**在管轄著河流中的所有意識。若按這種說法，內意識的各個**現時**相位就是一個透過最終意識而意識到的事物了，而這

個最終意識就是向再造（滯留）變異過渡的事物，而後這個變異本身又再度是某種在最終意識中被意識到的事物。這種最終的意向性可以在自身中採納注意力的風格，據此，它的內容便能夠以被注意到的事物的方式而被意識到。此外我們發現，只要發生對某物的注意，總是已有某物「顯現」，注意力的風格始終貫穿在一個意向性之始終。但如果我將目光朝向這河流的一個現時瞬間相位呢？然而需要認眞地思考：是否應當假定這樣一個最終意識，它將是一個必然「無意識的」意識（「unbewußtes」Bewußtsein）；即是說，作爲最終的意向性，它可以（如果注意活動〔Aufmerken〕始終已經預設了在先被給予的意向性）是未被注意到的事物，亦即從未在這個特殊意義上被意識到。

聲音的現在借助於**原感覺**而建構自身，這個原感覺不可能是現在－紅（Jetzt-Rot）[27]本身。這在原感覺紅（Urempfindung Rot）[28]向滯留性再造的變化上得到表明。唯有意向性才可以變異爲意向性。

---

[27] 原稿如此。——編者

[28] 原稿如此。——編者

引用文獻

胡塞爾原著

《胡塞爾全集》部分，海牙，或者：多德雷赫特／波士頓／蘭卡斯特

——第一卷：《笛卡兒式的沉思與巴黎講演》，編者：B. 施特拉塞爾，一九五〇年（Band I:*Cartesianische Meditationen und Pariser Vorträge*. Hrsg. von St. Strasser, 1950）。

——第二卷：《現象學的觀念（五篇講座稿）》，編者：W. 比梅爾，一九五〇年（Band II: *Die Idee der Phänomenologie*（Fünf Vorlesungen）. Hrsg. von W. Biemel, 1950）。

——第三卷／一：《純粹現象學和現象學哲學的觀念》第一卷，第一冊，《純粹現象學通論》，編者：K. 舒曼，一九七六年（Band III/1: *Ideen zu einer reinen Phänomenologie und phänomenologischen Philosophie*. Erstes Buch: *Allgemeine Einfüi-hrung in die reine Phaenomenologie*. Text der 1.-3.Auflage.Neu hrsg.von K.Schuhmann, 1976）。

——第六卷：《歐洲科學的危機與超越論現象學。現象學哲學引論》，編者：W. 比梅爾，一九五四年（Band VI: *Die Krisis der europäischen Wissenschaften und die transzendentale Phänomenologie. Eine Einfuehrung in die phänomenologische Philosophie.* Hrsg. von W. Biemel, 1954）。

——第十卷：《內時間意識現象學（一八九三—一九一七）》，編者：R. 波姆，一九六六年（Band X: *Zur Phänomenologie des inneren Zeitbewußtseins (1893-1917).* Hrsg. von R. Boehm, 1966.—Engl. *On the Phenomenology of the Consciousness of Internal Time*, trans.by J. B. Brough, Dordrecht u. a. 1991）。

——第十六卷：《事物與空間（一九〇七年講座稿）》，編者：U. 克萊斯格斯，一九七三年（Band XVI: *Ding und Raum.* (Vorlesungen 1907.) Hrsg. von U. Claesges, 1973）。

——第十七卷：《形式的與超越論的邏輯學。邏輯理性批判論》，編者：P. 江森，一九七四年（Band XVII: *Formale und transzendentale Logik. Versuch einer Kritik der logischen Vernunft.* Hrsg. von P. Janssen, 1974）。

——第十八卷：《邏輯研究》第一卷，《純粹邏輯學導引》，編者：E. 霍倫斯坦，一九七五年（Band XVIII: *Logische Untersuchungen.* Erster Band: *Prolegomena zur reinen Logik.* Hrsg. von E. Holenstein, 1975）。

——第十九卷／一：《邏輯研究》第二卷，第一冊，《現象學和認識論研究》，編者：U. 潘策，一九八四年（Band XIX,1: *Logische Untersuchungen.* Zweiter Band: *Untersuchungen zur Phänomenologie und Theorie der Erkenntnis.* Erster Teil. Hrsg. von U. Panzer, 1984）。

——第一九卷/二：《邏輯研究》第二卷，第二冊，《現象學的認識澄清之要素》，U. 潘策，一九八四年（Band XIX, 2: *Logische Untersuchungen*. Zweiter Band: *Untersuchungen zur Phänomenologie und Theorie der Erkenntnis*. Zweiter Teil. Hrsg. von U. Panzer, 1984）。

《胡塞爾全集》以外的著述和資料

——《經驗與判斷。邏輯系譜學研究》，編者：L. 蘭德格雷貝，漢堡，一九八五年（*Erfahrung und Urteil. Untersuchung zur Genealogie der Logik*; redigiert und hrsg. von L. Landgrebe, Hamburg 1985）。

——〈私人札記〉（Personliche Aufzeichnung），編者：W. 比梅爾，載《哲學與現象學研究》（*Philosophy and Phenomenological Research*），第十六期，一九五六年。

——〈對基礎邏輯學的心理學研究〉，載《哲學月刊》第三十期，一八九四年，第一五九－一九一頁。

——《內時間意識現象學文本（一八九三－一九一七）》，編者：R. 貝耐特，一九八五年（E. Husserl: *Texte zur Phänomenologie des inneren Zeitbewußtseins (1893-1917)*, Hrsg. von Rudolf Bernet, Hamburg Felix Meiner Verlag, 1985）。

其他文獻

奧古斯丁，《懺悔錄》（*Confessiones*）。

A. 馬蒂，《關於顏色感覺的歷史發展問題》（*Die Frage nach der geschichtlichen Entwicklung des Farbensinnes*），維也納，一八七九年。

A. 邁農（A. Meinong），〈心理分析理論諸論〉（Beiträge zur Theorie der psychischen Analyse），載《心理學與感官生理學雜誌》（*Zeitschrift für Psychologie und Physiologie der Sinnesorgane*），第六卷（一八九三年），第三四〇—三八五頁和第四一七—四五五頁。

——〈論更高級次的對象及其與內感知的關係〉（Über Gegenstände höherer Ordnung und deren Verhältnis zur inneren Wahrnehmung），載《心理學與感官生理學雜誌》（*Zeitschrift für Psychologie und Physiologie der Sinnesorgane*），第二十一卷（一八九九年），第一八七—二七二頁。

C. 斯圖姆夫，《聲音心理學》（*Tonpsychologie*），第二卷，萊比錫，一八九〇年。

D. 休謨，《人性論》（*Traktat über die menschliche Natur*），德譯本，特奧爾多·利普斯（Th. Lipps）譯，並加有一個索引，漢堡和萊比錫，一八九五年。

F. 布倫塔諾（F. Brentano），〈心理學與感性學的問題選要〉（Ausgewählte psychologische und ästhetische Fragen），於十九世紀八〇年代在維也納所作講座標題。

H. 貝格曼（Hugo Bergmann），《內感知明見性問題研究》（*Untersuchungen zum Problem der Evidenz der inneren Wahrnehmung*），薩勒河畔的哈勒，一九〇八年。

H. 洛采（H. Lotze），《形上學——本體論、宇宙論和心理學三書》（*Metaphysik. Drei Bücher der Ontologie, Kosmologie und Psychologie*），萊比錫，一八七九年。

H. 史匹戈博（H. Spiegelberg），《現象學運動——一個歷史引論》（*The pheno-menological Movement.A historical Introduction*），海牙，一九六〇年。

L. W. 斯特恩，〈心理的在場時間〉（Psychische Präsenzzeit），載《心理學與感官生理學雜誌》（*Zeitschrift für Psychologie und Physiologie der Sinnesorgane*），第十三卷（一八九七年），第三二五—三四九頁。

——《變化觀點的心理學》（*Psychologie der Veränderungsauffassung*），布雷斯勞，一八九八年。

M. 梅洛—龐蒂（M. Merleau-Ponty），《感知現象學》（*Phénoménologie de la perception*），巴黎，一九四五年。

O. 利普曼（O.Liebmann），《思想與事實——哲學論文、箴言與研究》（*Gedanken und Tatsachen. Philosophische Abhandlungen, Aphorismen und Studien*），第一卷和第二卷，斯特拉斯堡，一八九九年和一九〇四年。

R. 波姆，〈胡塞爾與古典觀念論〉（Husserl et l'idéalismus clsssque），載《魯汶哲學評論》（*Revue philosophique de Louvain*），第五七期，一九五九年。

——〈兩種觀點：胡塞爾與尼采〉（Deux points de vue: Husserl et Nietzsche），《哲學文庫》（*Archivio di Filosofia*），一九六二年，第三輯，第三六〇—三六二頁。

R. 英加登（R. Ingarden），〈埃迪·施泰因談她作爲胡塞爾助手的工作（特別從埃迪·施泰因的信中摘出，並附有一個評論和導引說明）〉〔Edith Stein on her Activity as an Assistant of Edmund Husserl（Extracts from the Letters of Edith Stein with a Com-

mentary and Introductory Remarks）〕，《哲學與現象學研究》（*Philosophy and Phenomenological Research*），第二十三卷，一九六二年，第一五五－一七五頁。

R. 索科洛甫斯基，《胡塞爾構造概念的形成》（*The Formation of Husserl's Concept of Constitution*），海牙，一九六四年，《現象學叢書》（*Phaenomenologica*），第十八卷。

W. 比梅爾（W. Biemel），〈編者引論〉（Einleitung des Herausgebers），載《胡塞爾全集》II（*Einleitung des Herausgebers*, in: Hua II）。

名詞索引

五畫

六畫

八畫

十一畫

十二畫

十三畫

埃德蒙德·胡塞爾年表

Edmund Gustav Albrecht Husserl, 1859-1938

年代	記事
一八五九	出生於奧地利帝國摩拉維亞（Moravia）普羅斯尼茲（Prossnitz，今捷克普羅斯捷約夫Prostějov）的一個猶太家庭。
一八七六－一八七八	進入萊比錫大學，研讀數學、物理學、天文學和哲學。
一八七八－一八八一	進入柏林大學，研讀數學。
一八八一	進入維也納大學，研讀數學。
一八八三	獲維也納大學數學博士學位，其博士論文討論的是「微積分的變分理論」。
一八八四	聽了弗蘭茲·布倫塔諾的課，其中關於休謨、彌爾的課和倫理學、心理學及邏輯學中問題的研究，對胡塞爾的哲學發展有極其重大的影響。之後，胡塞爾聽從布倫塔諾的建議，至哈勒大學。
一八八六	在哈勒大學，胡塞爾成為心理學家卡爾·斯圖姆夫的助理，並在卡爾·斯圖姆夫的指導下，撰寫第一部著作《算術哲學》（*Philosophy of Arithmetic*）。

一八八七	一、與馬爾維娜結婚。 二、以論文《論數的概念》獲得哈勒大學任教資格。
一九〇〇	發表《邏輯研究》第一部分：《純粹邏輯學導引》。
一九〇一	一、發表《邏輯研究》第二部分：《現象學與認識論研究》。 二、九月，哥廷根大學聘胡塞爾為哲學教授。
一九一一	發表長文〈哲學作為嚴格的科學〉。
一九一三	主編並與其他現象學代表人物，如馬克斯·舍勒等人一起出版《哲學與現象學研究年鑒》第一輯，該刊物日後成為現象學運動的重要標誌。第一輯刊載了胡塞爾重要著作《純粹現象學與現象學哲學的觀念》第一卷。
一九一六	一、轉至弗萊堡大學任教。 二、次子沃爾夫岡於法國凡爾登戰死。
一九一七	一、長子格哈特於戰爭中受重傷。 二、母親去世。
一九一九	發表〈回憶布倫塔諾〉。
一九二三	被選為亞里斯多德科學院「通信院士」。
一九二七—一九二八	與海德格合作撰寫《大英百科全書》的「現象學」條目。
一九二八	一、海德格主編出版胡塞爾《內時間意識的現象學講座》。 二、退休。

一九二九	發表《形式的與超越論的邏輯學》。
一九三一	發表《笛卡兒式的沉思》。
一九三六	將《歐洲科學的危機與先驗現象學》第一部分寄往布拉格，交由A.利伯特主編的貝爾格勒《哲學》雜誌發表。
一九三七	申請參加在巴黎舉行的第九屆國際哲學大會，但未得到允許。
一九三八	逝世，享壽七十九歲。

經典名著文庫 155

內時間意識現象學

Zur Phänomenologie des Inneren Zeitbewußtseins

作　　者 —— 埃德蒙德・胡塞爾（Edmund Gustav Albrecht Husserl）
譯　　者 —— 倪梁康
發 行 人 —— 楊榮川
總 經 理 —— 楊士清
總 編 輯 —— 楊秀麗
文庫策劃 —— 楊榮川
主　　編 —— 蔡宗沂
特約編輯 —— 張碧娟
封面設計 —— 姚孝慈
著者繪像 —— 莊河源
出 版 者 —— 五南圖書出版股份有限公司
地　　址 —— 台北市大安區 106 和平東路二段 339 號 4 樓
電　　話 —— 02-27055066（代表號）
傳　　眞 —— 02-27066100
劃撥帳號 —— 01068953
戶　　名 —— 五南圖書出版股份有限公司
網　　址 —— https://www.wunan.com.tw
電子郵件 —— wunan@wunan.com.tw
法律顧問 —— 林勝安律師事務所　林勝安律師
出版日期 —— 2022 年 1 月初版一刷
定　　價 —— 620 元

國家圖書館出版品預行編目資料

內時間意識現象學 / 埃德蒙德・胡塞爾 (Edmund Gustav Albrecht Husserl) 著 ; 倪梁康譯 . -- 初版 -- 臺北市 : 五南圖書出版股份有限公司 , 2022.01
面 ; 公分 . -- (經典名著文庫 ; 155)
譯自 : Zur Phänomenologie des Inneren Zeitbewußtseins.
ISBN 978-626-317-385-9(平裝)

1. 現象學

143.67　　110019141